U0567678

BLUE BOOK

智 库 成 果 出 版 与 传 播 平 台

泰康保险集团资助项目

健康法治蓝皮书

BLUE BOOK OF
HEALTH NOMOCRACY

中国健康法治发展报告
（2020）

ANNUAL REPORT ON CHINA HEALTH NOMOCRACY
(2020)

主　　编／冯　果　武亦文
执行主编／周　围

社会科学文献出版社
SOCIAL SCIENCES ACADEMIC PRESS（CHINA）

图书在版编目（CIP）数据

中国健康法治发展报告.2020／冯果，武亦文主编
. －－北京：社会科学文献出版社，2020.11
（健康法治蓝皮书）
ISBN 978－7－5201－7209－7

Ⅰ.①中…　Ⅱ.①冯…②武…　Ⅲ.①健康保障制度
－法律－研究报告－中国－2020　Ⅳ.①D922.164

中国版本图书馆 CIP 数据核字（2020）第 164143 号

健康法治蓝皮书
中国健康法治发展报告（2020）

主　　编／冯　果　武亦文
执行主编／周　围

出 版 人／谢寿光
组稿编辑／刘骁军
责任编辑／易　卉

出　　版／社会科学文献出版社·集刊分社（010）59367161
　　　　　　地址：北京市北三环中路甲29号院华龙大厦　邮编：100029
　　　　　　网址：www.ssap.com.cn
发　　行／市场营销中心（010）59367081　59367083
印　　装／三河市东方印刷有限公司

规　　格／开　本：787mm×1092mm　1/16
　　　　　　印　张：29　字　数：439千字
版　　次／2020年11月第1版　2020年11月第1次印刷
书　　号／ISBN 978－7－5201－7209－7
定　　价／158.00元

健康法治蓝皮书编委会

编委会主任　　冯　果　靳　毅

编委会成员　　（以姓氏笔画为序）

　　　　　　　　马　微　王　源　史玲玲　宁立志　何荣功

　　　　　　　　张荣芳　张善斌　武亦文　周　围　祝　捷

　　　　　　　　秦天宝　郭明磊　黄　元　魏华林

主　　编　　冯　果　武亦文

执 行 主 编　　周　围

主要编撰者简介

冯 果 武汉大学法学院院长，长江学者特聘教授、二级教授、博士生导师，兼任中国法学会经济法学研究会副会长、中国法学会证券法学研究会副会长、中国法学会商法学研究会常务理事、湖北省法学会商法研究会会长，荣获第七届"全国十大杰出青年法学家"称号，入选中央宣传部文化名家暨"四个一批"人才名单和国家"万人计划"哲学社会科学领军人才名单，享受国务院政府特殊津贴。主持教育部人文社科重大攻关项目、国家社科基金重点项目等国家及省部级项目10余项，参加马工程重点教材《经济法学》《商法学》等的编写，出版《社会变迁视野下的金融法理论与实践》等多部学术著作，在《中国社会科学》《中国法学》《法学研究》等国内外学术期刊发表学术论文百余篇，获湖北省社会科学优秀成果、钱端升法学研究成果、司法部等多项成果奖励。

武亦文 武汉大学法学院教授、博士生导师，武汉大学"珞珈青年学者"，武汉大学大健康法制研究中心执行主任，武汉大学人文社会科学青年学术重点资助团队"大健康法制的理论与实践"负责人，法学院民商法党支部书记、民商法教研室副主任。兼任湖北省法学会民法学研究会副秘书长。主要研究方向为商法、保险法、金融法、信托法、健康法。出版有《保险法约定行为义务制度构造论》《保险代位的制度构造研究》《责任的世纪——美国保险法和侵权法的协同》等学术著作和译作，先后在《法学研究》《清华法学》《法商研究》等权威和核心刊物上发表学术论文20余篇，主持了国家社科基金项目、教育部人文社会科学研究青年基金项目、中国法学会部级法学研究课题、中国保监会部级研究课题和其他研究项目10余项，还曾荣获第五届"佟柔民商法学优秀博士论文奖"。

周 围 武汉大学法学院副教授、硕士生导师，法学博士，社会学系博士后，兼任湖北省法学会竞争法学研究会秘书长、《知识产权与市场竞争研究》执行主编。在《法商研究》、《法学》、《法律科学》、《现代法学》、《法学评论》、*Journal of Antitrust Enforcement* 等国内外权威学术期刊发表竞争法方面的学术论文 20 余篇，多篇论文被"人大复印报刊资料"转载，并先后获得中国青年竞争法优秀论文一等奖、中国科技金融法律研究会优秀论文二等奖、亚洲竞争法论坛优秀论文二等奖等多个重要学术奖励。主持国家社科基金、教育部、司法部、中国法学会等国家级、省部级课题 10 余项，并多次参与"国家知识产权强国战略"、《反垄断法》、《反不正当竞争法》的起草和修订。

张 园 三峡大学法学与公共管理学院副教授、硕士生导师，国际 TRIZ 协会 3 级会员，中国社会保障学会青年委员会委员，养老金融 50 人论坛青年研究员，入选 2018 年度内蒙古自治区高等学校青年科技英才支持计划，曾发表 *Contribution of the Elderly Education to Social Pension Security Based on Philosophy and Sociology*、《机构智能养老服务满意度影响因素研究——基于包头市的经验证据》、《城乡一体化社会养老保险发展阶段及实现路径研究》、《经济增长是如何影响养老金支出的？——基于省际面板数据的系统 GMM 估计》、《养老服务迫切需要新模式新业态》、《供给侧改革下养老服务产业化发展的现实困境与路径构建》等学术论文，出版《供给侧改革视角下我国养老服务产业化模式与路径研究》（独著）、《中国养老金融发展报告(2016)》（参编）等专著，主持国家自然科学基金项目、教育部人文社科基金项目等 10 余项。

序

　　健康是人类生存和发展的一个基本要素，也是评价社会进步与否的一项重要指标，而法治则是保障健康的关键路径。健康领域的多元属性决定了该领域的法治体系必然是为了满足人类健康需要而建构的多层次、多向度的法律系统。

　　目前，围绕"健康法治"这一主题的研究成果主要分为三个类别：第一类主要是探索如何协调健康与经济、社会等相关领域的关系，框定健康基本法律关系，指导各专门分支法律制定和实施的基础理论研究；第二类专门研究医药、卫生、保险等专门领域的法律问题，如公共卫生、药品管理、医疗保险、环境保护等领域的基本法律制度和法律关系；第三类成果则属于侧重以各专项健康法律制度、法律规则和技术性规范的适用状况为研究对象的实证研究。

　　虽然我国健康领域的法治研究已形成一定规模，但限于我国健康领域法律制度的碎片化、分散化和平面化，层次清晰、逻辑严整、功能耦合的健康法治体系尚未形成，从而影响了学术研究的推进和深入。但欣喜的是，从我国健康领域的法治现状和发展趋势来看，我国正在建设以《基本医疗卫生与健康促进法》为基础，以卫生、医疗、药品、康养等众多专项健康法律制度为支撑，层次分明、功能整合、系统有机的健康法治体系。这必将有力地推动健康领域的学术研究，《中国健康法治发展报告》正是这一转变过程中的学术产物。

　　《中国健康法治发展报告》以习近平总书记"要完善国民健康政策，为人民群众提供全方位全周期健康服务"的重大论断为理论指引，聚焦于推进国民健康法律治理过程中的既有成果、创新思想和发展趋势，科学评估我

国健康法治事业的发展状况，是观察健康中国行动实施情况的法治视角，是"全面推进依法治国"战略布局在健康法治领域的创新体现。

当前我国正处在决胜全面建成小康社会、全面推进依法治国和全面实施健康中国战略的关键期。2019 年底突如其来的新冠肺炎疫情不仅暴露了我国在疾病防控、医疗救治、物资保障、督查问责等制度上的不足，也对健康法治建设提出了更为紧迫的要求。《中国健康法治发展报告》的出版意在丰富健康领域的法治研究类型，持续跟踪有关健康领域基本法律关系和法律制度的实证研究和立法工作，促进我国健康法治研究的体系化和科学化发展。

《中国健康法治发展报告》的主创团队是一支有理想、有抱负的青年军。虽然在学识和技巧上仍有很大的提升空间，但他们怀揣对中国法治建设的美好憧憬，秉持"求真务实"的研究理念，恪守客观记录、公正评价的学术标准，对健康法治领域的研究进行了一次勇敢的尝试。相信《中国健康法治发展报告》必将在充分吸收前辈们学养的基础上，为中国健康领域的法治建设作出贡献。

冯　果

2020 年 3 月 31 日于武大寓所

摘　要

《中国健康法治发展报告》是武汉大学大健康法制研究中心组织编撰的国内首部健康法治领域的年度报告。全书以习近平总书记"要完善国民健康政策，为人民群众提供全方位全周期健康服务"的重大论断为理论指引，力求对我国健康法治事业的发展状况和既有成果进行客观记录，并对推进"健康中国"法律治理过程中的创新思想和发展趋势进行科学评估和分析。

《中国健康法治发展报告（2020）》分为总报告、法治指数、专题报告、理论前沿和重点案例评述五大板块。

总报告《2019 年中国健康法治的发展现状与未来趋势》检视了过去一年中国健康法治的建设和实施状况，并结合当前新冠肺炎疫情对我国健康法治领域的多方面挑战，对中国健康法治的发展趋势进行了分析。

《中国健康法治指数》借鉴文本挖掘和 PMC 指数模型方法，从 9 个维度构建健康法治建设评价指标体系，应用评价指标体系对 2018 年各省份健康法治建设情况进行了综合评估，剖析了各地区健康法治建设的成效与不足，提出了改进的可能路径和建议。

专题报告《2019 年中国健康相关立法报告》通过对 2019 年全国和地方健康立法成果的汇总，并以健康所涉领域、立法级别、立法地域为划分标准，深入分析研究了该年度健康立法的重要成果。另外两篇专题报告分别聚焦异地就医直接结算制度的实施现状与完善路径，以及大健康产业相关专利的战略发展分析。

理论前沿板块由四篇知名学者的专题文章组成，分别聚焦 2019 年年末新冠肺炎疫情的法治化应对和健康法治基本理论。通过对年度热点问题进行理论分析，能够更好地厘清健康与法治的关系，探索贯彻落实"健康中国"

战略的法治路径。

重点案例评述选取了 2019 年发生在药品质量、医疗器械、健康保险等相关领域的十个典型案例，以案说法、以案释法，梳理和总结类案的裁判要点。

关键词：健康法治　法治指数　健康立法　大健康产业

Abstract

Annual Report on China Health Nomocracy is the first report in the field of health nomocracy in China compiled by the Wuhan University Research Center for Health Law. The report is guided by the important conclusion of General Secretary Xi Jinping's "Improving the National Health Policy and Providing the People with a Full Range of Full-Cycle Health Services", record the current status of China's health nomocracy, analyzes the development trends in the process of advancing "Healthy China".

Annual Report on China Health Nomocracy (2020) is composed of five parts: general report, index report, special report, theoretical frontier and key cases report.

The general report "Development Status and Future Trends of China's Health Law in 2019" reviewed the construction and implementation of China's health nomocracy in the past year, combined the current challenges of the COVID – 19 to the field of health nomocracy in China, and analyzes the development trend of health nomocracy.

The "China Health Nomocracy Index" draws on text mining and PMC index model methods to construct an evaluation index system for health rule of law construction from 9 dimensions. The index system of the report has conducted a comprehensive assessment of the health nomocracy in each province in 2018, analyzed the effectiveness and deficiencies of the health nomocracy in each region, and proposed possible paths and suggestions for reference improvement.

The special report is composed of three reports, focusing on the results of national and local health legislation in 2019, the improvement of the direct settlement system for medical treatment in different places and the strategic development analysis of related patents in the massive health industry.

The theoretical frontier section consists of four special articles by well-known

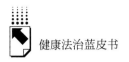
scholars, focusing on the legal response of the COVID – 19 and legal theory of healthy law. Through the theoretical analysis of the annual hot issues, we can better clarify the relationship between health and the health law, and explore the nomocracy path to implement the "Healthy China" strategy.

The key cases report selected ten typical cases that occurred in the field of health nomocracy in 2019, and sorted out and summarized the main points of the judgment of the classified cases.

Keywords：Health Nomocracy；Nomocracy Index；Health Legislation；Massive Health Industries

目　录

Ⅴ　重点案例评述

Ⅵ　附　录

皮书数据库阅读 **使用指南**

总 报 告

General Report

B.1
2019年中国健康法治的发展
现状与未来趋势

周 围*

摘 要： 健康法治作为"健康中国"战略进程中的基础保障和重要环
节，其法律治理路径也贯穿于立法、行政和司法的各个环
节。本报告在搜集、整理2019年度中国健康法治成果的基础上，
客观、科学地分析中国健康法治的发展现状和实施水平，总
结和剖析中国健康法治的年度重点，并从健康法治基础、法
治意识、科学执法、法律责任、服务网络和协同监管等方面
深入分析和预测发展趋势。此外，报告还从市场管理、医疗
保障、卫生防控和科研支撑等方面，对新型冠状病毒肺炎疫
情的防控提出了完善意见。

* 周围，武汉大学法学院副教授、硕士生导师，武汉大学大健康法制研究中心研究员。

关键词： 健康法治　立法成果　行政治理　司法实践　新型冠状病毒防控

人民健康是民族昌盛和国家富强的重要标志。自党的十八大以来，我国卫生健康事业取得了新的显著成绩，医疗卫生服务水平大幅提高，居民主要健康指标总体优于中高收入国家平均水平。① 在此基础上，党的十九大作出了实施"健康中国"战略的重大决策部署，立足完善国民健康政策，为人民群众提供全方位全周期健康服务，这充分体现了党对维护人民健康的坚定决心。在推进"健康中国"战略的过程中，完善相关法律法规体系，以法治促进和推动中国特色基本医疗卫生体制、食药安全保障机制、环境资源保护体系以及公共卫生管理系统等的全面建立、改革和完善，无疑将成为"健康中国"战略进程中的基础保障和重要环节。

作为一个重大领域的社会经济问题，健康领域的法治研究和法治保障也成为涉及众多法律部门的综合法律领域，如食药安全、医疗服务、环境改善（大气、水、土壤污染防治）和重大疾病防控（传染病、地方病、心脑血管疾病、糖尿病、癌症等）等细分领域均在法律制度层面有特定的规范诉求。② 正因如此，在历年的全国两会上，都曾有代表提出要制定一部基础性和综合性的国民健康法以统摄我国健康领域的所有重大法律基础和疑难问题。③ 本报告也是在总结我国改革开放四十年所取得的健康法治成果的基础上，进一步检视 2019 年中国健康法治的发展现状和实施水平，并对未来发展趋势进行预测。

---

① 健康中国行动推进委员会：《健康中国行动（2019—2030 年）》，http：//www. gov. cn/xinwen/2019 – 07/15/content_ 5409694. htm，2019 年 7 月 15 日。
② 《国务院关于实施健康中国行动的意见》，http：//www. gov. cn/zhengce/content/2019 – 07/15/content_ 5409492. htm，2019 年 7 月 15 日。
③ 胡敏洁：《通过法律保障国民健康》，《民主与法制时报》2019 年 9 月 1 日，第 3 版。

一 立法成果：顶层设计与法制保障

（一）《健康中国行动（2019—2030年）》

2019年6月，国务院出台了《国务院关于实施健康中国行动的意见》，制定并印发了《健康中国行动（2019—2030年）》。同年7月，国务院办公厅发布了《健康中国行动组织实施和考核方案》，正式成立了健康中国行动推进委员会，以负责统筹推进该战略的组织实施、监测和考核等相关工作。在具体内容上，该战略主要围绕疾病预防和健康促进两大核心展开，主要包括以下四个部分。

第一，在总体指导思想上，该战略明确提出坚持"以人民为中心"的发展思想，牢固树立"大卫生、大健康"理念，坚持"预防为主、防治结合"的原则，以"基层"为重点、"改革创新"为动力，提倡"中西医"并重，把"健康融入所有政策"。[①] 而在基本实现路径的设定上，则主要包括"普及健康知识""参与健康行动""提供健康服务"以及"延长健康寿命"这四项。至于总体目标，按照该战略的规划则分为两个阶段逐步落实：第一阶段是2019~2022年，力争覆盖经济社会各相关领域的健康促进政策体系基本建立，我国全民健康素养水平稳步提高；第二阶段则是2023~2030年，实现全民健康素养水平大幅提升。[②]

第二，在具体指标的设计上，该战略主要将"健康知识普及行动""合理膳食行动""全民健身行动""控烟行动""心理健康行动""健康环境促

[①] 也包括：针对重大疾病和一些突出问题，聚焦重点人群，实施一批重大行动，政府、社会、个人协同推进，建立健全健康教育体系，引导群众建立正确的健康观，形成有利于健康的生活方式、生态环境和社会环境，促进以治病为中心向以健康为中心转变，提高人民健康水平。

[②] 具体还包括：健康生活方式加快推广，心脑血管疾病、癌症、慢性呼吸系统疾病、糖尿病等重大慢性病发病率上升趋势得到遏制，重点传染病、严重精神障碍、地方病、职业病得到有效防控，致残和死亡风险逐步降低，重点人群健康状况显著改善。

进行动""妇幼健康促进行动""中小学健康促进行动""职业健康保护行动""老年健康促进行动""心脑血管疾病、癌症、慢性呼吸系统疾病、糖尿病防治行动""传染病及地方病防控行动"作为评价各级党委和政府在健康治理和投入上的考核指标。

第三，在战略目标的推进上，该战略提出将开展 15 个重大专项行动，促进以治病为中心向以人民健康为中心转变，努力使群众少生病、不生病。其中专项行动包括健康知识普及、控烟、心理健康促进、心脑血管疾病防治、癌症防治等，并分别从个人、家庭、社会、政府等方面提出行动目标的具体要求。

第四，在保障措施上，该战略要求由国家卫健委牵头、相关部门按职责分工负责以及各省级人民政府分别负责，加强组织领导、开展监测评估、健全支撑体系、加强宣传引导，特别是要建立科学合理的绩效考核评价机制，以强化战略的落实工作。

在《国务院关于实施健康中国行动的意见》第四部分"组织实施"的第三项"健全支撑体系"中，强调"完善相关法律法规体系，开展健康政策审查，保障各项任务落实和目标实现"。而在《健康中国行动（2019—2030 年）》中，亦明确"完善相关法律法规体系，以法治保障健康中国建设任务落实和目标实现"。这也意味着，相关法律法规体系的完善及健康政策审查的落实工作等将成为法治层面关注的重点。

（二）健康法治的立法概况

在党的十九大报告有关"实施健康中国战略"的部署以及《健康中国行动（2019—2030 年）》中，法律制度被定位为重要的保障措施，即"完善相关法律法规体系，以法治保障健康中国建设任务落实和目标实现"。事实上，我国健康法治的立法既根植于国内相关法律体系，亦与国际规则一脉相承。纵观 2019 年健康领域的立法全景，相比于国际规则的安常守故，我国国内立法积极填补空白，加速更新，回应急需，突破难关。

1. 健康权的国际规范

世界卫生组织发布的《概况介绍 31 号》（Fact Sheet No. 31）专门就健康权的概念和内涵等作了说明和定义，即健康权是一项广泛的权利，所有指向影响健康的一系列决定性因素应受经济、社会和文化权利委员会的监督，而这些"影响健康的一系列决定性因素"应当包括安全的饮用水和食物，充足的卫生设备、营养和住房，健康的工作和环境条件，以及与健康相关的教育和信息等。[①] 同时，健康权也被国际社会视为一项基本人权，如联合国《经济、社会及文化权利国际公约》第 12 条第 1 款就明确规定："本公约缔约各国承认人人有权享有能达到的最高的体质和心理健康的标准。"并在该条第 2 款中进一步列举各成员国为充分实现这一权利而应当采取的步骤，至少包括保障胎儿和婴幼儿的健康发育；改善环境卫生与工业卫生；预防、治疗和控制传染病、风土病、职业病以及其他的疾病；及创造保证人人在患病时能得到医疗照顾的条件。我国全国人民代表大会常务委员会也于 2001 年 2 月 28 日批准了该公约，并承诺中华人民共和国政府将对《经济、社会及文化权利国际公约》的相关规定，依据我国《宪法》《劳动法》等法律进行严格落实。[②] 甚至在 2017 年 9 月 29 日《中国健康事业的发展与人权进步》白皮书中，也开宗明义地强调"健康权是一项包容广泛的基本人权，是人类有尊严地生活的基本保证，人人有权享有公平可及的最高健康标准"。这彰显出，在保障公民健康权的问题上，中国愿与国际社会一道为人类社会的持续发展贡献力量，即以保障国内公民健康权为基石，分享中国健康法治经验，凝聚健康权保障国际共识，这也是践行和落实人类命运共同体理念的使命和担当。

2. 健康权的国内规范

从国内立法体系观之，宪法是国家根本大法和治国安邦的总章程，在全

---

① 参见李广德《健康作为权利的法理展开》，《法制与社会发展》2019 年第 3 期。
② 《全国人大常委会关于批准〈经济、社会及文化权利国际公约〉的决定》，《人民日报》（海外版）2001 年 3 月 1 日，第 4 版。

面依法治国中占据突出位置。① 我国《宪法》第 21 条则明确规定："国家发展医疗卫生事业，发展现代医药和我国传统医药，鼓励和支持农村集体经济组织、国家企业事业组织和街道组织举办各种医疗卫生设施，开展群众性的卫生活动，保护人民健康。"同时，在《宪法》第二章"公民的基本权利和义务"中，又通过明确劳动者的休息权②及老病残者的获得物质帮助权③进一步保障人民健康权利。因此，在 2017 年《民法总则》中，自然人的"健康权"也被确立为我国公民的基本民事权利之一。④ 在 2020 年 5 月 28 日审议通过的《中华人民共和国民法典·人格权编》中，"健康权"被纳入人格权的核心内容，得到无诉讼时效限制（第 995 条）、请求精神损害赔偿（第 996 条）、申请禁令（第 997 条）、禁止侵害（第 1004 条）和获得法定救助（第 1005 条）等法律保护。具体到与健康因素相关的各个子集的立法，在医疗医药领域有三部由全国人大常委会通过的全国性法律，即《执业医师法》《中医药法》《药品管理法》；在公共卫生领域，我国制定了《疫苗管理法》《传染病防治法》《职业病防治法》《母婴保健法》《精神卫生法》《食品安全法》《生物安全法》《进出口商品检验法》《红十字会法》《献血法》《人口与计划生育法》11 部公共卫生单行法律，构成了我国较为完整的公共卫生法律体系。⑤当然，如果从生命健康权的侵权规制、水土大气的环境保护、健康教育的信息管理以及健康产业的市场秩序规范等涉健康因素的多维角度及大健康理念出发，我国在相关法律和政策的规范上也有相应的保障。

---

① 参见新华社《弘扬宪法精神，履行宪法使命》，http：//www.xinhuanet.com/politics/2018lh/2018 - 03/18/c_ 1122552280.htm，2018 年 3 月 18 日。

② 《中华人民共和国宪法》第 43 条："中华人民共和国劳动者有休息的权利。国家发展劳动者休息和休养的设施，规定职工的工作时间和休假制度。"

③ 《中华人民共和国宪法》第 45 条："中华人民共和国公民在年老、疾病或者丧失劳动能力的情况下，有从国家和社会获得物质帮助的权利。国家发展为公民享受这些权利所需要的社会保险、社会救济和医疗卫生事业。"

④ 《中华人民共和国民法总则》第 110 条："自然人享有生命权、身体权、健康权、姓名权、肖像权、名誉权、荣誉权、隐私权、婚姻自主权等权利。法人、非法人组织享有名称权、名誉权、荣誉权等权利。"

⑤ 参见陈云良《健康权的规范构造》，《中国法学》2019 年第 5 期。

二 行政治理：体制改革与市场规范

（一）深化健康领域行政体制改革

1. 健康领域的机构协调与职责规划

2018 年 2 月 28 日，《深化党和国家机构改革方案》出台，提出在医疗领域，新组建成立国家卫生健康委员会（简称"国家卫健委"）和国家医疗保障局（简称"国家医保局"），体现了全民健康管理已上升为基本国策，而规范政府职能也更符合"健康中国"的理念，这对于整个医疗行业统筹规划（如部门统筹，管办分离，三保合一，责权分明）和医疗体制改革都有积极影响，同时，能够有效推进分级诊疗和强基层政策，真正落实十九大报告中提到的为人民群众提供全方位全周期的健康服务，把以治病为中心转变到以人民健康为中心的大政方针。在此机构设置与职责协调的基础之上，2019 年 6 月 4 日，国务院办公厅发布《国务院办公厅关于印发深化医药卫生体制改革 2019 年重点工作任务的通知》，① 对 2019 年深化医疗卫生体制改革工作作出重要规划和部署。

2. 健康领域的简政放权与审批改革

2019 年以来，健康领域的审评审批制度改革持续深化，推动我国健康产业转型升级，助力医药质量稳步提升。尤其是 2019 年 3 月 6 日发布的《国务院关于取消和下放一批行政许可事项的决定》（以下简称"《决定》"）中，明确取消国产药品注册初审、下放护士执业注册审批层级，以及 2019 年 7 月 15 日，国家药品监督管理局发布《国家药监局关于进一步完善药品关联审评审批和监管工作有关事宜的公告》，进一步优化和完善药品关联审评审批和监管工作事项。这些对于在健康领域明晰审批权、提高审批效

---

① 《国务院办公厅关于印发深化医药卫生体制改革 2019 年重点工作任务的通知》，http://www.gov.cn/zhengce/content/2019－06/04/content_ 5397350. htm，2019 年 6 月 4 日。

率、保障监管安全等具有积极意义。

（1）取消国产药品注册初审

《决定》改由国家药监局直接受理国产药品的注册申请，优化了审评审批流程，实现了受理标准的统一，构建了科学的审批机制，提高了行政审批效率，减少了省级行政成本。[①] 国家药监局强调在取消注册初审的同时，要从以下方面入手优化服务和加强监管：首先，在工作流程上进行优化，在工作标准上进行完善，办好直接受理工作；其次，注重提高药品注册审评人员的业务能力，以最严谨的标准、最严格的监管、最严厉的处罚和最严肃的问责，做好药品注册和上市工作，切实强化药品安全监管。[②]

（2）下放护士执业注册审批层级

2008年《护士条例》规定，护士注册由县区级、市级层层上报，统一由省级卫生行政部门注册，手续较为烦琐，因此，《决定》响应社会诉求，下放护士注册审批层级，由所在医疗机构的登记机关办理即可。同时，要求各级卫生健康部门加强事中和事后监管，具体包括：首先，国家卫健委要制定指导各地下放护士执业注册审批层级的实施办法；其次，全面落实护士执业电子化注册和网上办理，并加强上级卫生健康部门对辖区内卫生健康部门护士执业注册工作的监督；最后，按照"谁审批、谁监管"的原则，强化执业护士的监管工作。[③]

（3）完善药品关联审评审批改革

国家药品监管局发布《关于进一步完善药品关联审评审批和监管工作有关事宜的公告》，该公告减少了审评审批事项，在减轻辅料和包材企业负担的同时，给予药品生产企业（药品上市许可持有人）更多的原辅包选择

---

① 参见张宗利《药品注册审批改革效应初显》，《医药经济报》2019年4月18日，第2版。
② 《国务院关于取消和下放一批行政许可事项的决定》，http://www.gov.cn/zhengce/content/2019-03/06/content_5371253.htm，2019年3月6日。
③ 护士执业医疗机构由设区的市级卫生健康部门批准设立的，下放至设区的市级卫生健康部门；护士执业医疗机构由县级卫生健康部门批准设立或备案的，下放至县级卫生健康部门。

权，并突出其质量责任的主体地位，让行业更加重视原辅包和制剂质量之间以及包材和辅料质量之间的联系。在具体制度设计上，一是压实药品生产企业（药品上市许可持有人）的审计责任，督促其履行对原辅包供应商的审计责任；二是加强对原辅包企业的监督检查和延伸检查；三是服务企业高质量发展，保持政策连续性；四是以《药品管理法》修订为契机，加快推动原料药、辅料和药包材相关法规规章文件及标准的制定修订工作。① 当然，如何在实现信息透明的同时，保护好原辅包企业的知识产权，将是未来值得进一步关注的问题。

（4）落实药品优先审评审批政策

为贯彻落实中共中央办公厅、国务院办公厅《关于深化审评审批制度改革鼓励药品医疗器械创新的意见》以及《国务院关于改革药品医疗器械审评审批制度的意见》，提高创新药的上市审批效率，科学简化审批程序，国家药监局、国家卫健委 2018 年曾发布并实施《关于优化药品注册审评审批有关事宜》的公告，这也在 2019 年得到进一步落实。国家药品监督管理局药品注册管理司司长王平介绍，2019 年我国共将 193 件药品的注册审评纳入优先审批，其中一批拥有国内自主知识产权的新药得到批准。② 同时，随着"救命药"优先审评审批政策的不断完善和落实，药品监管流程大幅提速，中国上市的创新药物数量持续攀升，也吸引了全球创新药加速进入中国市场，并有不少海外药企有意向在华研发创新。例如，2019 年 8 月有海外媒体报道称，诺华计划从 2019 年到 2023 年，在中国提交 50 份新药申请。诺华认为，中国批准新药的速度加快，这可能使中国超越欧洲成为其第二大市场。③

---

① 落楠：《药品关联审评审批改革在探索中前行》，《中国医药报》2019 年 7 月 29 日，第 1 版。

② 徐婷婷：《鼓励医药创新，一年 193 件药品纳入优先审批》，http://www.jksb.com.cn/index.php? m = wap&siteid = 1&a = show&catid = 622&typeid = &id = 158279，2020 年 1 月 9 日。

③ 《2019 年药品审评审批改革持续深化，成果有哪些？》，制药网，http://www.zyzhan.com/news/detail/75421.html，2019 年 10 月 18 日。

（二）加强重点健康领域行政立法

根据中共中央、国务院印发的《法治政府建设实施纲要（2015—2020年）》，完善依法行政制度体系是加快建设法治政府的必然要求，而加强重点领域政府立法则是完善依法行政制度体系的重要环节。在具体实施方面，加强重点领域政府立法要求围绕党和国家中心工作，加快推进完善社会主义市场经济体制、保障公民权利和改善民生、保护生态环境和加强政府自身建设等领域的政府立法。对实践证明已经比较成熟的改革经验和行之有效的改革举措，要及时上升为法律法规规章。人民健康作为国家重点关注的领域，政府在2019年从行政法规、部门规章到国务院规范性文件也对此推出多项立法。

1. 食品安全监管

党的十九大报告提出实施食品安全战略，切实保障人民群众"舌尖上的安全"。因此，2019年中共中央办公厅、国务院办公厅出台《地方党政领导干部食品安全责任制规定》，以强化地方在食品安全上的责任力度。随后，中共中央、国务院发布《中共中央、国务院关于深化改革加强食品安全工作的意见》，明确到2020年，基于风险分析和供应链管理的食品安全监管体系初步建立，到2035年，基本实现食品安全领域国家治理体系和治理能力现代化。事实上，自2015年《食品安全法》实施以来，我国食品安全发展态势整体稳步向好，但仍存在一些问题。一方面，监管部门协调不到位，食品安全标准衔接不紧密，食品贮存、运输环节不规范以及食品虚假宣传时有发生等问题仍亟待解决；另一方面，我国食品安全监管中所总结的一些有益经验也应适时上升为法律规范。针对上述问题，2019年国务院制定《食品安全法实施条例》，在以下方面进行了规范：一是细化并严格落实新《食品安全法》，进一步强化制度的可操作性；二是坚持问题导向，针对食品安全领域存在的问题，完善相关制度措施（包括食品安全风险监测、食品安全标准等基础性制度，学校食品安全监管制度，保健食品监管制度，食品虚假宣传制度等）；三是重点细化过程管理、处罚规定等内容，夯实企业责任，提高违法成本，震慑违法行为。^① 同时，在2019年，中华人民共和国教育部、国家市场监督管理总局、国家卫生健康委员会等部门联合制定《学校食品安全与营养健康管理规定》，对学校食品安全与营养健康的管理体制、学校职责、食堂管理、外购食品管理、食品安全事故调查与应急处置、责任追究作出具体规定。

2. 医药安全监管

在药品和药材安全监管方面，2019年1月1日，国务院办公厅率先发布《国务院办公厅关于进一步做好短缺药品保供稳价工作的意见》以及《国务院办公厅关于印发国家组织药品集中采购和使用试点方案的通知》，随后发布的《国家医疗保障局关于印发〈关于做好当前药品价格管理工作的意见〉的通知》《国家药监局关于印发〈国家药品监督管理局关于加快推进药品智慧监管的行动计划〉的通知》对2019年短缺药品保供稳价工作作出重要部署。2019年10月，中共中央、国务院出台《中共中央、国务院关于促进中医药传承创新发展的意见》，以鼓励我国中医药的创新发展。同年，国务院修改《中华人民共和国药品管理法实施条例》^②，删除原条例第43条第1款中的"并经国务院药品监督管理部门批准注册"，意味着今后药品生产企业使用的直接接触药品的包装材料和容器无须再经国务院药品监督管理部门批准注册。2019年修订的《进口药材管理办法》也于2020年1月1日正式实施，可以说，此次修订是持续深化"放管服"改革、加强药品质量安全监管的必要之举。一方面，此次修订将委托审批权力，简化审批程序^③；另一方面，此次修订

① 《司法部、市场监管总局负责人就〈中华人民共和国食品安全法实施条例〉答记者问》，http://www.moj.gov.cn/news/content/2019-11/12/zcjd_3235510.html，2019年11月12日。
② 其他药品管理规范还有《国家卫生健康委、国家中医药局关于进一步加强公立医疗机构基本药物配备使用管理的通知》《国家药监局、国家卫生健康委关于发布药物临床试验机构管理规定的公告》。
③ 非首次进口药材，由向国家药监局申报进口，简化为向口岸所在地承担药品监督管理工作的部门办理进口备案，领取进口药品通关单；首次进口药材的申报手续，从由国家药监局审批调整为由国家药监局委托省级药品监督管理部门进行审批，方便申请人就近办理。原来由中国食品药品检定研究院承担的首次进口药材的检验工作，也调整为由申请人所在地的省级药品检验机构承担。

将严格药材执行标准，保证药材质量。①

在医疗技术和器械安全方面，2019年国务院办公厅发布《国务院办公厅关于印发治理高值医用耗材改革方案的通知》《关于建立职业化专业化药品检查员队伍的意见》，国家卫生健康委、国家中医药局发布《国家卫生健康委、国家中医药局关于印发医疗机构医用耗材管理办法（试行）的通知》，国家药监局发布《国家药监局关于印发药品检验检测机构能力建设指导原则的通知》《国家药监局关于印发医疗器械检验检测机构能力建设指导原则的通知》《国家药监局关于发布医疗器械唯一标识系统规则的公告》《国家药监局关于印发医疗器械检验工作规范的通知》，国家卫生健康委员会出台《医疗机构临床用血管理办法》《产前诊断技术管理办法》《中华人民共和国生物医学新技术临床应用管理条例》《中华人民共和国医疗器械监督管理条例》等，对医疗耗材、技术、器械等的安全监管作出进一步的规范和完善。

3. 卫生健康管理

在卫生检疫方面，2019年国务院对《中华人民共和国国境卫生检疫法实施细则》作出修改，主要是进行部门调整，将国家质检总局调整为海关总署，后者将是国境卫生检疫的总负责单位。值得注意的是，为保护我国生物资源安全，促进和保障生物技术发展，防范和禁止利用生物及生物技术侵害国家安全，《生物安全法（草案）》于2019年10月21日首次提请全国人大常委会审议，这对于有关生物安全的卫生检疫工作具有推动作用。

在化妆品卫生方面，2019年国务院修改《中华人民共和国化妆品卫生监督条例》，此次修改主要集中在两个方面：一是机构改革后，原属于卫生部门的化妆品监管事权已经统一调整到国家药品监管部门；二是落实国务院"放管服"改革，对进口非特殊用途化妆品的管理已经由审批改为备案

---

① 进口单位应当是我国境内的中成药上市许可持有人、中药生产企业，以及具有中药材或者中药饮片经营范围的药品经营企业。申请进口的药材，应当符合国家药品标准，包括现行版《中国药典》、进口药材标准以及部颁标准。

管理。① 除此之外，国家药监局也发布《国家药监局关于印发化妆品检验检测机构能力建设指导原则的通知》《国家药监局关于发布实施化妆品注册和备案检验工作规范的公告》，对化妆品检验检测的能力建设和工作规范进行指导。在地方，广东省作为化妆品产销大省出台了《广东省化妆品安全条例》，以规范本省化妆品行业的发展。

在环境卫生方面，2019年国务院修改《公共场所卫生管理条例》，此次修改主要集中在两个方面：一是机构改革后，由"卫生部"统一修改为"国务院卫生行政部门"；二是落实国家对公共场所实行"卫生许可证"制度。在此之前，国家卫计委于2017年对《公共场所卫生管理条例实施细则》也进行了修改，第一是将7类28种公共场所的进一步细分权授予地方；第二是对落实卫生要求的相关措施进行量化；第三是明确公共场所卫生的责任主体及其责任，并首次引入"第一责任人"概念；第四是将室内公共场所全部纳入禁止吸烟范围；第五是放权给地方制定预防性审查规定；第六是为调动公共场所经营者的积极性，提高消费者参与度，将量化分级管理制度化；第七是明确抽检常规化和透明化；第八是严格处罚力度等。同时，国家市场监督管理总局、国家标准化管理委员会于2019年发布了第4号国家标准公告，公共场所迎来新的卫生标准。②

在公共卫生服务（如社会办医、医疗纠纷）方面，国家进一步为基本公共卫生服务的建设和管理给予支持，出台《财政部、国家卫生健康委、国家医疗保障局、国家中医药管理局关于印发基本公共卫生服务等5项补助

---

① 如第15条修改为："首次进口的特殊用途化妆品，进口单位必须提供该化妆品的说明书、质量标准、检验方法等有关资料和样品以及出口国（地区）批准生产的证明文件，经国务院化妆品监督管理部门批准，方可签订进口合同。首次进口的其他化妆品，应当按照规定备案。"

② 公共场所新的卫生标准包括：GB 37487－2019《公共场所卫生管理规范》、GB 37488－2019《公共场所卫生指标及限值要求》、GB 37489.1－2019《公共场所设计卫生规范　第1部分：总则》、GB 37489.2－2019《公共场所设计卫生规范　第2部分：住宿场所》、GB 37489.3－2019《公共场所设计卫生规范　第3部分：人工游泳场所》、GB 37489.4－2019《公共场所设计卫生规范　第4部分：沐浴场所》、GB 37489.5－2019《公共场所设计卫生规范　第5部分：美容美发场所》。上述新标准已于2019年11月1日开始实施。

资金管理办法的通知〉》《国家卫生健康委员会、国家中医药管理局印发〈关于提升社会办医疗机构管理能力和医疗质量安全水平的通知〉》《国家卫生健康委、国家发展改革委、科技部等〈关于印发促进社会办医持续健康规范发展意见的通知〉》《国家发展改革委、国家卫生健康委、国家中医药局、国务院医改领导小组秘书处关于印发〈区域医疗中心建设试点工作方案〉的通知》《医疗机构投诉管理办法》等。

在职业健康管理方面，为贯彻新修订的《职业病防治法》《母婴保健法》，落实《国务院关于修改部分行政法规的决定》的有关要求，结合卫生健康管理需要，做好相关规章清理工作，国家卫生健康委对《职业健康检查管理办法》《母婴保健专项技术服务许可及人员资格管理办法》的部分条款进行了修改。一方面，明确开展职业健康检查工作的医疗卫生机构对备案的职业健康检查信息的真实性、准确性、合法性承担全部法律责任；另一方面，统一和优化母婴保健专项技术服务许可及人员资格管理办法。

4. 健康保险管理

在健康保险管理上，2019 年 11 月 12 日，我国银保监会发布了新修订的《健康保险管理办法》，此次修订首次将医疗意外险加入健康保险中，同时明确长期医疗保险可以进行费率调整，并删除短期个人健康保险费率浮动的表述，以适应当前费率市场化的方向。除此之外，在外资保险公司管理方面，国务院为进一步扩大金融业对外开放，修改《中华人民共和国外资保险公司管理条例》以及《中华人民共和国外资保险公司管理条例实施细则》，明确"外国保险集团公司可以在中国境内设立外资保险公司"及"境外金融机构可以入股外资保险公司"，这将在扩大中国健康保险资金来源的同时，刺激国内健康保险行业的竞争。在基本医疗保险方面，国务院相关部门发布《国务院办公厅关于印发降低社会保险费率综合方案的通知》《国家医保局、人力资源社会保障部关于印发〈国家基本医疗保险、工伤保险和生育保险药品目录〉的通知》《国家医疗保障局、财政部关于做好 2019 年城乡居民基本医疗保障工作的通知》《国家医保局、人力资源社会保障部关于将 2019 年谈判药品纳入〈国家基本医疗保险、工伤保险和生育保险药品目录〉乙类范围的通知》，以进一步优化和完善我国的基本医疗保险服务。

5. 养老服务发展

在养老服务发展方面，随着我国老龄化人口的增多，国家在与养老服务有关的机构管理、基础设施、税费政策等方面着力颇多。如2019年国务院办公厅出台《国务院办公厅关于推进养老服务发展的意见》，明确在养老服务领域，将深化"放管服"改革，拓宽养老服务投融资渠道，扩大养老服务就业创业，扩大养老服务消费，促进养老服务高质量发展，促进养老服务基础设施建设。① 在此政策之下，2019年国务院有关部门在"放管服"改革上，出台《国家卫生健康委、国家发展改革委、教育部等关于建立完善老年健康服务体系的指导意见》《社会福利机构管理暂行办法》《养老机构设立许可办法》《民政部关于印发〈养老服务市场失信联合惩戒对象名单管理办法（试行）〉的通知》，以优化养老服务机构的管理服务；在税费政策上，发布《财政部、税务总局关于明确养老机构免征增值税等政策的通知》《财政部、税务总局、发展改革委等关于养老、托育、家政等社区家庭服务业税费优惠政策的公告》《国家发展改革委、民政部、国家卫生健康委关于印发〈城企联动普惠养老专项行动实施方案（试行）〉的通知》，以为养老服务行业的发展提供税费优惠；在养老服务消费方面，出台《民政部关于进一步扩大养老服务供给，促进养老服务消费的实施意见》《人力资源社会保障部办公厅关于加强养老金产品管理有关问题的通知》，以提高养老服务的消费活力；在基础设施建设方面，出台《自然资源部关于加强规划和用地保障支持养老服务发展的指导意见》《民政部、发展改革委、财政部关于实施特困人员供养服务设施（敬老院）改造提升工程的意见》，从土地供给和工程改造方面为养老服务的基础设施提供政策指导和支撑。

6. 体育强国建设

在健康行动与北京冬奥会的背景下，国务院及其相关部门出台一系列举

---

① 《国务院办公厅关于推进养老服务发展的意见》，http：//www.gov.cn/zhengce/content/2019 - 04/16/content_ 5383270. htm，2019年4月16日。

措，加强体育强国建设。如 2019 年 9 月 2 日，《国务院办公厅关于印发体育强国建设纲要的通知》发布，进一步明确体育强国建设的目标、任务及措施。在战略目标上，到 2020 年，建立与全面建成小康社会相适应的体育发展新机制，在体育领域创新发展取得新成果，全民族身体素养和健康水平持续提高，公共体育服务体系初步建立，竞技体育综合实力进一步增强，体育产业在实现高质量发展上取得新进展。① 在战略任务上，要落实全民健身国家战略，助力健康中国建设；提升竞技体育综合实力，增强为国争光能力；加快发展体育产业，培育经济发展新动能；促进体育文化繁荣发展，弘扬中华体育精神。在政策保障上，除强化组织领导、政策支持、区域协调发展、体育人才培养外，该通知明确要推进体育领域法治和行业作风建设。同时，在 2019 年，《国务院办公厅关于促进全民健身和体育消费推动体育产业高质量发展的意见》《教育部等四部门关于加快推进全国青少年冰雪运动进校园的指导意见》《国家卫生健康委、农业农村部、中国计划生育协会关于服务乡村振兴促进家庭健康行动的实施意见》《国家发展改革委关于印发〈绿色生活创建行动总体方案〉的通知》《体育总局社体中心关于印发 2019 年健身瑜伽套段办法的通知》等的出台，也进一步为落实健康行动、筹备冬奥运动奠定了基础。

（三）强化和规范健康领域的事中事后监管

2019 年年初，国家卫生健康委召开首场发布会明确 2019 年的工作任务，其中包括"加强卫生健康法治建设，推进综合监管制度实施，加大监管整治力度"②。2019 年 9 月 12 日，国务院发布《国务院关于加强和规范事

---

① 到 2035 年，形成政府主导有力、社会规范有序、市场充满活力、人民积极参与、社会组织健康发展、公共服务完善、与基本实现现代化相适应的体育发展新格局，体育治理体系和治理能力实现现代化；到 2050 年，全面建成社会主义现代化体育强国。人民身体素养和健康水平、体育综合实力和国际影响力居于世界前列，体育成为中华民族伟大复兴的标志性事业。

② 《国家卫生健康委员会就 2019 年卫生健康工作重点任务等工作召开例行发布会》，http://www.china.com.cn/zhibo/content_ 74348416. htm，2019 年 1 月 10 日。

中事后监管的指导意见》，提出持续深化"放管服"改革，坚持放管结合、并重，把更多行政资源从事前审批转到加强事中事后监管上来，加快构建权责明确、公平公正、公开透明、简约高效的事中事后监管体系，形成市场自律、政府监管、社会监督互为支撑的协同监管格局，促进提高市场主体竞争力和市场效率，推动经济社会持续健康发展。[①] 当中也涉及诸多医药健康领域的监管内容。

1. 健全健康领域监管规则和标准

国务院指导意见要求加强健康领域标准体系建设。首先，加快建立完善健康领域国家标准和行业标准，明确市场主体应当执行的管理标准、技术标准、安全标准、产品标准，严格依照标准开展监管。其次，精简整合强制性标准，重点加强安全、卫生等领域的标准建设，优化强制性标准底线。再次，鼓励企业、社会团体制定高于强制性标准的标准，开展标准自我声明公开并承诺执行落实，推动有关产品、技术、质量、服务等的标准与国际接轨互认。另外，适应新经济新技术的发展趋势，及时修订调整已有标准，加快新产业新业态标准的研究制定。最后，加强质量认证体系建设，对涉及安全、健康、环保等方面的产品依法实施强制性认证。[②] 因此，在2019年9月18日发布的《关于调整工业产品生产许可证管理目录加强事中事后监管的决定》中，进一步明确对涉及安全、健康、环保的产品，推动转为强制性产品认证管理，认证费用由财政负担。

强化竞争政策的基础性地位，落实并完善公平竞争审查制度，加快清理在健康领域妨碍全国统一市场和公平竞争的各种规定和做法。事实上，国家卫生健康委早已根据《国务院办公厅关于加强行政规范性文件制定和监督管理工作的通知》要求，启动全面清理委本级限制排除竞争的政策措施，在2018年共计对2017～2018年的113个批次400多份文件进行公平

---

① 《国务院关于加强和规范事中事后监管的指导意见》，http://www.gov.cn/zhengce/content/2019-09/12/content_ 5429462. htm? trs = 1，2019年9月12日。

② 《国务院关于加强和规范事中事后监管的指导意见》，http://www.gov.cn/zhengce/content/2019-09/12/content_ 5429462. htm? trs = 1，2019年9月12日。

竞争审查①，这一做法在 2019 年也得到进一步落实。

2. 创新和完善健康领域监管方式

第一，全面实施"双随机、一公开"监管。2019 年 1 月 30 日，国家卫生健康委办公厅发布《国家卫生健康委办公厅关于印发 2019 年国家随机监督抽查计划的通知》，监督的内容范围涉及医疗卫生机构、医务人员、药品、医疗器械、医疗技术、医疗文书等。在医疗卫生机构方面，重点督查"预防接种管理""传染病疫情报告和疫情控制""消毒隔离措施落实""医疗废物管理""病原微生物实验室生物安全管理"5 大类情况。另外，严查医疗健康行业 7 大领域执业情况，包括监督抽查医疗机构、采供血机构、放射诊疗机构、职业健康检查和职业病诊断机构、母婴保健以及计划生育技术服务机构依法执业情况，还对非法医疗美容、非法使用超声诊断仪开展"胎儿摄影"活动、代孕等突出问题开展"回头看"，对发现的违法行为依法严肃查处，加大打击力度等。同时，明确相关单位要及时公开和上报国家随机监督抽查结果。

第二，重点健康领域专项监管。按照《国务院关于加强和规范事中事后监管的指导意见》，对直接关系公共安全和人民生命健康的特殊重点领域，依法依规实行全覆盖重点监管，特别加强全过程质量管理和安全生产监督执法，严格落实生产、销售、使用、检测和监督等环节的质量及安全责任。同时，对食品、药品、医疗器械、特种设备等重点产品，通过完善产品编码管理，建立健全追溯体系，形成源头可追溯、目的地可查询、责任可追究的信息链。

第三，探索信用监管效能，大力推行信用承诺制度，将信用承诺履行情况纳入信用记录，规范认定并设立市场主体信用"黑名单"。2019 年，在药物价格稳定方面，国家卫健委约谈暴涨药品价格的企业，督促企业主动改正，视情况采取公开曝光、中止挂网、失信惩戒等措施，坚决遏制药价上涨

---

① 健康界：《2018 年国家卫生健康委做了这些法治建设工作》，http://dy.163.com/v2/article/detail/EDFFRCCD051480V3.html，2019 年 4 月 23 日。

势头。建立健全长效监管机制，综合运用监测预警、成本调查、暂停挂网、违法处罚等手段，引导企业合理定价。深化药品集中采购机制改革，加快推进国家组织药品集中带量采购和使用试点扩面，建立价格和招标采购信用评价和激励惩戒机制等，推动形成公平健康、有序竞争的市场秩序。① 除此之外，在疫苗管理上，也强化信用惩戒，建立信用记录制度。根据《基本医疗卫生与健康促进法》关于个人健康信息保护的规定，"县级以上人民政府卫生健康主管部门、医疗保障主管部门应当建立医疗卫生机构、人员等信用记录制度，纳入全国信用信息共享平台，按照国家规定实施联合惩戒"。在养老服务上，民政部发布《民政部关于印发〈养老服务市场失信联合惩戒对象名单管理办法（试行）〉的通知》，以信用监管规范养老服务市场。

第四，深化"互联网＋"健康治理。2019 年 5 月 29 日，国家卫健委规划司指出未来在与各省（区、市）共建"互联网＋医疗健康"示范省（区、市）过程中，有以下三个层面的工作将被积极推动：首先，探索"互联网＋医疗健康"的政策体系，逐步完善信息共享、数据安全、价格收费、监管模式、支付方式和利益分配等，建立健全"互联网＋医疗健康"发展的政策机制和标准规范；其次，推动"互联网＋医疗健康"和健康大数据的产业应用，落实大数据中心和产业园建设，培育以医疗服务为核心的产业发展新业态；最后，提升各区域医疗服务水平，促进优质医疗资源有效流动，充分运用"互联网＋"新模式，形成集医疗服务、科研教学、健康产业为一体的区域医疗中心，带动提升示范省（区、市）及周边地区的医疗服务能力。以此为基础，国家卫健委也将严格落实健康安全标准和要求，确保"互联网＋医疗健康"服务遵循医疗规律，注重医疗质量，保障医疗安全，稳定医疗秩序，坚守安全底线。② 除此之外，2019 年 9 月 3 日，国家卫健委发布《国家卫生健康委关于印发全民健康信息化为基层减负工作措施的通

① 国家卫健委：《多措并举稳药价，建立健全长效监管机制》，http：//credit. fzgg. tj. gov. cn/447/25234. html，2019 年 8 月 22 日。

② 健康界：《调价格，国家卫生健康委透露"互联网＋医疗健康"发展新规划》，https：//www. sohu. com/a/317260195_ 139908，2019 年 5 月 29 日。

知》，解决基层反映突出的卫生健康领域"系统报表繁""多头重复报""数据共享难"等问题。

3. 建立药品市场主体首负责任制

按照《国务院关于加强和规范事中事后监管的指导意见》，国家将加强卫生行业市场主体责任，特别是建构和细化市场主体首负责任制，并在安全生产、质量管理、市场宣传等方面，督促市场主体强化自我监督和履行法定义务。除此之外，涉及公共卫生安全的企业应积极建立健全内控和风险防范机制，落实专人负责，加强员工安全教育及内部安全检查。同时将进一步加强年报公开，推广"自我申报 + 信用管理"的模式，推动企业开展标准的自我申报和服务质量公开承诺，加快建立产品质量安全事故强制报告制度，以切实保护公众知情权。这一点延续了《食品安全法》的思路，并在 2019年《药品管理法》的修订中再次得到体现，在民事法律责任条款修改中，提出实行民事赔偿首负责任制，即规定受害人可以向药品上市许可持有人、药品生产企业、药品经营企业和医疗机构中的任何一家索赔。任何一家只要接到受害人的赔偿请求，都应及时向消费者履行赔偿责任，而不能以任何理由推卸首负赔偿之责。

4. 提升健康领域监管规范性和透明度

按照《国务院关于加强和规范事中事后监管的指导意见》，将规范涉健康行业企业行政检查和处罚，压减重复或不必要的检查事项，禁止将罚没收入与行政执法机关利益挂钩。严格落实行政执法公示、执法全过程记录、重大执法决定法制审核制度。健全尽职免责、失职问责办法。2019 年 12 月 1日《疫苗管理法》正式实施，《药品管理法》得到修订，其中的行政监管内容将增强疫苗、药品执法监管的科学性、专业性，同时增强贯彻执行的规范性、精准性。在透明度上，2020 年 1 月 9 日，中央依法治国办联合最高人民法院、最高人民检察院、公安部、国家市场监管总局、国家药监局等，发布 2018 年以来查办的 15 件（其中 2018 年 3 件、2019 年 12 件）食药监管执法司法典型案例。2019 年 12 月 3 日，公安部发布《整治食品安全问题十大典型案例》，进一步震慑食品安全违法行为。同年，市场监管单位也发布

《市场监管总局关于加强调味面制品质量安全监管的公告》《市场监管总局关于发布〈保健食品标注警示用语指南〉的公告》《财政部、市场监管总局、药监局关于印发〈食品药品监管补助资金管理暂行办法〉的通知》等，对相关食品质量安全监管执法问题作出进一步的规范。

三　司法实践：政策规范与纠纷热点

回顾 2019 年与健康领域相关的司法实务工作，我们可以发现，其主要的内容在于进一步完善健康领域的司法规范以及解决健康领域的纠纷热点，这对于把脉我国健康领域司法实践具有指导意义。

（一）健康领域的司法政策规范与制度建设

在 2019 年，我国最高人民法院和最高人民检察院，在与健康领域相关的民生司法保障工作、价格争议纠纷调解工作、环保司法机构设置、公益诉讼检察制度、生态环境损害赔偿诉讼审判工作及兴奋剂和毒品犯罪行为惩治等方面的政策规范和制度建设耕耘较多。

1. 加强民生司法保障工作

2019 年 10 月 24 日，最高人民法院发布《最高人民法院关于为推动经济高质量发展提供司法服务和保障的意见》，在第十项工作内容中，明确要加强民生司法保障工作。坚持以人民为中心，妥善审理好教育、医疗、养老、住房、环境、劳动就业、社会保障等领域相关案件，更加重视保护弱势群体合法权益，促进保障和改善民生。深化家事审判方式和工作机制改革，促进家事纠纷专业化、社会化、人性化解决，探索推进家事审判与少年审判协同发展。进一步健全完善中国特色社会主义少年司法制度，积极预防未成年人犯罪，加强未成年人权益司法保护。积极参与平安校园建设，加强校园欺凌防治。推进司法保护与行政、家庭、学校、社区保护联动机制试点，加强对空巢老人、留守儿童等合法权益的司法保护。依法严厉打击利用保健品、投资理财等诈骗特殊群体的犯罪行为。做好国家赔偿、司法救助工作，

推进司法救助与法律援助、社会救助有机衔接,切实保障生活困难群众合法权益。巩固和深化"基本解决执行难"的成果,健全解决执行难长效机制,进一步完善失信联合惩戒机制,加大涉民生案件执行力度,切实保障胜诉当事人及时实现权益。这些举措为健康领域的司法实践提供了理念指引、政策支撑和制度保障。

2. 深入开展民生领域价格争议纠纷调解工作

为深入贯彻党的十九大和十九届四中全会精神,落实中央关于推进价格机制改革和完善矛盾纠纷多元化解机制的要求,提供价格争议化解公共服务,构建调解和诉讼制度有机衔接的价格争议纠纷化解机制,2019年12月9日,最高人民法院、国家发展和改革委员会、司法部联合印发《关于深入开展价格争议纠纷调解工作的意见》。在这份意见所列的主要任务中,第一点关于"明确调解范围"指出,价格争议纠纷调解主要涉及交通事故赔偿、消费者权益保障、医疗服务、物业服务、旅游餐饮服务、工程建设造价、农业生产资料、保险理赔等民生领域的价格争议纠纷。在相关制度完善上,则明确畅通调解渠道、创新调解方式、健全对接机制、完善重大疑难事项专家会商制度、强化司法保障、加强组织领导、加强队伍建设、积极总结推广基层一线的典型做法等。这些举措为未来我国医疗、食品、保险等涉健康领域的价格争议纠纷调解工作奠定了制度基础。

3. 进一步完善生态资源和环境保护的司法机构设置

2019年1月,最高人民检察院发布《最高人民检察院职能配置和内设机构设置》,明确作为内设机构之一,第八检察厅负责办理法律规定由最高人民检察院办理的破坏生态环境和资源保护、食品药品安全领域侵害众多消费者合法权益等损害社会公共利益的民事公益诉讼案件,生态环境和资源保护、食品药品安全、国有财产保护等领域的行政公益诉讼案件;负责对最高人民法院开庭审理的公益诉讼案件,派员出席法庭,依照有关规定提出检察建议;办理最高人民检察院管辖的公益诉讼申诉案件。

2019年1月,最高人民法院作出《最高人民法院关于同意南京市中级人民法院内设环境资源专门审判机构的批复》,同意在江苏省南京市中级人民法院内设专门审理环境资源案件的机构。之后，又作出《最高人民法院关于同意南京市中级人民法院跨区域管辖部分环境资源案件的批复》，同意江苏省南京市中级人民法院跨区域管辖应由江苏省辖区内中级人民法院管辖的第一、二审环境资源案件，包括生态环境损害赔偿诉讼和环境公益诉讼案件、环境资源刑事案件、环境资源民事案件及环境资源行政案件。

4. 落实环境资源保护与食品药品安全公益诉讼检察制度

2019年1月，最高人民检察院、生态环境部及国家发展和改革委员会等联合发布《关于在检察公益诉讼中加强协作配合依法打好污染防治攻坚战的意见》，明确将协同司法部、自然资源部、住房城乡建设部、交通运输部、水利部、农业农村部、国家林业和草原局等部门，在检察公益诉讼中加强协作配合、合力打好污染防治攻坚战、共同推进生态文明建设，并重点就"线索移送""立案管辖""调查取证""诉前程序""提起诉讼""日常联络""人员交流"等形成充分的协作意见，也为公益诉讼检察制度的部门协调打下了坚实基础。2019年10月23日，最高人民检察院发布了《最高人民检察院关于开展公益诉讼检察工作情况的报告》，该报告指出，自公益诉讼检察工作全面推开以来，最高人民检察院积极突出办理生态环境和资源保护领域公益诉讼案件，认真落实全国人大常委会关于全面加强生态环境保护、依法推动打好污染防治攻坚战的决议。自2017年7月以来，最高人民检察院共立案生态环境和资源保护领域公益诉讼案件118012件，占立案总数的54.96%。通过办案督促治理被污染、损毁的耕地、湿地、林地、草原321万亩，督促清理固体废物、生活垃圾3104万吨，追偿修复生态、治理环境费用34.5亿元。另外，最高人民检察院也突出办理食品药品安全领域公益诉讼案件。其中各级检察机关在依法惩治制售假药劣药、有毒有害食品等犯罪的同时，立案相关公益诉讼案件71464件，占立案总数的33.28%，主要涉及校园及周边食品安全、饮用水安全、网络餐饮安全等。在下一步工作措施和建议中，最高人民检察院也明确，未来将以黑臭水体、固体废物、尾矿污染检察为工作重点，突出生态环境和资源保护领域公益诉讼案件的办理，继续跟踪督查全国人大常委会水污染防治法执法检查中发现的问题，深

化"守护海洋"公益诉讼专项督查。同时，最高人民检察院将继续加强食药安全领域的公益性保护，重点强化保健食品、校园周边、农贸市场三大专项监管，以确保老百姓"舌尖上的安全"。

5. 完善环境公益诉讼、生态环境损害赔偿诉讼审判工作

2019 年 2 月，最高人民法院发布《最高人民法院关于深化人民法院司法体制综合配套改革的意见——人民法院第五个五年改革纲要（2019—2023）》，在其主要任务中明确提出"适应特定区域、流域生态环境整体保护的现实需要，完善重大环境资源案件管辖制度，完善生态环境损害赔偿与环境公益诉讼之间的衔接机制。探索惩罚性赔偿制度在环境污染和生态破坏纠纷案件中的适用"。2019 年 6 月，最高人民法院先后发布《最高人民法院关于审理生态环境损害赔偿案件的若干规定（试行）》《人民法院保障生态环境损害赔偿制度改革典型案例》，对严格保护生态环境、依法追究损害生态环境责任者的赔偿责任的具体制度问题进行详细规定，包括诉讼事由、除外规定、案件管辖、审议构成、登记立案、举证责任分担、环境司法鉴定、损害赔偿、强制执行等内容。同年 11 月，最高人民法院发布《最高人民法院办公厅关于印发江必新副院长在全国法院环境公益诉讼、生态环境损害赔偿诉讼审判工作推进会上讲话的通知》，强调为推进生态文明建设和绿色发展提供有力的司法服务和保障。近年来，我国环境公益诉讼和生态环境损害赔偿诉讼审判工作取得突破性进展，包括"审判职能作用有效彰显""规范体系日趋健全""审判执行方式不断创新""配套保障制度日益完善""审判影响显著提升"。在此基础之上，各级人民法院仍要深刻认识环境公益诉讼和生态环境损害赔偿诉讼的价值定位和制度意义，明确环境公益诉讼、生态环境损害赔偿诉讼审判工作的重点和方向，以习近平生态文明思想为根本指引、以健全环境资源审判体制为基本载体、以审判协调机制建设为主要抓手、以扩大裁判效果为重要着力点、以进一步强化审判队伍的素质能力为不竭动力，重点"准确把握社会组织和检察机关提起环境公益诉讼的审理重点（有效释放社会组织维护环境公益的潜力活力与充分观照检察机关督促履职和诉权后置的特点）""依法妥善处理审判权与行政权的关系（注重发

挥行政机关的专业优势与准确把握审判权的行使限度）""坚持能动创新和规律遵循相结合（强化创新的针对性和实效性与严格遵循司法规律和自然规律）""依法衡平不同价值利益冲突（统筹保护多元价值利益与妥当衡平个案利益冲突）""有效解决新情况新问题（完善资金管理制度和技术辅助制度）"。

6. 维护体育公平竞争和运动员身心健康

2019年，为依法惩治走私、非法经营、非法使用兴奋剂犯罪，维护体育竞赛的公平竞争，保护体育运动参加者的身心健康，最高人民法院根据《中华人民共和国刑法》《中华人民共和国刑事诉讼法》的规定，制定《最高人民法院关于审理走私、非法经营、非法使用兴奋剂刑事案件适用法律若干问题的解释》。首先，该解释针对走私、非法经营兴奋剂的违法行为，明确根据"走私国家禁止进出口的货物、物品罪""走私普通货物、物品罪""非法经营罪"等罪名的构成要件进行相应定罪量刑。其次，对未成年人、残疾人负有监护、看护职责的人组织未成年人、残疾人在体育运动中非法使用兴奋剂，并严重损害未成年人、残疾人身心健康的，明确以虐待被监护、看护人罪定罪处罚。再次，针对生产、销售含有兴奋剂目录所列物质的食品，符合刑法第143条、第144条规定的，以生产、销售不符合安全标准的食品罪和生产、销售有毒、有害食品罪定罪处罚。最后，针对国家机关工作人员在行使反兴奋剂管理职权时滥用职权或者玩忽职守，造成严重兴奋剂违规事件，严重损害国家声誉或者造成恶劣社会影响，符合刑法第397条规定的，以滥用职权罪、玩忽职守罪定罪处罚。

7. 强化毒品犯罪行为的规范与管理

2019年4月29日发布《最高人民检察院关于〈非药用类麻醉药品和精神药品管制品种增补目录〉能否作为认定毒品依据的批复》，明确《非药用类麻醉药品和精神药品管制品种增补目录》可以作为认定毒品的依据。2019年6月，最高人民检察院和最高人民法院先后发布《检察机关依法惩治和预防毒品犯罪典型案例》《2019年十大毒品（涉毒）犯罪典型案例》，这对于毒品犯罪的案件审理具有积极的指导意义，其中所涉的重

要内容包括"明确对大麻类毒品犯罪的打击和惩处（相比于其他国家的合法化）""利用非法网络平台等犯罪工具和场所""容留未成年人吸毒""吸毒诱发的故意杀人、故意伤害""毒品犯罪证据收集"等。同时发布这些对毒品犯罪的严厉惩处案件，可以充分发挥刑罚的威慑作用，对社会进行警示。

（二）健康领域的司法热点与数据分析

基于法益的分类，可将司法案件的类型划分为刑事案件、行政和民事纠纷，而健康作为一个领域法的范畴，其内容横跨三个不同的法律部门，因此，在案件类型上也是三者兼而有之，各有侧重。

1. 健康领域的刑事案件

从现行刑法规范来看，与健康领域（食药安全、公共卫生与环境保护）直接相关的犯罪包括生产、销售伪劣食品、药品、产品犯罪，危害公共卫生犯罪，破坏环境资源犯罪等，本报告也主要对2019年以上罪名的刑事纠纷进行统计和分析。① 整体来看，相比于2014~2018年较高的案件数，2019年的案件数有所回落，但部分犯罪案件数量仍处于高位，预防与惩治治理形势依然严峻。

（1）生产、销售伪劣食品、药品、产品犯罪

纵观2019年，生产、销售伪劣食品、药品、产品犯罪在案件数量上共计5215件，其中生产、销售假药罪的案件数量最多，达2062件，占比高达39.5%。其次分别为生产、销售有毒、有害食品罪案件1183件，生产、销售伪劣产品罪案件1178件，生产、销售不符合安全标准的食品罪案件738件。其他罪名的案件则数量非常少，均低于50件，生产、销售劣药罪以及生产、销售不符合卫生标准的化妆品罪案件统计数量甚至为0（见表1）。

---

① 第一，以下关于案件数量的统计均来源于北大法宝数据库；第二，统计截止时间为2020年2月20日；第三，案件数量统计时选取的案件审理程序包括一审、二审以及再审；第四，2019年的年份指代的是案件在2019年审结；第五，统计时是将每一个罪名或案由单独进行统计的，因此会有两个甚至多个罪名或案由集中于一个案件的情况。

表1　2019年生产、销售伪劣食品、药品、产品犯罪数量及占比

罪　名	数量(件)	占比(%)
生产、销售假药罪	2062	39.5
生产、销售劣药罪	0	0.0
生产、销售不符合标准的医用器材罪	3	0.1
生产、销售有毒、有害食品罪	1183	22.7
生产、销售不符合安全标准的食品罪	738	14.2
生产、销售不符合卫生标准的化妆品罪	0	0.0
生产、销售不符合安全标准的产品罪	8	0.2
生产、销售伪劣产品罪	1178	22.6
生产、销售伪劣农药、兽药、化肥、种子罪	43	0.8
共　计	5215	100.0

资料来源：北大法宝数据库。

关于生产、销售假药罪，2010～2019年，其案件数量整体上呈现先急剧上升再缓慢下降的态势，其中2015年为转折点，亦为数值最高峰3944件（见图1）。在这十年间，上海市各级人民法院受理的案件总量最多，共计1552件，案件一审比例高达91.3%，二审比例为8.41%，再审比例仅为0.46%。同时，在涉案当事人中，机构占比22.02%，个人占比77.98%，且公益诉讼案件仅有27件。因此，打击生产、销售假药犯罪仍是未来司法工作的重点。

关于生产、销售有毒、有害食品罪，2013～2014年，其案件数量大幅上涨，在2014年达到数值最高峰4641件，此后逐年下降（见图2）。在这十年间人民法院受理的案件总量上，北京市9个法院位居前十名之列。案件一审比例高达87.6%，二审比例为11.9%，再审比例仅为0.54%。同时，在涉案当事人中，机构占比27.82%，个人占比72.18%，且公益诉讼案件仅有23件。因此，打击生产、销售有毒、有害食品犯罪也是未来司法工作的重点。

关于生产、销售伪劣产品罪，其案件数量2014年快速上涨后，一直呈现较大的波动，在2018～2019年案件数量是显著下降的，未来应警惕其回

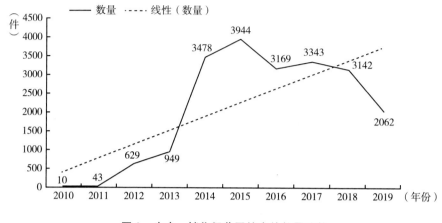

图1　生产、销售假药罪的案件数量趋势

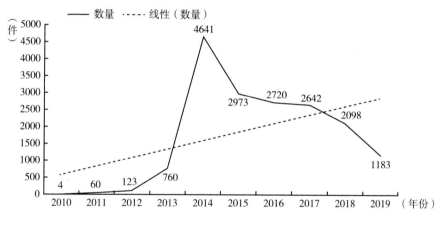

图2　生产、销售有毒、有害食品罪的案件数量趋势

暖的情况（见图3）。在这十年间人民法院受理的案件总量上，辽宁省沈阳市中级人民法院（114件）、天津市第一中级人民法院（73件）与重庆市第五中级人民法院（63件）分列前三名。案件一审比例为71.66%，二审比例高达27.83%，再审比例仅为0.51%。同时，在涉案当事人中，机构占比30.14%，个人占比69.86%。因此，打击生产、销售伪劣产品犯罪也是未来司法工作的重点。

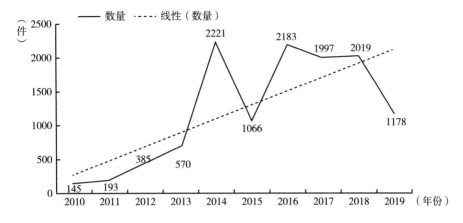

图3 生产、销售伪劣产品罪的案件数量趋势

（2）危害公共卫生犯罪

在2019年，危害公共卫生犯罪在案件数量上共计539件，其中非法行医罪的案件数量最多，达475件，占比高达88.1%。其次分别为妨害国境卫生检疫罪案件32件，妨害动植物防疫、检疫罪案件22件。其他罪名的案件数量则非常少，均不高于5件，这里值得注意的是，妨害传染病防治罪与传染病菌种、毒种扩散罪近十年（不仅是2019年）的统计数量为0（见表2）。

表2 2019年危害公共卫生犯罪数量及占比

罪　名	数量(件)	占比(%)
非法行医罪	475	88.1
妨害国境卫生检疫罪	32	5.9
妨害动植物防疫、检疫罪	22	4.1
医疗事故罪	4	0.7
非法进行节育手术罪	5	0.9
逃避动植物检疫罪	1	0.2
妨害传染病防治罪	0	0.0
传染病菌种、毒种扩散罪	0	0.0
共　计	539	100.0

关于非法行医罪，在 2010～2019 年，其案件数量整体上呈现先急剧上升再显著下降的态势，其中 2014 年为转折点，亦为数值最高峰 1934 件（见图 4）。在这十年间，由上海市各级人民法院受理的案件总量最多，共计1202 件，其余则主要分布在重庆市、辽宁省、河北省、山西省、内蒙古自治区等地的法院。案件一审比例高达 88.66%，二审比例为 11.03%，再审比例仅为 0.31%。同时，在涉案当事人中，机构占比 25.06%，个人占比74.94%。因此，打击非法行医犯罪仍是未来司法工作的重点。

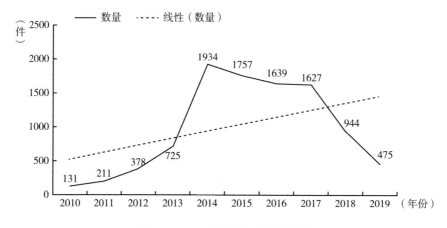

图 4 非法行医罪的案件数量趋势

关于妨害国境卫生检疫罪，其案件数量在 2018 年仅为 2 件，其余年份则为 0 件，这就意味着在 2019 年，我国加大了对国境卫生的检疫力度和公诉力度。同时，这两年所有发生的案件均由浙江省各级人民法院受理，且在涉案当事人中个人占比高达 99.03%，这也说明，浙江省作为外贸大省和小商品集散地，是国境卫生检疫的重点地区，个人检疫的情况也较为复杂。

关于医疗事故罪，近 10 年的案件总数为 151 件，其案件数量在2015～2018 年较多，均高于 20 件，到 2019 年则显著下降，仅为 4 件，分别为"内蒙古自治区武某某医疗事故罪"（公诉案件）①、"吉林省李洪

---

① 内蒙古自治区武某某医疗事故罪（2018）内 0525 刑初 365 号。

昌医疗事故罪"（自诉案件）[①]、"安徽省李金翠医疗事故罪"（公诉案件且历经两审）[②]，其中自诉案件被法院驳回起诉，两件公诉案件被告人均被判刑（见图5）。在各地法院的审理上，呈现零星分布的非集中态势。同时，值得注意的是，相关案件的一审比例仅为54.55%，二审比例高达39.39%，再审比例也高达6.06%，说明这类案件在现实司法审理上争议较大。至于在涉案当事人中，机构占比为30.19%，而个人占比为69.81%。

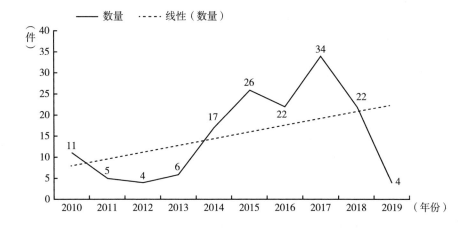

图5 医疗事故罪的案件数量趋势

（3）破坏环境资源犯罪

在2019年，破坏环境资源犯罪在案件数量上共计14982件，其中滥伐林木罪的案件数量最多，达4092件，占比为27.3%。其次分别为非法占用农用地罪案件2664件、非法采矿罪案件1458件、污染环境罪案件1420件，其他罪名的案件数量则分布不均（见表3）。

---

① 吉林省李洪昌医疗事故罪（2019）吉0581刑初246号、（2019）吉05刑终124号。
② 安徽省李金翠医疗事故罪（2019）皖0621刑初27号。

表3 2019年破坏环境资源犯罪数量及占比

罪　名	数量（件）	占比（%）
滥伐林木罪	4092	27.3
非法占用农用地罪	2664	17.8
非法采矿罪	1458	9.7
污染环境罪	1420	9.5
非法捕捞水产品罪	1402	9.4
盗伐林木罪	1198	8.0
非法狩猎罪	1062	7.1
非法收购、运输、出售珍贵、濒危野生动物、珍贵、濒危野生动物制品罪	627	4.2
非法采伐、毁坏国家重点保护植物罪	572	3.8
非法猎捕、杀害珍贵、濒危野生动物罪	307	2.0
非法收购、运输、加工、出售国家重点保护植物、国家重点保护植物制品罪	94	0.6
非法收购、运输盗伐、滥伐的林木罪	84	0.6
非法处置进口的固体废物罪	2	0.0
破坏性采矿罪	0	0.0
共　计	14982	100.0

关于滥伐林木罪，近十年的案件总数为40373件，其案件数量在2014～2018年较多，均高于6000件，问题较为严峻，到2019年则显著下降，但数量依然较高（见图6）。在这十年间，案件主要由重庆市、河北省、辽宁省、吉林省、山西省、内蒙古自治区等地的各级人民法院审理。案件一审比例高达93.10%，二审比例为6.68%，再审比例仅为0.22%。同时，在涉案当事人中，机构占比23.58%，个人占比76.42%。因此，打击滥伐林木犯罪仍是我国未来司法工作的重点。

关于非法占用农用地罪，在2010～2019年，其案件数量整体上呈现急剧上升的态势，直到2019年才有所下降，但数量依然较高，保护耕地的形势依然严峻（见图7）。在这十年间，仅内蒙古自治区的各级人民法院在受理的案件总量上就占据了前22位，这也显示内蒙古自治区非法占用农用地的情况非常严重。案件一审比例高达90.80%，二审比例为8.89%，再审比例仅为0.31%。同时，在涉案当事人中，机构占比高达34.23%，个人占比高达65.77%，可以说机构与个人非法占用农用地的情况都值得重视和治理。

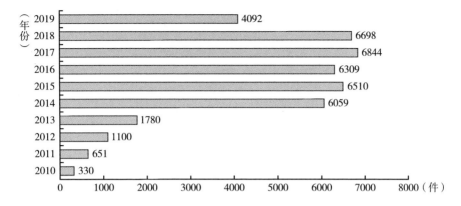

图6 滥伐林木罪的案件数量

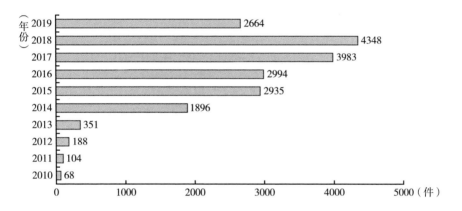

图7 非法占用农用地罪的案件数量

关于非法采矿罪，在2010～2019年，其案件数量整体上也呈现急剧上升的态势，直到2019年才有下降的态势，但数量依然较高，非法采矿的问题依然严重（见图8）。在这十年间，案件主要由河北省、辽宁省、山西省等地的各级人民法院审理。案件一审比例仅为78.12%，二审比例高达21.36%，再审比例为0.52%。同时，在涉案当事人中，机构占比高达26.99%，个人占比为73.01%。

关于污染环境罪，近十年的案件总数为10750件，其案件数量在2014～2018年较多，均高于1000件，显示在此阶段国家对环境污染的惩治力度显

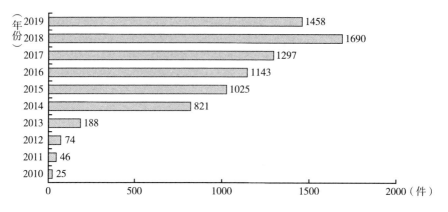

图8 非法采矿罪的案件数量

著增强,进入2019年则有些许下降,但数量依然高于1000件(见图9)。在这十年间,案件主要由河北省、辽宁省等地的各级人民法院审理。案件一审比例高达93.10%,二审比例为6.68%,再审比例仅为0.22%。同时,在涉案当事人中,机构占比23.58%,个人占比76.42%。随着国家对环保的重视和投入,对污染环境罪的治理将更为严格和富有成效。

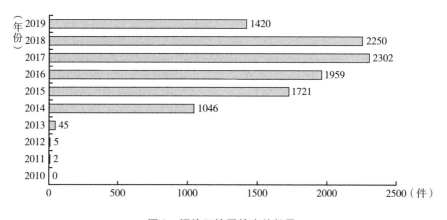

图9 污染环境罪的案件数量

2. 健康领域的行政纠纷

在行政视野下,与健康领域直接相关的行政纠纷包括食药安全与环境保护的行政作为和行政不作为纠纷。

（1）食药安全行政纠纷

2010～2019年，食药安全行政纠纷数量共计911件，其中食药安全行政作为纠纷有793件，食药安全行政不作为纠纷有118件。从数量发展趋势来看，食药安全行政作为纠纷呈现先波动上升后下降的态势，其中2017年数值是最高峰，为224件，2019年则降到仅12件（见图10）。在所有案件中一审比例为23.83%，二审比例为66.95%，再审比例为9.22%，且行政处罚为163件，行政复议为137件。同时，在涉案当事人中，机构占比92.4%，个人占比7.6%。食药安全行政不作为纠纷的数量发展趋势与食药安全行政作为纠纷的大致相当，其峰值也在2017年，为37件。在所有案件中一审比例为17.80%，二审比例为79.66%，再审比例为2.54%。同时，在涉案当事人中，机构占比85.28%，个人占比14.72%。

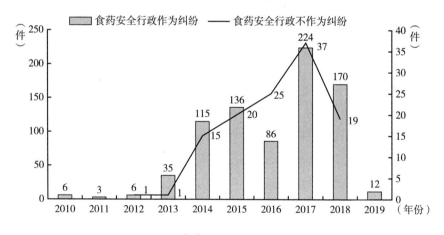

图10 食药安全行政纠纷的数量

（2）环境保护行政纠纷

2010～2019年，环境保护行政纠纷数量共计2291件，其中环境保护行政作为纠纷有2105件，环境保护行政不作为纠纷有186件。从数量发展趋势来看，环境保护行政作为纠纷呈现先上升后下降的态势，其中2014年数值是最高峰，为772件，2019年则降到13件（见图11）。在所有案件中一审比例为 61.29%，二审比例为 31.44%，再审比例为 7.27%。同时，在涉案当事人中，机构占比 92.4%，个人占比 7.6%。环境保护行政不作为纠纷的数量发展趋势与环境保护行政作为纠纷的大致相当，但其峰值在 2015 年为 49 件，2019 年则降到 0 件。在所有案件中一审比例为 69.32%，二审比例为 23.88%，再审比例 6.80%。同时，在涉案当事人中，机构占比70.59%，个人占比 29.41%。

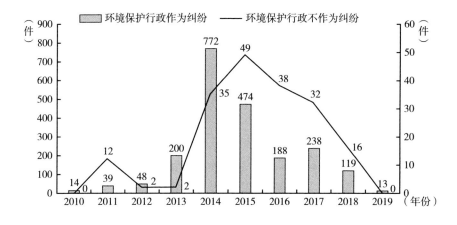

图 11　环境保护行政纠纷的数量

3. 健康领域的民事纠纷

在民事规范中，与健康领域（食药安全、公共卫生与环境保护）直接相关的案由为生命权、健康权、身体权纠纷，而在医疗方面则包括医疗损害责任纠纷、医疗服务合同纠纷、医疗产品责任纠纷、医疗保险待遇纠纷、健康保险合同纠纷，在环境保护方面则主要为环境污染责任纠纷。在 2019年，上述案由的案件数量共计 66835 件，其中涉生命权、健康权、身体权纠纷的案件数量最多，达 56289 件，占比高达 84.2%。其次分别为医疗损害责任纠纷 8109 件，医疗服务合同纠纷 1738 件，环境污染责任纠纷 398件。其他纠纷的数量相对较少，均低于 200 件，医疗产品责任纠纷仅 26件。见表 4。

表4 2019年健康领域民事纠纷数量及占比

民事案由	数量(件)	占比(%)
生命权、健康权、身体权纠纷	56289	84.2
医疗损害责任纠纷	8109	12.1
医疗服务合同纠纷	1738	2.6
医疗产品责任纠纷	26	0.0
医疗保险待遇纠纷	89	0.1
健康保险合同纠纷	186	0.3
环境污染责任纠纷	398	0.6
共　计	66835	100.0

（1）生命权、健康权、身体权纠纷

2011～2019年，生命权、健康权、身体权纠纷数量整体上呈现先急剧上升再显著下降的态势，其中2017年为转折点，亦为数值最高峰，达142487件（见图12）。在这些年，由上海市和北京市的各级人民法院受理的案件总量最多，其中仅上海浦东新区人民法院受理的案件就达5297件，显示出北京和上海的民事诉讼活动较为活跃。同时，案件一审比例高达74.08%，二审比例为22.62%，再审比例为3.30%。而在涉案当事人中，机构占比21.17%，个人占比78.83%。因此，解决生命权、健康权、身体权纠纷仍是我国未来司法工作的重点。

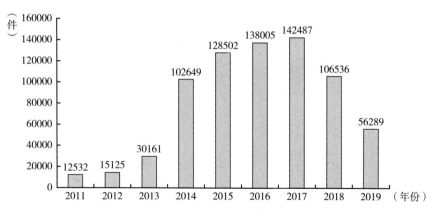

图12 生命权、健康权、身体权纠纷数量

（2）医疗损害责任纠纷

2010～2019年，医疗损害责任纠纷数量在2014年突破10000件大关，之后至2017年一直呈逐步上升态势，随后开始下降，尤其是2019年数量锐减近半，再次回落至10000件以下（见图13）。在此十年间，上海市第二中级人民法院、北京市第二中级人民法院、上海市第一中级人民法院、北京市西城区人民法院在审理数量上分列前四位。同时，案件一审比例仅为59.29%，二审比例为32.21%，再审比例高达8.50%，其中执行案件有2575件。而在涉案当事人中，机构占比高达95.26%，个人占比4.74%。

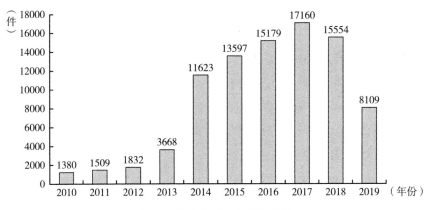

图13　医疗损害责任纠纷数量

（3）医疗服务合同纠纷

2010～2019年，医疗服务合同纠纷数量从2014年至2017年一直在3500件以上，之后两年逐年显著下降，到2019年为1738件（见图14）。在这些年，各地各级人民法院受理的案件总量分布不均。同时，案件一审比例高达82.83%，二审比例为14.13%，再审比例为3.04%。而在涉案当事人中，机构占比88.61%，个人占比11.39%。

（4）医疗产品责任纠纷

2012～2019年，医疗产品责任纠纷数量整体上浮动态势比较稳定，每年的数量不超过100件，总计315件，其中2015年达到最高值62件，2019年则降至26件（见图15）。在这些年，案件审理主要集中在东部沿海和中

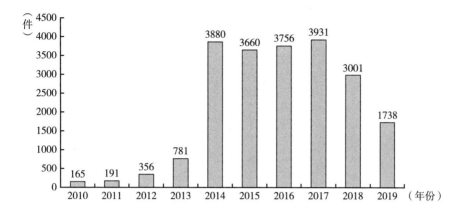

图 14　医疗服务合同纠纷数量

部地区的省份。同时，案件一审比例为 67.89%，二审比例为 26.05%，再审比例高达 6.05%。而在涉案当事人中，机构占比 61.16%，个人占比 38.84%。

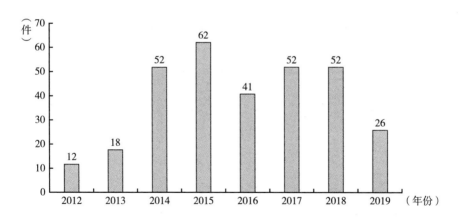

图 15　医疗产品责任纠纷数量

（5）医疗保险待遇纠纷

2010～2019 年，医疗保险待遇纠纷数量在整体上呈现先急剧上升再显著下降的态势，其中 2016 年为转折点，亦为数值最高峰，达 564 件（见图 16）。在此十年间，江苏省、重庆市和辽宁省的各级人民法院受理的案件数量较多。

同时，案件一审比例为 69.52%，二审比例为 28.46%，再审比例为 2.02%。
而在涉案当事人中，机构占比高达 83.91%，个人占比 16.09%。

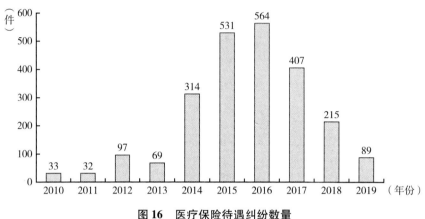

图 16　医疗保险待遇纠纷数量

（6）健康保险合同纠纷

2010～2019 年，健康保险合同纠纷数量整体上呈现逐步上升的态势，总
共 1106 件，其中 2018 年为数值最高峰，达 232 件，在 2019 年则略微下降
（见图 17）。在这些年，内蒙古自治区和江苏省的各级人民法院受理的案件总
量较多。同时，案件一审比例高达 75.02%，二审比例为 22.16%，再审比例
为 2.82%。而在涉案当事人中，机构占比 64.96%，个人占比 35.04%。

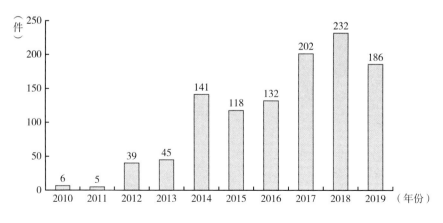

图 17　健康保险合同纠纷数量

（7）环境污染责任纠纷

2010～2019 年，环境污染责任纠纷数量整体上呈现先急剧上升再显著下降的态势，其中 2016 年为转折点，亦为数值最高峰，达 2264 件（见图 18）。在这些案件中，水污染责任纠纷有 1191 件，噪声污染责任纠纷有 954 件，大气污染责任纠纷有 267 件。在这十年间，吉林省、重庆市、辽宁省等地的人民法院受理的案件数较多，其中仅吉林省通化市二道江区人民法院受理的案件就达 140 件，显示出这些地方仍是环境污染治理的重点地区。同时，案件一审比例高达 64.64%，二审比例为 27.78%，再审比例为 7.59%，执行案件有 701 件。而在涉案当事人中，机构占比 83.19%，个人占比 16.81%。

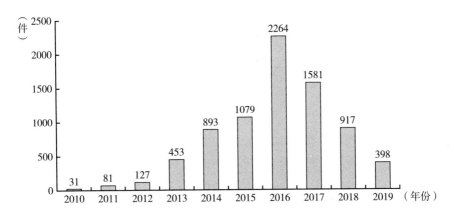

图 18 环境污染责任纠纷数量

四 新型冠状病毒（COVID-19）防疫与健康法治

习近平主席曾在我国疫情防控处于关键时期时强调："疫情防控越是到最吃劲的时候，越要坚持依法防控，在法治轨道上统筹推进各项防控工作，保障疫情防控工作顺利开展。同时，各级党委和政府要全面依法履行职责，坚持运用法治思维和法治方式开展疫情防控工作，在处置重大突发事件中推

进法治政府建设，提高依法执政、依法行政水平。"① 足见保障公共卫生安全、处理疫情防控是我国健康法治建设中的重要环节，更是对我国健康法治实施检验和优化的重要契机。自 2019 年 12 月 30 日晚武汉市卫生健康委医政医管处发出一份"市卫生健康委关于报送不明原因肺炎救治情况的紧急通知"起，新型冠状病毒的疫情信息便不胫而走，② 这也警示了 2019 年不完美的结局及 2020 年新的挑战和使命。为有效阻止疫情的蔓延，中国政府于 2020 年 1 月 23 日正式对湖北武汉采取了隔离措施，随后北京、上海等 31 个省市也相继实施了严格的防控举措，其预期的正向效果逐步显现，也彰显了社会主义制度的优越性。纵观这一场病毒传播与防疫战，与健康法治相关的领域或环节主要包括野生动物检疫与交易、传染性疾病救治、重大疫情预防与控制、药品和疫苗研发等。本报告结合 2019 年底至 2020 年初的新型冠状病毒防疫情况，集中就上述的主要问题进行分析和建言。

（一）市场管理：野生动物检疫与交易

"生物安全已经成为世界各国维护国家安全的重要制度构成，通过法律保障和管理生物安全已成全球共识。"③ 本次新冠肺炎疫情的暴发不仅暴露了我国野生动物管理上的乱象，也再一次将野生动物交易与生物安全的关系推向社会舆论的中心，成为疫情防控和政府治理的关键与重点。在此次讨论中，立法漏洞、执法不严、投入不足、人才缺失等被认为是中国野生动物管理乱象的症因，这也进一步导致传染病等危害公共安全的事项难以在源头上得到有效遏制。

1. 法律漏洞与执法真空

纵观我国野生动物的检疫和交易规范体系，相关法规甚为繁复，涉及

---

① 习近平：《全面提高依法防控依法治理能力，为疫情防控提供有力法治保障》，《人民日报》2020 年 2 月 6 日，第 1 版。
② 澎湃新闻：《武汉疫情发展全纪录：除青藏外各省份现疫情，均存输入性病例》，http：//news.ifeng.com/c/7tTengKzD2r，2020 年 1 月 23 日。
③ 张世君：《筑牢生物安全的法律屏障》，《人民日报》2020 年 2 月 20 日，第 5 版。

《野生动物保护法》《动物防疫法》《畜牧法》《食品安全法》等多部法规。仅与野生动物利用相关的行政许可就由林草、市监、公安等部门分别主管。由于许多饲养和出售的野生动物种类较许可证上规定的更宽泛，市场上"挂羊头卖狗肉"的现象层出不穷，暴露了我国法律监管上的漏洞。同时，限于驯养繁殖技术水平，许多商家往往选择捕获野外动物进行销售。除重点保护动物和"三有"动物名录之外的野生动物未被纳入法律的保护范围，千余种陆生野生动物难以依据相关法规得到保护。不仅如此，在野生动物检疫方面，现行检疫标准仅面向有限的动物种类，诸如蛇类、啮齿类以及蛙类等大量野生动物种类却缺乏相关检疫标准，无法开具检疫合格证明。因而在执法实践中，管理部门的监管职责有时很难有效衔接，对部分野生动物的监管容易出现漏洞，导致野生动物保护与利用长期存在管理缺位、监管乏力等问题。尤其是人们生活水平的提高和对食物的畸形猎奇心理，为野生动物交易产业发展提供了土壤。而在这个产业链条中，异地运输、集散售卖、消费等增加了相异物种之间病原体感染的可能性。从生物学角度来说，当地居民由于和野生动物共生，其在机体内部有可能产生免疫能力，然而野生动物脱离其生存的自然环境后，就会对其他中间宿主或未形成免疫力的消费者产生负面影响。尤其是在人口密集的消费区域，野生动物病菌的传播范围进一步延展，容易导致流行性疾病的形成，进而通过全球的贸易和交通网络传播到世界各地，造成全球性的公共卫生危机。

2. 配套不足与执法不严

由于物种鉴别、技术检测等有较强的专业性要求，在监管部门冗杂、经费投入有限等现实情况下，野生动物管理长期存在资金不足和专业性监管人才缺乏的问题。有学者曾指出，诸多地区的许可证审批体现了对相关物种的概念缺乏深层次的了解，常在许可证上使用"野鸭""野鸡""蛙类"等用语，致使执法者在监管中无法明晰其具体所属种类、是否在法律许可的范围之内。因此，执法人员很难落实检疫和监管制度。除此之外，即便所售野生动物符合有效的许可证的规定范围，绝大多数野生动物本身并不能直接证明其来源的合法性，这就促使个人或商户利用此监管环节的疏漏从事非法的野

生动物贸易活动。同时，现实中负责动物检疫的地方兽医站专业人员配备不足，常规检疫已经消耗了检疫人员的大量精力和时间，使得对其他野生动物的检疫流于形式，难以认真走完检疫规程。当然，即便检疫合格的野生动物，其有时所携带的病毒、细菌及寄生虫也难以被有效识别，而且在人畜共存患病风险时，携带病原体的动物本身并不发病，被传染的人类也存在处于潜伏期等问题，这使得传染病风险容易被忽视。另外，一般送检实验室都要求对检疫病原体有明确清单，但在监管和检疫人员缺乏细致和深入了解的情况下，无法对检疫内容进行确定。从监管部门的视角来看，监管部门既要保护野生动物，也要利用野生动物，这一双重职责使其监督和制衡作用集于一身，难以实现预期效果。

（二）医疗保障：传染性疾病救治

事实上，全国政协委员、南宁市第四人民医院艾滋病科护士长杜丽群早在2018年全国"两会"上就呼吁"卫生部门要更多关注传染病，提高传染病医院综合救治能力"[①]。其理由在于，目前我国对传染病医疗机构的资金投入不足且专业医疗设施较为有限，专业人员的培训也欠缺力度，传染病医疗机构的部分医务工作者的综合救治能力仍有待提高，这就导致传染病医院的诊断和治疗能力无法完全满足传染病的防治需求。同时，传染病患者在诊治过程中带有的盲目性和不确定性，又显著增加了社会卫生风险，甚至部分传染病医院地处偏僻，从而影响病人就医也耽误其病情。

1. 传染病医院资金投入有限，专业设施与人才不足

卫生资源的调配缺乏公共卫生建设意识，仅以传染病医院及其床位的经济效益为考量，未认识到传染性疾病具有局部暴发、全面铺开的特点。由于急性传染病病人总量下降、效益锐减，传染病医院及传染科的数量不仅没有相应增加，反而在临床上得到了压缩，进而影响了传染病急救设备的更新和

---

① 王春楠、乔晓莹：《提高传染病医院综合救治能力——访住桂全国政协委员杜丽群》，http://news.china.com.cn/live/2018-03/07/content_39131211.htm，2018年3月7日。

储备，以及对相关人才的有效培养。同时，卫生经费总量下降，未能在公立医院的经费分配中根据传染病特性给予足够支撑。① 从具体数据来看，截至2019年6月底，我国专业公共卫生机构仅有17453个，其中疾病预防控制中心有3453个，卫生监督所（中心）有3127个。与2018年同期相比较，疾病预防控制中心减少11个，而卫生监督所（中心）则减少了23个。② 除此之外，从专业人才来看，截至2018年，我国疾病预防控制中心的卫生技术人员共计14.0万人，比2017年减少0.2万人。在医学生的课程设置、医务人员的继续教育方面，传染病防治的课时也未得到基本的保障，甚至对于传染性疾病防治的人才缺少必要的政策扶植和就业疏导。③

2. 传染病医院医疗机构单一，综合救治能力存在缺陷

从目前我国传染病医院医疗机构的职能来看，多数医院以防治结核病和肝炎为主要任务，这促使其医疗结构趋于单一化，可以说，这既明显限制了传染病医院的横向发展及其医疗延伸服务能力，也无法实质性提升其应对他类突发传染病的急危重症的纵向处理与抢救能力。从管理结构上来看，诸多地方的传染病医院或疾控中心都是根据政府的指导和要求，主要从事SARS、禽流感等应急医疗工作，而这些疾病多为季节性、突发性、应急性的，其防治任务重于救治任务，致使传染病医院的技术能力也发生了侧重和偏向，即公共卫生防治的能力得到增强，而医疗救治的能力及其属性则出现缺陷。④除此之外，传染病专科医院应对病种的单一，应对治疗方式的单调，使其难以有效满足传染病患者的医疗服务要求，而综合性的医疗机构又难以有效应

① 如2014年，国家"公共卫生专项任务经费"的项目拨款为5.29亿元，而到了2019年，这笔预算下降到4.5亿元，同比下降14.9%。转引自张占斌《抓紧补齐公共卫生体系建设的短板》，http：//www. chinareform. org. cn/gov/governance/Forward/202003/t20200309_ 280157. htm，2020年3月9日。

② 国家统计信息中心：《2019年6月底全国医疗卫生机构数》，http：//www. stats. gov. cn/tjsj/zxfb/201902/t20190228_ 1651265. html，2019年8月29日。

③ 规划发展与信息化司：《2018年我国卫生健康事业发展统计公报》，http：//www. nhc. gov. cn/guihuaxxs/s10748/201905/9b8d52727cf346049de8acce25ffcbd0. shtml，2018年6月12日。

④ 易利华：《传染病医院为何生存难？》，https：//www. sohu. com/a/127001439_ 102699，2017年2月23日。

对患有并发症的传染病患者的救治问题，这就使我国传染病医院医疗机构普遍存在综合救治能力弱的缺陷。

3. 城乡差距明显，传染性疾病救治易形成缺口

在城乡流动性如此巨大的现实情况下，传染性疾病的救治如果忽视了乡村医疗的基本服务能力，则会诱发救治缺口，从而造成溃于蚁穴的困境。从建设经费投入来看，虽然整体上有提升，但农村乡镇卫生院和村卫生室的经费依然欠缺，而这些基础设施往往承担着农村居民的疾病预防和控制任务以及45%左右的疾病诊治任务。除了经费不足的问题，农村卫生人员的专业素质和能力也是现实隐患，其中的大多数仅具有卫技中专或中专以下学历，难以留住高层次的医疗人才。同时，伴随着"赤脚医生"的逐渐隐退，目前乡村医生的经济待遇和工作条件，很难满足医疗人才的需求，导致招募困境。有学者根据对农村乡镇卫生院的调查，发现在技术力量、医疗设备及服务能力上，城乡之间的差距十分明显。从现实传染病的救治情况来看，由于疾病传播本身并无固有的界限，交通的便利和流动的便捷使得郊区和农村也成为传染病防治的关键，一旦这里出现缺口，城市即便建立再先进的传染病防治体系都难以妥善应对。但诸多乡镇和村中用于防疫的人员、床位、药品、消毒液、口罩和防护设施极易短缺，也缺乏必要的检测能力，因此提升乡村的传染病治理能力和水平也是未来的治理课题。

（三）卫生防控：重大疫情预防与控制

在本次新型冠状病毒防疫过程中，素有"九省通衢"之称的湖北省武汉市采取了史上最为严格的封锁城市举措，为全国甚至全世界的疫情防控作出了突出贡献。与此同时，在疫情的处理举措上，以湖北省为焦点的地方治理机制问题又再次遭遇了舆论的拷问和检验。虽然整体上我们的治理体系现代化水平已经显著提升，并有其他国家难以匹敌的独特优势，但是部分地方政府和单位的负面行为也对我们的地方治理提出了新的挑战。

1. 政府信息公开与科学决策机制不健全

仅从流行病学调查的角度来看，此次疫情早在2019年年末就已经进入

医务工作者的视野，如湖北省中西医结合医院的主治大夫于 2019 年 12 月中旬就已报告有关部门，之后湖北省武汉市江汉区卫生保健委员会也对此作出了通报。按照此流程和预期，湖北省武汉市江汉区卫生健康委员会在这个环节建议政府在 2019 年年尾采取传染病隔离控制措施，以防止传染病进一步扩散。尤其是可能的集中暴发地与汉口火车站距离较近，春运即将来临，政府一旦错失采取防控措施的良机，病毒的扩散将变成全国性的灾难。但根据我国《传染病防治法》及《突发事件应对法》的规定，在发生传染病疫情时，有权采取隔离措施的是地方政府，而且根据现行行政体系的设置，国家疾控中心作为专业机构无法统领地方疾控中心，这就意味着，即便国家疾控中心层层上报并提供了专业的建议和指导，地方政府和地方疾控中心是否采取隔离措施以及是否全面及时公开信息仍是无法确定的。在公共卫生危机具有潜在的全国危害性的情况下，这对国家治理来说无疑是一场灾难。而从科学决策的角度来看，我国虽然充分吸取了 2003 年非典型肺炎重大疫情的教训，建立了国家疾病预防控制报告系统，甚至基层医院和医务人员可以通过疾病预防控制报告系统，在第一时间把发现的不明病毒上报给国家疾控中心。但是，本次防疫过程凸显各级疾控机构普遍存在能力不强、机制不活、动力不足等问题，部分地区的医疗机构和疾病预防控制机构缺乏紧密结合、连续服务、有效衔接的工作模式和工作机制，[①] 为政府信息公开和科学决策埋下了隐患，这对于未来我国卫生治理体系的完善提出了更高的规范性要求。

2. 国家疾控中心地位过低并缺乏足够重视

钟南山院士曾就突发性公共卫生治理的问题提出，国家疾控中心的地位太低，仅为国家卫健委的一个技术部门，承担业务指导工作，其特殊地位并未得到应有的和足够的重视。[②] 尤其是在新型冠状病毒疫情的防控过程中，

---

① 中共国家卫生健康委员会党组：《完善重大疫情防控体制机制 健全国家公共卫生应急管理体系》，《求是》2020 年第 5 期。

② 参见钟南山《国内疾控中心地位太低，没有得到足够重视》，https：//m. guancha. cn/ politics/2020_ 02_ 27_ 538736. shtml？from = singlemessage，2020 年 2 月 27 日。

国家疾控中心在疫病防控制度中的尴尬定位彻底暴露。中国的国家疾控中心从来就不具备一套真正的全国一体化组织，其虽然是中央一级的事业单位，但仅是由2000余人组成的国家疾控体系中的一支力量。与此对应，我国各省、市、县三级的疾控中心，虽然数量超过3500个，且在全国拥有19万人之众，但在整个防控体系上，中央与地方的疾控中心并非自上而下的四级结构。国家疾控中心自其成立之初，就是卫生部下属的全额事业单位，即由财政全额拨款。囿于其科研院所的机构属性，其任务也主要是对重大疾病的研究、预防和控制。虽然有2009年的医改机遇，但无论是卫生部的疾控系统，还是国家疾控中心，在职能定位上仍更偏向技术服务与咨询功能，下无支脚，定位尴尬。在目前我国的政府架构中，对应急公共卫生事件的处置本身就存在一定的职能冲突，如《传染病防治法》规定国家卫健委主管全国传染病防治及其监督管理工作，国家卫健委依赖于国家疾控中心实现这一职能，而后者是一个科研主导的机构，虽具备更为充足的资源、经验和编制，但并非公共卫生事件应急处置的专业机构和主导机构，难以使其实际职能得到更为充分的发挥。因此，未来在我国政府的传染病预警体系中，应进一步完善相关机构在法定职责、专业人才与资源分配之间的关系协调和衔接工作。[1]

3. 公众医疗卫生资源配置较为失衡

在应对传染病等公众医疗问题时，医疗卫生资源的有限性和公众医疗卫生需求的无限性是卫生资源配置的根本矛盾。这要求各级政府在投入与分配资源时，应有所侧重，分阶段投入。此时，对于地方政府来说，花钱治病是一个可以进行量化的政绩指标。因此，大量的资金会优先投入治疗这一中间环节，这也是保障患者充分就医并能体现改革实效的举措。但是，在上游预防环节出现了一个悖论，即预防工作即便充足有效地遏制了传染病的出现，却难以被量化评估，导致公共卫生和疾控系统被归入冷角色的情况。这一问

① 季敏华、莫杨：《名实不副地位太低　你可能不知道的中国疾控往事》，http://news.ifeng.com/c/7uQRq7DQ1gm，2020年2月28日。

题从我国2014～2019年的经费投入可见端倪。2014年，我国国家公共卫生专项任务经费为5.29亿元，但2019年这笔经费降至4.5亿元，下降近15%。与此相对的是，2014年我国对公立医院的财政拨款达36.19亿元，2019年相关预算增加至50.23亿元，增加近39%。另一个值得注意的数据是，2014～2019年这5年间，我国公立医院总数锐减了1364家，但疾控中心数量增减不明显。也就是说，降低的经费要继续供给国内3000多家疾控机构，与此伴随的是各体系人员待遇的普遍水涨船高，每家机构所获经费之实际情况可见一斑。在这一轮经费资源消长的背后，我国医疗和卫生两个体系之间的裂痕和待遇差别被再一次扩大。

4. 地方疫情防控的治理能力亟待提高

从行政治理的角度来看，地方治理的核心在于平衡和调和突发疫情防控期间有限的治理资源（包括权威资源与物质资源）与巨大的实际需求之间的矛盾。从本次疫情的处理情况来看，我国政府处理得当，应对及时。在治理资源有限的情况下，取得了切实有效的防控效能，为湖北等重灾区的重点治理提供了坚强的后盾和支撑。但此次疫情也反映出在自然灾害、事故灾难、公共卫生事件和社会安全事件等突发应急事件中，地方治理的配合和运转与中央主导的动员体制之间不能有效衔接和充分落实的问题。尤其是在中央主导下，资源的动员与调配更加规范、严格、快速，而地方治理往往难以及时跟上，负面的地方行政行为就会集中显现，这也是地方政府承平日久和路径依赖的结果，在法律治理上，除了强化责任追究机制外，需要进一步通过制度完善来提升地方政府的治理能力。

（四）科研支持：药品和疫苗研发应用

2020年2月，中国医药创新促进会执行会长宋瑞霖在接受记者采访时表示，我国防疫抗疫需要建立在有序、规范、科学的制度基础之上。但在药品和疫苗保障环节，国内呈现一种无序状态。这种无序的根源就在于，我国传染病防控体系，尤其是医药救治体系，未能形成成熟的网络，突发疫情的防治需要和国家科研机构、科研项目的布局之间存在错位的情形，药品审批制

度以及医疗保障体系仍存在需进一步解决的问题。① 尤其在 2019 年《药品管理法》和《疫苗管理法》先后修订通过，这次防疫抗疫是对制度效果的检验。

1. 缺乏药品紧急授权的法律依据

在 2020 年 2 月 25 日，中国医药创新促进会发布《关于建立我国突发卫生公共事件药品紧急授权使用制度的建议》，建议我国建立突发卫生公共事件药品紧急授权使用制度。药品紧急授权使用制度是一种特殊审批和使用药品的临时许可模式，即在突发公共卫生事件如重大传染病等疫情下，一旦无法获得特效的药物，相关部门可紧急批准尚未达到先行审批标准的潜在药物以应对现实危机。在紧急状态取消后，紧急授权也应随即取消，并停止使用所有产品。从国际视野来看，这一制度早有先例，如 2009 年，日本在应对 H1N1 流感期间首次授权药品监管机构运用他国临床数据以加速审批本国未上市药物，并在随后先后应用于 H7N9 流感、埃博拉病毒、寨卡病毒和新冠病毒。与此相较，我国目前缺乏药品紧急授权的法律依据。虽然中国药品监管的法制化进程随着《突发事件应对法》和《药品管理法》等法律的出台已取得显著进步，但在重大公共卫生事件暴发时，如何应对药品紧急审批和供应仍存在法律缺口。因此未来需要国家立法授权以及修订相关专业法规，以建构药品紧急授权使用制度。② 当然，紧急情况下的医药产品临时批准、供应和使用及潜在风险评估涉及国务院多个部门，应充分考量建立职责明确、分工协作的药品特别审批、使用合作机制，以保障药品紧急授权使用制度与管理体系的高效运转。

2. 药品和疫苗的基础临床试验研究滞后

自新冠疫情暴发以来，包括强生医疗、美国国家卫生研究院（NIH）、国际防范流行病创新联盟（CEPI）等企业和机构纷纷表示将推进或资助疫苗的研发并尽快进入临床试验。虽然部分研究领域已有所进展，药品和疫苗

---

① 艾美达行业研究：《中国药促会就"建立中国版 EUA 制度"提出建议》，http：//www.caixin.com/2020－02－26/101520451.html，2020 年 2 月 26 日。

② 参见邸宁《抗疫用药乱象何时了？业界呼吁紧急授权使用制度》，http：//www.caixin.com/2020－02－26/101520451.html，2020 年 2 月 26 日。

从研发到投入市场应用，仍需经历多轮临床试验阶段，因此，短期内很难满足抗疫治疗的需要。实际上，医药研发行业面对突发性公共卫生事件时一直面临以下难题：一方面，药物和疫苗研发要遵循科学与规范的流程，完成在必要样本基础上的临床实验；另一方面，疫情的蔓延和病毒的演变要求医药研发在短期内拿出成果并迅速投放市场，使药品研发缺乏足够的缓冲期。可见，抗疫药品和疫苗的研发必须提前至非疫情阶段。但是受制于经济回报的利益诉求，医药企业和投资机构均无在非疫情期间开展大规模临床实验研究的动力，当传染病疫情突发时，临床试验与研究表现出严重的滞后性，无法满足防控疫情的迫切需要。[①] 为加快药品和疫苗的研发速度，包括我国在内的一些主要国家针对突发疫情出台了包括动物规则、同情用药、紧急使用授权等一系列措施，使重视投资与商业回报的药企有一定动力进行传染病新药的研发。相较而言，我国药企和科研机构缺乏长期研发传染性疾病新药的积极性，尤其是部分预备工作欠充分。这就要求我们在制度建构上，进一步完善药品和疫苗基础临床试验研究的规范和奖励制度。鼓励提前开展关于动物和人体药代动力学和药效学方面的研究，验证早期临床的安全性，以确保在疫情暴发时可以迅速推进药品的研发乃至投放。

五　中国健康法治的未来发展趋势

经过 2019 年基础性立法的完善以及新型冠状病毒防疫抗疫工作的经验总结，未来中国将在健康法治的道路上更趋科学化、制度化和体系化。在 2020 年 2 月 14 日召开的中央全面深化改革委员会第十二次会议中，习近平总书记强调"确保人民群众生命安全和身体健康，是我们党治国理政的一项重大任务"[②]，并就未来"完善重大疫情防控体制机制"及"健全国家公

---

① 参见 Gerode Dong《疫情下冰火两重天，医疗行业如何乘势而行》，https://baijiahao.baidu.com/s?id=1659596702519060570&wfr=spider&for=pc，2020 年 2 月 26 日。

② 习近平：《完善重大疫情防控体制机制，健全国家公共卫生应急管理体系》，《人民日报》2020 年 2 月 15 日，第 1 版。

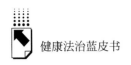
共卫生应急管理体系"工作作出重要规划和部署，这无疑为今后中国的健康法治建设和发展打了一针强心剂，本报告也将以此为背景，从法治基础、法治意识、科学执法、法律责任、服务网络和协同监管等几个方面进行相关解读、预测和建言。

（一）夯实健康法治基础，强化健康法律责任

从现有法治基础来看，在2019年我们已经完成了健康基本法和专项立法相结合的法律制度建构，这为健康法治工作负重前行打下了坚实的基础。但从疫情的应对来看，未来短期的工作重点将是强化公共卫生法治保障，全面加强和完善公共卫生领域相关的法律法规建设。

1. 评估完善《传染病防治法》，优化疫情防治机制

在新冠疫情的预警、通报到防控的过程中，诸多环节都明显存在权责不协调和机制不健全的问题，这无疑为传染病的防治工作埋下了隐患，《传染病防治法》也主要有以下几点亟待改善。

（1）提升国家疾控中心的法律地位。如前所述，在目前我国的政府架构中，对应急公共卫生事件的处置本身就存在一定的职能冲突，国家疾控中心的法律地位并未得以凸显，其权能配置也不健全。随着未来行政机构改革优化，在《传染病防治法》修改时，应着力构建疾控中心全国一体化组织，明确国家疾控中心与地方疾控中心属于自上而下的层级领导结构。此外，在保障国家疾控中心的技术服务与咨询功能的同时，应赋予其在传染病预警体系中的实际职权。

（2）完善疫情预警发布制度。根据《传染病防治法》第33条的规定，疾病预防控制机构应当主动收集、分析、调查、核实传染病疫情信息，但并不享有在本疾病预防控制中心管辖区域内的传染病预警发布权，而是要层层上报交由上级政府作决策。为尽早让当地群众做好防护，防止传染范围的进一步扩大，法律修改时，一方面，应将预警发布权交给区县一级的疾病预防控制机构，允许他们在管辖区域内作出合理预警，因为他们掌握的是第一手的疫情信息，更多考量的是医学因素而非经济因素；另一方面，应尽量减少

疫情上报的环节，简化行政报告流程，提高疫情信息的上报效率。

（3）增加防疫期间居民应佩戴口罩的规定。本次新冠病毒的传染方式主要是呼吸道飞沫传播，因此，在公共场所要求公民佩戴口罩，既是帮助其本人做好防护工作，也是有效阻断病毒扩散的重要办法。特别是在本次防疫抗疫期间，我国新闻报道里曾出现公民不自觉佩戴口罩的新闻，另外如欧洲等地区认为佩戴口罩是身体有疾病的人的做法，也容易引发歧视等。但我国《传染病防治法》及其《实施办法》对此并无规定，因此，未来修法应增加相关规定，强调在呼吸道传染病等公共卫生安全事件发生后，居民进入公共场所及乘坐公共交通工具时必须佩戴口罩，否则工作人员有权禁止其入内，不听从劝告并扰乱正常秩序者，由公安机关处以警告、罚款等处罚。

（4）明确有传染病接触史的公民负有积极主动配合政府疫情防控工作的义务。鉴于在本次防疫期间，瞒报事件时有发生，危险性大，进而导致大规模的人员不得不隔离，在法律中明确有传染病接触史的公民的相关义务已十分必要。虽然我国《传染病防治法》第12条有相关规定，但其未对有传染病接触史人员的主动申报义务及其法律责任进行规定。① 未来修法时应明确有本法规定的传染病接触史的公民，应按照当地政府的规定主动向有关部门或社区工作人员报告或登记，并自觉居家隔离或前往指定医院集中隔离观察一定期限。同时在"法律责任"一章中增加相关规定：故意不履行或拒绝履行上述义务，构成治安管理违法行为的，由县级以上卫生行政主管部门责令限期改正，并可处以一定数额的罚款，构成犯罪的，依法追究刑事责任。建议将故意隐瞒病史、接触史及行程路线的行为纳入个人征信系统。

2. 全面修订《野生动物保护法》和《动物防疫法》

在这些年数次疫情的暴发中，病原体均来自野生动物或与之相关。因此，在2020年2月24日，全国人大常委会通过《关于全面禁止非法野生动物交易、革除滥食野生动物陋习、切实保障人民群众生命健康安全的决

---

① 《传染病防治法》第12条："在中华人民共和国领域内的一切单位和个人，必须接受疾病预防控制机构、医疗机构有关传染病的调查、检验、采集样本、隔离治疗等预防、控制措施，如实提供有关情况。"

定》，以从根源上消除疫情病原体。因此，未来《野生动物保护法》与《动物防疫法》的修订也将更为严格。

（1）落实全面禁止非法野生动物交易的决定。目前，部分地区仍存在野生动物非法交易活动。全国人大常委会借助防疫契机，凝聚社会共识，全面禁止以食用为目的的野生动物交易及相关行为，包括有形市场、网络交易、黑市交易、走私贩卖等各种非法野生动物交易行为和活动，彻底斩断非法野生动物交易的利益源头和链条。这一点也应在未来《野生动物保护法》与《动物防疫法》的总则修订中进行明确的政策宣示，并体现在各章节的制度中，尤其是在保护范围和法律责任方面应予以具体化。

（2）周延《野生动物保护法》及《动物防疫法》的监管范围及分类体系。《野生动物保护法》及《动物防疫法》的监管范围需要进一步拓宽和细化，应明确所有野生动物都在保护范围内，之后根据章节设置，明列允许捕猎、养殖的物种范围，同时借助野生动物保护的黑白名单制度，解决野生动物管理的真空问题。除此之外，应根据野生动物野外种群状况、栖息地及威胁性来确定更科学的分类标准。同时，对于相关研究及信息不足的物种也应当禁止利用，废除"三有"动物类别，将其调整合并到新的分类系统中，并及时动态地更新野生动物保护名录。当然，在此基础上也应对各类野生动物的检疫标准作出进一步的细化规定，以提升执法的可行性和科学性。

（3）加大对野生动物非法猎捕、驯养繁殖及商业利用的惩罚力度。在具体制度设计上，除了罚款、没收违法所得等财产罚外，也应严格适用资格罚，即对违法经营场所和违法经营者，依法予以取缔或者查封、关闭，甚至取消其从事相关经营活动的资格。另外，应加强《野生动物保护法》和《动物防疫法》的衔接，禁止对直接捕获的野生动物进行商业使用、不予检疫，并严格查处没有检疫的非法野生动物利用。同时，对于不作为的市场监管行为应追究执法机关负责人的法律责任，以提升执法能动性和积极性，避免执法机关充当保护伞。

3. 推动出台《生物安全法》，完善生物安全法制体系

在世界范围内，生物安全问题已经成为全人类面临的重大生存和发展威

胁，因此我国必须从保护人民健康、保障国家安全、维护国家长治久安的高度，把生物安全纳入国家安全体系。2019年末《生物安全法》已经首次审议，并已被纳入2020年立法规划。结合现有的草案文本和面临的新形势，未来《生物安全法》应着重应对和考虑以下问题。

（1）科学构建生物安全的管理体制。生物安全的管理体制需要统筹中央和地方两个层面，如此方能抓好生物安全的工作落实。因此，应将生物安全纳入国家安全体系的管理体制。在具体制度设计上，可借鉴国务院应对新冠疫情联防联控机制的高效做法，在《生物安全法》中规定建立国务院生物安全保护协调机制，该协调机制主要负责协调制定规划、协调重点和难点问题的解决、开展部门工作评估和督促等重要工作。

（2）建立国家和地方生物安全专家委员会。在监督机制方面，可设立本级政府向同级人大及其常委会报告生物安全保护工作的机制，强化生物安全监督工作。同时，为了强化地方党委和政府对生物安全保护工作的领导，预防突发公共卫生事件和生态性灾难，有必要构建党政同责的体制和机制。另外，可建立国家和地方生物安全专家委员会，充分发挥国家和地方协调机制的作用，提升生物安全预防和治理的科学性。

（3）建立实验室科学伦理。事实上，2019年7月、8月，《国家科技伦理委员会组建方案》和《科学技术活动违规行为处理规定（征求意见稿）》就已先后发布，其中提到"关于开展危害国家安全、损害社会公共利益、危害人体健康、违反伦理道德的科学技术研究开发活动，应视情节轻重，采取相应处理措施"。这为《生物安全法》建立实验室科学伦理提供了政策性支撑。未来的着力点应在于，一方面将该内容提升到法律高度予以明确，另一方面要作合理细化和说明，提升其可操作性。

（4）处理好本法与相关专门立法的关系。第一，处理好与生物多样性立法的关系；第二，处理好与生态保护、生态平衡立法的关系；第三，处理好与野生动植物立法的关系；第四，处理好与粮食安全和食品安全立法的关系；第五，处理好与生物技术研发、利用立法的关系；第六，处理好与传染病防治、动植物检验检疫立法的关系。对于与现行专门法律法规存在冲突

的，《生物安全法》应明确制度、规则的衔接和协调机制；对于现行专门法律法规的空白，《生物安全法》应明确具体规范，或授权国务院或有关部门制定补充性法规。[①]

（二）提升健康执法水平，推进监管机制建设

在健康领域的行政治理中，政府要全面依法履行职责，坚持运用法治思维和法治方式开展疫情防控工作，尤其是在处置重大突发事件中要逐步推进法治政府建设，提高依法行政水平。[②] 这就要求中央和地方政府进一步探索和完善关涉健康领域的执法体制、执法队伍、执法力度和监管机制等。

1. 严格落实健康领域行政治理责任，规范健康领域行政执法体制建设

虽然经过近两年来的行政体制改革，涉及健康领域的部门职责划分已基本到位，但从疫情防控的视角出发，我国在野生动物防疫和医疗资源调配等方面仍存在职责交叉、权责不清、执法衔接不畅等问题。这归因于责任意识的缺乏和部门之间的利益固化，随着未来服务型政府的全面建立，严格落实行政治理责任、强化多部门合作执法将是工作重点。首先，在国家应急事件处置管控体系的建构中，应通过强化责任实现突发公共卫生事件决策、调配、保障和处置的有序畅通，并构建政府、社会、公民，三位一体的共治体系，加强培养部门和单位的领导干部的应急能力。其次，在医疗保障体系建设方面，进一步理顺医疗管理部门、医院及医生之间的体制机制问题，构建以服务人民为中心的制度规则和高效的保障体系。最后，在行政执法体制建设方面，在理清执法部门与其他职能部门关系的基础之上，积极构建跨部门协调机制，增强健康领域执法的能力。同时，各地方应结合本地区在健康领域的突出问题和现状，完善执法权能划分，加强对重点健康问题的重点治理和应对能力。

---

① 常纪文：《加快构建国家生物安全法律法规体系》，《学习时报》2020 年 2 月 17 日。
② 习近平：《全面提高依法防控依法治理能力，为疫情防控提供有力法治保障》，《人民日报》2020 年 2 月 6 日，第 1 版。

2. 加强健康领域执法队伍建设，严格规范健康领域行政执法行为

随着健康领域监管任务的愈加繁重，尤其是在机构改制之后，健康监管的任务明显增加，我国基层监管执法队伍薄弱、人力不足、能力有限的问题愈发凸显。职业卫生执法队伍建设是我国健康领域最重要的执法力量，提高其执法能力是提高健康领域执法能力最直接和最根本的途径。因此，积极打造规范化执法队伍、强化执法业务培训、健全执法装备技术配备是未来的工作重点。特别应注意的是，在本次防疫抗疫的过程中，执法队伍已深深扎根基层，形成了配合有力的三支队伍，即片区、乡镇、社区、村社职业卫生监督协管员队伍，医疗场所职业危害因素监测检测专业队伍及职业健康监管监察执法队伍。这就提示未来的职业卫生执法队伍建设应强化级别的统筹、在地化的组建和专业性的培训，以提升职业卫生执法队伍的常态化执法和突发疫情执法的综合能力。除此之外，健康领域执法应以法治思维为指引，并以法治方式为基础，严格规范行政执法行为，提升执法人员素质，强化执法不规范的法律责任，加大处罚力度。

3. 强化健康领域市场监督执法力度，严厉打击健康领域违法行为

随着健康问题被社会大众愈加重视，对相关食品、药品、保健品以及医疗服务、保险服务等利益的追逐也更加激烈，市场经营者甚至通过不正当竞争行为及其他违法行为获取相关利益。为了维护公平的竞争秩序，保障消费者的合法权益，以及维护诚信经营者的利益，降低公众健康安全风险和促进健康产品市场的良好运营，应强化健康领域市场监督执法力度，严厉打击健康领域的违法行为。在疫情防控期间，各地均加强了治安管理和市场监管等执法工作，尤其是对暴力伤医、哄抬防疫用品和民生商品价格、抗拒疫情防控、制假售假、造谣传谣等破坏疫情防控的违法行为进行了严厉的查处，保障了市场的有序运行和社会安定秩序。强化健康领域的市场监督在未来仍是监管执法重点。

4. 抓好健康领域综合监管制度建设，推进构建健康领域大监督格局

习近平总书记在全国卫生与健康大会上曾明确提出要"抓好综合监管制度"，他进一步指出"要构建综合监管体系，健全医药法律法规和标

准，推动监管重心转向全行业监管，主动接受社会监督，引导和规范医药卫生机构构建内审制度"。李克强总理也明确要求深化卫生与健康领域"放管服"改革，加强监管和服务，尽快建立严密有力的综合监管制度。[①]尤其是在防疫抗疫的背景之下，健康领域综合监管的落实，将是我国医疗卫生制度的基础和保障，也是实现"健康中国"战略的重要组成部分。同时，在《关于改革和完善医疗卫生行业综合监管的指导意见》中，2020年是完成综合监管建设的任务截止期限。在2019年专项监管、信用监管等全行业综合监管制度初步建立的基础上，2020年我国政府将继续推进监管机制建设，借助信用监管、专项监管以及科技监管等实施机制，实现健康领域的监管全覆盖，推进构建健康领域的大监督格局。[②]

（三）巩固健康司法服务，促进纠纷解决

良好的健康秩序是社会和谐稳定的重要体现，也是增进人民福祉的客观要求。而司法服务作为维系健康秩序的守门人，其在标准认定、纠纷解决、感化教育和警示犯罪等方面发挥着不可忽视的作用。因此，在既有司法服务成果的基础之上，司法机关应进一步对健康领域的司法政策及司法裁判等予以巩固和完善，从而为健康法治的最后一公里铺平道路、筑好防线。

1. 坚持严格公正司法，依法惩治损害人民健康的各类违法犯罪行为

首先，对医疗纠纷，要注重健全和完善多元化的纠纷解决机制，并妥善化解各类医患纠纷，用司法助推和谐医患关系的构建。尤其是针对近年来的暴力伤医、在医疗机构聚众滋事的热点纠纷，司法机关应依法给予严厉打击，以切实维护好医疗救治的基本秩序，保障医务人员的人身安全，为医务

---

① 转引自李斌《不忘初心 牢记使命 奋力开创卫生监督工作新局面——在2019年全国卫生监督工作会议上的讲话》，https：//www.sohu.com/a/293263930_120036767，2019年1月22日。

② 国务院办公厅：《关于改革完善医疗卫生行业综合监管制度的指导意见》，《人民日报》2018年8月4日，第2版。

人员营造安全的执业环境，同时也为患者创造良好的看病就医环境。其次，对环境纠纷，应以美丽中国建设为政策指引，依法严厉惩治各类污染环境的违法犯罪行为，切实保障人民群众享受健康环境的权益，同时根据各地实况，重点解决影响人民群众健康的突出环境问题。最后，对食药安全纠纷，司法机关要严格贯彻食品安全法的相关规范和认定标准，严厉打击生产、销售伪劣食品、药品、产品等犯罪行为，积极发挥司法能动性，坚守以人为本的理念，切实保障人民的食品、药品和保健品等的卫生安全，防止病从口入，筑好人民健康最基本的防线。

2. 充分考虑医药卫生领域案件的政策性、专业性，并严格把握定罪标准

首先是要严格区分罪与非罪的界限，执行宽严相济的刑事政策。具体来说，则是重在感化教育，而非一味重罚打击。譬如在防疫时期，针对抗拒防控的涉疫人员应提升打击力度，切实做好规劝工作，以确保防疫工作不出现漏洞。同时也应强调严格司法，即司法机关对符合入罪条件的不应以"情节显著轻微"作无罪处理，一般也不能以"情节轻微"不予起诉，或降格作违反治安管理行为的行政处罚。因为只有严格处理，方能切实通过真实案例提升公民的健康法治意识，让全社会更为充分地理解和支持医药卫生工作，尤其是在突发公共卫生事件中，能对防控工作起到司法支撑和确保切断传染源的重要作用。当然，在疫情结束后，则考虑到其社会危害性有所降低，则应依据罪刑相适应原则，重定性、轻处罚，即在实体处罚上宁轻勿重。[①] 其次，司法机关应准确把握法律和政策的界限，逐步提升办案人员的专业性，要求其注意办案的方式方法。特别是要严格区分医疗活动中的不正之风与违法犯罪的界限，以防止营造出社会危机感。除此之外，也要严格区分执行和利用国家政策出现偏差与钻改革空子实施犯罪的界限以及职务行为与业务行为等的界限，防止把一般违法违纪、工作失误甚至改革创新视为犯罪，避免寒蝉效应的出现，以切实保障我国全面深化医药卫生体制改革的顺

---

① 谢靓：《全国政协社会和法制委员会召开座谈会为防"疫"建言：以法为绳，以社会共治为重》，《人民政协报》2020年2月13日，第2版。

利进行和积极创新。

3. 加强产权保护，保障创新驱动，推动卫生健康事业改革创新发展

在司法活动中应贯彻创新、协调、绿色、开放、共享的新发展理念，特别是要依法妥善处理医疗、医保、医药"三医联动"改革中产生的各类纠纷，确保卫生健康改革顺利有序推进。同时，各级法院要严格贯彻落实《关于完善产权保护制度、依法保护产权的意见》，加强对药品的知识产权司法保护，提升对药品专利侵权行为的打击力度，尤其是严厉打击生产经营伪劣药品、商业贿赂、暗中操纵价格等违法行为，从而激发医药产业和市场的创新活力。[①] 在产权保护中，利用商业秘密等制度，促进我国中医药的创新发展，对于提升我国医药产业的核心竞争力大有裨益。除此之外，司法机关也要进一步落实健康领域的司法服务和保障工作，助力医药技术的创新能力建设，保障技术、产品和商业模式的创新，为我国医药产业转型发展提供优质的司法环境，不断满足人民群众多层次、多样化的健康需求。相关单位也应加强与科技企业的合作，可充分利用信息技术，加强对司法案例大数据资源的开发利用，进而从相关案件中及时、准确把握我国医疗卫生健康领域的发展动态，这也可以为各级党委政府推进卫生与健康事业提供科学有据的参考。

4. 深化健康领域的公益诉讼理念，完善健康领域的公益诉讼制度

2019 年是推动实施公益诉讼制度的重要一年，最高人民检察院和最高人民法院分别出台多部相关司法规范，为全面落实健康领域的公益诉讼制度提供了重要支撑，其中"保障千家万户舌尖上的安全"检察公益诉讼专项监督活动等取得了显著的成效。在此基础之上，未来司法理论界与实务界应进一步深化公益诉讼理念。具体而言，一是进一步推进公益诉讼理论建设，深化实践探索，加快制度创新；二是坚持党的领导，接受人民代表大会的监督，加强与行政机关、法院等的沟通，为履行检察职责创造良好

[①] 周强：《发挥司法职能，保障人民健康，为建设健康中国提供司法服务和保障》，https://www.chinacourt.org/article/detail/2016/09/id/2074313.shtml，2016 年 9 月 3 日。

的外部环境，提高检察工作的公信力；三是建立监督与被监督的良性关系，确立共同的价值追求，共同努力实现双赢，形成公益力量；四是加大公益诉讼的宣传力度，鼓励更多社会组织主动维护国家和社会公众利益，鼓励社会公众积极、持续地向检察机关提供公益诉讼线索。在健康领域的公益诉讼方面，要完善线索发现和移送机制、案件受理机制；在案件管辖方面，要有效打破地方阻力和干扰，探索指定管辖机制，提升管辖权，多区域公益诉讼案件由跨行政区域向检察院、法院集中管辖转变；逐步完善刑事附带民事公益诉讼，强化公益诉讼与行政处罚的制度衔接。除此之外，司法机关要进一步完善司法解释等规范性文件的出台，以及时应对现实生活中的实际问题，并通过法律条文的确认，在检察机关内引入法警等部门协助公益诉讼，而在检察机关外则明确行政机关的合作义务，赋予检察机关采取刚性侦查措施的权力。

（四）增强健康法治意识，树立健康法治观念

健康法治是平衡公民个体权利与公共健康、社会公共秩序之间关系的法律体系，其能为应对食药安全、环境保护和公共卫生等的防控和优化提供系统性的依据和制度支撑，并形成制度合力，促使社会有效应对公共健康风险。尤其是在重大疫情突发的情况下，广大民众往往会精神高度紧张或健康法治观念不强，甚至小部分人会形成认知偏差，进而造成其注意力难以集中、记忆力减退以及行为失当等问题，规则意识也因此下降。[①] 这也反映了部分公众在日常生活中健康法治意识薄弱、健康法治观念欠缺等社会性问题，其也要求通过健康法治实践，让老百姓真正享受有序的健康法治所带来的益处或弥补其遭受的损失，进而消减民怨，提升其健康法治意识和法治观念，以共建健康法治社会和践行爱国卫生运动，实现社会的有序健康运转。

1. 增强健康法治意识，共建健康法治社会

在《基本医疗卫生与健康促进法》的"健康促进"专章中，立法者

---

① 党振兴：《提供有力法治保障　做好疫情防控工作》，《人民法院报》2020年3月13日，第2版。

就已从基本法的高度明确规定，政府和社会在构建健康环境中负有重要的职责和任务，同时也要求强化个人的健康意识和责任，力求通过法律的引领，培育人人参与、人人建设、人人共享的健康社会，从而提升国民整体的健康法治观念和健康水平。而要实现这一任务和目标，首先，政府应将健康法治纳入未来普法计划予以宣传和普及，同时，各级政府及其有关部门要认真组织好学习、宣传和培训工作，强化自身的法治思维和观念，落实好普法责任制，并自觉将健康法治的各项制度运用到工作实践中，以不断提高依法实施健康法治管理的能力和水平。其次，作为社会的重要宣传渠道，各主流媒体理应协助做好健康法治的宣传报道工作，积极践行健康法治知识公益宣导，同时监督健康领域的违法行为，为健康法治的贯彻和实施营造良好的社会环境和氛围。① 在本次新型冠状病毒的防疫抗疫之战中，就有政协委员呼吁，全社会应提升卫生风险意识并培养健康生活方式，特别是要充分发挥群防群控的制度和观念优势，将其纳入国民教育和精神文明建设体系中，在此基础之上，定期进行卫生安全和健康知识宣传，以推动公共卫生安全理念和健康生活方式进企业、农村、社区、校园、家庭，进一步夯实突发公共卫生事件应急管理的社会基础和群众基础，② 这也将是未来增强健康法治意识和共建健康法治社会的重要组成部分。

2. 树立健康法治观念，落实健康中国行动

习近平总书记针对新型冠状病毒的防疫抗疫工作指出，要坚持开展爱国卫生运动，从人居环境改善、饮食习惯、社会心理健康、公共卫生设施等多个方面开展工作，特别是要坚决杜绝食用野生动物的陋习，提倡文明健康、绿色环保的生活方式。③ 事实上，爱国卫生运动在中华人民共和国成立初期

---

① 王晨：《为人民群众身体健康提供有力法治保障》，《人民日报》2019 年 7 月 31 日，第 6 版。
② 全国政协社会和法制委员会：《全国政协为依法防"疫"凝聚共识》，《人民政协报》2020 年 2 月 20 日，第 1 版。
③ 习近平：《最终战胜疫情，关键要靠科技》，《人民日报》2020 年 3 月 3 日，第 1 版。

就已得到开展，其是由政府牵头、多部门合作和全民参与的群众性卫生运动，也是具有中国特色的全民健康促进运动的雏形。在此爱国卫生运动过程中，我国先后开展了"除四害"、"两管五改"、"五讲四美"、卫生城镇创建、九亿农民健康教育行动、城乡环境卫生整洁行动等一系列工作。[①] 新中国成立七十余年以来，国家健康行动一直处于规划、调整、推进的动态过程中，而健康中国行动战略的提出无疑开启了一个健康促进的新纪元，爱国卫生运动主要针对的是传染病预防控制，而健康中国行动则要开展一场针对慢性病和重点传染病的新时代群众性卫生健康革命。具体而言：第一，在建立健全组织架构方面，中央和地方应依托全国爱国卫生运动委员会，成立各级推进委员会；第二，在具体指标制定方面，健康中国行动提出由个人、家庭、社会和政府各自完成的主要指标，涵盖结果性指标、倡导性指标以及政府工作指标、约束性指标，这些指标可以根据地方实际情况进一步调整和规划；第三，在监测统计方面，推进委员会应统筹领导监测评估工作，在统计数据的基础上，借助互联网和大数据，就主要指标、重点任务实施进度进行监测；第四，在考核评估方面，应围绕健康中国建设主要的目标任务要求，建立较为稳定的考核框架，推进委员会应将审核过的综合考核结果积极通报。[②] 相信未来随着健康中国战略的细化和践行，以及健康中国行动的启动和推进，国家健康促进和教育将加速进入全民参与、全民动员、共建共享的新时代。

（五）完善健康服务网络，优化健康保障体系

人民群众的生命安全和身体健康需要健康服务网络和健康保障体系的强大支撑。尤其是在健康产业外延不断扩大的时代，如何维护人民健康、治疗疾病、提升健康指数，已成为时代不可回避的命题，且其应对的方式和路径也发生了深刻的变革。如远程医疗、个性化治疗、集中养老、卫生防疫等已

---

① 毛群安：《从爱国卫生运动到建设健康中国》，《中国卫生》2019 年第 10 期。
② 姚常房：《健康中国，关键词是"行动"》，《健康报》2019 年 7 月 6 日，第 1 版。

愈发被人们认可和接受，而每一个路径都需要多产业、多环节的配套，这样才能真正保障健康服务最终落实到位。其中，完善健康服务网络、促进健康产业良性发展是基本和常态，而优化健康保障体系，特别是健全公共卫生应急管理体系，则是防范化解重大健康风险挑战，维护国家安全的迫切需要和重要举措。

1. 完善健康服务网络，促进健康产业良性发展

随着科技的进步和国家的投入，我国已在妇幼健康公共服务、老年健康服务以及社会心理健康服务等方面构建了多产业融合的健康服务网络，这一方面为保障人民健康提供了重要支撑，另一方面也对产业升级和经济发展提供了助力。

第一，建立健康服务宣传网络。健康服务宣传是提升公民健康意识、了解维护健康途径的重要方法，因此，国家可通过法制和政策的形式，为健康服务宣传教育机制和政策解释引导机制搭建平台，并在此基础之上，鼓励地方有关单位大力开展心理健康知识和疾病的科普工作，将公民健康服务纳入公益广告的范畴，提升公民对健康服务的认知程度。

第二，构建健康服务咨询网络。健康服务咨询是公民检验自身健康水平的重要环节，随着互联网平台的迅猛发展，健康服务咨询网络已从线下走入线上，但线上的规范程度不尽如人意。在未来健康服务咨询网络的构建中，线下应完善医疗单位、行业部门、城乡社区、社会机构和科研院所相互补充的健康咨询服务机制，并将健康服务纳入城乡基本公共服务体系。在线上，互联网健康服务咨询应通过行业自治和平台监管等形式进一步得到规范，提升其科学性和准确度。

第三，构建健康服务治疗网络。健康服务治疗网络则涉及有关医药产品和医疗器械等多层面的内容。在医药研发和供应方面，中国正在逐步融入世界，与世界同步，尤其是在医药科研和分级治疗方面迈出了实质性的一步，传统医疗服务和药品收购制度正在被打破和重建，目前，美国、中国等国家的药品监管机构，均在尽力提升新药的审批速度，预期将有诸多经过临床适用的新药获得批准和快速上市。另外，依托国内科技创新板，

一些涉创新药物领域的初创企业在资金获取方面也将更为便捷。同时，互联网＋AI＋5G也将使中国的医疗服务体系更加完善和立体化，跨区域普惠医疗亦将成为可能。在医疗器械方面，国内外医疗器械监管思路正迈向理性创新阶段，淘汰老旧实现更新已成为潮流，这样可以不断满足快速变化的临床需求。

第四，完善健康服务监管机制。相关部门应加强对专业卫生服务机构的监督管理，严格制定相关准入门槛、收费标准、职业道德标准和管理制度，促进健康服务产业良性发展。此外，监管机制也要与医疗健康大数据紧密结合。可以说，中国在病人数据方面有着体量的比较优势，这将促使我国更快地进入和适应数字健康时代。同时，医疗健康大数据一方面可以被广泛应用于未来患者智能诊断、临床决策支持、精准治疗、健康管理等场景，另一方面也有助于完善健康服务监管机制，建立准确科学的追溯机制。

2. 优化健康保障体系，健全公共卫生应急管理体系

在新冠疫情暴发过程中，暴露出我国重大疫情防控体系和公共卫生应急管理体系具有明显的缺陷和不足。因此，公共卫生应急管理体系的各相关部门认真学习贯彻习近平总书记重要指示，围绕完善重大疫情防控体系和完善国家公共卫生应急管理体系，深刻反思，加强研究，总结防疫实践经验。在控制上，系统梳理了防疫过程中的薄弱环节，及时补足制度短板，① 也为未来优化健康保障体系的工作任务指明了方向。

第一，改革完善疾病预防控制体系。一是加强监测预警。围绕"早发现、早报告、早处置"的目标，加强各级疾病预防控制机构的信息收集、分析和利用能力，完善网络直报、舆情监测等多渠道疫情监测和快速反应体系，医疗卫生人员报告和科研发现报告制度，实现重大疫情风险监测预警信息和数据共享，完善重大公共卫生风险研究的判断、评估协调机制，提高重大公共卫生风险发现、报告、预警、应对和处置能力。二是完善功能定位。

---

① 中共国家卫生健康委员会党组：《完善重大疫情防控体制机制 健全国家公共卫生应急管理体系》，《求是》2020 年第 5 期。

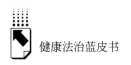

加强疾控机构实验室能力建设，充分发挥国家和省级实验室在决定检验中的重要作用。加强市、县疾病预防控制机构的技术指导、人员培训、质量控制、监督评价、绩效考核等职能。从优化资源配置、实现集约经营入手，支持市级整合辖区实验室资源，建设区域性公共卫生中心实验室；允许省级和有条件的城市适当向社会开放公共卫生技术服务，创新县级医疗预防协调机制。三是加强人才队伍建设。完善公共卫生培训、准入、使用、治疗保障、考核评价、激励机制等政策，建立保护与激励相结合的新运行机制，合理提高疾控人员待遇。

第二，强化重大疫情救治体系。一是加强公共卫生和医疗体系建设，完善公共卫生资源区域布局，建立国家和地区传染病医疗中心，完善国家到省、市、县的综合医疗服务体系。加大传染病医院投入，改善诊疗条件，加强综合能力建设，提高疑难重症传染病诊疗能力。加强人才队伍和学科建设，完善综合医院传染病科建设，提高诊疗能力，提高传染病相关医务人员的救治水平。加强院前急救体系建设，完善网络布局，完善急救车（含负压救护车）配置。健全科研、疾病控制和临床治疗的有效协调机制。二是继续加强分级诊疗体系建设。加快城镇医疗集团和县级医疗社区网格化布局建设，推进医疗协会"全额支付、差额保留、合理超支分担"政策的落实，引导医疗协会形成顺畅的转诊机制，促进高效协调和公共卫生服务与医疗服务无缝衔接，建立健全传染病分类、分层、分离等重大传染病救治机制。三是完善基层医疗卫生机构运行机制。完善基本医疗卫生服务体系，特别是公共卫生服务体系建设。加强基础设施建设和物资配置，加强基层医疗卫生队伍建设，满足重大疫情防控要求。推动基层医疗卫生机构逐步建立"公益性一级保障与公益性二级激励相结合"的新型运行机制，在提供基本医疗服务方面发挥更大作用。

第三，健全重大疾病医疗保险和救助制度。在重大疫情应急机制启动等紧急情况下，医疗保险经办机构应提前拨付部分医疗保险基金，确保医疗机构先治疗后收费；完善医疗保险远程实时结算系统，确保患者不遭受就诊成本问题的折磨。探索建立特殊人群和特定疾病的医疗费用免征制度，消除医疗保险缴费目录、缴费限额、剂量等限制。探讨建立传染病患者医疗费用的财务保障。完善重大疫情医疗保险支付政策，提高对基层医疗机构的支付比例。完善社会捐赠制度，完善捐赠物资发放审核程序，公开物资发放信息。

第四，完善重大突发疫情应急物资保障制度。推进国家卫生应急物资专项储备体系建设，科学调整物资储备种类、规模和结构，提高储备能力。同时，建构国家统一指挥的应急物资生产供应体系，强化关键应急物资的生产能力保障和区域布局。针对短期内物资供应短缺的风险，应构建集中生产调度机制，协调组织原材料供应，安排定点生产，规范质量标准。在实物储备的基础上，增加技术储备和生产能力储备。完善国家应急物资收储制度，最大限度地调动生产企业积极性。健全跨部门、跨地区物资供应联防联控工作机制，建立覆盖原材料供应、生产、流通、储存、使用全链条的信息动态监控体系。

法 治 指 数

Nomocracy Index

B.2

中国健康法治指数[*]

张园 王伟[**]

摘 要： 加快健康领域法治建设，是推进健康中国建设、确保公民依
法享有健康权益、依法繁荣健康事业发展的重要法治保障。
为了定量评价健康领域法治建设情况，本报告借鉴文本挖掘
和PMC指数模型方法，参考法律规范文本、党和国家的政策
文件、相关理论研究成果，从9个维度构建健康法治建设评
价指标体系，应用评价指标体系对2018年各省份健康法治建
设情况进行了综合评估，基于总体性分析、分典型省份分析、
分健康法治维度分析三个方面进行了结果剖析，并从加强卫

* 本文受国家自然科学基金项目"养老机构服务效率测度、差异比较与分类提升机制：基于三
阶段 SBM – SFA 和面板 Tobit 模型"（71764020）的资助。
** 张园，三峡大学法学与公共管理学院副教授，武汉大学大健康法制研究中心研究员；王伟，
内蒙古科技大学经济与管理学院硕士研究生。

生健康政务系统信息化和健康信息平台建设、继续深化卫生健康放管服改革、加快重点领域和细分领域立法制规等 7 个方面提出建议。

关键词： 健康法治　评价指数　PMC 指数

定量评价健康领域法治建设情况，是从宏观上掌握健康法治实施现状、挖掘健康法治存在问题、提出健康法治改进路径的重要依据。本研究以各省份卫健委法治政府建设报告为研究对象，借鉴文本挖掘和 PMC 指数模型方法，构建健康法治建设评价指标体系，对 2018 年各省份健康法治建设情况进行了评估。

一　评价模型

（一）政策评估基本模型

目前，在法治研究领域的政策评估还是以定性回顾和政策述评为主，采用定量方法的研究还不多，现行政策评估方法大致分为以下几种类型：对比分析法、专家评价法以及综合判断评估法。其中，对比分析法主要运用动态比较原理，对某类政策在实施前后的效果、成本、收益等层面进行多方位对比分析，其大多以定量或半定量分析方法为主；专家评价法主要是基于专家主观性政策判断的评价，其大多是以定性分析方法为主；综合判断评估法能够对政策实施前后的效果进行对比分析，并且从多个视角对政策的利益行为进行区别分析，其属于定性分析和定量分析相结合的方法类型。

对上述三类政策评估方法进行对比后发现，综合判断评估法更具准确性和客观性。在综合判断评估法中，一类是以文本挖掘法为代表的基于理论研究的分析方法，其主要通过网页检索、文本分析等方式搜集相关政策数据，并且根据不同方式进行归类、概念化处理，从而得到政策的关键性信息；一

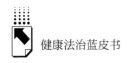

类是以模糊综合评价、数据包络等为代表的基于模糊数学、统计学的评估分析方法；还有一类是以 BP 神经网络为代表的计算机数据工具的评估方法，随着计算机技术的快速发展，数据处理能力得到极大增强，大数据的应用使政策评估得到质的飞跃，BP 神经网络等方法被用来对数据进行测试训练，并进一步构建出深度学习的政策评估模型。

（二）PMC 指数模型

2008 年，Ruiz Estrada 在 *The Policy Modeling Research Consistency Index* 中最早提出了政策一致性评价模型（PMC 指数模型，Policy Modeling Consistency Index）[1]，PMC 指数模型是目前政策评价领域中较为先进的评价方法[2]，其属于综合判断评估法。PMC 指数模型是由 Ruiz Estrada 等学者根据 Omnia Mobilis 的假说所建立，而与研究单独变量累积效应的其他条件相同假说（Ceteris paribus Assumption）有所区别的是，PMC 指数模型借鉴 Omnia Mobilis 假说中关于万物存在相关性的理论，认为世间万物均以动态形式存在，并且以某种显性或隐性形式相互联系，因而任何政策均会受到一系列未知因素的干扰，所以对政策对象进行建模评估时，不能缺失任何一个相关性变量，包括自然灾害等不可抗力因素。可见，在政策从制定到执行的过程中，存在着大量不可预知的因素会对政策行为产生影响，因此在进行政策评估时，既要保证影响因素选择的多样性，还需要兼顾政策权重的一致性，从而分析各个维度政策的一致性以及优缺点。

在 PMC 模型及其设置中，首先，Ruiz Estrada 等将政策变量用一级指标衡量，包括研究类型、研究方向、数据来源、研究领域、理论框架、论文引用等 10 个一级指标。其次，将上述一级指标进一步细化为 50 个二级指标，二级指标的权重按照一致性原则设定。再次，对二级指标进行二元系统赋值，

① Estrada M A R. "Policy modeling: Definition, classification and evaluatio." *Journal of Policy Modeling*, 2011, 33 (4): 523 – 536.

② 张永安、周怡园：《新能源汽车补贴政策工具挖掘及量化评价》，《中国人口·资源与环境》2017 年第 10 期，第 188～197 页。

即按照"满足条件为1，否则为0"的原则对所有的二级指标进行赋值，从而计算得出一级指标分数的均值，并将一级指标分数加总即得到政策的 PMC 指数分值。最后，根据 PMC 指数测算结果，将政策进行评估等级划分，具体包括优秀、良好、合格、差 4 个等级，并通过 PMC 曲面图进行直观展示。

在政策文本评估的应用中，PMC 指数模型的优势体现为：第一，能够通过文本挖掘获取原始资料和数据，最大限度避免评价的主观性，提高评价的准确性；第二，运用数值和 PMC 曲面实现对政策效力的单指标分析和多维度评价，且 PMC 曲面能够以图像形式直观呈现政策各维度评价情况；第三，PMC 指数模型能够考虑多维度因素对政策的影响，研究者可结合政策特征和评估需求，在模型中灵活设置多种变量，结合具体政策特性构建有针对性的量化模型，并对各类政策的优劣构建直观的评判标准；第四，PMC 指数模型能够兼顾传统文本挖掘、统计分析与计算机数学工具的各自优势，有效克服传统定性分析方法的主观性、神经网络方法对数据样本量要求过高等缺陷。从本研究看，由于各省份健康法治的政策文本难以形成大数据体量，并且对数据结构化要求较高，PMC 指数模型正适用于本研究政策本文的评价。本研究在采用文本挖掘的研究基础上，借鉴 PMC 指数模型的分析思路和构建方法，对各省份健康法治建设进行政策文本量化评价，从而对各省份健康法治情况尽可能作出客观、准确的综合评价。

PMC 指数模型建立主要包括四个步骤：一是构建变量体系并设定具体参数，二是建立多输入输出表格，三是计算 PMC 指数具体分值，四是绘制 PMC 曲面图。

二　评价指标体系

（一）指标体系构建依据

1. 政策评估依据

在政策运行和实施的过程，政策评估主要划分为三种类型：（1）政策

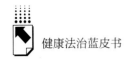
体系评估，一般包含政策主体、政策客体、政策对象、政策工具、政策环境等评估标准，对诸如合法性、合理性、正当性、适用性、充分性、有效性等要素进行考量；（2）政策过程评估，一般包含政策制定、政策实施过程、政策监管、政策调整、政策终止等评估标准，对执行能力、程序公正性、适当性、可行性、公众参与、政策影响、社会可持续发展等要素进行考量；（3）政策结果评估，一般包含政策反馈、政策调节、结果改进等评估标准，对效率、公平性、有效性、响应性、绩效、适用性等要素进行考量。[1]

2. 模型指标依据

学者在参考借鉴 Ruiz Estrada 等关于政策评价研究的基础上，结合各自研究领域特征，运用 PMC 指数进行了政策评价，构建政策评价的指标主要包括：政策性质、政策时效、政策级别、作用领域、政策内容、激励约束、政策工具、政策受众、政策视角、调控范围、政策评价、政策作用、政策公开等。[2][3][4][5][6]

（二）指标体系构建

1. 指标体系构建原则及层次结构

法治评估要素既要具备普适性，又需要考虑不同地区的特色，才能发挥法治指数的作用、评估各地区的实际公民权利保护水平、提升法治建设

① 陈振明：《公共政策分析导论》，中国人民大学出版社，2015，第 110～111 页。

② 张永安、耿喆：《我国区域科技创新政策的量化评价——基于 PMC 指数模型》，《科技管理研究》2015 年第 14 期，第 26～31 页。

③ 张永安、周怡园：《新能源汽车补贴政策工具挖掘及量化评价》，《中国人口·资源与环境》2017 年第 10 期，第 188～197 页。

④ 张永安、郗海拓：《金融政策组合对企业技术创新影响的量化评价——基于 PMC 指数模型》，《科技进步与对策》2017 年第 2 期，第 113～121 页。

⑤ 赵杨、陈雨涵、陈亚文：《基于 PMC 指数模型的跨境电子商务政策评价研究》，《国际商务（对外经济贸易大学学报）》2018 年第 6 期，第 114～126 页。

⑥ 胡峰、戚晓妮、汪晓燕：《基于 PMC 指数模型的机器人产业政策量化评价——以 8 项机器人产业政策情报为例》，《情报杂志》2020 年第 1 期，第 121～129、161 页。

水平。① 本研究将普适性和特殊性原则相结合，首先设计符合我国健康法治目标和实践的一级指标，再依据各地区健康法治发展水平和建设需求，对一级指标进行分解和细化。在一般情况下，PMC 模型中的评价指标体系只分解到二级指标，由于本研究中健康法治建设涉及的领域较多、内容较复杂、专业性较强，若只分解到二级指标，容易导致指标间的逻辑关系不清晰、指标的代表性不强，并且容易造成评估的标准和尺度过于宽泛，从而失去了评估的意义。

本研究进一步将一级指标分解为二级和三级指标。借鉴法治指数评价的相关研究设计三级指标结构：一级指标即评价维度，重点关注实现评价目标内容的全面性与战略性；二级指标是对一级指标的内涵分解，侧重评价结构性目标实现；三级指标即具体指标，对应于可测量关键任务的完成程度。②

本研究参照的政策评估过程、健康法治建设报告以及 PMC 模型指标，是健康法治评估指标体系构建的理论、现实和方法基础。在借鉴上述指标构建依据的基础上，结合各省份健康法治建设报告的政策文本扫描，整理政策文本内容及其特征，进一步凝练本研究的指标体系。

2. 一级指标解析及构建

（1）从法治指数的基本要素和指标体系解析，世界正义工程所创建的《世界法治指数》提出了法治指数应遵循的基本原则，即政府及公务人员应依法行政；法律的制定应审慎、具体、公正；法律的执行应当公开、公正、透明；司法职业者必须德才兼备、具有法律思维。③ 学者研究一般认为，法治评价的一级指标体系一般包括科学立法、政府依法行政、司法公平正义、公民权利保障等要素，涵盖依法治理的过程和

---

① 巢陈思：《构建地方法治评估权利指数应遵循的原则》，《人民论坛·学术前沿》2020 年第 1 期，第 84~87 页。
② 谭玮、郑方辉：《法治社会指数：评价主体与指标体系》，《理论探索》2017 年第 5 期，第 115~122 页。
③ 孟涛：《法治的测量：世界正义工程法治指数研究》，《政治与法律》2015 年第 5 期，第 15~25 页。

结果①。

（2）从法治建设相关报告的内涵、指导要求和基本原则看，政府是法治建设、法律实施的重要主体，推进法治政府是法治建设的关键所在。《中国法治建设年度报告（2017）》提出：加强重点领域立法，中国特色社会主义法律体系更加完善；提出加强对权力的制约和监督，执法更加严格规范公正文明；开展法治宣传教育，注重新媒体新技术运用。《中国法治建设年度报告（2018）》进一步提出：加强宪法实施和监督，出台涉及高质量发展、民生发展等领域的法律法规；推进法治政府建设，顺利实施国务院和地方政府机构改革，加强"放管服"改革力度，依法行政成效显著；重视和开展法治宣传，法学教育和研究事业不断发展。《法治政府建设实施纲要（2015—2020）》明确提出："到 2020 年基本建成职能科学、权责法定、执法严明、公开公正、廉洁高效、守法诚信的法治政府。"

结合上述分析可知，健康法治指数的设计应该涵盖法治政府建设、"放管服"改革、科学立法、政府依法行政、行政执法与监管、行政权力约束与监督、化解社会矛盾纠纷机制、法治宣传等要素，同时结合 PMC 指数的一级指标设定，本文构建的一级指标包括：机构建设与政务服务、"放管服"改革与职能转变、健康法规体系、行政决策法治化、行政执法与监管、行政权力监督与矛盾化解、法治宣传与培训、报告评价、报告公开。

3. 二级指标解析及构建

在二级指标构建上，本研究充分借鉴政策评估过程、法治建设报告文本和 PMC 模型中指标设定，在一级指标的基础上构建 18 个二级指标。

（1）从政策主体和政策功能的标准出发，健康法治建设必须以组织体系建设、法治政务等为重点②，以解决政府"谁来做事""如何做事"等问题。依据《国务院关于加快推进全国一体化在线政务服务平台建设的指导

① 巢陈思、丁颂：《法治反腐考核评价指数构建初探》，《人民论坛》2019 年第 23 期，第 118 ~ 119 页。
② 参见李强《打造法治政务环境》，载《人民日报》2015 年 2 月 9 日，第 7 版。

意见》（国发〔2018〕27 号）、《国务院关于在线政务服务的若干规定》等文件精神，健康政务服务及其公开必须在法治框架内、以法治方式推进。因此，将机构建设与政务服务划分为组织机构建设、政务服务。

（2）从政策主客体关系和政策性质的标准出发，健康法治建设应重点建设政府职责体系，以解决政府"做什么事"等问题。因此，必须在健康法治轨道上厘清政府和市场、社会的边界，实现有效限权、放权和分权，真正形成职能科学、权责法定的健康治理体系。依据《国务院关于取消和下放一批行政许可事项的决定》（国发〔2019〕6 号）等文件精神，健康法治建设应积极落实国务院关于"放管服"改革的重要精神，加快行政权力下放，并将行政审批服务延伸到办事服务和医疗卫生健康服务，不断提升居民就医和办事的获得感、幸福感、安全感。因此，将"放管服"改革与职能转变划分为行政权力及其下放、行政审批服务。

（3）从政策内容和政策工具的标准出发，健康法治建设应以科学化、规范化、系统化、制度化的健康法规体系为依据，以提升健康法治建设合法性、合规性的治理根基。一方面，推动健康卫生领域立法制规，能够落实宪法关于发展医疗卫生事业、保障人民基本医疗卫生服务权利、提高居民健康水平的精神和规定①；另一方面，依据《国务院办公厅关于加强行政规范性文件制定和监督管理工作的通知》（国办发〔2018〕37 号）等文件精神，健康法治建设应加强健康卫生领域行政规范性文件，以及有关限制排除竞争的政策措施的合法性审核。此外，在依靠法律法规体系之外，德国法学家托马斯·莱塞尔（Thomas Raiser）从社会交往和行为模式的视角又提出了社会规则或者规范②，在法治建设中应凸显坚持制度化和标准体系导向③。因此，将健康法规体系划分为立法制规、规范性文件管理、制度与标

---

① 许安标：《基本医疗卫生与健康促进法最新解读》，载 http：//fzzfyjy. cupl. edu. cn/info/1022/11933. htm？ urltype = tree. TreeTempUrl&wbtreeid = 1345。
② 刘作翔：《当代中国的规范体系：理论与制度结构》，《中国社会科学》2019 年第 7 期，第 85～108、206 页。
③ https：//baijiahao. baidu. com/s？ id = 1584626732848378316&wfr = spider&for = pc。

准体系。

（4）从政策决策和政策合法性的标准出发，应将依法行政、健全依法民主决策机制等作为健康法治建设和管理体制改革的主要目标。党的十八届四中全会提出，健全依法决策机制，把公众参与、专家论证、风险评估、合法性审查、集体讨论决定确定为重大行政决策法定程序。依据《重大行政决策程序暂行条例》（国令第713号），县级以上地方人民政府重大行政决策活动应全面纳入法治化轨道。同时，建立法律顾问制度是依法执政的一项重要举措。[①] 因此，将行政决策法治化划分为重大行政决策过程法治化、法律顾问建设。

（5）从政策执行过程和政策监管的标准出发，规范的行政执法行为、健全的行政执法监管体制，是依法行政、执法为民的必要前提条件，是健康法治建设不可或缺的屏障[②]，可从行政执法的全过程、全周期视角，以及制度、体制和机制等视角进行内涵划分。首先，《关于改革完善医疗卫生行业综合监管制度的指导意见》（国办发〔2018〕63号）提出，建立职责明确、分工协作、科学有效的综合监管制度，形成机构自治、行业自律、政府监管、社会监督的综合监管体系。其次，国家卫生健康委等部门不断加强对卫生全行业的监管力度，印发《关于优化医疗机构和医护人员准入服务的通知》（国卫办医发〔2018〕29号），建立了区域内医疗机构规范化的监管模式和抽查机制。再次，针对抽查和监管结果，还需要进行动态化的结果公示、分析、处理、反馈和评价等环节。因此，可将行政执法与监管划分为监管制度与平台建设、监管模式与执法过程、监管结果与评价。

（6）从政策约束和政策作用的标准出发，对行政行为进行有效监督是健康法治的重要组成部分，是健康法治依法行政的重要保障。同时，健全的多元纠纷解决机制对社会控制系统整体效能发挥具有较强的调节效应，并能

---

① 参加张晓燕《法律顾问制度——依法执政的一项重要举措》，载《学习时报》2015年1月5日，第5版。

② 戢浩飞：《法治政府指标评估体系研究》，《行政法学研究》2012年第1期，第74~82页。

对社会整体内外部进行有效协调。在《关于加强法治政府建设的意见》（国发〔2010〕33 号）以及各地法治政府指标建设体系中①，均设立了行政监督制度和化解社会矛盾纠纷机制等指标。因此，可将行政权力监督与矛盾化解划分为行政权力监督、矛盾纠纷化解。

（7）从政策教育和政策扩散的标准出发，健康法治社会氛围的形成、培育和巩固，有赖于良好的社会普法、法治培训、责任考核、法治宣传等活动的大力开展。在各地卫生健康宣传方面的理论总结和实践经验中，卫生健康领域先后开展以宪法为核心的学习培训、"七五"普法中期检查、普法责任清单与考核、多样性的普法宣传教育等内容。因此，可将法治宣传与培训内涵解析为健康法治培训、考核与宣传。

（8）从调控范围和政策评价的标准出发，本文借鉴 PMC 指数研究文献中的指标设定，将报告评价划分为作用领域、工作开展。

（9）从政策公开的标准出发，本文借鉴 PMC 指数研究文献中的指标设定，将报告公开的内涵解析为报告公开情况。

4. 三级指标解析及构建

（1）从指标内涵解析来看，借鉴 PMC 模型中学者已有的指标设定，参考法律规范文本、党和国家的政策文件、理论研究，依据《中国法治发展报告 No. 17（2019）》《中国法治政府发展报告（2019）》《国家卫生健康委关于 2019 年度法治政府建设工作情况的报告》等内容，以及行政实践中"法治政府"报告等指标内涵②，从内涵、过程、要素等维度对二级指标进行解析和分解：组织机构建设主要涵盖组织责权、工作安排、舆情引导等方面；政务服务主要涵盖平台建设、信息公开、服务事项等方面；行政权力及其下放主要涵盖权责动态运行、简政放权等方面；行政审批服务主要涵盖审批材料、审批办理、审批改革等方面；立法制规主要涵盖地方性法规制定、立法制规参与等方面；规范性文件管理主要

---

① 刘艺：《论我国法治政府评估指标体系的建构》，《现代法学》2016 第 4 期，第 14～23 页。
② 肖军、张亮、叶必丰：《法治政府的司法指数研究》，《行政法学研究》2019 年第 1 期，第 62～79 页。

涵盖规范性文件清理、规范性文件审查等方面；制度与标准体系主要涵盖激励、约束、预警等常态化制度安排，以及卫生健康标准等方面；重大行政决策过程法治化主要涵盖调查论证、管理章程、审核评估等方面；法律顾问建设主要涵盖法律顾问制度、人员安排等方面；监管制度与平台建设主要涵盖裁量基准制度、监管体系、监管平台等方面；监管模式与执法过程主要涵盖多元化监管模式、执法科学化、执法规范化、专项执法等方面；监管结果与评价主要涵盖结果公开、事后评价等方面；行政权力监督主要涵盖人大监督、民主监督、司法监督、审计监督等方面；矛盾纠纷化解主要涵盖行政复议、信访处理、其他调节机制等方面；健康法治培训、考核与宣传主要涵盖学习培训、普法教育、法治宣传等方面；作用领域、工作开展、报告公开情况主要借鉴 PMC 模型的指标设定。

（2）从指标的具体构建和选取看，由于一些从样本属性中难以直接获取的三级变量指标，本文需要结合健康法治建设报告的政策文本实际情况等进行文本挖掘和分析，对指标进行逐项分解和准确选取。文本数据挖掘（Test Data Mining，TDM）是一种从大量文本数据中选取重要关键信息的数据分析方法，文本数据挖掘的方法较多，当文本数据较少时，可采用直接人工阅读筛选的方法选取有用信息，而当研究对象涉及大量文本数据时，则需要借助计算机分析工具进行关键信息挖掘。由于各省份健康法治建设的文本信息量较大，通过直接人工阅读很难对有效信息进行选择，并且容易出现关键信息疏漏以及主观性过强等问题，本研究先将各省份健康法治建设报告的政策文本导入文本挖掘数据库，借助 Python 工具进行文档集的分词处理，通过筛选关键词、提取高频特征词，在剔除部分干扰性高频词语的基础上，提取出频次较高、体现健康法治建设的重点词语。为了展现更多研究内容、为指标选取提供充分依据，本研究列举前 100 个词语，具体高频词语统计表如表 1 所示。通过政策文本挖掘为三级指标构建提供参考依据。

表1　健康法治建设报告文本前100个高频词语和词频汇总

序号	词语	词频	序号	词语	词频
1	工作	979	35	宪法	175
2	卫生	855	36	管理	174
3	法治	614	37	全面	173
4	健康	599	38	行政执法	169
5	建设	545	39	医疗卫生	167
6	我委	467	40	规范	166
7	行政	421	41	要求	164
8	推进	343	42	宣传	163
9	开展	320	43	信息	161
10	监督	309	44	制定	160
11	制度	299	45	实施	156
12	医疗机构	297	46	医疗	156
13	服务	292	47	法律顾问	153
14	事项	291	48	决策	153
15	加强	280	49	系统	152
16	政府	273	50	依法	149
17	依法行政	272	51	强化	143
18	落实	260	52	公平竞争	140
19	文件	243	53	完善	141
20	执法	239	54	办理	139
21	审批	230	55	情况	138
22	行政复议	216	56	监管	137
23	卫生计生委	204	57	认真	136
24	公开	204	58	法律法规	135
25	组织	204	59	机构	135
26	全省	198	60	进行	134
27	改革	194	61	案件	134
28	规范性	193	62	重点	133
29	进一步	186	63	机制	131
30	审查	186	64	社会	130
31	计生	182	65	行政处罚	129
32	重大	178	66	做好	128
33	普法	175	67	年度	121
34	学习	175	68	活动	121

续表

序号	词语	词频	序号	词语	词频
69	立法	120	85	行政许可	104
70	贯彻落实	120	86	群众	104
71	积极	118	87	法律	101
72	条例	116	88	完成	100
73	建立	116	89	推动	99
74	任务	112	90	清单	96
75	清理	112	91	问题	96
76	省政府	111	92	相关	95
77	印发	111	93	实现	92
78	政务	111	94	通知	90
79	严格	111	95	能力	90
80	国家	109	96	发展	89
81	培训	107	97	工作人员	88
82	实施方案	107	98	合法性	88
83	机关	106	99	及时	88
84	责任	106	100	大行	80

根据上述100个高频词语，在分析过程中又进一步剔除"健康""法治""政府""推动""强化"等显而易见且对指标构建关联不大的词语，基于对有效词语的分析，最终在PMC模型的基础上确定了56个三级指标。将所有变量进行编码，并将全部三级变量参数值设定为二进制的0和1，具体各个指标编码和取值说明如表2所示。

表2　健康法治建设评价指标及标准

一级指标	二级指标	三级指标	评价标准
机构建设与政务服务 X_1	组织机构建设 $X_{1:1}$	组织领导责权 $X_{1:1:1}$	判断组织领导责权是否清晰，是为1，否为0
		法治政府建设重点工作 $X_{1:1:2}$	判断法治政府建设是否有重点工作，是为1，否为0
		健康领域回应与解读 $X_{1:1:3}$	判断健康领域是否有回应与解读，是为1，否为0

一级指标	二级指标	三级指标	评价标准
	政务服务 $X_{1:2}$	互联网政务服务平台 $X_{1:2:1}$	判断是否有互联网政务服务平台,是为1,否为0
		政务服务事项标准化建设 $X_{1:2:2}$	判断政务服务事项是否进行标准化建设,是为1,否为0
		政府信息主动公开制度 $X_{1:2:3}$	判断是否有政府信息主动公开制度,是为1,否为0
		政府信息依申请公开工作制度 $X_{1:2:4}$	判断是否有政府信息依申请公开制度,是为1,否为0
		健康管理信息平台 $X_{1:2:5}$	判断是否有健康管理信息平台,是为1,否为0
"放管服"改革与职能转变 X_2	行政权力及其下放 $X_{2:1}$	权力清单编制和调整 $X_{2:1:1}$	判断是否有权力清单编制和调整,是为1,否为0
		简政放权改革 $X_{2:1:2}$	判断是否进行简政放权改革,是为1,否为0
	行政审批服务 $X_{2:2}$	审批服务办理时间 $X_{2:2:1}$	判断审批服务办理时间是否减少,是为1,否为0
		权力事项和证明材料 $X_{2:2:2}$	判断权力事项和证明材料是否精简或清理,是为1,否为0
		社会力量参与健康领域 $X_{2:2:3}$	判断是否有社会力量参与健康领域的准入制度,是为1,否为0
		"证照分离"改革 $X_{2:2:4}$	判断是否开展"证照分离"改革,是为1,否为0
健康法规体系 X_3	立法制规 $X_{3:1}$	地方卫生健康立法制规 $X_{3:1:1}$	判断是否开展地方卫生健康立法制规,是为1,否为0
		国家和省卫生健康立法参与 $X_{3:1:2}$	判断是否参与国家和省卫生健康立法,是为1,否为0
		地方性法规实施情况报告制度 $X_{3:1:3}$	判断是否有地方性法规实施情况报告制度,是为1,否为0
	规范性文件管理 $X_{3:2}$	法规规章规范性文件 $X_{3:2:1}$	判断是否对法规规章规范性文件进行清理,是为1,否为0
		排除限制竞争政策措施 $X_{3:2:2}$	判断是否对排除限制竞争政策措施进行清理,是为1,否为0
		规范性文件合法性审查和公平竞争审查制度 $X_{3:2:3}$	判断是否有规范性文件合法性审查和公平竞争审查制度,是为1,否为0

续表

一级指标	二级指标	三级指标	评价标准
	制度与标准体系 $X_{3:3}$	卫生健康领域风险预测预警预防和应急处置预案 $X_{3:3:1}$	判断是否有卫生健康领域风险预测预警预防和应急处置预案，是为1，否为0
		卫生健康领域人员信用制度 $X_{3:3:2}$	判断是否有卫生健康领域人员信用制度，是为1，否为0
		健康卫生标准 $X_{3:3:3}$	判断是否制定健康卫生标准，是为1，否为0
行政决策法治化 X_4	重大行政决策过程法治化 $X_{4:1}$	重大行政决策程序规定 $X_{4:1:1}$	判断是否有重大行政决策程序规定，是为1，否为0
		重大行政决策社会稳定法制审核与风险评估制度 $X_{4:1:2}$	判断是否有重大行政决策社会稳定法制审核与风险评估制度，是为1，否为0
		重大行政决策事项目录与管理规章 $X_{4:1:3}$	判断是否有重大行政决策事项目录与管理规章，是为1，否为0
		卫生健康法治决策调查与课题研究 $X_{4:1:4}$	判断是否开展卫生健康法治决策调查与课题研究，是为1，否为0
	法律顾问建设 $X_{4:2}$	法律顾问制度 $X_{4:2:1}$	判断是否有法律顾问制度，是为1，否为0
		公职律师和外聘法律顾问 $X_{4:2:2}$	判断是否有公职律师和外聘法律顾问，是为1，否为0
行政执法与监管 X_5	监管制度与平台建设 $X_{5:1}$	行业综合监管制度和体系 $X_{5:1:1}$	判断是否有行业综合监管制度和体系，是为1，否为0
		卫生监督行政处罚裁量基准制度 $X_{5:1:2}$	判断是否有卫生监督行政处罚裁量基准制度，是为1，否为0
		行政执法监管服务系统和平台 $X_{5:1:3}$	判断是否有行政执法监管服务系统和平台，是为1，否为0
	监管模式与执法过程 $X_{5:2}$	多元化综合监管模式 $X_{5:2:1}$	判断是否有多元化综合监管模式，是为1，否为0
		执法规范化建设 $X_{5:2:2}$	判断是否开展执法规范化建设，是为1，否为0
		医疗健康监督执法专项检查 $X_{5:2:3}$	判断是否开展医疗健康监督执法专项检查，是为1，否为0
		"双随机"一公开监督抽查 $X_{5:2:4}$	判断是否开展"双随机"一公开监督抽查，是为1，否为0
	监管结果与评价 $X_{5:3}$	行政许可和处罚事项公示 $X_{5:3:1}$	判断是否进行行政许可和处罚事项公示，是为1，否为0
		公共卫生监督领域综合评价 $X_{5:3:2}$	判断是否开展公共卫生监督领域综合评价，是为1，否为0

续表

一级指标	二级指标	三级指标	评价标准
行政权力监督与矛盾化解 X_6	行政权力监督 $X_{6:1}$	人大建议与政协提案答复 $X_{6:1:1}$	判断是否进行人大建议与政协提案答复,是为1,否为0
		司法协助与衔接机制 $X_{6:1:2}$	判断是否有司法协助与衔接机制,是为1,否为0
		内部审计监督 $X_{6:1:3}$	判断是否开展内部审计监督,是为1,否为0
	矛盾纠纷化解 $X_{6:2}$	行政复议及应诉制度 $X_{6:2:1}$	判断是否建立完善了行政复议及应诉制度,是为1,否为0
		信访处理与办结 $X_{6:2:2}$	判断信访处理与办结是否有效,是为1,否为0
		预防与化解医患纠纷调节机制 $X_{6:2:3}$	判断是否建立预防与化解医患纠纷调节机制,是为1,否为0
法治宣传与培训 X_7	健康法治培训、考核与宣传 $X_{7:1}$	多样化法治学习培训 $X_{7:1:1}$	判断是否开展多样化法治学习培训,是为1,否为0
		普法教育与考试考核 $X_{7:1:2}$	判断是否开展普法教育与考试考核,是为1,否为0
		普法规划与法制建设评估 $X_{7:1:3}$	判断是否开展普法规划与法制建设评估,是为1,否为0
		多元化健康法治宣传 $X_{7:1:4}$	判断是否开展多元化健康法治宣传,是为1,否为0
报告评价 X_8	作用领域 $X_{8:1}$	个人生活与行为 $X_{8:1:1}$	判断是否涉及个人生活与行为,是为1,否为0
		医疗卫生 $X_{8:1:2}$	判断是否涉及医疗卫生,是为1,否为0
		生产与生活环境 $X_{8:1:3}$	判断是否涉及生产与生活环境,是为1,否为0
		其他 $X_{8:1:4}$	判断是否涉及其他,是为1,否为0
	工作开展 $X_{8:2}$	实施依据 $X_{8:2:1}$	判断实施依据是否充分,是为1,否为0
		工作目标 $X_{8:2:2}$	判断工作目标是否明确,是为1,否为0
		工作成效 $X_{8:2:3}$	判断工作成效是否显著,是为1,否为0
报告公开 X_9	报告公开情况 $X_{9:1}$	主动公开或依申请公开 $X_{9:1:1}$	判断报告是否公开,是为1,否为0

三 评价过程

（一）多投入产出表建立

多投入产出表建立，是后面计算 PMC 指数的基础，多投入产出表构建出可选择的数据分析框架，其可以存储大量数据并计算某个具体变量，每个主变量下面又涵盖若干个二级变量，并且并无数量限制，但变量的权重都是相同的，为了能够对变量赋相同的权重，本研究参照学者的处理方法，对所有变量进行二进制处理。依据前文指标构建部分，本研究建立的多投入产出表及其结构如表 3 所示。

表 3　多投入产出表

X_1				X_2	
$X_{1:1}$	$X_{1:2}$			$X_{2:1}$	$X_{2:2}$
$X_{1:1:1}X_{1:1:2}X_{1:1:3}$	$X_{1:2:1}X_{1:2:2}X_{1:2:3}X_{1:2:4}X_{1:2:5}$			$X_{2:1:1}X_{2:1:2}$	$X_{2:2:1}X_{2:2:2}X_{2:2:3}X_{2:2:4}$
X_3					
$X_{3:1}$	$X_{3:2}$			$X_{3:3}$	
$X_{3:1:1}X_{3:1:2}X_{3:1:3}$	$X_{3:2:1}X_{3:2:2}X_{3:2:3}$			$X_{3:3:1}X_{3:3:2}X_{3:3:3}$	
X_4					
$X_{4:1}$				$X_{4:2}$	
$X_{4:1:1}X_{4:1:2}X_{4:1:3}X_{4:1:4}$				$X_{4:2:1}X_{4:2:2}$	
X_5					
$X_{5:1}$	$X_{5:2}$			$X_{5:3}$	
$X_{5:1:1}X_{5:1:2}X_{5:1:3}$	$X_{5:2:1}X_{5:2:2}X_{5:2:3}X_{5:2:4}$			$X_{5:3:1}X_{5:3:2}$	
X_6				X_7	
$X_{6:1}$	$X_{6:2}$			$X_{7:1}$	
$X_{6:1:1}X_{6:1:2}X_{6:1:3}$	$X_{6:2:1}X_{6:2:2}X_{6:2:3}$			$X_{7:1:1}X_{7:1:2}X_{7:1:3}X_{7:1:4}$	
X_8				X_9	
$X_{8:1}$	$X_{8:2}$			$X_{9:1}$	
$X_{8:1:1}X_{8:1:2}X_{8:1:3}X_{8:1:4}$	$X_{8:2:1}X_{8:2:2}X_{8:2:3}$			$X_{9:1:1}$	

（二）PMC 指数计算过程

PMC 指数的具体计算可分成 4 个部分。第一，通过文献和理论分析、文本挖掘等方法确定各三级指标变量，并将三级变量放到多输入输出表格中，确定指标的层次关系和数据结构。第二，如公式（1）所示，各三级变量服从 [0，1] 分布，即三级变量的值可以取 0 或 1，评分标准见前文。第三，依据公式（2）计算二级指标值，二级指标数值为三级变量得分之和与三级变量个数之比，即算数平均值。同理，进一步可求得一级指标值。第四，依据公式（3），将待评价政策各一级指标值加总计算出 PMC 指数。

本研究通过各省份健康法治建设的政策文本分析，在指标构建基础上对三级指标进行赋值，从而得到二级指标的得分结果。

$$X \sim N[0,1]; X = \{XR:[0 \sim 1]\} \tag{1}$$

$$X_t = \sum_{i=1}^{N}\left(\frac{X_{i:t}}{N}\right) = \sum_{i=1}^{N} \frac{1}{N}\Big[\sum_{j=1}^{n}\left(\frac{X_{t:i:j}}{n}\right)\Big] t = 1,2,3\ldots 9 \tag{2}$$

$$PMC = \sum_{t=1}^{9} X_t = \begin{pmatrix} \sum\limits_{i=1}^{2} \frac{1}{2}\Big[\sum\limits_{j=1}^{n} \frac{X_{1:i:j}}{n}\Big] + \sum\limits_{i=1}^{2} \frac{1}{2}\Big[\sum\limits_{j=1}^{n} \frac{X_{2:i:j}}{n}\Big] + \sum\limits_{i=1}^{3} \frac{1}{3}\Big[\sum\limits_{j=1}^{n} \frac{X_{3:i:j}}{n}\Big] + \\ \sum\limits_{i=1}^{2} \frac{1}{2}\Big[\sum\limits_{j=1}^{n} \frac{X_{4:i:j}}{n}\Big] + \sum\limits_{i=1}^{3} \frac{1}{3}\Big[\sum\limits_{j=1}^{n} \frac{X_{5:i:j}}{n}\Big] + \sum\limits_{i=1}^{2} \frac{1}{2}\Big[\sum\limits_{j=1}^{n} \frac{X_{6:i:j}}{n}\Big] + \\ \sum\limits_{j=1}^{n} \frac{X_{7:i:j}}{n} + \sum\limits_{i=1}^{2} \frac{1}{2}\Big[\sum\limits_{j=1}^{n} \frac{X_{8:i:j}}{n}\Big] + \sum\limits_{j=1}^{n} \frac{X_{9:i:j}}{n} \end{pmatrix}$$

$$\tag{3}$$

由于学者构建的 PMC 指数的政策评价等级，都是在文献研究基础上结合计算的 PMC 指数结果进行划分，PMC 指数的政策评价等级划分并没有完全统一的标准，但学者提出的评价等级标准基本趋于一致且差别不大。本文借鉴 Ruiz Estrada、张永安、赵立祥、赵杨等学者提出的政策评级标准，结合各省份健康法治建设的政策文本评估指标设置，按照计算得出的 PMC 指数值，将各省份健康法治建设评价划分成四个档次：第一档次，PMC 指数

值介于7.5~9分，可定性为优秀档次；第二档次，PMC指数值介于6~7.49分，可定性为良好档次；第三档次，PMC指数值介于4~5.99分，可定性为一般档次；第四档次，PMC指数值小于3.99分，可定性为差档次。具体分级标准如表4所示。

表4　政策PMC指数等级评价标准

PMC指数值	7.5~9	6~7.49	4~5.99	0~3.99
评价等级	优秀	良好	一般	差

（三）PMC曲面构建

本研究采用PMC曲面图像形式对各省、直辖市健康法治建设的政策文本指标结果进行详细展示。PMC曲面图是PMC指数方法体系中的重要部分，其能够直观展现PMC指数的评价情况。PMC曲面图由一级指标构成的3×3矩阵生成，要求PMC指数模型中至少有9个主变量作为一级指标，其中具体原因在于行列数均为3的矩阵能够形成对称结构：对于单政策样本而言，由于不同的一级指标得出的PMC指数值存在差异性，若PMC指数模型中行数和列数相同，则能够表现出一种对称的曲面形式。本研究将每个政策样本分为9个主变量 $X_1 \sim X_9$，并将其构造成3×3的3阶矩阵形式，从而得到目标政策样本的PMC曲面图，具体构造形式如公式（4）。

$$PMC\text{曲面} = \begin{bmatrix} X_1 & X_2 & X_3 \\ X_4 & X_5 & X_6 \\ X_7 & X_8 & X_9 \end{bmatrix} \qquad (4)$$

四　评价应用

（一）评价对象选取

PMC指数模型对评价对象选取没有特殊要求，可对任何政策文本进行全面评估。为了准确评估各省份健康法治建设情况，本文选取 23 个省、区、直辖市《卫生健康委关于 2018 年度法治政府建设情况的报告》进行评价，其理由是：（1）从本文内容看，各省份卫健委法治政府建设报告是按照依法治省工作部署要求以及卫生计生依法行政工作要点，围绕法治政府建设实施纲要和计划实施方案展开，报告内容覆盖面较为全面，囊括了健康法治建设的立法、执法、司法、普法等多个维度，涵盖了健康法治建设的核心和关键；（2）从本文主体看，各省份卫生健康委是健康法治建设的主要推动者和责任部门，因而各省份卫生健康委法治政府建设报告具有权威性，其能够体现和代表该省（区、市）健康法治建设的主要内容和成效；（3）从文本一致性看，各省份卫健委法治政府建设报告的基本逻辑一致、法治要点相通，同时具有共性特征和个性差异，因而具有政策文本评价上的一致性、可比性。

本研究对我国 23 个省、区、直辖市《卫生健康委关于 2018 年度法治政府建设情况的报告》关于健康法治的层面进行了文本政策扫描，还包括各省、直辖市卫生健康委网站关于健康法治建设的相关公文、新闻、报告等资料，并将扫描结果与 PMC 指数模型相结合。本报告评价中的江西省的数据资料来源于省卫生健康委网站。此外，其他省份卫生健康委法治政府建设报告还暂未从公开渠道获取，故没有纳入评价。各省份具体的报告发布情况如表 5 所示。

表 5　各省份卫生健康委法治政府建设报告发布情况

序号	政策名称	发文机构	发布时间
1	安徽省卫生健康委关于 2018 年度法治政府建设情况的报告	安徽省卫生健康委	2019 – 12 – 23
2	广东省卫生健康委 2018 年法治政府建设情况报告	广东省卫生健康委	2019 – 1 – 23
3	广西壮族自治区卫生健康委 2018 年法治政府建设情况报告	广西壮族自治区卫生健康委	2019 – 01 – 11
4	福建省卫生健康委员会 2018 年法治政府建设工作总结和 2019 年工作思路	福建省卫生健康委	2018 – 12
5	关于 2018 年度北京市卫生健康委员会法治政府建设情况的报告	北京市卫生健康委	2019 – 12 – 13

续表

序号	政策名称	发文机构	发布时间
6	贵州省卫生计生委 2018 年法治政府建设工作情况报告	贵州省卫生计生委	2019－01－30
7	海南省卫生健康委员会 2018 年法治政府建设年度工作情况	海南省卫生健康委	2019－01－14
8	河北省卫生健康委 2018 年度法治政府建设情况	河北省卫生健康委	2019－01－18
9	河南省卫生健康委关于 2018 年依法行政工作情况的报告	河南省卫生健康委	2019－03－25
10	黑龙江省卫生健康委 2018 年度法治政府建设工作报告	黑龙江省卫生健康委	2019－04－17
11	湖北省卫生健康委 2018 年度法治政府建设工作情况	湖北省卫生健康委	2019－05－13
12	吉林省卫生健康委员会 2018 年法治政府建设情况报告	吉林省卫生健康委	2018－12－06
13	江苏省卫生健康委员会关于 2018 年度法治政府建设工作情况的报告	江苏省卫生健康委	2019－02－26
14	辽宁省卫生健康委 2018 年法治政府建设工作情况	辽宁省卫生健康委	2019－03－29
15	青海省卫生健康委 2018 年法治政府建设工作总结	青海省卫生健康委	2019－01－05
16	山东省卫生健康委员会 2018 年度法治政府建设情况报告	山东省卫生健康委	2019－03－18
17	天津市卫生健康委员会 2018 年法治天津建设工作情况报告	天津市卫生健康委	2018－12－13
18	云南省卫生健康委关于 2018 年度法治政府建设工作情况的报告	云南省卫生健康委	2019－02－25
19	浙江省卫生健康委 2018 年度法治政府建设情况报告	浙江省卫生健康委	2019－03－15
20	上海市卫生健康委员会 2018 年度法治政府建设情况报告	上海市卫生健康委	2019－01－12
21	甘肃省卫生健康委员会 2018 年度法治政府建设报告	甘肃省卫生健康委	—
22	宁夏卫生健康委 2018 年度法治政府建设工作报告	宁夏卫生健康委	—
23	山西省卫生健康委员会 2018 年度法治政府建设情况	山西省卫生健康委	—

（二）评价总体结果

1. 评价结果的依据

本文以上文构建的政策评价标准等级为各省份健康法治建设得分的依据。健康法治 PMC 指数得分为 7.5 ~ 9 分，即可评定某省份健康法治建设为优秀档次；健康法治 PMC 指数得分为 6 ~ 7.49 分，即可评定某省份健康法治建设为良好档次；健康法治 PMC 指数得分为 4 ~ 5.99 分，即可评定某省份健康法治建设为一般档次；健康法治 PMC 指数得分为 3.99 分以下，即可评定某省份健康法治建设为差档次。

按照评价标准等级划分，可对各省份计算得出的 PMC 指数得分进行等级判定，并依据各省份健康法治 PMC 指数得分进行排序，展示各省份健康法治建设的主要成绩和优良等级。

2. 基本结果展示

根据 PMC 指数模型建立步骤，对三级指标进行 0、1 赋值后，通过上述公式，计算得到二级指标得分，从而将其转换为多输入输出表，如表 6 所示。

表 6　政策样本多输入输出表

省份 \ 指标	X_1		X_2		X_3			X_4	
	$X_{1:1}$	$X_{1:2}$	$X_{2:1}$	$X_{2:2}$	$X_{3:1}$	$X_{3:2}$	$X_{3:3}$	$X_{4:1}$	$X_{4:2}$
广东	1	1	1	1	0.67	1	0	0.5	1
浙江	1	0.8	1	0.75	0.67	1	1	0.75	1
北京	1	0.8	1	1	0.33	0.67	0.33	0.75	1
山东	1	0.8	1	1	0.33	1	0.33	0.75	1
江苏	1	0.6	1	1	1	1	1	1	1
上海	1	1	1	1	0.33	0.33	0.67	0.75	1
福建	1	0.8	1	0.75	0.67	0.67	0.33	0.5	1
安徽	1	0.6	1	1	0.67	1	0.67	1	0.5
广西	1	0.8	1	0.75	0.33	0.67	0.33	0.75	0
贵州	1	0.8	1	1	0.67	0.67	0.33	0.75	1
海南	1	0.8	1	1	0.33	0.33	0	0.5	0

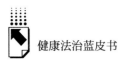

续表

省份＼指标	X1		X2		X3			X4	
	X1:1	X1:2	X2:1	X2:2	X3:1	X3:2	X3:3	X4:1	X4:2
河北	1	0.6	1	0.75	0.33	1	0.33	0.5	1
河南	1	0.8	0.5	0.75	0	1	0.33	0.5	1
黑龙江	1	0.8	1	1	0.33	0.67	0.33	0.75	1
湖北	1	0.6	1	0.75	0.33	0.67	0.33	0.25	0.5
吉林	1	0.8	1	0.5	0.67	1	0.33	0.25	1
江西	1	0.8	1	1	0.33	1	0.67	0.5	0
辽宁	1	0.6	1	1	0.67	0.67	0	0	1
青海	1	0.6	1	1	0.33	0.67	0.33	0.5	1
山西	1	0.6	0.5	0.75	0.33	1	0	0.25	0.5
天津	0.67	0.6	1	1	0.33	0.67	0.33	0.75	1
云南	1	1	1	0.75	0.67	0.67	0.67	0.75	1
甘肃	0.33	0.8	0	1	0.67	0.67	0.33	0	0.5
宁夏	1	0.6	1	0.5	0	0.67	0	0.5	1

省份＼指标	X5			X6		X7	X8		X9
	X5:1	X5:2	X5:3	X6:1	X6:2	X7:1	X8:1	X8:2	X9:1
广东	0.33	0.75	0.5	0.67	1	1	0.5	1	1
浙江	0.67	1	0.5	0	1	1	0.5	1	1
北京	1	1	0.5	1	1	0.75	0.75	1	1
山东	0.67	0.75	1	0.33	1	1	0.5	0.67	1
江苏	0.67	0.75	0.5	0.33	1	1	0.75	1	1
上海	1	1	1	0.33	0.67	1	0.75	1	1
福建	0.33	0.75	0.5	0.33	0.67	0.75	0.75	0.67	1
安徽	1	1	0.5	0.67	0.67	0.75	0.75	1	1
广西	1	0.5	0.5	0.33	0.33	0.75	0.5	0.67	1
贵州	0.67	0.75	0.5	0.67	0.67	0.5	0.5	0.67	1
海南	0.67	0.75	0.5	0.33	0.67	1	0.5	0.67	1
河北	1	0.75	0.5	0.67	1	0.75	0.5	1	1
河南	1	0.75	0.5	0.67	0.33	1	0.5	1	1
黑龙江	0.67	0.75	0.5	0.67	0.67	0.5	0.75	1	1
湖北	0.33	1	0.5	0	0.67	0.75	0.5	0.67	1
吉林	0.33	1	1	0.67	0.67	0.5	0.5	0.67	1
江西	0.67	0.75	0.5	0.33	0.67	0.5	0.5	1	0
辽宁	0.33	0.5	0.5	0.33	0.67	0.5	0.5	1	1

续表

指标 省份	X₅			X₆		X₇	X₈		X₉
	$X_{5:1}$	$X_{5:2}$	$X_{5:3}$	$X_{6:1}$	$X_{6:2}$	$X_{7:1}$	$X_{8:1}$	$X_{8:2}$	$X_{9:1}$
青海	0.67	0.75	0.5	0.67	1	0.75	0.5	0.67	1
山西	0	0.5	1	0.67	1	0.5	0.5	1	1
天津	1	1	0.5	0.33	0.67	0.75	0.75	0.67	1
云南	0.67	0.75	0.5	0.67	1	0.5	0.5	1	1
甘肃	0.33	0.75	0.5	0.33	1	1	0.5	1	1
宁夏	0.67	0.75	0.5	0.67	1	0.75	0.5	0.67	1

根据上述公式计算各政策样本一级变量数值，然后根据 PMC 指数的计算方法可得出政策样本 PMC 指数最终值，结果见表7。

表7　24 个省、区、直辖市健康法治建设政策样本 PMC 指数

指标 省份	X_1	X_2	X_3	X_4	X_5	X_6	X_7	X_8	X_9	PMC
广东	1	1	0.56	0.75	0.53	0.83	1	0.75	1	7.42
浙江	0.9	0.88	0.89	0.88	0.72	0.5	1	0.75	1	7.52
北京	0.9	1	0.44	0.88	0.83	1	0.75	0.88	1	7.68
山东	0.9	1	0.56	0.88	0.81	0.67	1	0.58	1	7.40
江苏	0.8	1	1	1	0.64	0.67	1	0.88	1	7.99
上海	0.9	1	0.44	0.88	1	0.5	1	0.88	1	7.60
福建	0.9	0.88	0.56	0.75	0.53	0.5	0.75	0.71	1	6.58
安徽	0.8	1	0.78	0.75	0.83	0.67	0.75	0.88	1	7.46
广西	0.9	0.88	0.44	0.38	0.67	0.33	0.75	0.58	1	5.93
贵州	0.9	1	0.56	0.88	0.64	0.67	0.5	0.58	1	6.73
海南	0.9	1	0.22	0.25	0.64	0.5	1	0.58	1	6.09
河北	0.8	0.88	0.56	0.75	0.75	0.83	0.75	0.75	1	7.07
河南	0.9	0.63	0.44	0.75	0.75	0.5	1	0.75	1	6.72
黑龙江	0.9	1	0.44	0.88	0.64	0.67	0.5	0.88	1	6.91
湖北	0.8	0.88	0.44	0.38	0.61	0.33	0.75	0.58	1	5.77
吉林	0.9	0.75	0.67	0.63	0.78	0.67	0.5	0.58	1	6.48
江西	0.9	1	0.67	0.25	0.64	0.5	0.5	0.75	0	5.21
辽宁	0.8	1	0.44	0.5	0.44	0.5	0.5	0.75	1	5.93
青海	0.8	1	0.44	0.75	0.64	0.83	0.75	0.58	1	6.79
山西	0.8	0.63	0.44	0.38	0.5	0.83	0.5	0.75	1	5.83
天津	0.63	1	0.44	0.88	0.83	0.5	0.75	0.71	1	6.74

续表

省份\指标	X_1	X_2	X_3	X_4	X_5	X_6	X_7	X_8	X_9	PMC
云南	1	0.88	0.67	0.88	0.64	0.83	0.5	0.75	1	7.15
甘肃	0.57	0.5	0.56	0.25	0.53	0.67	1	0.75	1	5.83
宁夏	0.8	0.75	0.22	0.75	0.64	0.83	0.75	0.58	1	6.32
均值	0.85	0.90	0.54	0.68	0.68	0.64	0.76	0.72	0.96	6.71

依据上述得分和前文评价标准，可得出各地区 PMC 指数值、评价等级和排名，如表8所示。

表8　24个省、区、直辖市健康法治建设政策样本 PMC 指数、等级及排名

省份	PMC 指数	等级	排名	省份	PMC 指数	等级	排名
江苏	7.99	优秀	1	贵州	6.73	良好	13
北京	7.68	优秀	2	河南	6.72	良好	14
上海	7.60	优秀	3	福建	6.58	良好	15
浙江	7.52	优秀	4	吉林	6.48	良好	16
安徽	7.46	良好	5	宁夏	6.32	良好	17
广东	7.42	良好	6	海南	6.09	良好	18
山东	7.40	良好	7	辽宁	5.93	一般	19
云南	7.15	良好	8	广西	5.93	一般	20
河北	7.07	良好	9	山西	5.83	一般	21
黑龙江	6.91	良好	10	甘肃	5.83	一般	22
青海	6.79	良好	11	湖北	5.77	一般	23
天津	6.74	良好	12	江西	5.21	一般	24

3.结果总体性分析

从表8可知，所评估省份 PMC 指数评价总体较好，评级等级为良好的省份居多，评价等级为优秀和一般的较少，没有评价等级为差的省份，总体符合正态分布特征。

从分省份评价结果来看，健康法治建设政策文本的 PMC 指数评价结果为优秀的是江苏、北京、上海和浙江，其均为经济发达省份；PMC 指数评价结果为良好的省份分别为：安徽、广东、山东、云南、河北、黑龙江、青海、天津、贵州、河南、福建、吉林、宁夏、海南，其涵盖范围较广泛；

PMC 指数评价结果为一般的省份分别是：辽宁、广西、山西、甘肃、湖北、江西，包括中部省份和其他经济欠发达省份。

从分指标评价结果来看，机构建设与政务服务 X_1、"放管服"改革与职能转变 X_2、报告公开 X_9 三个指标的 PMC 指数评分分别为 0.85、0.90、0.96，表明多数省份在推进健康法治建设的上述维度取得了较大成效；行政决策法治化 X_4、行政执法与监管 X_5、行政权力监督与矛盾化解 X_6、法治宣传与培训 X_7、报告评价 X_8 共五个指标的 PMC 指数评价得分在 0.68~0.72，表明多数省份在推进健康法治建设的上述维度进展良好，但还存在改进空间；健康法规体系 X_3 的 PMC 评价得分仅为 0.54，表明多数省份在健康法规体系层面还比较欠缺，具体表现在立法规制较为滞后、规范性文件管理缺乏法治手段、制度与标准体系不完善等。

（三）分省份健康法治建设结果分析

由于本研究中政策文本较多，因此选择典型地区的 PMC 曲面图进行展示。首先，选取优秀、良好、一般三个评估等级结果，体现样本在各评价结果分布的代表性。其次，按照 PMC 指数等级分布情况，在每个等级内选取 3 个政策样本，相同等级内的选取标准按照 PMC 指数分值由高到低的排列方式，分别选择最高值、中间值、最低值的三个省份，其中中间值的选取原则为选取省份分值与该等级内所有省份 PMC 指数评分算术平均值之差的绝对值较小者。最后，还需要考虑选取省份在东北地区、东部、中部、西部地区的分布。

按照上述原则，在优秀等级内选取江苏、上海、浙江，在良好等级内选取安徽、青海、海南，在一般等级内选取辽宁、湖北、江西，本研究对上述 9 个地区分别进行 PMC 曲线分析。

1. 优秀等级省份的分析

（1）江苏省的分析

PMC 曲面能够清晰展现政策的评价得分和缺陷程度，从图 1 江苏省健康法治建设的政策文本 PMC 曲面图可知以下情况。①江苏省健康法治建设

PMC 指数得分为 7.99 分，评估等级为优秀，在所有评估省份中排名第一。总体看，江苏省 2018 年健康法治建设情况的政策文本，所涵盖的法治要点最为全面、具有较高的科学性，能够为其他省份提供参考。②除 X_1 机构建设与政务服务、X_5 行政执法与监管之外，其余一级指标 X_2 "放管服" 改革与职能转变、X_3 健康法规体系、X_4 行政决策法治化、X_6 行政权力监督与矛盾化解、X_7 法治宣传与培训、X_8 报告评价、X_9 报告公开的评分均高于所评估省份的平均水平。尤其是 X_3 健康法规体系、X_4 行政决策法治化两个维度的建设成效突出，二者的三级指标立法制规、规范性文件管理、制度与标准体系、重大行政决策过程法治化以及法律顾问制度的 PMC 指数评分均是满分，在江苏省健康法治建设的政策文本中均有所体现，是所评估省、区、直辖市中 PMC 指数评分唯一的满分省份，表明江苏省对卫生健康层面的法律法规非常重视，从地方健康立法制规到行政决策制定及过程都领跑所有评估省份，为江苏省健康法治指数综合排名第一打下了良好的基础。③值得关注的是，指标 X_5 行政执法与监管的 PMC 指数评价得分为 0.64，低于所评估省份 0.68 的平均水平。这表明江苏省在卫生健康领域的执法监管层面依然存在一些问题，例如行政处罚裁量基准和监管模式还未能更好适应新形式、新环境的要求，执法监管中 "立改废释" 工作还不充分，监管配套制度和措施还未完全落实到位。④综合上述分析，江苏省健康法治建设改进的参考路径是：加快对卫生监督行政处罚裁量基准的完善和修订；探索建立 "互联网＋" 等多元有效监管模式；推动建立公共卫生监督领域综合评价，加强对卫生健康新领域、新产业、新业态的引导和监管；加强卫生健康关键性法律法规学习，强化以案释法工作。

（2）上海市的分析

从图 2 上海市健康法治建设的政策文本 PMC 曲面图可知以下情况。①上海市健康法治建设 PMC 指数得分为 7.60 分，评估等级为优秀，在所有评估省份中排名第 3 位，在优秀等级中属于中等地位，具有较强的代表性。总体看，上海市 2018 年健康法治建设情况的政策文本，在大部分指标方面得分均较高，并在健康法治领域积极探索前瞻性问题，能够为其他省份提供

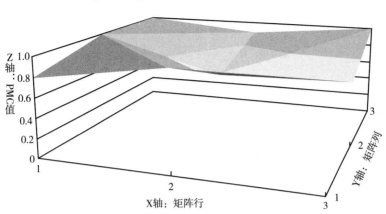

图 1　江苏省 PMC 曲面图

参考借鉴。②除指标 X_3 健康法规体系、X_6 行政权力监督与矛盾化解之外，其余一级指标 X_1 机构建设与政务服务、X_2 "放管服"改革与职能转变、X_4 行政决策法治化、X_5 行政执法与监管、X_7 法治宣传与培训、X_8 报告评价、X_9 报告公开的评分均高于所评估省份的平均水平。其中，在 X_5 行政执法与监管方面，尤其是其三级指标多元化综合监管模式建设以及卫生监督行政处罚裁量基准制度层面，上海市的 PMC 指数评分超过了多个 PMC 指数等级为优秀的省份，主要是上海市积极推进卫生健康执法监管的制度设计和实施细则，例如 2018 年，上海市新修订了《上海市医疗机构不良执业行为记分管理办法》，有效应对和解决医疗机构的依法执业问题。③指标 X_3 健康法规体系的 PMC 指数评价得分为 0.44，低于所评估省份平均水平 0.54；X_6 行政权力监督与矛盾化解层面的 PMC 指数评价得分为 0.5，低于所评估省份平均水平 0.64。这说明上海市在健康法规体系和行政权力监督与矛盾化解层面均存在一些问题，例如在卫生健康领域的风险预测预警预防和应急处置预案、司法协助与衔接机制以及预防与化解医患纠纷调节机制等方面还较为欠缺，还需要在更多政策工具方面有所突破，形成更多政策发力点和合力。④根据上述分析，上海市健康法治建设改进的参考路径是：通过调查研究，制定完善卫生健康领域风险预测预警预防和应急处置预案，积极应对各类风险点；加强卫生健康行政和司法的衔接和案件处理；在人民调解、行政调解之外，建立完善多元化医患纠纷调解机制。

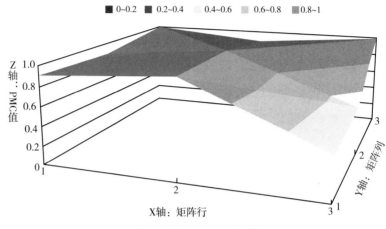

■ 0~0.2　■ 0.2~0.4　□ 0.4~0.6　▨ 0.6~0.8　▨ 0.8~1

图2　上海市PMC曲面图

（3）浙江省的分析

从图3浙江省健康法治建设的政策文本PMC曲面图可知以下情况。①浙江省健康法治建设PMC指数得分为7.52分，评估等级属于优秀，在所有评估省份中排名第4位，在PMC指数优秀等级中排名靠后，虽然其和江苏、上海等地区依然存在一些差距，但其在综合得分以及信息化建设、风险防范等方面仍具有较大优势。②指标X_1机构建设与政务服务、X_3健康法规体系、X_4行政决策法治化、X_5行政执法与监管、X_7法治宣传与培训、X_8报告评价、X_9报告公开的评分均高于所评估省份的平均水平。浙江省相比于其他PMC指数评价为优秀的省份，虽然不存在特别突出的指标优势，但是在三级指标国家和省卫生健康立法参与、卫生健康领域人员信用制度建设以及多元化综合监管模式建设方面，其发挥了自身制度优势和资源优势，尤其是在卫生健康领域推进创建平安浙江、信用浙江等方面，浙江省建立了信用评估制度，进行了相应的细则修订、任务分解，并加强了对各类风险的预测预警预防。③指标X_2"放管服"改革与职能转变的PMC指数评价得分为0.88，略低于所评估省份0.9的平均水平；指标X_6行政权力监督与矛盾化解的 PMC 指数评价得分为 0.5，也低于所评估省份 0.64 的平均水平。这说明在上述方面尤其在行政权力监督与矛盾化解上，浙江省在更好完成提案议案答复、行政和司法衔接并接受司法监督、内部审计整改等方面，还有进一步改进的空间。④根据上述分析，浙江省健康法治建设改进的参考路径是：全面贯彻落实法治政府年度目标责任制任务，实现法治政府建设看得见、摸得着、可检视、可督查；建立健全人大监督和民主监督制度；促进行政监督和司法监督有机衔接和融合；完善内部审计制度，有效落实跟踪反馈和措施整改；继续深化推进医疗卫生服务领域"最多跑一次"改革。

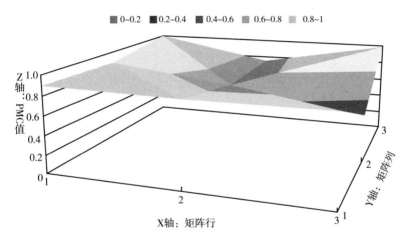

图 3　浙江省 PMC 曲面图

2. 良好等级省份的分析

（1）安徽省的分析

从图 4 安徽省健康法治建设的政策文本 PMC 曲面图可知以下情况。①安徽省健康法治建设 PMC 指数得分为 7.46 分，评估等级为良好，在所评估省份中排名第 5 位，在良好等级中排在首位，与浙江省仅有 0.06 分的差距。总体看，安徽省 2018 年健康法治建设情况的政策文本的各 PMC 指标评分较为平均，表现较为平稳、没有明显短板，具有一定的代表性。②指标 X_2 "放管服"改革与职能转变、X_3 健康法规体系、X_4 行政决策法治化、X_5 行政执法与监管、X_6 行政权力监督与矛盾化解、X_8 报告评价、X_9 报告公开的评分均高于所评估省份的平均水平。尤其在立法制规等方面，安徽省的 PMC 指数评分排在所评估省份前列，表明政府在卫生健康的立法参与和前期调研论证工作方面成效显著，例如《安徽省中医药条例》被列为 2019 年省人大常委会实施类立法项目，其立法工作在推动健康法治建设中发挥了重要作用。③指标 X_1 机构建设与政务服务的 PMC 指数评分为 0.8，低于所评估省份 0.85 的平均水平；X_7 法治宣传与培训的 PMC 指数评分为 0.75，低于所评估省份 0.76 的平均水平。这说明安徽省在卫生健康的组织机构建设和政务服务以及法治宣传与培训方面还存在不足之处，主要表现为运用法治思维和法治方式化解矛盾问题的能力和水平还有待提高，在普法责任制和普法宣传形式上还需要加强，卫生监督执法人员的能力和素质有待提升。④根据上述分析，安徽省健康法治建设改进的参考路径是：进一步发挥依法行政领导小组的机构职能，提升卫生健康的法治化管理水平；全面推进政务信息公开工作；有效落实普法责任制和健康法治多样化、信息化宣传教育工作。

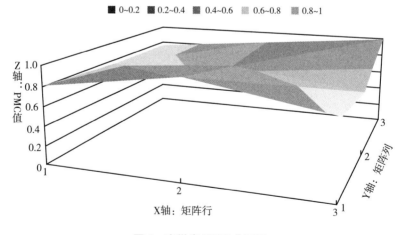

图4　安徽省 PMC 曲面图

（2）青海省的分析

从图5青海省健康法治建设的政策文本 PMC 曲面图可知以下情况。

①青海省健康法治建设 PMC 指数得分为 6.79 分，评估等级为良好，在所评估省份中排名第 11 位，在良好等级的省份中排在中等位置，接近于所评估省份的平均水平 6.71 分，在西部省份健康法治建设中表现抢眼，其对于研究所评估省份的平均水平尤其是西部地区健康法治建设，具有典型的价值和意义。②青海省各指标的 PMC 评分基本处于平均水平，X_2 "放管服" 改革与职能转变、X_4 行政决策法治化、X_6 行政权力监督与矛盾化解、X_9 报告公开 4 个指标评分略高于所评估省份的平均水平。作为西部欠发达省份，青海省在健康法治建设方面积极贯彻省委、省政府以及国家卫健委相关要求，卫生健康领域依法行政和依法治医的各项任务都得到有效落实，在推进 "双随机一公开" 监管、深入基层开展法律法规宣传和政策咨询、行政决策法治化等方面稳扎稳打，这些为其健康法治建设 PMC 指数评分位列所评估省份中等位置、西部地区前列奠定了坚实的基础。③指标 X_1 机构建设与政务服务、X_3 健康法规体系、X_5 行政执法与监管、X_7 法治宣传与培训、X_8 报告评价 5 个指标的 PMC 评分处于所评估省份的平均水平以下。这表明青海省在健康法治建设中还存在行政审批制度 "放管服" 改革有待加快、卫生健康法律法规体系不健全、地方立法和制度研究较为薄弱、卫生健康监管方面运用法治和信息化的手段和能力依然不足等问题。④根据上述分析，青海省健康法治建设改进的参考路径是：进一步加快 "放管服" 改革，提高卫生健康行政审批效能；结合地方特色和发展实际，加快政府卫生健康的立法制规，不断完善法律顾问制度，实现法律顾问服务全覆盖；提升大数据和信息技术在卫生健康监管方面的应用水平，深化落实《医疗纠纷预防和处理条例》，健全纠纷预防和化解机制；加强对健康法治的立体化和多样化宣传。

（3）海南省的分析

从图 6 海南省健康法治建设的政策文本 PMC 曲面图可知以下情况。①海南省健康法治建设 PMC 指数得分为 6.09 分，评估等级为良好，在所有评估省份中排名第 18 位，在良好等级的省份中排名靠后。和同为 PMC 指数良好等级的青海省相比，海南省健康法治建设各指标的 PMC 指数得分分布

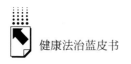

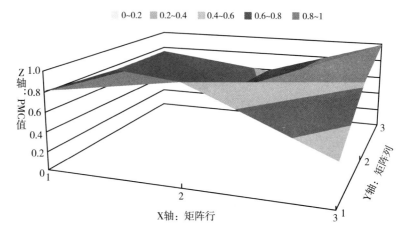

图 5　青海省 PMC 曲面图

不均衡，表明海南省在健康法治建设中的成效和短板并存。②海南省仅有 4 个指标的评分处于所评估省份平均水平之上，并且 PMC 指数得分较高，X_1 机构建设与政务服务得分为 0.9，X_2 "放管服" 改革与职能转变、X_7 法治宣传与培训、X_9 报告公开的得分均为满分。进一步分析发现，海南省在政务服务及其公开、行政权力及其下放以及行政审批、健康法治培训、考核与宣传等方面建设成效突出。例如，海南省加快法治政府网络化智能化建设，建成了健康医疗大数据展示平台；起草《关于支持海南省卫生健康事业改革发展促进自贸区（港）建设合作协议》，在自贸区（港）先行先试卫生健康行政审批的相关政策和措施；更新了海南省行政审批专家库，规范了卫生健康领域行政审批的流程和时间。③指标 X_5 行政执法与监管、X_6 行政权力监督与矛盾化解、X_8 报告评价的 PMC 指数评分与所评估省份的平均水平基本持平。但是，X_3 健康法规体系的 PMC 得分为 0.22，远低于所评估省份 0.54 的平均水平；X_4 行政决策法治化的 PMC 得分为 0.25，也远低于所评估省份 0.68 的平均水平。这说明海南省在卫生健康立法制规、规范性文件合法性审查和公平竞争审查、行政决策法治化建设、卫生健康监管队伍等方面还存在诸多不足。④根据上述分析，海南省健康法治建设改进的参考路径是：结合地方产业和特色，加快启动卫生健康立法的各类项目，尽快建立覆盖卫生健康规范性文件的公平竞争审查制度；加强对重大行政决策事项的目录管理，加快律师顾问制度建设，充分发挥律师在合法性审查、行政决策中的重要作用；完善卫生综合监督执法体系，将卫生行政职能从"重审批"转变为"重监管"。

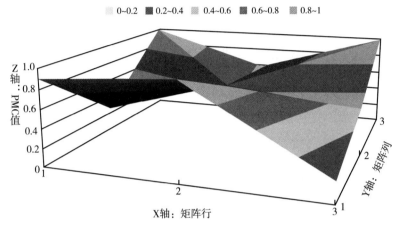

图6 海南省PMC曲面图

3. 一般等级省份的分析

（1）辽宁省的分析

从图7辽宁省健康法治政府建设的政策文本PMC曲面图可知如下几点。①辽宁省健康法治建设PMC指数得分为5.93分，评估等级为一般，在所有评估省份中排名第19位，在一般等级的省份中排在首位。总体看，辽宁省健康法治建设各指标的PMC得分分布较为均匀，但是缺乏亮点得分的指标和政策，其和其他省份相比具有一定差距。②仅有指标X_2"放管服"改革与职能转变、X_8报告评价、X_9报告公开的PMC指数得分高于所评估省份的平均水平。进一步分析发现，辽宁省在"放管服"改革和工作业绩上具有自身特色。例如，辽宁省动态调整行政职权，提升政务服务质量，取消医疗机构设置审批，加强对医养结合的支持；在规范性文件管理方面，辽宁省在卫生健康领域的公平竞争审查工作中得到了国家公平竞争部际联席会议督查组的认可和肯定。③指标X_1机构建设与政务服务、X_3健康法规体系、X_4

行政决策法治化、X_5 行政执法与监管、X_6 行政权力监督与矛盾化解、X_7 法治宣传与培训 6 个指标的 PMC 评分均低于所评估省份的平均水平。表明辽宁省的健康法治政府建设在上述方面还存在问题，尤其体现在卫生健康风险预测预警预防和应急处置、信用制度建设、卫生健康标准制定、重大行政决策程序与管理、风险评估与合法性审查等方面。④根据上述分析，辽宁省健康法治建设改进的参考路径是：加强事中事后监管，增强对卫生健康领域风险事件的预测预警；建立落实法律顾问制度，加强对行政决策、法律法规审查的合法性评估；不断创新法治宣传教育方式。

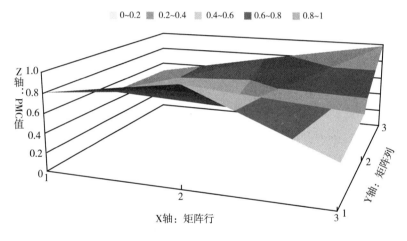

图 7　辽宁省 PMC 曲面图

（2）湖北省的分析

从图 8 湖北省健康法治建设的政策文本 PMC 曲面图可知如下几点。①湖北省健康法治建设 PMC 指数评价得分为 5.77 分，评价等级为一般，在所有评估省份中排名第 23 位，在一般等级的省份中排在中后位置。总体来说，湖北省健康法治建设 PMC 各指标得分均不高，但其属于中部地区的典型省份，因此本研究进行专门分析。②在湖北省健康法治评价的 9 项一级指标中，仅有指标 X_9 报告公开的 PMC 指数评分高于所评估省份的平均水平。进一步分析发现，湖北省在卫生健康政务公开等方面取得了一些进展，尤其在信息主动公开和依申请公开方面具有一定优势，体现了健康法治建设中政府信息的公开化、透明化。③指标 X_1 机构建设与政务服务、X_2 "放管服" 改革与职能转变、X_3 健康法规体系、X_4 行政决策法治化、X_5 行政执法与监管、X_6 行政权力监督与矛盾化解、X_7 法治宣传与培训、X_8 报告评价 8 项指标的 PMC 评分均低于所评估省份的平均水平。这表明湖北省健康法治建设还存在诸多问题，例如社会力量参与健康领域的力度还不够，卫生健康地方立法制规工作滞后，卫生健康监管的制度体系不完善、人员力量还较为薄弱、矛盾纠纷解决机制不健全等。④根据上述分析，湖北省健康法治建设改进的参考路径是：围绕健康法治建设确定的目标任务，加快法治建设的组织机制和制度保障；加快 "放管服" 改革和简政放权工作力度，做好行政审批服务，促进社会力量更多参与医疗卫生领域；积极推动卫生健康领域立法，加强政策法规制度建设，覆盖更多行业领域；完善行政复议和应诉案件工作机制，妥善化解各类矛盾纠纷；提升卫生健康综合监督执法能力。

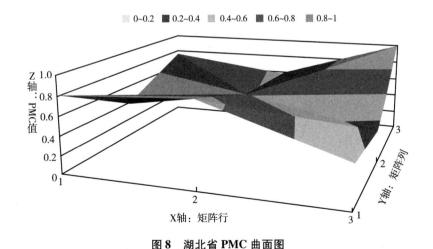

图 8　湖北省 PMC 曲面图

（3）江西省的分析

从图 9 江西省健康法治建设的政策文本 PMC 曲面图可知以下情况。①江西省健康法治建设 PMC 指数评分为 5.21 分，评估等级为一般，在所有

评估省份中排名第 24 位，在一般等级的省份中排在靠后位置。① 通过江西省健康法治建设 PMC 曲面图可知，其大部分指标处于凹陷状态，表明江西省健康法治建设工作还需要改进，由于本研究针对江西省卫生健康委网站上的公开资料进行评价，其不同于利用卫健委法治政府建设报告的评价分析，因而也具有一定典型性。②指标 X_1 机构建设与政务服务、X_2 "放管服" 改革与职能转变、X_3 健康法规体系、X_8 报告评价 4 个指标的表现要优于所评估省份的平均水平。进一步分析，江西省在卫生健康领域的政务服务、提高行政审批效能、卫生健康立法制规、开展合法性和公平性审查、加强执法监管等方面取得了良好的成效。③值得关注的是，其指标 X_9 报告公开的评分为 0，这是拉低整体 PMC 分值的重要原因。在其他方面，指标 X_4 行政决策法治化、X_5 行政执法与监管、X_6 行政权力监督与矛盾化解、X_7 法治宣传与培训 4 个指标的 PMC 指标得分低于所评估省份的平均值，表明江西省在上述工作中可能还存在一些不足。④根据上述分析，江西省健康法治建设改进的参考路径是：完善法律顾问制度，提高重大行政决策、规范性文件、行政诉讼等法治化程度；加强卫生健康监管人员的力量，建立多元化综合监管模式；加快行政执法和司法案例的衔接，推动以案释法工作，建立健全内部审核监督等。

（四）分维度健康法治建设结果分析

1. 机构建设与政务服务

机构建设与政务服务一级指标的 PMC 指数得分均值为 0.85，其中最高为 1，最低为 0.57。机构建设与政务服务一级指标包括组织机构建设和政务服务 2 个二级指标，其中组织机构建设涵盖 3 个三级指标，政务服务涵盖 5 个三级指标。本报告从二级指标展开进一步具体分析。

在机构建设与政务服务建设方面有以下几方面成效。

---

① 由于无法获取江西省卫健委法治政府建设报告，本研究中江西省的资料来源于江西省卫健委网站，只针对有限的公开资料进行评价，评价结果仅供参考。

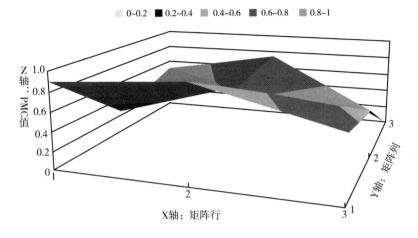

图9 江西省 PMC 曲面图

（1）组织机构建设方面

22 个省份在健康法治建设上组织领导有力、责权清晰，占所研究省份的 91.7%。江苏、北京、宁夏、河北、黑龙江、湖北、云南等多地贯彻落实《党政主要负责人履行推进法治建设第一责任人职责规定》，建立卫健委主要领导总负责、分管领导牵头抓、职能部门具体落实的组织体系，并将卫生健康法治建设重点纳入主任办公会议日程，严格落实党组中心组学法制度。在行政复议、投诉举报、信访等工作中，北京等地卫健委主管领导亲自签发行政复议决定书，对案件审理过程中的重大问题、敏感问题与法院、公安等部门反复沟通。江苏建立了省、市、县三级健康法治工作信息的组织联通体系，建立健全健康法治工作报送联动机制。

23 个省份健康法治建设重点工作安排明确，占所研究省份的 95.8%。按照国家和省（区、市）政府要求，各省（区、市）确定了健康法治的工作目标、主要任务及组织分工，围绕健康法治建设，在政务公开、简政放权、行政执法与权力监督等重点方面进行任务细化和工作责任分解，并有效落实到相应职能处室，推进部门工作法治化、规范化，都取得了显著成效。江苏省将年度卫生健康法治建设任务细化为 7 类 25 项具体工作。山东等地将健康法治建设纳入工作考核指标体系，明确了卫生健康法治政府建设的年

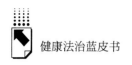

度目标、任务分工、主要措施，确保各项工作顺畅完成。

24个省份均能够及时对健康领域进行舆情回应与政策解读，占所研究省份的100%。各省通过新闻发布会、媒体通气会、政务信息公开等渠道，围绕社会和群众重大关切的卫生健康热点问题和痛点问题，加强了卫生健康领域的舆情回应和政策宣传、解读。

（2）政务服务方面

23个省份建立了卫生健康互联网政务服务平台，占所研究省份的95.8%。各省份建立完善了卫生健康领域政务服务信息系统，和各省份政务服务网进行实时对接，实现平台共建、共享数据。江苏省建立了省内医生、护士、医疗机构的电子化注册系统，并实现和国家电子化注册系统的有效对接，并和省政务平台互联互通、统一身份认证。

24个省份建立了卫生健康系统的政府信息主动公开和依申请公开制度，占所研究省份的100%。各省份积极主动加强政府信息公开工作力度，编制了卫生计生领域政务公开事项目录，以及政府信息主动公开和依申请公开的制度方案，积极推动网站政务公开，制定具体政务信息的属性和公开标准，并有效解答政府信息公开咨询和网民留言办理事项。此外，各省份还加强了对卫生健康领域重大决策事项、重要改革任务落实、重要政策实施情况、重大工程项目执行情况等的公开。上海、江苏等地积极解读政策、传递舆情信息，主动发布公共资源配置领域信息，公开医药卫生采购方案、发布疫情和传染病疫情信息、公开备案食品安全企业标准、公开生活饮用水水质监测结果，加大对卫生健康涉及民生的重大项目、重点领域等的公开力度。北京市制定了包括儿科诊疗服务机构、职业病诊断机构、采血点、免疫预防接种门诊等七类政务公开惠民便民地图。

15个省份开展了卫生健康政务服务事项标准化建设，占所研究省份的62.5%。各省份积极推动卫生健康政务服务事项标准化建设，形成各地区卫生健康系统政务服务标准化事项清单，对省、市、县三级卫生健康部门的行政管理、公共服务事项进行统一标识。在卫生健康领域，广东省编制基本政务单元事项的编码及规则、事项名称、事项类别、依据来源、办理流程、处理时间、所需材料、实施流程、表单内容等。上海市完成对包含行政审批、征收、给付、确认等在内的 1.5 万个要素的填写，包括卫健委本级 182 个、区级 112 个政务服务事项，推进政务服务标准化建设。黑龙江省制定省、市、县三级健康系统政务服务的标准化模块，涵盖 55 大项和 61 个小项，推进名称、类别、依据、编码、材料等要素"三级四同"。浙江省确定了"八统一"的政务办事标准，统一规划省、市、县三级政务服务办理指南和流程，并对医疗机构和电子化注册等 8 个政务办事系统进行整合，将其和浙江政务服务网进行对接。

还有部分省份在健康管理信息平台建设中成效突出。广东省推动"互联网＋医疗健康"的便民惠民举措，建设居民电子健康码、多级健康信息服务平台、远程医疗平台，落实医疗健康领域的"一码通用""一网联通""一站会诊"，提升居民卫生健康满意度。海南省建成健康医疗大数据展示平台，和政务信息共享平台对接，并推进统一智慧医院移动服务平台和手机APP 应用。

同时，评估也发现了一些不足之处：信息化技术在健康管理中的应用还不平衡、不充分，在所研究的省份中，仅有 12.5% 的省份建立了健康管理信息平台。应结合大数据平台和信息化技术，加强对政务服务中的健康信息化管理，让健康信息服务惠及更多城乡居民。

2. "放管服"改革与职能转变

"放管服"改革与职能转变一级指标的 PMC 指数得分均值为 0.9，其中最高为 1，最低为 0.5。"放管服"改革与职能转变一级指标包括行政权力及其下放和行政审批服务 2 个二级指标，其中行政权力及其下放涵盖 2 个三级指标，行政审批服务涵盖 4 个三级指标。本报告从二级指标展开具体分析。

在"放管服"改革与职能转变建设方面有以下几方面成效。

（1）行政权力及其下放方面

23 个省份编制了卫生健康领域权力清单并进行动态调整，占所研究省份的 95.8%。各省份建立了卫生健康领域的权力清单和责任清单制度，并

依据职能变动对权力事项进行取消、下放、承接等动态性调整。贵州省制定卫生健康领域的行政权力运行流程图，规范各行政行为的主体、权限、步骤、周期、方式等内容，省审改办统一后集中公布。

21 个省份推动卫生健康领域的简政放权改革，占所研究省份的 87.5%。各省份取消部分卫生健康领域许可、把部分事项列入"不再审批"清单，将行政许可、行政确认等事项权力的备案工作下放至各设区市卫生计生委实施，逐步加快卫生健康领域的行政权力下放改革。

（2）行政审批服务方面

23 个省份卫生健康领域审批服务办理时间都得到压缩，占所研究省份的 95.8%。在卫生健康领域，各省份推行行政审批服务"马上办、一次办好""一趟不用跑""就近办、网上办""不见面审批"等措施，加快网上办理、简化审批材料、优化审批准入，行政许可等事项办理的时限压缩比、时限压缩工作日都得到不同程度提高，为推动"数字政府"建设奠定基础。

23 个省份精简和清理了卫生健康领域权力事项和证明材料，占所研究省份的 95.8%。各省份积极清理和"放管服"改革要求不相适应的各类卫生健康法规规章，按照"减证便民"的原则，简化卫生健康行政审批办事的证明材料，包括取消一部分无法律法规依据的证明事项，同时对有法律法规依据的证明事项进行精简，从而推动深化卫生健康领域"最多跑一次"改革。

16 个省份对社会力量参与健康领域进行准入管理，占所研究省份的 66.7%。山东等地将卫生健康政务服务分解为"颗粒化"、具有可操作性的最小运行单元，优化办事流程、申报材料和完成时间，并推进医疗卫生领域的"一链办理"，减少社会资本进入医疗机构的制度性成本。

22 个省份开展了卫生健康领域"证照分离"改革，占所研究省份的 91.7%。各省份遵照和落实"证照分离"改革事项、"两证合一""多证合一"改革事项，在卫生健康领域实行告知承诺、优化准入服务、调整审批环节等，并制定相应的具体管理措施，提高医疗机构设置、机构执业登记、医师执业注册、消毒产品生产企业卫生许可等环节的审批效能。上海卫生健康领域"证照分离"改革已在全市复制推广，并完成了试点评估和经验总结工作。

部分省份全面推动医疗机构、医师、护士电子化注册改革，北京对在岗护士全面实施护士电子化注册，对本市养老机构内设医疗机构实施电子化备案管理。辽宁、云南等地将养老机构内设诊所、卫生所、医务室的设置审批调整为备案管理，加强对医养结合模式的支持。

同时，评估也发现了一些不足之处：还需要进一步简政放权，加快卫生健康领域的行政审批和"放管服"改革，推动政府向数字型、服务型转变，逐步有序放开社会力量参与健康领域的准入管理，改善医疗服务质量和效率。

3. 健康法规体系

健康法规体系一级指标的 PMC 指数得分均值为 0.54，其中最高为 1，最低为 0.22。健康法规体系一级指标包括立法制规、规范性文件管理、制度与标准体系 3 个二级指标，其中立法制规涵盖 3 个三级指标，规范性文件管理涵盖 3 个三级指标，制度与标准体系涵盖 3 个三级指标。本报告从二级指标展开具体分析。

在健康法规体系建设方面有以下几方面成效。

（1）立法制规方面

19 个省份完成和参与地方卫生健康立法制规，占所研究省份的 79.2%。各省份完成和参与卫生健康领域的立法调研、修订、立项等工作，完善地方卫生健康领域立法制规，并对涉及卫生健康领域的法律法规提出修改建议。具体涉及各省份人口与计划生育条例、中医药条例、医疗纠纷预防与处理条例、艾滋病防治条例、献血条例，以及各省份实施《中华人民共和国传染病防治法》办法、实施《中华人民共和国老年人权益保障法》办法等。江苏省对《江苏省发展中医条例》《江苏省职业病防治条例》《江苏省实施〈中华人民共和国传染病防治法〉办法》进行修改并将其列入正式立法规划项目。福建省把福建省中医药条例、流动人口计划生育服务管理、医疗机构管理办法等列入法律修订或调研项目。

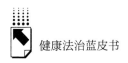

还有省份结合地方实际和特色推进地方立法，青海省推进卫生健康重点领域立法计划，《青海省发展中医藏医蒙医条例》《青海省鼠疫防控条例》分别被列为省人大立法规划预备项目和省政府立法计划重点调研项目。云南省指导州、市加快地方立法，《云南省迪庆藏族自治州藏医药条例（草案)》通过州人大常委会审议。

13 个省份参与国家和省卫生健康立法，占所研究省份的 54.2%。各省份配合全国人大教科文卫委、国家卫生健康委等部门调研起草卫生健康领域立法，如《基本医疗卫生与健康促进法》《疫苗管理法》《执业医师法》等。

在所研究省份中，仅有 4.2% 的地区建立了地方性法规实施情况报告制度。江苏省落实新颁布实施地方性法规报告制度，向省政府提交《江苏省医疗纠纷预防和处理条例》《江苏省献血条例》等实施情况报告。

（2）规范性文件管理方面

24 个省份对卫生健康领域的法规规章规范性文件进行了清理，占所研究省份的 100%。各省推进和落实卫生健康领域的法规规章规范性文件清理工作，完善、废止和修订了部分法规规章规范性文件；11 个省份对卫生健康领域排除限制竞争政策措施进行了清理，占所研究省份的 45.8%。各省份对这些排除限制竞争政策措施等专项文件展开清理，并对其他含有地方保护、产权保护、市场壁垒等政策措施进行清理；21 个省份建立了卫生健康领域规范性文件合法性审查和公平竞争审查制度，占所研究省份的 87.5%。各省份对各类规范性文件展开合法性和公平竞争审查，释放卫生健康领域市场主体的活力、维护法治化和公平有序的竞争秩序。北京、安徽等地以政府、政府办公厅名义印发的涉及卫生健康的文件，均要经法制机构展开合法性审查，并在规范性文件审查工作信息平台报送文件的制定依据、起草说明、征求意见等情况，未出现违反上位法、超越职权范围等问题。

（3）制度与标准体系方面

所研究省份中仅有 12.5% 的省份建立了卫生健康领域风险预测预警预防和应急处置预案。江苏省对卫生健康领域进行信息舆情监测和预警，及时发现问题并提出处置意见，编制《卫生计生舆情摘报》。

14 个省份建立了卫生健康领域人员信用制度，占所研究省份的 58.3%。各省份通过在卫生健康领域建立信用制度，推动守信联合激励和失信联合惩戒建设。江苏省在全国首次制定医疗卫生信用信息管理暂行办法，建立医疗卫生行业信用监管机制。随后，部分省份也先后制定卫生信用管理办法：浙江省制定《省卫生健康委信用建设重点工作落实方案》，进行国家卫生健康委的信用建设试点改革，建立医疗卫生机构、药品和服务、药品安全等领域从业人员的信用管理制度；上海市修订《上海市医疗机构不良执业行为记分管理办法》；福建省建立医疗机构、医务人员信用档案和信用评价指标标准。

10 个省份制定了健康卫生标准，占所研究省份的 41.7%。各省份探索制定卫生健康行业内的各类标准，为推进健康法治建设和监管提供有力依据。江苏省开发了食品安全企业标准备案系统。浙江省完成麻风病可疑症状监测项目技术规范等 10 余项卫生健康领域地方标准的立项、申报、项目评价，其推出的《出生缺陷综合预防规范》获浙江标准创新重大贡献奖。山东省申报了卫生健康领域 3 项地方标准项目，2017 年立项的《院前医疗急救服务规范》已向社会公布。云南省成立了卫生健康标准化技术委员会，发布了《食品生产加工小作坊卫生规范》《紫皮石斛》，以及制定了《紫皮石斛花、叶》《云南常见可食用野生菌名录》等食品安全地方标准，并对食用菌食品安全国家标准进行了修订。

还有省份开展了卫生健康规划以及立法后评估工作。江苏省运用定性和定量相结合、部门和第三方相结合的模式，联合多部门组织对卫生与健康规划和医疗卫生服务体系规划进行中期评估，分析和优化医疗卫生的资源布局；开展立法和规范性文件评估，提高评估成果转化率。

同时，评估也发现了一些不足之处：在卫生健康领域，地方立法、制度研究、调查研究还较为薄弱，运用法治顶层设计与法治手段推动改革的能力还不足；部分地方性卫生健康法律规章内容滞后，还难以适应新形势、新环境的需求，需要不断修订完善；很多省份未建立地方性法规实施情况、实施

效果、效果反馈的报告制度；缺乏风险预测预警预防和应急处置预案，导致卫生健康法治工作易陷入被动和滞后。

4. 行政决策法治化

行政决策法治化一级指标的 PMC 指数得分均值为 0.68，其中最高为 1，最低为 0.25。行政决策法治化一级指标包括重大行政决策过程法治化和法律顾问建设 2 个二级指标，其中重大行政决策过程法治化涵盖 4 个三级指标，法律顾问建设涵盖 2 个三级指标。本报告从二级指标展开具体分析。

在行政决策法治化建设方面有以下几方面成效。

（1）重大行政决策过程法治化方面

18 个省份出台了卫生健康重大行政决策程序规定，占所研究省份的 75%。5 个省份制定了卫生健康重大行政决策事项目录与管理规章，占所研究省份的 20.8%。19 个省份建立了卫生健康重大行政决策社会稳定法制审核与风险评估制度，占所研究省份的 79.2%。各省结合依法行政要求，落实卫生健康重大行政决策过程的民主和法治程序，涵盖事前论证、专家咨询、公众参与、集体决策等，并建立卫生健康重大行政决策的法制审核与风险评估制度，在卫生健康重大行政处罚、行政许可等重大行政执法决定作出前必须进行法制审核，及时向社会公众公开公布相关重大行政决策事项目录，保障卫生健康重大行政决策科学有效实施。

在卫生健康领域，北京市印发《北京市卫生计生委关于将重大决策社会稳定风险评估纳入委党委会、主任办公会决策程序的通知》《北京市卫生计生委关于重大民生决策事项预公开和民意调查制度》等文件，并把"做好重大决策社会稳定风险评估"纳入北京卫生计生信访管理重点内容。浙江省制定了《重大行政执法决定事项目录》《重大行政执法决定法制审核办法》《重大行政决策程序规则》等，对重大行政决策程序进行全面审查。江苏省对重大行政决策和规范性文件进行计划管理，施行重大行政决策和规范性文件目录化管理的模式。

12 个省份开展了卫生健康法治决策调查与课题研究，占所研究省份的 50%。江苏省在卫生健康领域推动课题调查研究，对卫生健康事业法治建设中的重大问题、重点内容展开调研，2018 年江苏省形成 35 个健康法治决策调研咨询报告，并委托省内重点高校进行健康法治专题的课题项目研究。云南省也积极申报《健康云南法治建设研究》课题，并向国家卫生健康委、省委依法治省办等提交法治工作信息和成果并被部分采纳。

（2）法律顾问建设方面

17 个省份的卫生健康部门建立了法律顾问制度，占所研究省份的70.8％。21 个省份的卫生健康部门组建公职律师和外聘法律顾问，占所研究省份的 87.5％。各省份建立健全了健康行业法律顾问制度，组建卫生健康委内部公职法律专家队伍，通过公开招标等方式遴选和外聘法律顾问和法律团队，为卫生健康领域重大行政决策、行政行为、行政复议和诉讼、文件合法性审查等提供法律支撑，不断提升各省份卫生健康工作法治化水平。福建省公开招聘在卫生健康法律法规方面具有丰富经验的执业律师，并从律师事务所、医疗机构、高校等选聘具有理论素养和专业知识的法律工作者。

同时，评估也发现了一些不足之处：很多省份还未制定卫生健康重大行政决策事项目录与管理规章，导致重大行政决策在实践中缺乏执行依据，没有充分的管理应对措施和有效规章制度，也缺乏第三方、社会公众、舆论等其他监督，不利于建立常态化的卫生健康重大行政决策程序和应对机制。同时，与健康法治相关的决策调查与课题研究还不充分，难以为行政决策法治化建设提供现实基础和决策依据。

5. 行政执法与监管

行政执法与监管一级指标的 PMC 指数得分均值为 0.68，其中最高为 1，最低为 0.44。行政执法与监管一级指标包括监管制度与平台建设、监管模式与执法过程、监管结果与评价 3 个二级指标，其中监管制度与平台建设涵盖 3 个三级指标，监管模式与执法过程涵盖 4 个三级指标，监管结果与评价涵盖 2 个三级指标。本报告从二级指标展开具体分析。

在行政执法与监管建设方面有以下几方面成效。

（1）监管制度与平台建设方面

15 个省份建立了卫生健康行业综合监管制度和体系，占所研究省份的

62.5%。各省份通过建立医疗卫生行业综合监管制度和体系，强化相关部门对医疗卫生行业的监管职能，重点加强对公共场所、医疗服务、医疗器械和药品等领域的监管。

17个省份建立了卫生监督行政处罚裁量基准制度，占所研究省份的70.8%。各省份制定了卫生健康行政处罚裁量基准并不断对其进行修订完善。上海市制定下发了《上海市传染病防治行政处罚裁量基准》等8个裁量基准，在区分不同情形和结合实际的情况下不断细化裁量标准。

15个省份建立了卫生健康行政执法监管服务系统和平台，占所研究省份的62.5%。在信息化和大数据背景下，各省份建立了卫生健康行政执法监管服务系统，极大地提高了执法监督的覆盖范围、综合效率和精准程度。北京市在全市建立了覆盖13个区的生活饮用水水质卫生、公共场所室内空气质量、游泳场馆水质卫生等电子监管系统，分别拥有点位数45、198、100，涉及市政水厂、供水设施、学校、游泳场馆、商场等业态。[1] 江苏、湖北等地建立了医疗服务智能综合监管系统，将系统和三级医院进行对接，对医疗服务行为进行动态监测、评价和监管。江苏还建立了医疗信息化监管系统，涵盖医疗服务、医疗机构药品耗材采购使用、医疗卫生信用、疫苗追溯4个子系统，推动对医疗服务和药品采购的动态监管。安徽省搭建了"安徽省医疗服务综合监管信息平台"，完善了全省医疗服务综合监管平台APP以及"现场检查"功能模块，并建立了涵盖监管主体、监管力量、监管内容、监管结果等内容的六项制度。山东省推广国家卫生计生监督信息报告系统，对省、市、县三级监督机构进行执法信息的监管和录入。

（2）监管模式与执法过程方面

11个省份建立了多元化卫生健康综合监管模式，占所研究省份的45.8%。各省份建立健全多主体参与、多环节协作联动、常态化的卫生健康综合监管模式，还有的省份引入行业专家参与卫生健康执法监管。北京市构建了机构自治、行业自律、社会监督的卫生健康综合监管模式，构建了医疗

---

① https://www.sohu.com/a/272057307_114988.

机构依法执业自查信息系统，要求医疗卫生机构依据设定指标开展自查。此外，北京市还采取"驻院式"监督检查模式，即公共卫生、医疗卫生、计划生育专业执法共同进驻三级医院展开监查。天津市在卫生健康领域展开自动预警、主动抽样、重大案件等主动监督工作，主动抽样的监督行政执法信息数量占当月的 5% 以上。海南省建立了涵盖共 10 个专业领域 51 名专家的省级卫生计生监督专家库。

22 个省份开展了卫生健康执法规范化建设，占所研究省份的 91.7%。各省份不断整合卫生健康行政监督执法资源，推进卫生计生监督执法全过程记录改革，加强执法记录仪、手持移动终端的应用；加快卫生监督机构尤其是基层机构的标准化、规范化建设；推动卫生行政处罚案卷评查工作，完善相关质量标准制定。河南省在全国率先推动卫生监督机构规范化建设工作，从机构设置、制度建设、运行功能、管理模式、保障举措等方面进行了标准设定并对若干建设单位进行了评定。广西省启动"八桂蓝盾，护卫健康"县级卫生计生监督机构能力建设项目，启动了 96 个县级卫生计生监督机构标准化建设的"十室一中心"改革，黑龙江、青海等省也先后开展了卫生计生监查"蓝盾行动"，推进分类别专项执法。河北省编制了三类卫生健康行政执法指引图，形成了可复制和可推广的执法模板，具体内容涵盖行政检查、行政强制和行政处罚，并制作了形象的行政执法示教片。江苏省行政处罚案卷入选全国卫生健康系统行政处罚优秀案卷，入选数排全国首位。

19 个省份开展了医疗健康监督执法专项检查，占所研究省份的 79.2%。各省开展公共场所、医疗机构等监督执法专项检查，包括重点公共场所卫生专项检查、医疗机构违法违规行为、美容机构专项整治、医疗卫生黑色产业链专项行动、医疗市场秩序专项整治、职业健康体检机构检查，加强和提高对卫生健康领域事前、事中、事后监管的力度和水平。

24 个省份开展了卫生健康领域的"双随机"一公开监督抽查，占所研究省份的 100%。各省份圆满完成 2018 年卫生健康"双随机"监督抽查任务，任务完成率基本实现 100%，任务完结率达到 80% 以上。

（3）监管结果与评价方面

24个省份进行了卫生健康行政许可和处罚事项公示，占所研究省份的100%。各省份对卫生健康行政许可类和行政处罚类的处理结果，均在各省份卫健委网站予以公开公示。

4个省份开展了公共卫生监督领域综合评价，占所研究省份的16.7%。上海市率先开展公共卫生监督领域综合评价工作，开展消毒产品生产企业分类监督综合评价，并加强对生活饮用水卫生、医疗废物和污水的监督监测、处置工作，并成立了上海市公共卫生监督技术服务质量控制中心。山东、山西等省实施医疗卫生机构传染病防治分类监督的综合评价工作，对医疗卫生领域违法违规执业行为进行全方位监督。

此外，各省份还不断深化卫生健康行政执法过程中的以案释法和执法教育，并加强对行政执法人员的法治培训。天津市探索建立旁听行政诉讼案件和以案释法制度，提高机关干部和执法人员的法治思维和执法能力。

同时，评估也发现了一些不足之处：很多省份未建立公共卫生监督领域综合评价体系，事中事后监管还比较薄弱，缺乏对卫生健康行业、医疗服务等的全面监管和评价，难以为完善公共卫生领域监管工作提供客观依据；卫生健康领域行业综合监管制度和体系的覆盖范围还需要继续推进和扩大；科技信息技术应用于卫生健康监管的水平还有待提高，部分地区卫生健康监督现场的监测技术手段还较为落后，易导致监测项目不全面、监测数据不精准，制约了卫生健康监督执法工作的有效性。

6. 行政权力监督与矛盾化解

行政权力监督与矛盾化解一级指标的PMC指数得分均值为0.64，其中最高为1，最低为0.33。行政权力监督与矛盾化解一级指标包括行政权力监督、矛盾纠纷化解2个二级指标，其中行政权力监督涵盖3个三级指标，矛盾纠纷化解涵盖3个三级指标。本报告从二级指标展开具体分析。

在行政权力监督与矛盾化解建设方面有以下几方面成效。

（1）行政权力监督方面

22个省份及时对卫生健康领域人大建议与政协提案进行公开答复，占所研究省份的91.7%。部分省份建立了卫生健康领域提案办理台账，各省份均按规定办理了涉及公共利益、公众权益以及社会重大关注问题的省人大建议和省政协提案复文，并在各省份卫健委官网进行及时、主动公开，自觉接受人大监督和民主监督，基本没有不满意的反馈意见。江苏省建立了卫生健康领域建议与提案办理复文和公开同步审查的机制。

8个省份建立了卫生健康司法协助与衔接机制，占所研究省份的33.3%。各省份卫生健康委向司法和检察机关提交相关的证据材料和审查意见，协助司法机关进行审判工作并与之衔接，自觉接受司法监督，例如协助司法机构查证医疗机构人员是否具备资质、医生行医行为是否超越范围等。安徽省卫生健康委和省检察院、公安厅出台《关于加强卫生健康行政执法与刑事司法衔接工作的实施意见》，广东、贵州、河北、云南等地也加强了卫生健康行政执法和刑事司法衔接机制建设并推动案件处理。

5个省份的卫生健康系统开展了内部审计监督，占所研究省份的20.8%。北京市制定《北京市卫生计生委关于进一步加强审计整改工作的意见》，积极推动内部审计工作，对北京20多个医疗机构的年度审计报告披露问题的整改情况展开追踪审计，并配合审计部门开展对预算和决算草案以及卫生医疗机构落实重大政策措施的审计工作。宁夏制定了卫生健康系统内领导干部任前廉政谈话、党员干部诫勉谈话、内部审计、医药购销领域商业贿赂不良记录规定等14项制度，加强对资金和国有资产等集中的部门和岗位的分权管理和内部控制管理。

此外，还有的省份进行了卫生健康系统廉政建设，建立了责任落实和追究制度。甘肃省推进医疗卫生系统廉政风险防范试点改革，加强对公立医院各环节的风险控制、落实医疗行业责任追究制度。吉林省对卫生健康各职能部门和直属卫生监督单位开展依法行政责任制落实情况检查评估，评估内容涵盖8项工作和20项具体任务。

（2）矛盾纠纷化解方面

24个省份建立了卫生健康领域行政复议及应诉制度，并有效发挥其定分止争功能，占所研究省份的100%。各省份通过复议培训会、典型案例剖

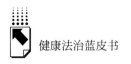

析、集体讨论等模式，不断加强对卫生健康领域行政复议的培训指导，并配合司法部门做好案件审理，及时上报复议答复书和相关证据材料。同时，按照"谁主管、谁审查"和"谁主管、谁应诉"的办案原则，各省份加强了卫生健康领域的行政复议和行政应诉工作，行政复议内容主要包括患者对当地卫生行政主管部门对医疗机构违法违规行为的处理结果不服，以及涉及医疗处理结果的案件纠纷等。广东省不断发挥行政复议、行政应诉的制度效应，健康法治工作成效得到国家卫生健康委的认可。

19个省份开展了有效的卫生健康领域信访处理与办结工作，占所研究省份的79.2%。各省份不断规范卫生健康领域信访工作流程和运作机制，积极畅通信访渠道，完善工作方式方法、分类分群体处理信访投诉请求，密切关注上访的重点群体、重点人员的动向，不断减少越级上访案例，排查卫生健康领域信访的重大问题、突出问题，提高信访就地办结率，没有发生因信访引发的群体性事件和网络舆情负面炒作现象。上海市建立"本市卫生信访疑难矛盾事项数据库"，2018年化解10件长期历史疑难信访积案，推进成立上海首家律师主导的医疗纠纷调解室。山东省分类处理卫生健康领域信访的投诉请求、案件督查督办和律师接访，及时调查和回应群众反映的问题，工作成效得到国家卫生健康委和省信访局的认可。

还有的省份积极探索卫生健康领域"互联网＋信访工作"的新机制，网上信访办结和回复率总体在90%以上。北京市推动卫生健康领域信访工作目标管理制度，建设信访信息系统及医疗纠纷投诉管理系统，升级信访诉求模块，不断规范信访件办理流程和效率。江苏省在卫生健康领域积极探索"互联网＋信访受理"模式，以及"阳光信访"系统、"省委书记信箱"、"省长信箱"等信访处理信息化系统。

14个省份建立了多类别的预防与化解医患纠纷调节机制，占所研究省份的58.3%。各省按照国务院《医疗纠纷预防和处理条例》的要求，不断加强对医疗纠纷预防处理的培训和宣传，建立多元化的预防与化解医患纠纷调节机制。北京市在卫生健康领域建立人民调解、行政调解、司法调解对接的多元机制，市卫生健康委和部分区法院建立了医疗纠纷诉前调解机制，并和人保财险北分公司责任险营业部、太平财产保险有限公司北京分公司、安达保险有限公司签订了《医疗责任保险服务合作协议》，通过人民调解和医疗责任保险的衔接，促进调解和理赔的深度协调。广东省建立了人民调解机制、医疗责任险等有效的医疗矛盾纠纷化解机制。

同时，评估也发现了一些不足之处：很多省份未建立卫生健康系统内部审计监督制度，难以发现和披露包括医疗机构在内的医疗卫生领域存在的财务问题和违规事项，不利于医疗卫生系统的资金监管和廉政建设。同时，很多省份也未建立司法协助与衔接机制，在卫生健康行政执法过程中的司法监督不足。

7. 法治宣传与培训

法治宣传与培训一级指标的 PMC 指数得分均值为 0.76，其中最高为 1，最低为 0.5。法治宣传与培训一级指标包括健康法治培训、考核与宣传 1 个二级指标，其具体涵盖 4 个三级指标。本报告从二级指标展开具体分析。

在法治宣传与培训方面，各省不断创新和开展工作，取得了显著成效。

24 个省份开展了多样化的健康法治学习培训，占所研究省份的 100%。按照依法治国、法治政府建设的理念和要求，各省份卫生健康相关部门结合自身工作实践，举办了各类培训班、专题讲座、学术研讨，深入学习了卫生健康领域的法律法规，以及行政执法、文件审查、行政复议与信访等理论知识和工作技巧。从具体形式来看，各省份卫生健康相关部门都通过中心组学习等模式，展开宪法等法律学习的专题讲座培训。同时，运用线上学习、网络学习、继续教育等多种形式，以及对行政执法、行政复议与诉讼的典型案例分析，深入解读和学习各省份卫生健康领域政策法律，不断加强卫生健康系统领导干部和执法人员的法律培训和宣传，不断规范行政执法行为、提高行政执法法治水平，提高依法行政和法治政府建设的能力。

22 个省份开展了卫生健康领域普法教育与考试考核，占所研究省份的 91.7%。各省份开展卫生健康领域普法教育和学法考试，组织机关相关公职人员、执法人员等参与普法学习和考试、考核，宣传以宪法为核心的中国特色社会主义法律体系，以及卫生健康领域重点法律法规。广东等多个地区加

强卫生健康领域普法责任制，公布普法责任清单。

9个省份开展了卫生健康领域普法规划与法制建设评估，占所研究省份的37.5%。江苏省通过制定评估指标，对卫生健康"七五"普法推进情况进行了评估，并按照标准进行比对和整改。山东省组织对卫生健康领域"七五"普法规划和法治建设进行中期评估和督导，以全面掌握各市卫生健康法治建设的基本情况。

18个省份构建了多元化的健康法治宣传体系，占所研究省份的75%。在运用电视、报刊、广播、卫生计生热线等传统法治宣传媒介的基础上，各省份逐步探索运用互联网、微信公众号、微博、"支部宝"等新型宣传模式，广泛开展多形式的卫生健康法治宣传教育，这已成为健康法治宣传教育的新阵地。同时，很多省还利用"3·15"消费者维权日、"世界艾滋病日"等主题宣传活动，加大对医院、企业、社区、农村等机构和地区的宣传力度，不断提高群众对卫生健康领域法律知识的知晓率。

北京市将卫生健康普法工作和重点领域、管理相对人结合起来，针对管理对象组织开展以公共场所、医疗广告、生活饮用水为主题的有针对性的宣传培训，并积极开展主题为"健康中国　职业健康先行"的《职业病防治法》宣传工作。江苏省在立法制规、行政审批、矛盾化解、机构法治建设、教育培训等方面，推动健康法治优秀项目评选，以发挥卫生健康依法行政和治理的宣传效应和示范引领作用。山东省通过"齐鲁最美医生"等评选活动和重要节日开展法治宣传，省卫生健康委在《人口健康报》等报刊发表了法治工作报道。山西省推动卫生健康领域以案释法和法治宣传工作，省卫生健康委参与省司法厅、省普法办、省广播电视台合办的《以案释法》栏目和《法在身边》节目。

部分省份加强以微信为传播媒介的法治宣传，广东省组织了微视频、微电影的健康法治宣传设计和征集，并向国家卫生健康委、省普法办等部门报送作品。江苏省利用自媒体宣传平台，以"刘蜀黍说法"等微专题模式对卫生健康政策法规进行推送和实时解读。浙江省在健康浙江微信公众号设立法治卫生专栏，编辑《法治工作动态》作为普法的教材。

同时，评估也发现了一些不足之处：卫生健康普法规划与法治建设评估还不完善，很难从宏观层面把握卫生健康普法推进情况、建设落实情况，更难以对整改落实情况进行有针对性的督导。同时，部分省份对"谁执法、谁普法"的卫生健康普法责任落实还不够，卫生健康法治宣传任务落实的程度离设定目标还有一定差距。

8. 报告评价

报告评价一级指标的 PMC 指数得分均值为 0.72，其中最高为 0.88，最低为 0.58。报告评价一级指标包括作用领域、工作开展 2 个二级指标，其中作用领域涵盖 4 个三级指标，工作开展涵盖 3 个三级指标。本报告从二级指标展开具体分析。

在作用领域方面，7 个省份的健康法治建设覆盖了个人生活与行为领域，占所研究省份的 29.2%。24 个省份的健康法治建设覆盖了医疗卫生领域，占所研究省份的 100%。24 个省份的健康法治建设覆盖了生产与生活环境领域，占所研究省份的 100%。在此三个领域之外，各省份健康法治建设未涉及其他领域。

在工作开展方面，24 个省份健康法治建设的工作开展具有充分的实施依据，占所研究省份的 100%。24 个省份健康法治建设的工作开展具有明确的工作目标，占所研究省份的 100%。各省份卫生健康相关部门能够按照2018 年全面依法治省工作要点和国家卫生健康委员会的工作部署，以及卫生计生依法行政工作要点，围绕法治政府建设实施纲要和法治政府建设计划实施方案积极开展工作，确定各省份健康法治建设的指导思想和工作目标。14 个省份健康法治建设取得了领先的工作成效，占所研究省份的 58.3%。2018 年，广东省卫生健康委在省政府各部门依法行政年度的考评得分为91.61 分，评定等级为优秀，位列省直部门第四。江苏省卫生健康委全面落实省绩效考核和法治政府建设考核要求，在江苏省全面推进依法行政工作领导小组 2017 年度法治政府建设的考评中，评定等级为"优秀"。

同时，评估也发现了一些不足之处：各省份健康法治工作还主要围绕医疗卫生领域和公共卫生领域，其涉及的领域还较为有限，健康法治对个人生

活与行为领域以及其他方面的指导、辐射力度还较弱，各省份健康法治工作还需要不断加强和深化，并按照《"健康中国2030"规划纲要》的要求，逐步深入大健康行业的更多细分领域。

9. 报告公开

在报告公开方面，23个省份的卫生健康委法治政府建设报告是主动公开或者依申请公开。

五　完善建议

（一）加强卫生健康政务系统信息化和健康信息平台建设

根据前文健康法治指数评估结果分析，信息化技术在健康管理中的应用还不充分，应加强政务服务的健康信息化平台建设。因此，应按照服务型政府建设要求，对组织机构职能、政务事项进行重新梳理，规范政务服务指南，深化"政务+互联网"服务，加快卫生健康系统网站平台和政务系统等的数据共享，推动数据归集和共享质量提升，大幅增加政务服务网上办理、掌上办理的比率，深化卫生健康领域"最多跑一次"改革。同时，充分运用和融合大数据、互联网、信息技术等，不断加快健康管理信息平台建设，构建居民健康信息平台、远程医疗平台、智慧医疗服务平台等，将卫生健康信息服务惠及更多居民。

（二）继续深化卫生健康"放管服"改革

根据前文健康法治指数评估结果分析，还需要加快卫生健康领域简政放权、深化行政审批和"放管服"改革，引导社会力量参与健康领域并提供更优质的服务。因此，应该加快权力下放，积极做好权力下放后的全过程监管，防止服务缺位和监管不足；完善卫生健康权力运行清单及其动态调整机制，并及时将权力事项和办事流程向社会公开，减少卫生健康领域负面清单；研究制定推动"证照分离"改革的有效管理措施，并对改革进行全方位指导和监管；持续落实清理不必要的证明材料和证明事项；加强社会力量参与健康领域的准入管理，简化审批流程和事项，进一步激活医疗卫生领域的投资动力。

（三）加快重点领域和细分领域立法制规

根据前文健康法治指数评估结果分析，地方立法制规、制度研究、调查研究等还需要完善加强，法规实施的报告与风险预测预警预防制度仍需建立。因此，应围绕卫生健康公共服务领域，结合各省（区、市）人大常委会、省（区、市）政府制订的立法计划和各省份法治实际情况，扎实做好各类立法项目的立法调研和立法项目前评估，调整完善地方性立法制规项目计划，推进公共卫生、妇幼保健、职业健康、医养结合、医疗服务质量等重点领域立法工作，完善公众立法参与机制，并建立地方性法规实施情况报告制度和卫生健康领域风险预测预警预防和应急处置预案。同时，积极回应社会关切问题，推动卫生健康立法制规向大健康全行业延伸，关注医疗互联网平台、保健养生产品、社会办医疗机构、养生与健身机构、乡村基层医疗卫生机构等更多大健康业态的细分领域，全面提升居民健康服务满意度。

（四）稳步推进行政决策法治化、科学化建设

根据前文健康法治指数评估结果分析，卫生健康重大行政决策制度化的管理规章还较为缺失，行政决策的民主监督还不完善，健康法治的决策论证还不充分。因此，应建立卫生健康重大行政决策事项目录与管理规章，完善卫生健康重大行政决策、规范性文件的合法性审查机制，完善卫生健康行政执法决定法制审核制度，确保行政决策和决定目录清晰化、程序正当化、制度科学化、责任明晰化；继续加强法律顾问在案件办理、决策制定、规范性合法性审查等方面的作用，提升卫生健康行政决策的法治化水平；加强卫生健康法治决策的前期调查与课题研究，为决策提供理论和数据支撑，并完善公众参与、专家论证、集体化讨论等民主决策程序。

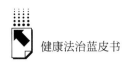

（五）加快卫生健康领域的信息化和综合评价建设

根据前文健康法治指数评估结果分析，信息技术在卫生健康监管和监测中的应用还较为薄弱，也缺乏对卫生健康行业、医疗服务等的系统化监管和评价。因此，应加快构建卫生健康行政监督执法系统平台，集中管理各地卫生监管监测的实时数据，并利用大数据分析平台和互联网信息平台，进行监督执法、数据统计、决策分析、预警分析，不断提升卫生健康综合监管效率，并运用"互联网＋"等多元化有效监管模式，探索在互联网诊疗、健康养生等健康新产业、新模式、新业态领域的新型监管方式；全面实施卫生健康领域"双随机一公开"监管工作，推进执法全过程记录制度，加强事中事后监管力度，指导卫生健康监督机构开展规范化能力建设；建立公共卫生监督领域综合评价体系，对卫生健康监督实施进行结果反馈和持续改进。

（六）建立健全行政权力的多元化监督机制

根据前文健康法治指数评估结果分析，卫生健康行政执法的司法协助与衔接机制不完善，行政执法的司法监督不足，很多地方也未建立卫生健康系统的审计监督制度。因此，应加快建立卫生健康行政执法的司法协助与衔接机制，对相关证据材料、法律依据等进行及时梳理，并积极配合司法机关，提交相关证据材料、推进案件的处理和移送，加强卫生健康行政执法过程中的司法监督；建立卫生健康系统内部审计监督制度，对医疗卫生机构进行资金审计和流向监管，及时披露相关财务数据和内部审计报告，建立健全审计整改责任制，加强卫生健康系统廉政建设；建立多元化的预防与化解医患纠纷调节机制，形成人民调解、行政调解、司法调解等多元调解机制，推动仲裁制度、行政复议、行政诉讼的有机衔接。

（七）创新法治宣传教育手段和措施

根据前文健康法治指数评估结果分析，卫生健康宣传方式还可以更加丰富化、亲民化、生活化，卫生健康普法规划与法治建设评估还需要完善，

"谁执法、谁普法"的卫生健康普法责任落实还需加强。因此，应不断拓宽健康法治工作新媒体的宣传途径，充分利用简报、微博、微信公众号、微视频、微电影等载体形式，加强健康法治的深入化、立体化宣传，以群众喜闻乐见的健康法治宣传呈现方式，不断提高普法宣传教育效果；对普法规划与法制建设进行评估，梳理年度卫生健康普法的共性清单和个性清单；落实"谁执法、谁普法"普法责任制，推动卫生健康普法宣传的主体多元化、资源丰富化、形式多样化；积极开展执法过程中的"以案释法"，通过对卫生健康违法案例的剖析和讲解，深入诠释相关法律法规、提高法律法规知晓度。

此外，在推进健康法治建设的过程中，各省份可参照自身健康法治指数得分和实际情况，分类别、阶梯化、渐进式地实施本文提出的健康法治建设参考性路径，并深化健康法治对个体生活、社会行为领域及其他方面的辐射。

专题报告

Special Report

B.3

2019年中国健康相关立法报告

赵　丰*

摘　要：　2019年是我国健康立法的关键期和爆发期，对于未来推动和
完善我国健康法治事业具有重要意义。本报告通过对2019年
全国和地方健康立法成果的汇总，并以健康所涉领域、立法
级别、立法地域为划分标准，深入分析研究了本年度健康立
法的重点成果与发展趋势。在此基础之上，本报告也特别选
择三部立法位阶最高和影响范围最广的立法实例，全面展现
了2019年度我国健康立法的创新亮点、不足之处与完善方
向。

关键词：　健康立法　基本医疗卫生与健康促进　药品管理　疫苗管理

*　赵丰，武汉大学大健康法制研究中心研究员。

一 2019年中国健康立法概况

2019年是中国健康立法的关键期和爆发期。其中，全国人大及其常委会审议通过的就有《中华人民共和国基本医疗卫生与健康促进法》《中华人民共和国疫苗管理法》《中华人民共和国药品管理法》《中华人民共和国森林法》《中华人民共和国土地管理法》五部法律，而《中华人民共和国生物安全法》也在2019年进行了第一次审议。除此之外，在党内法规层面，有涉及食品安全、冰雪运动发展、农村生活污水治理、中医药传承等内容的五项规范，包括《中共中央办公厅、国务院办公厅印发〈关于以2022年北京冬奥会为契机大力发展冰雪运动的意见〉》《中共中央、国务院关于深化改革加强食品安全工作的意见》《中央农村工作领导小组办公室、农业农村部、生态环境部等关于推进农村生活污水治理的指导意见》《中共中央、国务院关于促进中医药传承创新发展的意见》《地方党政领导干部食品安全责任制规定》；在行政法规方面，则涵盖《中华人民共和国国境卫生检疫法实施细则》《中华人民共和国化妆品卫生监督条例》《中华人民共和国艾滋病防治条例》《中华人民共和国药品管理法实施条例》《中华人民共和国食品安全法实施条例》《中华人民共和国人类遗传资源管理条例》《公共场所卫生管理条例》《中华人民共和国外资保险公司管理条例》八项审议通过的规范；除此之外，在2019年的健康立法中，部门规章有15项，国务院部门规范性文件有15项，部门规范性文件有57项，省级地方法规有213项（见图1），① 而其所涉领域也涵盖健康的方方面面，大

---

① 统计说明：首先，此处"健康法治领域立法"的法律概念，可理解为享有制定权的特定主体为了实现对食品管理、医药医疗、卫生管理、社会保障、环境保护及体育健康等社会关系进行干预、管理而依据法定职权和程序进行的制定、修改、补充和废止以不同法律法规形式表现的一种领域性立法活动的总称。其次，本立法成果统计来源主要为国内官方网站及北大法宝数据库。再次，法律法规的审议时间与发布时间有时并不一致，但囿于部分法律法规的审议时间查证困难，故对部分法律法规统计时标注的是发布时间。最后，在法律法规统计的效力级别选择上，基于适用和影响的广泛性标准，此处统计着重对法律、行政法规、部门规章、党内法规、国务院规范性文件、省级地方性法规进行了较为细致的整理。

体包括综合健康、食品监管、医药医疗、卫生管理、社会保障、环境保护和体育健康，切实践行了以人为本的"大卫生、大健康"理念。

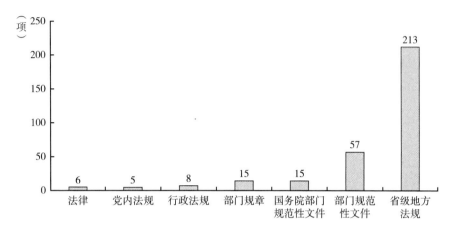

图1　2019年我国健康领域立法概况

其次，从相关健康领域立法的分布来看（见图2），以《中华人民共和国基本医疗卫生与健康促进法》《国务院关于实施健康中国行动的意见》等为代表的综合性健康立法有15项，主要侧重于卫生与健康政策、制度和观念的宏观指引工作；以《中共中央、国务院关于深化改革加强食品安全工作的意见》《中华人民共和国食品安全法实施条例》《学校食品安全与营养健康管理规定》为代表的食品安全监管立法则有28项，主要是指导和规范我国的食品生产、加工、销售等各个环节的安全监管工作；以《中华人民共和国药品管理法》《中华人民共和国疫苗管理法》《中华人民共和国药品管理法实施条例》《中共中央、国务院关于促进中医药传承创新发展的意见》《国务院办公厅关于进一步做好短缺药品保供稳价工作的意见》等为代表的医药和医疗领域的立法则有51项，这些规范为我国医药的创新研发、安全监管、价格调节等工作提供了专门的指导依据，同时也为医疗设备、医疗器械、医疗机构、医疗服务等的规范治理指引了具体的方向；以《公共场所卫生管理条例》《化妆品卫生监督条例》《中华人民共和国国境卫生检疫法实施细则》等为代表的卫生管理立法共有35项，这些规范为强化和完善包括公共场所卫生、化妆品卫生、国境卫生检疫等方面的管理工作提供了制度保障和依据；以《健康保险管理办法》《养老机构设立许可办法》《国家卫生健康委、国家发展改革委、教育部等关于建立完善老年健康服务体系的指导意见》《社会保险登记管理暂行办法》《优抚对象医疗保障经费管理办法》等为代表的社会保障立法有82项，为完善包括医疗保险、养老服务、母婴保健、未成年人权益保障、灾难预防救治等方面的工作提供了指导规范；以《中华人民共和国森林法》《中华人民共和国土地管理法》《中央农村工作领导小组办公室、农业农村部、生态环境部等关于推进农村生活污水治理的指导意见》等为代表的环境保护立法有105项，是2019年全国健康立法最多的细分领域，也凸显了我国对环境保护工作的重视及执行力的提升，这些立法涉及森林资源、土地资源、水资源、矿产资源等；以《中共中央办公厅、国务院办公厅印发〈关于以2022年北京冬奥会为契机大力发展冰雪运动的意见〉》《国务院办公厅关于促进全民健身和体育消费推动体育产业高质量发展的意见》《国务院办公厅关于印发体育强国建设纲要的通知》为代表的体育健康立法有9项，且多为具有全国性效力的立法，可以说，这些立法以筹办北京冬奥会为契机，通过政策指引和制度建设全面推进我国的体育强国建设，以期提升国民的身体素质，培养大家健康的生活习惯。总体上，这些健康细分领域的立法反映了我国在健康治理上的政策取向和关注重点。

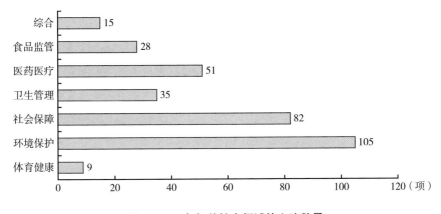

图2　2019年相关健康领域的立法数量

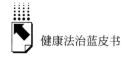
最后，从健康立法数量的地域分布来看（见图3、图4），囿于各地的法制基础和发展态势存在显著差异，各省份在健康立法（省级地方性法规）的数量上也呈现明显分布不均的情形。譬如，从全国31个省份的立法数量分布图可以发现，广东省以68项省级地方性法规立法位居榜首，也反映出广东省活跃的立法状态和对健康法制的重视程度。而位于广东省之后的江西省、宁夏回族自治区、广西壮族自治区则分列第二、第三、第四名，但从具体立法来看，有弥补立法短板的情况。另外，多数省份的健康立法数量为9～21项，有8个省份的健康立法数量少于或等于6项，未来有待于进一步加强健康领域的立法工作。另外，如果将31个省份按传统的地域区块划分，经济活跃度较高的华南、华东地区在健康立法总数上处于领先地位，西北、华北、西南地区的立法总数占比则分布在10%～20%处于中间地位，而华中和东北地区则立法总数相对较少，占比为7%和6%。

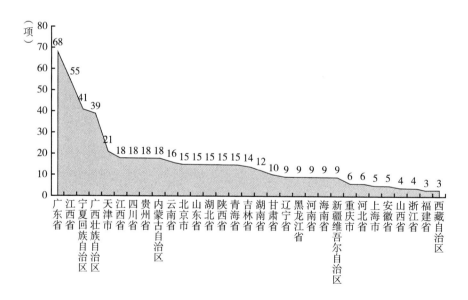

图3　2019年全国各省份健康领域立法数量

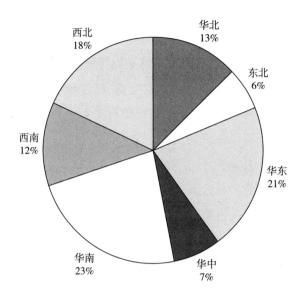

图4 2019年全国各区域健康领域立法数量

二 卫生与健康基本法：《基本医疗卫生与健康促进法》解读

自2014年立法启动至今，具有"卫生与健康基本法"特征与地位的《基本医疗卫生与健康促进法》（以下简称"《卫健法》"）历经2017年12月、2018年10月、2019年10月、2019年12月28日四次审议并获最终表决通过，于2020年6月1日开始实施，这次综合性立法凸显出国家与社会对卫生与健康的高度重视和期待，故，此处也主要对该法予以优先介绍和说明。

（一）立法背景与目的

随着我国医药卫生体制改革的不断深化，中国特色基本医疗卫生制度的逐步建立，将卫生事业发展中许多根本性、原则性的问题运用一部基础性、

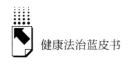
综合性的法律予以规范，同时将实践证明行之有效的经验做法和具体制度及时上升为法律的任务便应运而生。① 在十八届三中（全面深化改革）、四中（全面推进依法治国）、五中（到 2020 年全面建成小康社会）全会精神的号召和指引下，全国人大教育科学文化卫生委员会担负起牵头起草《基本医疗卫生法》的任务，并于 2014 年 12 月组织召开立法工作启动会议，经过大量专题调研论证、专项课题研究及各方面意见听取，于 2016 年底形成了初步的草案。为响应十九大关于"实施健康中国战略"的各项新要求，贯彻习近平总书记在全国卫生与健康大会上的重要讲话精神，在此后的完善过程中，特别增加了健康促进相关的内容，从而型构了医疗卫生保障与健康促进并举的《基本医疗卫生与健康促进法（草案）》。从法律地位和定位来看，《卫健法》是我国卫生与健康领域第一部基础性、综合性的法律。在立法目的方面，该法主要着眼于以下内容：第一，落实我国《宪法》关于国家发展医疗卫生事业和保障人民健康的规定；第二，引领我国医药卫生事业改革发展的大局；第三，促进和保证健康中国战略的有效实施。② 可以说，在坚持政府主导，保基本、强基层、建机制的立法思路的指引下，通过此法的制定可在积极保障政府投入、动员全社会参与、全方位全周期保障人民健康、大幅提高人民健康水平、显著改善健康公平等方面作出宏观的法律规范和制度设计，从而充分发挥法律在引领、推动医药卫生体制改革和保障健康中国建设方面的重要作用。

（二）立法内容与亮点

已经公布的《卫健法》可以说基本上涵盖了国民健康立法所需要的基本要素，同时充分体现了"大卫生、大健康"以及"将健康融入所有政策"的新理念。最终审议通过的法律文本共 10 章 110 条，其主要内容和亮点有

---

① 原卫计委：《将积极推动〈基本医疗卫生法〉立法步伐》，载 http：//www.cssn.cn/dzyx/dzyx_jlyhz/201411/t20141105_1391535.shtml，2014 年 11 月 5 日。

② 参见赵祯祺《基本医疗卫生与健康促进法草案首次提请审议》，载《中国人大》2018 年第 2 期。

如下几方面。

第一章"总则"（第1～14条）首次在卫生与健康法律层面直接提出"国家和社会尊重、保护公民的健康权"，具体包括从国家和社会获得基本医疗卫生服务的权利、获得健康教育的权利等。当然，总则也就健康中国战略的具体实施、基本医疗卫生制度、医学基础科学研究、中医药事业发展、医疗卫生资源配置、奖励制度和对外交流合作等内容作了基础性的规定和理念宣示。

第二章"基本医疗卫生服务"（第15～33条）规定了较为系统的卫生服务内容和制度健全方向，包括各级政府职责、突发事件卫生应急体系、传染病防控制度、预防接种制度、慢性非传染性疾病防控与管理制度、职业健康保护、妇幼保健事业、老年人保健事业、院前急救体系、精神卫生事业、分级诊疗制度、家庭医生签约服务模式等，并特别指出接受医疗服务的公民享有知情权和隐私权。

第三章"医疗卫生机构"（第34～50条）明确了医疗卫生机构的组织体系、功能任务、办理条件、管理机制、优惠措施、风险分担机制、新业态发展等。

第四章"医疗卫生人员"（第51～57条）对医疗卫生人员的职业精神、合法权益、培养规划、执业制度、队伍建设等多方面作了规定。

第五章"药品供应保障"（第58～66条）针对药品领域的一些重点问题，如基本药物制度、药品审批制度、药品管理制度、药品储备制度、药品价格监测体系、药品供应监测制度、医疗器械管理制度、中药保护发展政策等作了详尽规定。

第六章"健康促进"（第67～79条）规定了政府和社会在营造健康环境方面的责任和任务，以及加强个人的健康意识和责任，通过法律引导，努力培育人人参与、人人建设、人人共享的健康社会。涉及的制度和政策包括：健康绩效评估制度，疾病和健康危险因素监测、调查和风险评估制度，健康教育制度，爱国卫生运动，公共场所控制吸烟，组织开展全民健身和健康体检，心理健康的促进等。

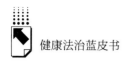
第七章"资金保障"（第 80～85 条）明确了各级人民政府在医疗卫生资金投入方面的责任。包括将经费纳入本级政府预算、健全医疗保险体系等。

第八章"监督管理"（第 86～97 条）规定了各级人民政府和社会团体应履行相关法律规定的健康管理职责，包括医疗卫生领域的行政执法工作、医疗纠纷预防和处理机制。

第九章"法律责任"（第 98～106 条）对违反本法所应承担的行政责任、民事责任和刑事责任等作出了规定。

第十章"附则"（第 107～110 条）明确了"主要健康指标""医疗卫生机构""基层医疗卫生机构""专业公共卫生机构""医疗卫生人员""基本药物"等术语的含义，并分别授权相关地方单位、国务院和中央军事委员会，依据本法制定地方或中国人民解放军和中国人民武装警察部队的发展医疗卫生与健康事业的具体办法，同时载明本法的实施时间。

在亮点呈现方面，《卫健法》对于促进国家卫生与健康治理体系的完善，具有如下积极意义。

第一，《卫健法》全力推进"强基层"的卫生与健康服务目标。《卫健法》分别从医疗机构配置、分级诊疗医疗服务下沉、医疗卫生人才建设、边远贫困地区保障四个方面对促进基层医疗卫生发展进行了详细的规定。力推"强基层"的基本政策，回应了健康中国战略实施的立法目的。整个法律的着力点或亮点，一是保基本，二是强基层，三是促健康，四是促改革。①

第二，《卫健法》明确我国社会举办的医疗卫生机构与政府举办的医疗卫生机构享有同等权利。近些年来，随着国家"放管服"政策的逐步落实，促使我国社办医疗机构出现数量迅猛增长的局面。据国家统计信息中心发布的数据，截至 2019 年 6 月底，全国共有医疗卫生机构 100.5 万个，其中医

---

① 参见张钰钗、张宝山《基本医疗卫生与健康促进法出台：为全民健康保驾护航》，载《中国人大》2020 年第 1 期。

院 3.3 万个，在所有医院中有公立医院 1.2 万个，民营医院 2.1 万个，基层医疗卫生机构 95.1 万个。[①] 因此，通过对占比将近 64% 的民营医院进行平权对待，保障公平竞争来释放其服务社会的活力，这对于健全我国医疗卫生服务体系具有重要意义。

第三，《卫健法》进一步拓展了公共卫生服务的具体内容。在妇幼保健服务方面，国家发展妇幼保健事业，建立健全妇幼保健服务体系，为妇女儿童提供保健和常见病防治服务，提供婚前保健、孕产妇保健等服务。[②] 同时，《卫健法》提出国家发展残疾预防和康复事业，并完善相关制度及其保障体系。其中，县级以上人民政府将优先扶持残疾儿童康复服务，落实康复与教育相结合的工作。此外，公共场所也将按照规定配备必要的急救设备和设施。

第四，《卫健法》加强了对处理医患关系、保护医疗卫生人员的规定。《卫健法》明确规定："禁止任何组织或者个人威胁、危害医疗卫生人员人身安全，侵犯医疗卫生人员人格尊严。"相较历次审议稿，正式稿就处理医患关系、保护医疗卫生人员作了更大篇幅的规定，明确了立法保护医疗卫生人员合法权益的坚决态度，为进一步从民事、行政、刑事立法领域细化制度措施打下了坚实的上位法基础。结合《卫健法》出台前几日北京民航总医院急诊科医生被患者家属恶性伤害致死事件引发的业界及舆论热议，《卫健法》的出台和前述规定，可谓对暴力伤医作出的及时回应。

第五，《卫健法》明确医保支付范围由国务院医疗保障主管部门组织制定。在推进"三医联动"方面，《卫健法》进一步明确了部门职责分工，加强了部门之间的沟通协调。一是明确基本医疗保险基金的支付范围，由国家医保局负责组织制定，同时听取国家卫健委的意见。二是明确由国家医保局

---

① 国家统计信息中心：《2019 年 6 月底全国医疗卫生机构数》，载 http://www.stats.gov.cn/tjsj/zxfb/201902/t20190228_1651265.html，2019 年 8 月 29 日。
② 参见朱宁宁《基本医疗卫生与健康促进法草案第四次提请审议，鼓励社会办医加强引导规范》，载《法制日报》2019 年 12 月 24 日，第 2 版。此内容在第四次修正案与审议通过的最终版本中表述相同。

对纳入支付范围的基本医疗保险药品目录进行循证医学和经济评价，同时听取国家卫健委和有关方面的意见。

第六，《卫健法》严格保护涉个人健康信息与数据。该法明确规定："国家保护公民个人健康信息，确保公民个人健康信息安全。"[①] 同时《卫健法》还规定了泄露个人健康信息的法律责任。《卫健法》对个人健康信息的保护早在一审稿中便已初见端倪，这不仅是顺应我国个人信息保护立法的体现，亦是在"互联网＋医疗"潮流下的必然举措。从医疗大数据分析到商业医疗保险定制，再到智能化医疗诊断，均以个人健康信息为基础。因此，个人健康信息是具有商业价值的信息，具有被侵害的可能性，需要立法层面予以特别保护。

第七，《卫健法》显著提升了对相关违法行为的处罚力度，注重与相关法律、行政法规的协调和衔接。根据其规定，县级以上人民政府卫生健康、医疗保障主管部门应当建立医疗卫生机构和人员信用记录制度，并纳入国家信用信息共享平台，以根据国家规定实行联合惩戒；加大对医疗卫生机构医疗信息安全措施不完善所造成的医疗信息泄露情况的处罚力度；在市场经营中，对以低于成本的报价竞标，或者以欺诈、串通投标、滥用市场支配地位等方式竞标的违法行为，除对相关单位给予处罚外，还将对其法定代表人进行罚款处罚。[②]

（三）立法影响

《卫健法》内容全面广泛，涉及了医疗卫生领域的各个方面，这势必对我国医药生产、医药流通、医疗服务、健康养老等行业产生重大而深远的影响。

第一，高端医疗、医生集团、互联网医院或将迎来发展契机。《卫健

---

① 任何组织或者个人不得非法收集、使用、加工、传输公民个人健康信息，不得非法买卖、提供或者公开公民个人健康信息。

② 参见朱宁宁《基本医疗卫生与健康促进法草案第四次提请审议，鼓励社会办医加强引导规范》，载《法制日报》2019年12月24日，第2版。

法》坚持政府主导，在保基本、强基层、保障政府投入等方面作出了法律规范和制度建设，将公立医院的责任严格限定在"基本医疗"范围内，将高端医疗市场留给了社会资本，这将使社会资本具有广阔的发展空间。此外，《卫健法》明确规定："推动健康医疗大数据、人工智能等的应用发展……应用信息技术开展远程医疗服务，构建线上线下一体化医疗服务模式。"结合2019年11月发布的新修订的《健康保险管理办法》，我们可以合理预见，前述立法将积极推动和助力社会资本投资高端医疗、互联网医院。此外，《卫健法》严控医疗机构预算管理与药品采购，公立医院的收入将绝大部分通过以医保为主体的保险体系来获得，且无论是全民医保还是商业保险体系，核心诉求都是控费，作为差额拨款单位，国内大多数医院的收入很大一部分来自对外合作和特需诊疗（特殊服务、特殊药品、特殊疗法），医护人员的个人收入同样如此。在此情况下，《卫健法》规定："国家推进基层医疗卫生机构实行家庭医生签约服务，建立家庭医生服务团队，与居民签订协议"，这将为医生产业的快速发展指明方向，同时依托《卫健法》对远程医疗、互联网医疗的支持，医生产业有望借助信息技术力量顺势而为、厚积薄发。此外，医疗服务价格体系的综合调整，使得民营医疗机构的薪酬和环境具有相对优势，进而可能会引发医疗人才资源重新配置的变局，医生产业作为新兴代表亦能收获由此带来的人才红利。[①] 但值得注意的是，在此医疗产业改革转型和模式创新的过程中，实践发展中出现的医患关系的认定标准、健康数据的安全保护、并购热潮下的垄断隐忧等问题也对《卫健法》的落地和实施提出了新的挑战。

第二，社会资本与政府公立医院的合作将面临重新定位和调整。《卫健法》出台前，2015年国务院公布的《关于促进社会办医加快发展的若干政策措施》规定鼓励社会力量通过特需经营、公建民营、民办公助等方式，举办非营利性医疗机构，未明令禁止社会资本与公立医疗机构合作举办营利

---

① 天达共和律师事务所：《健康中国在路上——〈中华人民共和国基本医疗卫生与健康促进法〉解读》，https://www.cn－healthcare.com/article/20191231/content－528158.html，最后访问时间：2020年3月1日。

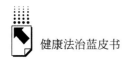

性机构。在社会办医实践中，社会资本通过与政府医院合资设立新院区或通过合作项目设立分院并不鲜见；"一址两院"模式（政府医院以其部分"存量资产"与社会资本合作，在原政府医院所在地成立营利性医院，出现在同一院区"非营利性医院"与"营利性医院"并存的模式）和"IOT"模式（社会资本通过与政府医院、政府签署经营权管理协议、委托管理协议、合作协议等形式，约定政府医院在一定条件和期限内，将医院的整体或部分资产的经营权和管理权授予社会资本的交易模式），是社会资本比较常用的与政府医院合作的模式。《卫健法》"双禁止"规定实施后，社会资本与政府医院如采取前述"一址两院"模式、合资设立新院区或通过合作项目设立分院模式（典型如 2016 年"魏则西事件"、2017 年"宁夏军区总院事件"）将为《卫健法》所禁止；"IOT"模式虽未改变政府医院的非营利性质，但是在《卫健法》强调政府举办的医疗卫生机构应当坚持公益性质的政策背景下，以提供"医院管理服务"收取医院管理费的方式，是否与国家的医改政策及行业发展规律相符，是否存在被认定为"变相分红"的风险或可能性，有待后续政策立法进一步明确。此外，《卫健法》出台前，国家政策及法律并未明确限制社会资本通过将非营利性医疗机构改制为营利性医疗机构的方式投资政府医院，随着《卫健法》的出台，我们预计改制模式在坚持政府医院公益性的法律及监管政策导向下，将"保基本"的非营利性政府医院改制为营利性医院，无疑将难以付诸实施。《卫健法》于 2020 年 6 月 1 日起施行，对于新法施行前过渡期存在的与新法不一致问题如何规范、处理，是社会资本普遍关注的问题，这些问题还有待后续相关配套政策或实操指南予以明确。

第三，新法助力中医药行业发展。《卫健法》明确规定："国家大力发展中医药事业，坚持中西医并重、传承与创新相结合，发挥中医药在医疗卫生与健康事业中的独特作用。"此外，根据《卫健法》相关规定，国家基本公共卫生服务项目应由中医药主管部门参与确定，基本医疗保险基金支付范围也应当听取中医药主管部门的意见。近年来，中医药行业的发展暴露出诸多问题，例如治理体系有待健全、人才建设薄弱、中药材质量良莠不齐、中医药传承不足、创新不够等，《卫健法》的出台无疑为中医药行业发展打了一剂强心针。2019年10月25日，习近平总书记明确提出要遵循中医药发展规律，传承精华，守正创新，加快推进中医药现代化、产业化，坚持中西医并重，推动中医药和西医药相互补充、协调发展，推动中医药事业和产业高质量发展。不到24小时，国务院就于10月26日发布了《关于促进中医药传承创新发展的意见》，要求把中医药工作摆在更加突出的位置，亟需贯彻落实《中医药法》，积极采取措施解决目前中医药工作中出现的问题，更高效地对中医药进行利用，服务于民。由此可见，《卫健法》对于中医药的支持是具有政策立法延续性的，也是对最高层发展中医药事业指示的贯彻落实，"中西医并重"政策对于中医药产业及投资都是重大利好。而这个有利于中医药发展的政策立法，与此前国务院印发的《中医药发展战略规划纲要（2016～2030年）》再次呼应，该《纲要》提出到2020年，实现人人基本享有中医药服务，中医药产业成为国民经济重要支柱之一。可以预见，连续获得政策加持的中医药产业，有着广阔的投资前景。

三 药品供应与监管：《药品管理法》解读

近些年来，"长春长生疫苗案""铬超标胶囊案"等危害公民身体健康的恶性违法事件的曝光，凸显出我国在药品管理上存在的制度缺陷，包括地方政府和监管部门失职失察、药品生产流通监督不力、违法行为处罚力度不足等问题。因此，我国对《药品管理法》进行了第二次修订，该法于2019年8月26日，经十三届全国人大常委会第十二次会议表决通过，已于2019年12月1日开始施行。从修改内容来看，新法专设第二章"药品研制和注册"、第三章"药品上市许可持有人"、第七章"药品上市后管理"和第九章"药品储备和供应"，并删除原第七章"药品包装的管理"的内容。[1] 本

---

[1] 《药品管理法》第二次修订的修法幅度较大，新法由原104条增加至155条，全文只有11个条款未予修改。

报告也主要对上述修改内容进行深入解读。

（一）树立以"人民健康为中心"的药品管理理念

新法明确我国药品管理制度的构建和设计应以"人民健康为中心"，符合新时代健康法治的基本诉求。在贯彻人民健康为中心的理念的同时，新法还强调坚持"风险管理、全程管控和社会共治的原则"，并将上述理念和原则具体落实到药品研制、生产、经营、使用、上市后管理等各个环节。

（二）鼓励药品研发和创新

新法明确了鼓励药物研发和创新的方向，重点支持以临床价值为导向、对人类疾病疗效明确或特殊的药物创新，以及鼓励开发新的治疗机制、多靶点、系统的对人体有调控和干预作用的新药。除此政策性宣导之外，新法还明确规定审批时限，加快新药审批流程，特别是对儿童用药可优先审批。同时新法强化药物临床实验的伦理性审查，保证药品全过程信息真实、准确、完整，也构建了原料、辅料、包材关联审评审批制度，附条件审批制度，沟通交流、专家咨询等制度。

（三）实行药品上市许可持有人制度

新法新增第三章"药品上市许可持有人"制度，对药品上市许可持有人的条件、权利、义务、责任等作出了全面系统的规定。该制度使药品上市许可持有人在药品研制、生产、经营、使用过程中拥有更大的自由和权限，也要求药品上市许可持有人承担更重的法律责任。

（四）强化药品生产质量管理规范

新法强调药品生产应符合我国药品生产质量管理规范要求（GMP），在明确药品生产企业的法定代表人及主要负责人对该企业的药品生产活动全面负责的同时，不再以 GMP 认证为前置条件。除此之外，新法对药品包装的要求，取消了章节独设的形式，而是将其纳入药品生产一章中，其具体要求也由之前的"必须"修改为"应当",但可根据要求进行适当调整。

(五)认可药品网络营销

通过备案制,药品网络交易第三方平台提供者可以从事药品网络营销服务,并需要对申请入驻平台经营的药品上市许可持有人及药品经营企业的资质进行审核等,但疫苗、血液制品、麻醉药品、精神药品等特殊管理的药品则不能在网上销售。

(六)提出药品上市后管理要求

新法对药品上市后的管理提出明确要求,要求建立持有人年度报告制度,即将药品生产销售、上市后研究、风险管理等情况按规定向药品监管部门报告。另外,持有人也应当主动开展药品上市后研究,进一步确证药品的安全性、有效性和质量可控性,并对已识别风险的药品及时采取风险管控措施,如造成用药者损害的,也应依法承担赔偿责任。

(七)完善药品储备和供应制度

新法对"药品储备和供应"作出专章规定,指出国家实行药品储备制度,国家建立药品供求监测体系,国家实行短缺药品清单管理和优先审评制度,强化多部门共同应对药品供应保障的工作。其实,《卫健法》也明确规定了药品供应保障制度,结合国家药品"两票制"及"4+7"药品带量采购的相关政策规定,至此,国家已从不同的法律法规效力层级针对药品采购制定了系统化的体系规范,由此结合《卫健法》关于"基本药物按照规定优先纳入基本医疗保险药品目录"的规定,可以窥见国家通过压缩药品生产流通环节利润,缓解医保压力的深层次意图。

(八)完善监管事权与服务

新法对假药和劣药的范围进行了修订,将"假药"、"劣药"和"按假药论处"、"按劣药论处"两类四种违法行为所列情形综合考虑。同时,为

完善监管服务，国家将建立药品职业化、专业化检查员队伍，并实行药品安全信息统一公布制度。另外，新法也进一步明确了各级政府在药品监管问题上的法律职责。

（九）严格违法生产与销售处罚法律责任

新法全面加大了对相关违法行为的处罚力度，特别规定"违反本法规定，构成犯罪的，依法追究刑事责任"，以强化对药品安全犯罪行为的治理力度。除此之外，新法还提升了财产罚的幅度、加大了资格罚的力度、增加了自由罚的手段、对严重违法的企业落实"处罚到人"、完善了相关民事责任制度。①

四 疫苗供应与监管：《疫苗管理法》解读

近些年来，长生生物恶性事件引发的疫苗安全性问题备受中国社会关注。因此，党中央和国务院响应民意，对我国疫苗监管高度重视，积极筹备出台《疫苗管理法》。自 2018 年 12 月 23 日以来，历经最高立法机关三次审议，这部由中国首创的全球首部疫苗管理法案在半年时间内即被敲定。该法已于 2019 年 6 月 29 日审议通过，并于 2019 年 12 月 1 日开始施行。

（一）提升疫苗监管法律层级，结束疫苗分散监管局面

在《疫苗管理法》出台之前，我国疫苗研制、生产、流通、预防接种、监督管理等相关规定散落在《药品管理法》、《传染病防治法》以及《疫苗流通和接种管理条例》等多部法律法规中，并未形成相对完善的监管体系。因此，将分散在多部法律法规中的监管规定进行全链条统筹整合，将疫苗监

---

① 包括明确药品上市许可持有人和药品生产经营企业赔偿责任；规定境外药品上市许可持有人在中国境内的代理人与持有人承担连带责任；实行民事赔偿首负责任制；对生产假劣药或者明知假劣药仍销售使用的，受害人可以要求惩罚性赔偿等。

管提升到法律层级，有利于发挥顶层设计的权威性，而疫苗分散监管局面的结束，有利于疫苗活动的各参与方严格执行疫苗法律，从而更好地打击国内疫苗市场造假行为。

（二）宣告最严格的疫苗管理态度，明确疫苗产品的性质定位

根据《疫苗管理法》第3条规定，我国将对疫苗实行最严格的管理制度，始终坚持安全第一、风险管理、全程管控、科学监管、社会共治。关于疫苗产品的性质定位，第4条明确国家坚持疫苗产品的战略性和公益性，并鼓励和支持疫苗研制和创新及其行业发展。这均凸显出国家对疫苗管理的高度重视。

（三）充分保障疫苗供应，实行免疫规划、全程电子追溯制度

疫苗供应的保障是《疫苗管理法》规范的核心内容，具体包括：首先，要求生产企业具备一定的生产能力和产能储备，以保证在传染病暴发时能及时生产供应；其次，落实中央和省级两级疫苗储备制度；最后，在有重大或者特别重大公共卫生危机的情况下，国家还可以附条件批准，甚至采取紧急使用措施。同时，《疫苗管理法》规定，境内居民免费接种既是权利也是义务，而政府应免费提供免疫规划疫苗等。《疫苗管理法》也规定，国家药监局和国家卫健委共同制定统一的疫苗追溯标准和规范，并构建全国疫苗电子追溯协同平台，以整合国内疫苗生产、流通和预防接种全过程信息追溯。这对于未来保障我国疫苗供应和公民疫苗注射具有积极的指导作用，也为疫苗使用的安全性提供了透明的制度保障。

（四）实行疫苗生产严格准入制度，建立疫苗上市后管理制度

《疫苗管理法》第32条明确规定，我国将实施严格的疫苗生产准入制度，即疫苗生产企业只有经过省级以上人民政府药品监督管理部门的批准，方能取得药品生产许可证进行疫苗生产。除此之外，疫苗上市许可持有人须建立健全疫苗全生命周期质量管理体系，制定并实施疫苗上市后风险管理计

划。同时，本次修法还首次规定疫苗"上市后管理"，即疫苗上市许可持有人要开展疫苗上市后研究，进一步验证疫苗的安全性、有效性和质量可控性。

（五）整体革新救济方式，建构疫苗责任强制保险制度、反应补偿制度

《疫苗管理法》规定，国家实行疫苗责任强制保险制度。在制度实施方面，疫苗企业需要依规购买保险，如疫苗出现质量问题导致受种者遭受身体损害的，则可依法获得保险公司的限额赔付。如受种者出现异常反应，国家也鼓励以商业保险等形式对其进行相应补偿，此种制度设计无疑将使受种者在获取赔偿方面更为便捷，同时，也可使疫苗企业专心从事疫苗生产研发和推广。

（六）强化疫苗信息公开制度，严格疫苗违法的法律责任

《疫苗管理法》一方面要求监管部门批准后要及时公布批准的说明书、标签，还有监管部门批签发的结果等；另一方面，对疫苗上市许可持有人提出了全面、系统、明确、具体的要求，包括产品的信息、标签、说明书、质量规范执行情况，批签发情况，甚至包括投保疫苗责任强制险的情况，都要向社会及时公开。此外，实行疫苗的安全信息统一发布制度。在法律责任方面，《疫苗管理法》明确依法从重追究刑事责任，同时，相关责任人员若有严重违法行为，其也将受到行政拘留的处罚。而"从重"也主要集中于以下层面：第一，国家采用最严态度打击疫苗违法行为；第二，处罚要能够追溯到主要责任人员；第三，通过构建信用记录制度来加强信用惩戒。

B.4
异地就医直接结算制度的
实施现状与完善路径

张荣芳　浮文婷*

摘　要： 异地就医直接结算制度，对于打破不同统筹区的行政壁垒、促进医疗资源和医保资源的再分配公平具有重要意义。异地就医直接结算制度之所以设置限制条件，根源在于我国不同统筹地区执行差异化的医保目录，以及异地结算监管体系不健全。发展以强制性基层首诊和顺畅的双向转诊为核心的分级诊疗制度，是有效遏制不合理异地就医需求的根本措施。在此基础上，应针对跨统筹区统一医保待遇政策和监管权的问题，推动各地医保制度的统一，减少异地直接结算的政策性障碍；做好异地就医直接结算制度与支付方式改革的衔接，以就医地经办机构为监管权主体，实行"预付制"支付方式下的标准化付费模式。

关键词： 异地就医直接结算　医保目录同质化　分级诊疗

一　异地就医需求及医保异地直接结算状况

随着我国经济社会的发展，国民健康意识不断提高。但是，医疗资源供

* 张荣芳，武汉大学法学院教授，博士生导师，武汉大学大健康法制研究中心顾问；浮文婷，武汉大学大健康法制研究中心助理研究员。

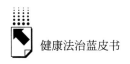
求矛盾短期内客观存在。2018 年，我国医疗资源配置在地区、城乡间差距仍较为明显，每千人口卫生技术人员北京是安徽全口径的 2.25 倍，甚至达到安徽农村地区的 5.29 倍。[①] 经济欠发达地区的医疗资源相较于北上广等发达地区劣势尽显，患者蜂拥前往发达地区高等级医院就医的"顶峰聚集"效应愈演愈烈。除异地转诊人员外，流动人口的增加客观上也放大了异地就医的基数，2018 年我国流动人口达到 2.41 亿人，每 6 个人中便有一个流动人口。[②] 可以说，医疗资源分配不均和流动人口的增加催生了我国的异地就医系统。从基本医保保障基本医疗需求的目的出发，医保部门需要履行的义务不仅包含医疗费用的简单承担，还应包括保障医疗资源的可及性以及医疗服务质量。[③] 只有这样参保人的基本医疗需求才能真正实现。在我国较低统筹程度的属地化医保管理体制下，异地直接结算制度开启了调节医疗资源分配和基金跨区域付费的新路径。

（一）具有异地就医需求的主体范围

具有异地就医需求的人员是两大类：自然流动人口和因为客观医疗资源必须到异地就医的人口。在自然流动的人口中，包括就业人口和非就业人口。其中就业人口除了部分作为从属劳动者进入就业地职工基本医疗保险体系外，大量灵活就业人员基于工作不稳定等因素，往往选择在户籍所在地参加居民基本医疗保险。以农民工为例，他们因工作性质和就业弱势地位，常常不具有稳定的劳动关系，或者考虑到职工医保的保费高于城乡居民医保，多未参加就业地的职工医保。2018 年我国农民工总量达 28836 万人，其中跨省就业农民工 7594 万人，且农民工的平均年龄在近五年来逐年提高，50 岁以上农民工所占比重达到 22.4%。[④] 相较于其他劳动者，

① 国家统计局编《中国统计年鉴 2019》，中国统计出版社，2019。
② 国家统计局编《中国统计年鉴 2019》，中国统计出版社，2019。
③ 蔡维音：《全民健康之给付法律关系析论》，元照出版有限公司，2014，第 75 页。
④ 国家统计局：《2018 年农民工监测调查报告》，2019 年 4 月 29 日，参见 www.stats.gov.cn/tjsj/zxfb/201904/t20190429_ 1662268.html，最后访问时间：2020 年 1 月 7 日。

农民工繁重的体力劳动引发疾病的可能性更高，加上年龄偏大，在外务工的农民工在身患大病重病时，多倾向于或不得不在异地就医。流动的非就业人口，主要是退休后随子女生活的人员，以及跟随父母到异地求学的农民工子女。前者的医疗保险在退休关系所在的退休地，未成年子女一般亦在户籍所在地参加居民医疗保险。这部分群体在参保地之外的地方生活，患病后需要在这些地方就医。根据疾病谱和年龄的分布状况，老人通常是疾病风险较高的人群，而老龄化进程加快使得前往子女处短暂生活的老人数量激增，如在子女处暂居期间突然患病，异地就医需求也相应产生。另外，随着人民生活水平的提高和工作需要，外出游玩的游客或短期出差的人口也急剧增加，这类人群如在外地突发疾病也将刺激异地就医需求。

因为医疗资源分配不均衡，部分病患必须到异地就医。由于医疗资源的有限性，优质资源多集中于经济发达地区，其中尤以北京、上海、广州、深圳等地最为丰富，而广大的中西部地区医疗资源则相对短缺。即使是同一个统筹区内亦存在诸如中心城市占据大部分优质资源的现象。各级医疗机构间的医疗水平存在明显的区域性差异。政府在医疗投入、政策导向、科研项目、优良的生源和人才培育方面都明显倾向大型三甲医院。[1] 数据显示，2018 年西藏的病床使用率仅为 64.6%，上海则达到 95.9%，[2] 经济欠发达地区的参保人前往发达地区异地就医的趋势明显且日益增长。

我国异地就医直接结算制度的权利主体包括异地安置退休人员[3]、异地长期居住人员[4]、常驻异地工作人员[5]和异地转诊人员[6]。结合我国现阶段异

---

[1] 参见王宝华等《基于异地就医人群健康需求信息的分级诊疗调查》，载《中医药管理杂志》2019 年 1 月第 27 卷第 1 期。

[2] 国家统计局编《中国统计年鉴 2019》，中国统计出版社，2019。

[3] 异地安置退休人员是指长期在异地居住，且户籍已迁入当地的户籍人员。

[4] 异地长期居住人员是指长期居住在异地的参保人员。

[5] 常驻异地工作人员是指公司长期派在异地出差工作的参保人员。当前大部分省市规定，常驻异地工作人员必须为用人单位派驻异地工作一年以上的人员。

[6] 异地转诊人员是指符合参保地异地转诊条件的人员，包括异地住院、急诊急救住院和转院的参保患者等。

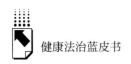

地就医的实际需求，自然流动人口实际上已经包括了前三类权利主体，而因客观医疗资源不得不异地就医的患者实际上就是异地转诊人员，即异地就医直接结算已经覆盖了所有具有异地就医需求的参保患者类型。

（二）医保异地就医直接结算状况

作为新形势下保障参保人基本医疗需求的重要制度，以"异地就医"和"直接结算"为主要内容的异地就医直接结算制度自2014年推行以来，随着新医改不断向纵深发展。2016年12月，人力资源社会保障部、财务部印发《关于做好基本医疗保险跨省异地就医住院医疗费用直接结算工作的通知》（人社部发〔2016〕120号），要求逐步解决异地安置退休人员、异地长期居住人员、常驻异地工作人员、异地转诊人员四类人群的基本医保跨省异地就医住院费用结算和基本医保跨省异地就医门诊费用结算问题。2017年，全国所有省级异地就医结算系统、所有统筹地区均接入国家异地就医结算体系。2018年国家新农合异地就医结算管理中心印发《关于开展城乡居民基本医疗保险（新型农村合作医疗）大病保险跨省就医一站式结报试点的通知》，决定在辽宁省、贵州省开展城乡居民基本医疗保险大病保险跨省就医一站式结报试点工作；同年，国家医疗保障局发布《关于切实做好农民工和就业创业人员异地就医备案工作的通知》（医保发〔2018〕13号），强调该两类人员异地就医备案的困难，要求简化程序，加快推进该两类人员的备案工作。各省份亦纷纷从省内异地直接结算起步，逐渐向跨省异地直接结算发展。2016年底，除西藏外，全国30个省市自治区实现了省内异地直接结算，①跨省异地直接结算工作也在勉力推行。2018年9月，长三角地区试点"1+8"②的门诊异地直接结算制度，率先将门诊费用纳入直接结算中，

① 参见《人社部部长尹蔚民：异地就医直接结算年底就能实现》，新华网2017年3月6日，http://www.xinhuanet.com//politics/2017lh/2017-03/06/c_1120578068.htm，最后访问时间：2020年1月8日。
② "1+8"："1"指上海，"8"指江苏省南通、盐城、徐州，浙江省省本级、嘉兴、宁波，安徽省滁州、马鞍山。

2019 年 4 月新纳入 9 个城市①，进一步扩大了门诊直接结算范围。② 截至 2019 年 12 月底，跨省异地就医定点医疗机构达 27608 家，二级及以下定点医疗机构 24720 家，累计结算人次 424.6 万人次，医疗费用 1016.2 亿元，基金支付 599.7 亿元，占 59%。2019 年当年跨省异地就医直接结算 272.0 万人次，医疗费用 648.2 亿元，其中基金支付比例 59.1%。③ 直接结算为患者提供了异地就医和医保报销的便利，极大地提升了参保患者的医保制度获得感。

"从社会保障的视角出发，理想的医保制度是对全体公民无一例外地提供治疗和预防性的医疗服务，不设置报销限额，在转院时也没有任何经济上的限制。"④ 我国的流动人口多达几亿人，加上地区医疗资源分配不均衡而出现的转诊需求，每年异地直接结算 200 多万人次远远未能解决跨地区需求。而且，根据国家医保局的数据，当前异地转诊人员直接结算中基金报销比例约为 60%，异地安置人员⑤约为 70%，而本地职工医保的全口径报销比例则高达 72%。⑥ 可以看出，平衡医疗资源分配不均的异地就医直接结算制度与本地就医结算的差别支付仍较为明显。属地化管理体系下各地医保制度差异较大以及异地直接结算监管缺位等问题，使得医疗资源可及性、医疗服务质量以及医疗费用承担等方面均存在法律制度上的障碍，基本医保给付义务难谓到位，医疗资源和医保资源的供需矛盾与公平性问题等仍是异地直接结算中较大的障碍。在实行相同缴费率的医保制度下，无论其参保地的经

---

① 新纳入的 9 个城市包括江苏省南京市、常州市、连云港市、泰州市，浙江省杭州市、温州市、湖州市、舟山市，安徽省六安市。

② 国家医疗保障局：《国家医疗保障局关于政协十三届全国委员会第二次会议第 0359 号（社会管理类 19 号）提案答复的函》（医保函〔2019〕114 号），http://www.nhsa.gov.cn/art/2019/9/6/art_26_1726.html，最后访问时间：2019 年 11 月 29 日。

③ 国家医疗保障局：http://www.nhsa.gov.cn/art/2020/1/10/art_18_2249.html，最后访问时间：2019 年 1 月 11 日。

④ 《贝弗里奇报告——社会保险和相关服务》，中国劳动与社会保障出版社，2008，第 154 页。

⑤ 这里的异地安置人员指不以异地就医为单纯目的的异地长期或短期居住人员，包括异地安置退休人员、异地长期居住人员、常驻异地工作人员。

⑥ 国家医疗保障局：http://www.nhsa.gov.cn/art/2018/8/24/art_18_279.html，最后访问时间：2019 年 12 月 21 日。

济发展状况和医疗资源优劣，参保患者客观必要的医疗需求均应当享受到相关公平的医疗保障。因此，如何在现有的制度框架下协调直接结算所涉各主体利益，完善直接结算制度，公平适当地提高异地就医的报销比例，是我国异地直接结算制度急需解决的问题。

二 参保人异地就医直接结算医疗费的困境

现有的异地直接结算制度虽然极大地方便了部分患者，但是还无法满足异地就医患者的所有需要。按照现行的制度规定，退休人员、异地长期居住人员、常驻异地工作人员、异地转诊人员四类人员在异地就医，住院费用可以通过直接结算系统支付，[①] 但是，由于异地就医直接结算限于住院费，医保统筹基金支付的比例和限额遵照参保地标准执行，并且会受限于参保地事先支付给就医地的预付金额度。所以，患者在异地就医可以由统筹基金支付的范围与在本地就医相比，还是要小一些。而且，这些可以享受异地就医直接结算的主体，需要经过申请备案才能享有这一资格。这导致大量的异地就医患者在直接结算时无法享受医保待遇。

（一）异地就医患者可以直接结算的费用主要限于住院费

我国基本医保制度赋予参保人有限的医保待遇，参保人发生的医疗费用不是全部纳入医疗保险基金的支付范围。相对于一般参保人，异地就医患者可以通过医保基金支付的范围更小。当前除长三角试点地区外，其他地区的异地就医直接结算都仅限于住院费用的直接报销，门诊费用基本上无法通过医疗保险基金支付，只能由参保患者自负，极大地限制了参保人的医疗待遇范围。从医疗实践来看，参保患者的医疗费用通常包括门诊费用和住院费用，而且由于大部分患者所患疾病并未达到住院的严重程度，

---

① 《人力资源社会保障部、财务部关于做好基本医疗保险跨省异地就医住院医疗费用直接结算工作的通知》（人社部发〔2016〕120号）。

医疗费用实际上大多是门诊费用。相较于住院部门，医疗机构各部门中门诊的接诊数量最多，尤其是急门诊更是切实关系到参保患者的生命健康权，门诊费用难以异地直接结算，无疑给部分门诊患者增加了经济压力，甚至有些患者有可能因经济问题而延误治疗，影响其生命健康权的有效维护，有违医疗保险保障患者基本医疗需求和异地就医直接结算制度减轻患者垫资、跑腿问题的初衷。

异地就医直接结算制度中排除门诊费用的报销政策，极易催生医疗机构与参保患者的逐利动机，诱发相应的道德风险。患者为获得医保报销，可能自谋或与医生合谋，在不必要住院时强行住院，或者不必要地延长住院时间，以及在住院期间使用价格昂贵的药物等。这种过度医疗行为极大地浪费了有限的医疗资源和医保基金，且较难监管，相当于给异地就医直接结算制度埋下了制度隐患。

（二）异地患者直接结算的医疗费比例更小

具有异地就医直接结算医疗费资格的参保人，可以由医疗保险统筹基金直接结算的住院费，与在本地就医的患者相比，受到统筹基金支付比例的限制更多。参保人在本地就医，统筹基金支付的医疗费受到起付线、封顶线和支付比例的约束，经济发展情况、物价水平以及医保基金财务状况的差异，决定不同统筹地区的标准不同。以医保报销的最高限额为例，北京市城乡居民医保的支付限额为 25 万元，职工医保支付限额可达 50 万元，而郑州城乡居民医保支付限额为 15 万元，职工医保统筹基金限额为 15 万（加上职工商业补充医疗保险 40 万元），宁夏的城乡居民医保支付限额则仅为 13 万元。[①]

---

① 《北京市医疗保障局、北京市财政局关于调整基本医疗保险住院最高支付限额等有关问题的通知》第 1、2 条："为进一步提高我市医疗保险待遇水平，减轻群众就医负担，现就调整城镇职工基本医疗保险住院最高支付限额、城乡居民基本医疗保险住院最高支付限额、城乡居民困难人员大病保险起付线和报销比例的有关问题通知如下：一、参加城镇职工基本医疗保险的在职职工和退休人员基本医疗保险住院最高支付限额由 30 万元提高至 50 万元。其中，大额医疗互助资金最高支付限额由 20 万元提高至 40 万元，统筹基金最高支付限额为 10 万元。二、参加城乡居民基本医疗保险的参保人员基本医疗保险住院最 （转下页注）

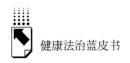

参保人在异地就医，相关的报销比例、最高限额等执行参保地标准。这在一定程度上降低了异地就医参保人通过医保基金支付费用的比例。因为异地就医的流向多是从经济欠发达地区流向发达地区，地区间经济发展水平差异导致的物价差异难免使异地就医所产生的医疗费用高于在参保地本地就医的医疗费用，遵照参保地的支付政策将导致部分异地就医费用因超过最高限额而不能报销或报销比例较低。在全国执行统一医保缴费比例的背景下，同一笔医疗费用在就医地和参保地的报销额度、比例等存在差异，"参保地政策"的报销方式使患者仅因参保地的不同而只能享受到有差别的医保待遇，有违基本医保的公平原则，损害了部分地区参保人的医保待遇权利。

异地就医直接结算实行的预付金制度亦在一定程度上限制了异地就医患者报销的比例。异地就医直接结算预付金制度，是指由参保地省级经办机构将核付的两个月资金通过财政专户转至就医地经办机构，再由就医地经办机构与医疗机构直接结算。实际上，这里的预付金相当于参保地基金为就医地医疗机构付费的方式。由于异地直接结算使用的是参保地的医保基金，而非就医地基金，因此只有在预付金支付后各方才能顺畅地进行异地直接结算。当就医地未能及时收到预付金或者调增资金时，可申请暂停该参保地患者的异地直接结算。[①] 因此，患者的异地就医直接结算还受限于预付金的多少和使用情况。但是预付金原则上由各统筹区的基金负担，现行的预付金制度实行省级统筹，而基本医保只实现了市级统筹，省级经办机构只能通过预收省

（接上页注）高支付限额由 20 万元提高至 25 万元。"《郑州市职工基本医疗保险办法》第 29
条："超过起付标准、不超过最高支付限额的符合规定的住院医疗费用，统筹基金按照下列
比例支付：统筹基金最高支付限额年度累计为 15 万元。统筹基金自然年度内累计支付达到
最高支付限额后，超出部分的医疗费用由职工商业补充医疗保险予以支付，具体办法按现
行规定执行。"《宁夏回族自治区人民政府关于进一步完善城乡居民基本医疗保险自治区级
统筹制度的意见》："城乡居民基本医疗保险待遇包括普通门诊保障、门诊大病保障、住院
保障、生育医疗费用保障。无第三方责任的意外伤害费用、符合规定的急诊急救费用均可
按规定报销。城乡居民基本医疗保险基金年度最高支付限额确定为 13 万元。新调整的城乡
居民基本医疗保险待遇政策自 2020 年 1 月 1 日起执行。"

① 《人力资源社会保障部、财政部关于做好基本医疗保险跨省异地就医住院医疗费用直接结算
工作的通知》（人社部发〔2016〕120 号），2016 年 12 月 8 日。

内各统筹区的基金才能进一步筹集资金进行省级间的预付。部级经办机构在预付金制度中更倾向于是一个中间调度者的角色，只有在预付金使用率超过预警线时，才在省级经办机构间接收和下达调增申请额度。实际上预付金转移支付的主体间并无行政隶属关系，级别相等，当参保地基金结余情况恶化时，及时调增预付金的难度较大。最高仅以省级为统筹级别的预付金制度客观上阻碍了预付金的筹集和及时调整，而国家级别调剂金的缺失也使部级经办机构在各地医保基金收支差异和异地就医"顶峰聚集"效应明显的趋势下，难以正常发挥其宏观调控职能。受限于预付金范围的异地就医直接结算无异于以牺牲异地就医参保人的生命健康权为代价换取各地的基金平衡，与基本医保之定位背道而驰。

（三）异地就医直接结算需要受到复杂的备案手续约束

合法的备案是异地就医直接结算的起始程序，原则上参保患者需先到参保地经办机构办理异地就医的备案申请，参保地经办机构审核之后再将备案信息上传至部级平台，就医地经办机构通过国家的信息共享平台获取异地患者的备案信息并对异地患者开展相关的异地就医和结算程序管理。因此，备案程序的完善是异地就医直接结算制度优化的重要着力点，而我国相关规定的模糊化、原则化以及各地备案手续实际操作的政策性差异已经严重影响到患者医保社会可及性的获得感。

首先，《关于规范跨省异地就医住院费用直接结算有关事项的通知》中关于"规范备案有限期限"的规定，肯定了异地直接结算备案属于有期限限制的期间。[①] 但是，备案的有效期究竟为多长尚无国家层面上的统一规定，各统筹区根据本地医保管理的情况制定了标准不一的有效期。如深圳市根据参保人异地长期居住或劳动派遣的期间，规定备案的有效期限分别为6个月、12个月、24个月以及常年，南京市的备案有效期限为1年，而汕

---

① 《人力资源社会保障部办公厅、财政部办公厅关于规范跨省异地就医住院费用直接结算有关事项的通知》（人社厅发〔2017〕162号），2017年12月29日。

头市仅为6个月。备案期限较短且差异较大，意味着参保患者每次异地就医可能均需备案，客观上增加了参保患者的程序性负担。其次，备案手续实际操作流程复杂。部分患者尤其是广大农民和经济欠发达地区的参保人因为处于信息劣势地位，对该行政程序的知情权无法得到保障，加上各地备案手续的具体操作流程存在差异，缺少统一标准，要求患者全面掌握备案流程难免失之偏颇。2019年12月19日，国家异地就医备案小程序上线，方才正式启动全国统一的跨省异地就医备案服务试点工作，截至2019年12月31日，仅有133人通过国家异地就医备案小程序成功完成异地就医备案，且仅有部分地区加入该统一的试点备案服务系统。① 再次，异地就医直接结算仍限定参保人必须在特定的定点医院就医才能有效备案，在参保人出于各种客观原因需要到定点医院之外的医疗服务机构就医时，异地就医直接结算制度的这些限定对病患的待遇权带来了极大的挑战。这些未能提前规范备案的参保患者因不可完全归责于自身的原因到异地就医后无法享受直接结算的待遇，只能自己先行垫付医疗费用再回参保地申请报销，客观上加重了参保人的经济负担和风险，更遑论回到参保地手工报销也可能面临无法报销的风险。

备案手续的复杂性导致很多具有异地就医需求的参保人无法通过直接结算制度解决医疗费用问题。首先，未办理备案转诊手续的非异地长期居住参保患者不能获得异地就医的直接结算服务。农民工、暂居子女处的老人、游客等群体大多已经在参保地缴纳一定年限的保费，但可能不能达到长期居住的标准，当未来得及办理转诊手续时，面临不具备异地直接结算主体资格的制度困境。其次，根据异地转诊的相关规定，只有在异地就医之前办理好备案手续的转诊人员才能纳入直接结算范围。当患者生命健康权遭受严重威胁，急需转往异地就医未能来得及备案，或者农村居民由于信息劣势地位而不知应当以及如何按照程序备案时，其能否享有直接结算待遇的问题也存在争议。

---

① 国家医疗保障局：http：//www.nhsa.gov.cn/art/2020/1/10/art_18_2249.html，最后访问
时间：2020年1月11日。

三 异地直接结算困境的成因

我国基本医疗保险跨省异地就医直接结算制度只能满足部分主体的需求，而且仅限于部分主体的部分需求，极大地限制了参保人的异地就医行为。形成这一局面的原因主要与现有的医疗保险制度直接相关。

（一）各统筹地区医保待遇的差异导致异地直接结算无法全面放开

由于我国医保实行属地化管理，目前除北京、天津、上海、重庆、海南、宁夏已经实现省级统筹外，其他地区尚停留在市级统筹。[①] 不同统筹地区的参保人虽然按照国家统一的缴费标准参保缴费，但遇到疾病风险就医时享受待遇的条件以及具体的待遇标准则由所在统筹地区确定，地区差异较大。

根据社会保险法的规定，除国家统一规定的"甲类"目录外，各省市对"乙类"目录有15%的自主决定权。由于各省市经济发展状态、自然环境、人口结构、疾病谱分布等存在较大差异，各统筹区医保目录统一程度不高。因医保目录的专业化程度强，内容繁杂，难以合理期待医生完整地了解各地的医保目录，而出于诊疗习惯，异地医疗机构的医生多是参照本地的医疗目录实施医疗行为。根据"就医地目录"进行异地直接结算，实际上使异地就医患者能够报销的医疗费用中所涉药品、诊疗项目与参保地医保目录不一致。考虑到异地就医的患者多为从欠发达地区流向发达地区，当某些高价药品、诊疗项目等已涵盖在经济发达的就医地目录中而在欠发达的参保地尚未纳入时，由参保地的基金支付费用必然给欠发达地区的医保基金带来巨大的冲击，即使按照参保地的起付线、止付线以及报销比例，通常情形下仍

---

① 《国家医疗保障局对十三届全国人大二次会议第4191号建议的答复》（医保函〔2019〕101号），http：//www.nhsa.gov.cn/art/2019/8/29/art_26_1700.html，最后访问时间：2019年11月25日。

会导致异地就医患者的医疗费用高于本地就医患者。2018年上海医保基金盈余2391亿元，宁夏为102.1亿元，西藏则仅有92.7亿元。① 异地就医较高的医疗费用无疑加剧了欠发达地区的基金收支压力，各地难免通过限制报销范围等途径来阻碍异地就医直接结算。

作为理性参保人，在选择就医地时，除了居住地点与就医地之间的地缘关系外，还会受到其他如就医地医疗条件、医疗费用等的影响。现行的异地就医直接结算制度的目的除了解决参保人客观的异地就医需求外，还肩负着其他的功能，包括解决参保人因医保目录不同而只能接受差异性明显的医疗服务质量等问题，最大程度地保证参保人在本地就医与在外地就医享受同样的医疗待遇。各地医保政策的差异使参保人在参保地和就医地就医时，不仅因为各地医疗资源不均而只能接受不同水平的诊疗服务，而且因为医保目录不同，同样的诊疗服务可能在不同地区性质不同，在参保地不属于医保目录范围的服务，在就医地则纳入医保范围，这实际上与异地就医直接结算制度的设计目的仍有差距。

（二）异地就医直接结算的监管体系不健全

"任何医疗保障制度的设计，都必须兼顾分散疾病风险和防范道德风险两项基本功能。"② 异地就医直接结算实行准照就医地目录和就医地管理、参保地基金付费的模式，因跨统筹区管理，参保地经办机构无法对异地医疗机构的医疗行为进行有效的监管，只能依靠就医地经办机构的监管，最终付费的参保地基金管理机构只能被动付费，并没有相应的直接监管权。在这一制度的运行内核中实际上存在两层监管，一是就医地经办机构对就医地医疗机构的监管，这是就医地统筹区内的内部监管；一是参保地经办机构对就医地经办机构的外部监管，强调参保地经办机构对就医地经办机构内部监管行为的监督。当前异地就医直接结算制度并未设

---

① 国家统计局编《中国统计年鉴2019》，中国统计出版社，2019。
② 朱铭来、丁继红：《我国医疗保障制度再构建的经济学分析》，载《南开经济研究》2006年第4期。

计适于双层监管的监管体系，相反的，由于交叉管理，内外部监管都明显缺位，使参保地医保基金支出的风险难以控制。面对日益严峻的基金收支和控费压力，各地只能通过制定障碍性的异地就医政策来间接实现控制费用的效果。

从内部监管的层面看，就医地经办机构对本地医疗机构的内部监管缺少动力，监管效率和效果缺乏保障。一方面，异地就医直接结算的费用由参保地基金负担，对就医地基金安全并未造成较大冲击，实际上拥有监管权的就医地经办机构动力不足，容易产生监管漏洞，影响监管的实绩。① 另一方面，从法政策学的角度看，异地就医直接结算实质上属于国家运用公权力强制推动的一种更好地保障参保人异地就医需求的制度，就医地医疗机构基于行政机关的职责方才履行管理职能。因此，就医地经办机构只负责接收预付金，并与医疗机构结算，并不能收取管理费用。加上异地就医行为大幅度增加，客观上增加了就医地经办机构的监管难度和压力。在医保基金收支紧张的大背景下，经办机构的控费压力巨大，直接结算并未给就医地经办机构带来实质性利益，反而增加了行政管理负担，难免导致其监管积极性欠缺。这使得目前就医地的内部监管多侧重于单纯的价格监管，并未对异地就医和本地就医进行程度相当的监管。

从外部监管的层面看，参保地经办机构对就医地经办机构缺少监督权，更难以进一步判断异地医疗机构医疗行为的合理性，道德风险等不可控，参保地基金压力较大。首先，基本医保制度的属地化管理和医保服务协议的相对性，使参保地经办机构无权对异地医疗机构的医疗行为形成有效监管。参保地经办机构只能间接通过就医地经办机构上传的信息进行付费，具体费用的合理性由就医地经办机构负责审核，参保地经办机构难以保障报销信息的合理性和真实性。其次，异地医院违反医保服务协议的行为由就医地经办机构处理。医疗领域的高度专业性和利己主义的动机可能诱使就医地医疗机构

---

① 参见孙永浩《医疗保险异地就医结算道德风险问题研究》，载《经济研究导刊》2018 年第28 期。

和医务人员凭借自身信息优势地位实施侵害医保基金的机会主义医疗行为。[①] 此外，由于医保可以报销部分费用，从理性经济人的角度分析，参保患者可能更倾向于借助异地较好的医疗资源故意延长住院时间、使用昂贵的药品等。异地就医人员与就医地医疗机构可能私下串通，伪造病例，这种医患联合的方式更具有隐蔽性，增加了公权力监管的难度。参保地经办机构无法对就医地经办机构的内部管理行为进行监督，在就医地经办机构缺少监管动力的前提下，异地就医直接结算容易纵容、诱发异地就医中的道德风险。

四　异地就医直接结算制度的完善路径

解决异地就医直接结算的困境主要有两种路径，一是通过制度引导参保人的行为，控制不合理的异地就医行为；二是完善异地就医直接结算制度，满足合理的异地就医需求。第一种路径是解决问题的基础，只有解决了这一问题，才可能在制度上消除异地就医结算的障碍。否则，异地就医需求就无法被满足。当前我国分级诊疗制度不成熟，部分异地就医患者并不具有疾病治疗和医疗资源需求上的必要性，客观上不必要地放大了异地就医的数量。必须认识到，保障异地就医的必要性，减少不合理的异地就医，既能减少参保地基金的不合理支出，也能减轻参保地和就医地经办机构的监管压力，于解决异地就医直接结算的困境大有裨益。在排除不合理异地就医的基础上，完善跨统筹区医保待遇的统一协调和监管，是当前解决异地就医直接结算困境的最优路径。

（一）完善分级诊疗制度，控制不合理的异地就医需求

随着人民生活水平的提高和健康意识的增强，价格已不再是唯一的

---

① 参见李冰水、李玉娇《中国社会医疗保险中的道德风险及控制机制研究》，载《广西经济管理干部学院学报》2010年第22期。

考量因素，患者就医时更看重经济发达地区二、三级医院优质的医疗资源。在日常就医行为中，大部分患者的疾病并未达到需要北上广三级以上医院首诊的必要性，但是欠发达地区的基层医疗机构医疗资源较为匮乏，加上患者对其缺乏信任，在逐利心理的驱使下往往跨过社区医院等基层医疗机构而直接选择到发达地区的高等级的医院就医，给大中型医院，尤其是北上广深等地的三级医院造成了极大的接诊压力。加上我国基本医保的统筹级别较低，除北上渝等少数省份实现了省级统筹外，大部分地区尚处于市级统筹的发展阶段，新农合甚至仍处于县级统筹阶段。① 在医保统筹单位数量较多的前提下，盲目追求更优医疗资源的行为不必要地放大了异地就医的数量，加剧了我国医疗领域不良的倒三角和顶峰聚集效应。不可否认的是经济欠发达地区的异地患者占据了各地大中型医院极大的比重。

我国目前已经构建起基层、二级、三级等医疗机构②组成的三级医疗机构体系，但是相应的配套制度仍未成熟，并未达到合理分流患者的作用。分级诊疗制度强调兼顾患者疾病的性质和医院的等级，将医疗机构的医疗水平和接诊能力与患者的就医行为相统一。③ 当前我国主要通过医保报销的比例和医疗机构级别相反的利益诱导性制度引导患者践行分级诊疗，即医院等级越高，医保报销的比例越低，基层医疗机构的报销比例最高。但是从我国医保实践来看，三级以上医院往往人满为患，基层医疗机构则门可罗雀。截至2017 年，我国基层医疗机构的门诊量只占门诊总量的23%，二级以上医院未经基层首诊的门诊患者亦高达95%，而分级诊疗发达国家的基层首诊率

---

① 国家医保局：http://www.nhsa.gov.cn/art/2019/10/21/art_ 26_ 1870. html，最后访问时间：2019 年12 月22 日。

② 基层卫生服务中心主要包括农村地区的乡镇卫生院和城市的社区医疗服务站，主要面向医院所在村镇或社区的居民，提供最基本的疾病预防、身心保健和病后康复等医疗服务；二级医院以县区医院为代表，服务的地域范围较大；三级医院则主要指地市级及其以上的三级医院，能够提供综合性、高水平的医疗服务，服务对象往往溢出医院所在地而服务多个地区甚至全国的患者。

③ 孙慧哲、刘永功：《以分级诊疗破解"看病难看病贵"的困局》，载《理论探索》2017 年第4 期。

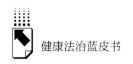

往往高于 90%。① 国际经验一般通过分级诊疗的制度设计来克服医疗资源可及性的问题。发达国家通用的分级诊疗通常是三级医疗服务架构和守门人制度的结合，包括患者首诊和转诊的流程以及各等级医疗机构间上下传导的机制。② 我国诱导性的制度设计并未达到促进医疗资源合理再分配的预期目标。因此，建立符合国情的分级诊疗制度，能够减少不必要的异地就医需求，减少对参保地基金和就医地管理的冲击，对于缓解医患保三方在异地直接结算机制中的矛盾十分重要。

1. 分级诊疗制度的核心：强制性的基层首诊

实施强制性的基层首诊制度，引导一般医疗下沉到基层。分级诊疗的基础是基层首诊，作为分级诊疗机制中的"守门人"制度，基层首诊要求除急诊外，患者需先到基层医疗机构就医，只有基层医疗机构无法治疗的疾病方能通过合法的转诊手续转到更高级别的医疗机构。首先，建立强制基层首诊的前提条件是提高基层医疗机构的医疗服务水平。当前患者对基层医疗机构不信任的局面，很大程度上是由于我国基层医疗机构的配置难以满足其基本医疗需求。很多基层医疗机构由于缺少全科医生和必要的医疗器械等，医疗服务的数量和质量都难以达到满足所在村镇和社区居民基本医疗需求的目标，甚至连患者的部分常见病都难以治愈，这种情况在部分西部偏远地区往往更加严重。因此，应加大对基层医疗机构的财政投入，配置必要的基础设施和医务人员，使基层卫生服务能够"接得到"并且"接得住"病人。以东莞市的先进经验为鉴，东莞市 2008 年投入 5.8 亿元支持基层医疗机构建设，并且每年持续给付 2 亿 ~ 3 亿元，大大提升了其社区医疗服务能力。③其次，限制三级以上医院一般诊疗部门的开设和发展。为保障常见病、慢性病等基层医疗机构能够承载的医疗服务切实下沉到基层，需避免三级以上医

① 何佳馨：《新中国医疗保障立法 70 年——以分级诊疗的制度设计与进步为中心》，载《法学》2019 年第 10 期。

② 参见何思长、赵大仁、张瑞华等《我国分级诊疗的实施现状与思考》，载《现代医院管理》2015 年第 2 期。

③ 参见张亚林、叶春玲、郝佳《东莞市统筹城乡医疗保障制度的现状和启示》，载《中国卫生政策研究》2009 年第 12 期。

院相关诊疗部门的功能重叠。推动三级以上医院逐步向大专科和复杂医疗服务提供方转变，患者只能到基层卫生机构就医，可以有效避免患者无区别盲目前往异地大医院就医，真正使基层首诊和转诊筛选的医保政策目标落到实处。最后，通过法律规定建立强制基层首诊的医保制度。发达国家如德国、英国等都已通过法律规定强制参保人除急诊外不得在未经基层医生[1]转诊的前提下接受住院服务。当前异地就医数量的不合理增加，已经验证了我国通过设置医院等级和报销比例反向发展的诱导性机制未能达到制度的预期目标。因此，可借鉴发达国家的经验，发挥法律规制和国家公权力的作用，推行强制性的基层首诊，对于未经基层诊疗直接到大城市三级以上医院就医的患者不予医保报销。

2. 分级诊疗制度的协调机制：双向转诊

运用医保控费等制度和法律工具推动不同等级医院间的双向转诊机制建设。异地就医的道德风险问题主要表现在医疗机构和患者的过度医疗行为。要解决这一问题，需要运用有效的医保控费倒逼医院间的双向转诊，尤其是从三级以上医院转诊到基层医疗机构。首先，贯彻总额预付等医保控费政策，限制高等级医院的接诊量。在总额预付等支付方式改革中，明确医院年度总预算后超支自负的压力将迫使大医院约束自身医疗行为，主动向基层医疗机构转出部分不需要继续住院的患者，减少过度医疗行为，节约医疗资源，提高医疗服务的利用效率，满足重病大病患者的医疗可及性和可得性。[2] 其次，完善转诊机制中的医保衔接政策。患者向基层医疗机构转诊时，为了达到起付线有时甚至需要多缴纳费用才能获得基金报销，这实质上阻碍了患者主动转诊的积极性。[3] 将转诊前后各阶段的医疗费用合并计算作为医保报销起付线的判断依据，避免患者为了凑足起付线而不必要地延长在高等级医院住院的时间，配合基层医疗机构更高的报销比例，激励患

---

[1] 基层医生，在国外有时被称为家庭医生、开业医生等。

[2] 参见付强《促进分级诊疗模式建立的策略选择》，载《中国卫生经济》2015 年第 2 期。

[3] 孙慧哲、刘永功：《以分级诊疗破解"看病难看病贵"困局——基于供给 - 需求视角》，载《理论探索》2017 年第 4 期。

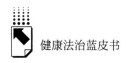
者在康复期内向基层医疗机构转诊，一定程度上减轻不合理的异地就医量。

以强制性的基层首诊和灵活的转诊机制为路径，控制患者向大城市中高等级医院的不必要、不合理流动，同时保障基层医疗机构能够"接得到，接得住，接得好"常见病等一般医疗，减少广大农村和基层参保人盲目寻求更优医疗资源的不合理的异地就医行为，尽快推动医疗机构等级与辐射区域和人群相对应的分级诊疗制度建设，扩展医保资源的地域可及性。

（二）推动各地医保制度统一，减少异地直接结算的政策性障碍

1. 加快各统筹区医保目录同质化建设

做好各地医保目录和报销政策的合理对接是推动各地医保政策统一的重要措施。长三角地区正在探索江浙沪皖三省一市范围内就医政策、医保目录和监管的统一，推动区域间医保一体化服务管理新模式[①]，总结长三角的经验，稳步推进不同地区间的对接工作，降低异地直接结算的难度。第一，推动医保目录的同质化。各统筹地区根据本地经济发展情况、人口结构、疾病谱分布和基金收支情况等因素，制定了不尽相同的医保目录。实现医保目录的全国统一是解决异地直接结算障碍的重要助力，但是短期内"一步到位"的政策难免有些冒进，可能导致各地医保基金的收支失衡，引起各地的抵抗情绪，阻力较大。建议经济状况差异较小的地区，考虑地理相近和一定的扶贫因素，组建区域性的直接结算医联体，在联合体内实行目录互认并逐步实现目录的统一。第二，统一一定区域内的报销政策。基金报销的起付线、最高限额和比例是各地政府拥有自由裁量权的事项，客观上也是各地实现医保控费、保障基金安全的重要政策性工具。统一全国的报销政策难免影响到各地基金的稳定性和经办机构的积极性，不妨仿照长三角地区的经验，试点地区统一报销政策，减少直至消除直接结算医联体内的行政性支付壁垒，再逐

---

① 胡宏伟：《城镇居民基本医疗保险与国民健康：政策评估与机制分析》，人民出版社，2016，第 202 页。

步扩大医联体范围。

2. 简化各统筹区异地直接结算的备案程序

简化异地直接结算的备案手续，减轻患者异地就医前的行政程序负担。对于异地安置人员、异地长期居住人员和常驻异地工作人员这三类长期居住在外地的异地患者，就诊频率相对较高，主要有两种策略解决其问题。其一是通过医保统筹区域间转移接续的方案设计，允许这三类参保人异地缴纳保费，累计合并缴费年限，并最终纳入常住地的医保体系中，与本地人同等享受医保待遇；其二是采用较长的备案有效期，一次备案，保障多次住院甚至是终身住院，能够减少患者往返原参保地和就医地的交通、时间等多余成本，减轻参保人的程序性负担。对于异地转诊人员，因其居住在参保地，仅在就医期间暂居异地，对于这类异地患者建议简化其备案手续，充分利用互联网等技术的发展推行网上备案和审批手续，并将此系统自动连接到全国的备案信息系统，减轻患者备案的负担，提高各地经办机构间备案信息共享的效率。此外，在北上广深等异地患者扎堆聚集的地区，适当增加财政对经办机构的人、财、物投入，提高其行政承载力，尽可能缩短直接结算时间。

3. 建立国家层面的异地直接结算调剂金

考虑到各省份之间收支的预付金主要来源于统筹区内基金费用的预先筹集，而基金结余情况不稳定常常导致筹资效率较低和难度较大，加上各省份之间无行政隶属关系，参保省份拖延给付资金的情况时有发生，容易导致无法按时调增预付金的问题。因而提高预付金管理层级，建立国家层面的异地直接结算调剂金，对于顺畅异地直接结算，切实保障参保患者异地就医的权利十分重要。一方面，建议提高预付金的管理层级，从当前省份间的清结算转变为国家和省份之间的转结算模式。由部级经办机构统一管理各省份的预付金，各省份按照核定的预付金如期缴纳至国家财政专户，再由国家财政专户转至就医地，克服行政管理上的效率问题，能够有效督促参保省份按时支付预付金，减轻就医地经办机构和医疗机构的结算负担。此外，国家层面可以要求参保地增缴一定的保证金，以应对预付金不足时的风险。另一方面，建立全国异地直接结算调剂金，针对西部贫困地区等基金结余状况较差，且

异地就医需求较大的省份，发挥财政补贴的作用，缓解其基金收支平衡的压力。预付金和调剂金的制度设计，关乎异地就医患者的结算总额和各地直接结算的管理效率，是协调参保地和就医地利益的重要手段，也是国家责任的要求。

（三）构建与支付方式改革相衔接的直接结算监管制度

研究表明，患者就医地点会通过增加时间、交通以及异地住宿等医疗费用外成本影响患者的医疗服务利用决策，加上异地就医将大大提高信息不对称的程度，异地就医中的患者和医生可能出于各自的利己动机，极易发生"损失规避"偏好的非理性行为。[①] 当前直接结算困境的主要成因即制度设计中的监管缺位，由此引发欺诈骗保行为等道德风险，动摇基金的根基和可持续发展并最终损害参保人的利益。因此，构建现行制度框架下具有可操作性的监管制度是解决直接结算困境的核心任务。

1. 就医地经办机构作为直接结算监管权的主体

在医疗保险地区统筹的背景下，医疗服务主要由参保地医疗服务机构提供。这一方面有利于医疗服务机构准确把握医疗费用支付政策；另一方面便于医保经办机构监督医疗服务行为，保证医疗保险基金的安全。在参保人异地就医的情形下，不论是医疗服务机构的监管，还是经办机构监管的实施，都难以实现。由于各统筹地区的医疗服务目录并不一致，要求提供医疗服务的主体了解不同病患所在地的目录并不现实；通过医疗费用的支付制度对医疗服务行为的约束，在异地就医过程中也无法实现。建立跨参保地和就医地多个区域的行政协调机构，抑或是委托就医地医疗保险经办机构实施监督，似乎是解决这一问题的选择。在精简行政机构的政府改革中，提高行政效率，发挥现有行政机关的最大职能是机构改革的趋势。在发挥现有行政机构积极性能够解决问题时，建立跨区域的行政协调机构实际上有违改革的要

---

① 蒋翠珍、罗传勇、曾国华：《最佳就医距离与就医公平及非理性就医行为》，载《江西社会科学》2019 年第 5 期。

求。此外，建立跨区域的行政协调机构，其本身行政权力设置、行政系统内部等级平衡、机构建置以及协调体制的设计无疑都是极大的制度性工程，更遑论其是否会形成对现有稳定的异地就医行政管理体系的冲击。与此相对，中立的第三方机构因缺少公权力优势，在监管直接结算中的行政机构时难免力不从心，其独立性难以保障。与发达国家在长达数十年甚至数百年的发展历史中形成的成熟的第三方机构监督机制相比，我国非政府公益性组织的发展显然任重而道远，公众信服力短期内亦难以建立。所以，委托就医地经办机构就是唯一的选择。就医地经办机构与当地医疗服务机构的医保服务关系体系可以有效保证这一监督的实现。

此外，应建立就医地和参保地经办机构之间的内部协调机制。直接结算实行参保地基金付费、就医地管理的模式，所涉医疗机构与患者医疗行为的全过程，包括入院、住院、费用审核、出院等信息全都由就医地经办机构掌控，相对于参保地经办机构而言，就医地经办机构处于直接结算流程中的相对信息优势地位。在属地化管理的限制下，参保地经办机构对异地医疗机构的监管往往鞭长莫及。因此，具有完善内控制度的就医地经办机构毫无疑问是异地直接结算监管权最适合的主体。

2. 直接结算监管的核心机制：异地就医患者费用标准化

由于各地医保目录、医保政策乃至药品、诊疗项目价格等差异都较大，参照参保地的费用标准进行判断可能与就医地的实际医疗消耗支出存在出入，难谓合理，因此盲目要求各地医疗价格完全相等亦有违医保的实质公平。既然各地经济发展状况与医疗资源的不合理分配带来的医疗服务价格差短期内难以消除，那么追求医疗价格的相对公平，即要求同一医疗机构对异地患者和本地患者一视同仁，收取相同费用似乎更为合理。因此，异地直接结算监管的核心在于就医地经办机构通过对异地直接结算和本地医保结算的同等监管，保证异地就医患者的费用合理必要，即异地患者与本地患者在接受相同医疗服务时医疗费用相同。

当前支付方式改革推行的标准化支付为异地就医的费用支出是否合理提供了监管的新路径。按疾病分组、DRGs、按床日付费、按人头付费等"预

付制"支付方式强调标准化的支付模式,即根据不同医疗服务的规范诊疗路径,分别制定符合其特点的费用支出标准,并从检查、治疗、住院、护理的整个流程算起,统一打包付费,不再细化到部分环节的支出。以针对住院服务为主的按床日付费为例,根据某一疾病(以精神病、糖尿病等较为稳定的慢性病类型为主)的临床特点、用药用量、诊疗周期等固定医疗支出经验,总结出每床日医保费用定额标准,再简单地以时间数量累计进行支付,不考虑任何其他因素。鉴于各地医疗资源的价格差异较大,因此各地的支付标准难以统一。异地就医使用的是就医地的医疗资源,为保障所有患者在同种病情下享受到同等的医疗服务,支出同等医疗费用,不因参保地不同而面临过度医疗和乱收滥收医疗费用等行为,同时考虑到医疗机构的运行成本需要和监管方便,宜采用就医地的标准化医疗费用支出为监管的判断指标。

就医地经办机构根据本地医疗服务的支付标准结算异地患者的费用,如本地患者按床日付费中每床日医保费用定额为 a 元,那么接受同种医疗服务的异地患者在同一医院的每床日医保计费标准也为 a 元,超出部分经办机构不予核准并拒绝医保报销。通过这样的监管制度设计,就医地经办机构不必将患者分为本地和异地两类进行监管,而是将二者统一起来按照同一标准审核。这样一方面可以减轻就医地经办机构的监管压力,提高直接结算的行政效率;另一方面也保证了异地就医的费用支出标准透明,杜绝医保患勾结骗取参保地基金费用的"监守自盗"和"内外勾结"式行为,增强参保地基金的信任,弥补参保地无法监管的制度缺漏,提高参保地预付金给付积极性。

此外,由于疾病的复杂性和多变性,医疗机构的医疗费用耗费并非总能维持在固定的水平,因此某些具体支出超过标准化的医疗费用额度并不能完全归责于医疗机构的医疗行为进而拒绝医保报销,应当具体分析超支的部分是否合理。在合理超支的情况下,由基金付费是维持参保患者利益和医疗机构正常运转的必然选择。统筹区域内医疗费用的合理超支部分尚可由基金和医院分担,更遑论异地就医行为。值得注意的是,按病种付费、DRGs、按床日付费等先进付费方式因引入我国时间尚短，在理论与实践上都不成熟，其主要依赖的"标准化"支付标准与程序都处于初级发展阶段，当前国家统一层面上仅规定了"合理超支分担"的原则，而对于"合理"的判断标准、界限和救济程序以及"合理超支"部分的基金再次支付程序都缺少具体细则，各地只能摸着石头过河，根据当地情况进行损益不一的尝试。但是异地直接结算中最终付费的是参保地基金，考虑到就医行为和费用的审核监管由就医地经办机构负责，因此建议异地就医中关于"合理超支"部分的监管亦交由就医地经办机构负责，再由两地经办机构协商沟通。因此，实践中应尽快建立各地关于"合理超支"标准的协商谈判机制，设置合理超支分担中参保地基金的补偿支付程序，确保参保地和就医地基金间的及时动态调整。

结　语

异地就医需求来源于两个方面，医疗资源分配和人口流动。一方面，我们需要完善医疗服务体制，加强基层医疗资源的投入，均衡医疗资源的合理分配，实现有效的分级诊疗，保证实现各地参保人医疗服务可及性的目标，从根本上消除医疗资源差异导致的异地就医行为。即使如此，在医疗保险地方统筹和医疗服务机构属地化管理的背景下，因为异地工作、居住等情形不可避免，参保人异地就医需求客观存在。另一方面，保证异地就医患者的医疗费可以便捷地直接结算是医疗保险待遇公平化、合理化的必然要求。直接结算的医疗费不应仅限于住院费，大量的门诊医疗费用亦属于医疗保险基金的支付范围；统筹基金直接结算的医费比例应当与参保人在参保地就医相同，不能因为在外地就医统筹基金报销的比例就相应降低。只有这样，才能保证参保人不论在何地就医均能享受同等的医疗待遇。而且，直接结算审核备案制度除了就医前的申请备案外，还需要建立就医后的报告备案制度，保证病患在无法办理备案手续的情况下可以直接结算医疗费。此次新冠肺炎病患异地就医费用直接结算的方式可以作为制度改革的方向。为了达到"确

保患者不因费用问题影响就医、确保收治医疗机构不因支付政策影响救治"的"两个确保"要求，2020 年 1 月 22 日，国家医疗保障局会同财政部发布通知，规定异地就医患者的费用由就医地医保部门先行垫付，疫情结束后全国统一组织清算。在任何情况下，先满足病患的就医需求，再行结算医疗费用都是不变的规则，异地就医病患不能因为异地就医备案手续未办理而无法结算异地医疗费用。

B.5
大健康产业相关专利战略发展报告
（2008~2019）

余飞峰*

摘　要： 人民健康是民族昌盛和国家富强的重要标志，"健康中国"战略的落实离不开大健康产业的繁荣以及专利对产业发展提供的技术支撑。对2008~2019年与大健康相关专利的申报情况、有效性、专利不同类别等数据的梳理和分析，能够挖掘这一时期大健康产业相关专利的布局状况、产业竞争格局以及存在的不足，为下一阶段调整工作重点，明确发展方向提供镜鉴。2008~2019年，中国专利受理申请最多，然而授权比例，尤其是发明授权比例较低；在与大健康产业相关的领域中，我国与域外各国在专利申请量上呈相当甚至超出的趋势；从申请人国别和发明人国别占比来看，中国科技人才培养水平与企业申请专利水平并不匹配。目前大健康产业的相关专利已形成专利丛林，并且会对新的竞争主体进入该领域产生一定的阻碍作用。

关键词： 大健康产业　健康相关专利　专利分析

　　我国是世界上人口总数最大的国家，国民的健康问题始终是我国政府面

---

* 余飞峰，汕头市南粤专利商标事务所主任，法学博士，武汉大学知识产权与竞争法研究所兼职研究员。

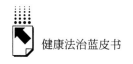
临的重大民生问题。自改革开放以来，我国人均预期寿命从 1981 年的 67.77 岁①提高到 77.30 岁②，孕产妇死亡率、婴儿死亡率均大幅下降，居民的主要健康指标总体上优于中高收入国家平均水平，提前实现了联合国千年发展目标。同时，我国居民收入也在持续增加，消费水平也不断提高。据统计，居民收入每增长 10%，用于健康医疗的消费在居民总消费中的比例就会相应提升 16%。③ 因而有学者将与健康相关的产业视为"二十一世纪继汽车、房地产、IT 和互联网产业后的第五波财富浪潮"。而作为知识产权密集型产业，大健康产业涉及医药保健、医疗器械、健康食品、健康管理等多个生产和服务领域。鉴于此，在建设"健康中国"的战略攻坚期，大健康产业的发展机遇期以及《国家知识产权战略纲要》与《国家知识产权强国战略》的战略衔接期，对与健康相关的专利进行战略发展分析无疑是十分必要的。

通过专利战略分析，不仅可以有效降低大健康产业经营者在专利申请、实施、运营过程中的纠纷概率，化解企业乃至整个产业潜在的专利危机，而且还可以维护技术的贸易安全，加强对我国自主知识产权的保护。同时，可以通过洞察国际先进同行的技术发展趋势，了解技术研发领先企业的技术布局，寻找行业的关键技术，发现行业的发展前景。通过对大健康产业相关领域专利信息的比较分析，借鉴其他国家和地区的先进经验，使我国大健康产业相关技术领域的企业能采用合理的专利战略和技术路径，突破国外企业对相关领域关键技术的垄断和封锁，在产业化进程中占据主动地位。

一 数据库选择和检索领域

（一）数据库选择

本报告主要通过中国专利检索系统"CNIPR"和"INCOPAT 专利数据

---

① 国家卫计委：《中国卫生和计划生育统计年鉴 2016》，中国协和医科大学出版社。
② 国家卫健委：《2019 年卫生健康事业发展统计公报》。
③ 周婷玉：《加强大健康产业发展有助于促消费拉内需》，http：//finance. people. com. cn/n/ 2013/0908/c1004 - 22847449. html。

库"对全球大健康产业相关领域的专利申请总量、技术领域分布和申请人分布进行统计和分析。前者是国家知识产权局自行开发的专利数据库系统，该系统收录了已经公开的中国大陆及港澳台地区以及欧洲、美国、WIPO 等12 个国家和地区的专利数据，是目前国内权威的专利数据库。后者拥有 1.2亿专利文献数据，涵盖 112 个国家、组织、地区，储存 400 万诉讼、运营、通信标准、海关备案信息，并可以利用自然语言处理、人工智能技术，在专利的文章级别、段落级别、词级别、语义级别进行大规模精准计算。

（二）检索领域和检索分类号及检索关键词

大健康产业涉及医药保健、医疗器械、健康食品、健康管理等多个生产和服务领域。根据第八版国际专利分类体系（IPC），本次检索将上述领域检索关键词界定为如下方面。中文：药物；疗法；治疗；疾病；药用。英文：Drugs；Therapy；Treatment；Disease；Medicinal。结果见表1。

表1 大健康产业检索关键词

C07 有机化学〔2〕	C07B 有机化学的一般方法；所用的装置(用调聚反应制备羧酸酯入 C07C 67/47；制备高分子化合物的工艺，例如调聚反应，入 C08F，C08G) C07C 无环或碳环化合物(高分子化合物入 C08；有机化合物的电解或电泳生产入 C25B 3/00，C25B 7/00) C07D 杂环化合物(高分子化合物入 C08)〔2〕 C07F 含除碳、氢、卤素、氧、氮、硫、硒或碲以外的其他元素的无环、碳环或杂环化合物(含金属的卟啉入 C07D 487/22；高分子化合物入 C08) C07G 未知结构的化合物(未确定结构的磺化脂肪、油或蜡入 C07C 309/62) C07H 糖类及其衍生物；核苷；核苷酸；核酸(糖醛酸或糖质酸的衍生物入 C07C、C07D；糖醛酸、糖质酸入 C07C 59/105，C07C 59/285；氰醇类入 C07C 255/16；烯糖类入 C07D；未知结构的化合物入 C07G；多糖类，有关的衍生物入 C08B；有关基因工程的 DNA 或 RNA，载体，例如质粒，或它们的分离、制备或纯化入 C12N 15/00；制糖工业入 C13)〔2〕 C07J 甾族化合物(闭联-甾族化合物入 C07C)〔2〕 C07K 肽(含有 β-内酰胺的肽入 C07D；在分子中除了形成本身的肽环外不含有任何其他的肽键的环状二肽，如哌嗪-2,5-二酮入 C07D；环肽型麦角生物碱入 C07D 519/02；单细胞蛋白质、酶入 C12N；获得肽的基因工程方法入 C12N 15/00)〔4〕

续表

C08 有机高分子化合物;其制备或化学加工;以其为基料的组合物	C08B 多糖类;其衍生物(含少于 6 个相互以配糖链接的糖键基团的多糖入 C07H;发酵或用酶方法入 C12P 19/00;纤维素生产入 D21)〔4〕
	C08C 橡胶的处理或化学改性
	C08F 仅用碳 – 碳不饱和键反应得到的高分子化合物(由低碳烃制造液态烃混合物,例如通过齐聚作用入 C10G 50/00;发酵或使用酶的方法合成目标化合物或组合物或从外消旋混合物中分离旋光异构体入 C12P;含有碳 – 碳不饱和键的单体接枝聚合到纤维、丝线、纱线、织物或用这些材料制成的纤维制品入 D06M 14/00)〔2〕
	C08G 用碳 – 碳不饱和键以外的反应得到的高分子化合物(发酵或使用酶的方法合成目标化合物或组合物或从外消旋混合物中分离旋光异构体入 C12P)〔2〕
	C08H 天然高分子化合物的衍生物(多糖类入 C08B;天然橡胶入 C08C;天然树脂或其衍生物入 C09F;焦油沥青、石油沥青或天然沥青的加工入 C10C 3/00)
	C08J 加工;配料的一般工艺过程;不包括在 C08B、C08C、C08F、C08G 或 C08H 小类中的后处理(塑料的加工,如成型入 B29)〔2〕
	C08K 使用无机物或非高分子有机物作为配料(涂料、油墨、清漆、染料、抛光剂、黏合剂入 C09)〔2〕
	C08L 高分子化合物的组合物(基于可聚合单体的组成成分入 C08F、C08G;人造丝或纤维入 D01F;织物处理的配方入 D06)〔2〕
C1 生物化学;啤酒;烈性酒;果汁酒;醋;微生物学;酶学;突变或遗传工程	C12C 啤酒的酿造(原料的净化入 A23N;涂沥青或脱沥青装置,酒窖用具入 C12L;增殖酵母入 C12N 1/14)
	C12F 发酵溶液副产品的回收;酒精的变性或变性酒精〔6〕
	C12G 果汁酒;其他含酒精饮料;其制备(啤酒入 C12C)
	C12H 酒精饮料的巴氏灭菌、杀菌、保藏、纯化、澄清、陈酿或其中酒精的去除(葡萄酒脱酸化入 C12G 1/10;防止酒石沉淀入 C12G 1/12;加调味香料模拟老化入 C12G 3/06)〔6〕
	C12J 醋;其制备
	C12L 涂沥青或脱沥青装置;酒窖用具
	C12M 酶学或微生物学装置(粪肥的发酵装置入 A01C 3/02;人或动物的活体部分的保存入 A01N 1/02;啤酒酿造装置入 C12C;果汁酒的发酵装置入 C12G;制醋装置入 C12J 1/10)〔3〕
	C12N 微生物或酶;其组合物(杀生剂、害虫驱避剂或引诱剂,或含有微生物、病毒、微生物真菌、酶、发酵物的植物生长调节剂,或从微生物或动物材料产生或提取制得的物质入 A01N 63/00;药品入 A61K;肥料入 C05F);繁殖、保藏或维持微生物;变异或遗传工程;培养基(微生物学的试验介质入 C12Q 1/00)〔3〕
	C12Q 包含酶或微生物的测定或检验方法(免疫检测入 G01N 33/53);其所用的组合物或试纸;这种组合物的制备方法;在微生物学方法或酶学方法中的条件反应控制〔3〕
	C12R 与涉及微生物之 C12C 至 C12Q 小类相关的引得表〔3〕

A23 其他类不包含的食品或食料及其处理	A23B 保存，如用罐头贮存肉、鱼、蛋、水果、蔬菜、食用种籽；水果或蔬菜的化学催熟；保存、催熟或罐装产品 A23C 乳品，如奶、黄油、干酪；奶或干酪的代用品；其制备（从食料中取得食用蛋白质组合物入 A23J 1/00；一般肽的制备，如蛋白质入 C07K 1/00） A23D 食用油或脂肪，例如人造奶油、松酥油脂、烹饪用油（获得、精制、保存入 C11B,C11C；氢化入 C11C 3/12） A23F 咖啡；茶；其代用品；它们的制造、配制或泡制 A23G 可可；可可制品，例如巧克力；可可或可可制品的代用品；糖食；口香糖；冰淇淋；其制备〔1,8〕 A23J 食用蛋白质组合物；食用蛋白质的加工；食用磷脂组合物〔4〕86 A23K 专门适用于动物的喂养饲料；其生产方法 A23L 不包含在 A21D 或 A23B 至 A23J 小类中的食品、食料或非酒精饮料；它们的制备或处理，例如烹调、营养品质的改进、物理处理（不能为本小类完全包含的成型或加工入 A23P）；食品或食料的一般保存（用于烘焙的面粉或面团的保存入 A21D）〔4,8〕 A23N 其他类不包含的处理大量收获的水果、蔬菜或花球茎的机械或装置；大量蔬菜或水果的去皮；制备牲畜饲料装置（切割草类或饲料机械入 A01F 29/00；碎裂，例如切碎入 B02C；切断，例如切割、割裂、切片入 B26B,B26D） A23P 未被其他单一小类所完全包含的食料成型或加工（一般可塑状物质成型入 B29C）
A61 医学或兽医学；卫生学	A61B 诊断；外科；鉴定（分析生物材料入 G01N，如 G01N 33/48） A61C 牙科；口腔或牙齿卫生的装置或方法（不带驱动的牙刷入 A46B；牙科制品入 A61K 6/00；清洁牙齿或口腔的配制品入 A61K 8/00,A61Q 11/00） A61D 兽医用仪器、器械、工具或方法 A61F 可植入血管内的滤器；假体；为人体管状结构提供开口或防止其塌陷的装置，例如支架（stents）；整形外科、护理或避孕装置；热敷；眼或耳的治疗或保护；绷带、敷料或吸收垫；急救箱（假牙入 A61C）〔6,8〕 A61G 专门适用于病人或残疾人的运输工具、专用运输工具或起居设施（辅助病人或残疾人步行的器具入 A61H 3/00）；手术台或手术椅子；牙科椅子；丧葬用具（尸体防腐剂入 A01N 1/00） A61H 理疗装置，例如用于寻找或刺激体内反射点的装置；人工呼吸；按摩；用于特殊治疗或保健目的或人体特殊部位的洗浴装置（电疗法、磁疗法、放射疗法、超声疗法入 A61N） A61J 专用于医学或医药目的的容器；专用于把药品制成特殊的物理或服用形式的装置或方法；喂饲食物或口服药物的器具；婴儿橡皮奶头；收集唾液的器具 A61K 医用、牙科用或梳妆用的配制品（专门适用于将药品制成特殊的物理或服用形式的装置或方法入 A61J 3/00；空气除臭、消毒或灭菌，或者绷带、敷料、吸收垫或外科用品的化学方面，或材料的使用入 A61L；肥皂组合物入 C11D）

续表

A61L 材料或消毒的一般方法或装置;空气的灭菌、消毒或除臭;绷带、敷料、吸收垫或外科用品的化学方面;绷带、敷料、吸收垫或外科用品的材料(以所用药剂为特征的机体保存与灭菌入 A01N;食物或食品的保存,如灭菌入 A23;医用、牙科用或梳妆用的配制品人 A61K)〔4〕
A61M 将介质输入人体内或输到人体上的器械(将介质输入动物体内或输入到动物体上的器械入 A61D 7/00;用于插入棉塞的装置入 A61F 13/26;喂饲食物或口服药物用的器具入 A61J;用于收集、贮存或输注血液或医用液体的容器入 A61J 1/05);为转移人体介质或为从人体内取出介质的器械(外科用的入 A61B,外科用品的化学方面入 A61L;将磁性元件放入体内进行磁疗的入 A61N 2/10);用于产生或结束睡眠或昏迷的器械〔4,5〕
A61N 电疗;磁疗;放射疗;超声波疗(生物电流的测定入 A61B;将非机械能转入或转出人体的外科器械、装置或方法入 A61B 18/00;一般麻醉用器械入 A61M;白炽灯入 H01K;红外加热辐照器入 H05B)〔6〕
A61P 化合物或药物制剂的特定治疗活性〔7〕
A61Q 化妆品或类似梳妆用配制品的特定用途〔8〕

二　大健康产业相关专利在世界各国的总趋势

(一)世界范围内大健康产业相关专利申请数据

大健康产业相关专利的申请总量指世界各国家/地区或组织的专利管理组织受理技术发明申请专利的数量,是发明专利申请量、实用新型专利申请量的总和。主要反映特定领域的技术发展活动是否活跃、市场竞争对于专利的重视程度以及发明人是否有谋求专利保护的积极性等。通常而言,某个行业专利申请数量越多,则表示整个行业的创新能力越强,行业就越有活力。

1.2008～2019年世界各国受理的专利申请数量

为了界定分析专利的范畴,我们根据关键词和重要领域,确定了检索式①,

---

① 检索式:((ALL =(药物 or 疗法 or 治疗 or 疾病 or 药用))AND(IPC =(C07 or C08 or C12 or A61 or A23)))AND(AD =〔20080101 to 20191231〕)。

根据检索结果，世界主要国家/地区或组织受理的大健康产业相关专利申请数量如图1。

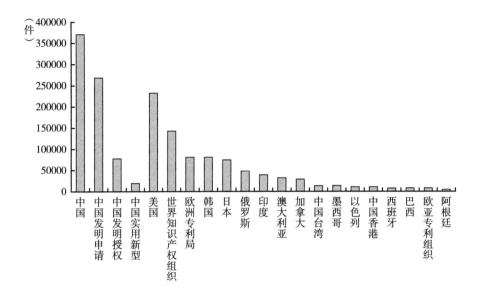

图1 2008～2019年世界主要国家、地区及组织受理专利申请数量

从图1中可以看出，2008～2019年的专利申请量基本集中在中国、美国、世界知识产权组织（WIPO）、欧专局、日韩等国家/地区或组织，其余国家的专利申请量较少。中国专利受理申请最多，然而授权比例，尤其是发明授权比例较低；在发明专利申请的数量方面，依旧是美国占据绝对优势。与发明比较，中国实用新型专利的申请数量占比不足十分之一，主要专利申请在发明专利上。

根据前述检索式，历年世界受理量排名前十的专利申请量曲线如图2所示。

值得注意的是，由于部分发明申请会转化成为发明授权，因此发明申请和发明授权两个数据不能同时累加。根据图2，我国2008年的发明申请受理总量已经全球排名第三，至2016年呈逐年递增之势，2013年在发明申请受理量上首次超过美国，上升至第一位，至2016年到达顶峰；而实用新型

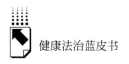

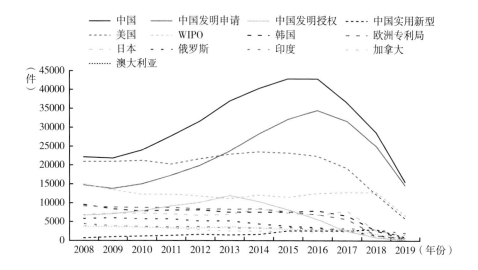

图 2　2008～2019 年世界受理量排名前十国家、地区及组织的专利申请数量

专利申请受理量自 2008 年起便呈现稳步下降之势。2015 年以后，其他国家的专利申请受理量均呈逐年下降的趋势，不排除存在因为专利公开出现延迟的可能。

从 2008～2019 年已公布的专利数据来看，在与大健康产业相关的领域中，我国与域外各国在专利申请量上呈相当甚至超出的趋势。这主要得益于我国申请人在自主研发领域的投入日渐加大，在国家各级政府部门的支持下，保持着在专利申请上的高昂积极性，而大量的专利申请将逐渐形成若干由核心技术形成的专利群，从而使我国企业在竞争中获得更强的实力。当然，大量的申请也引起了泡沫的风险。

2. 世界范围内大健康产业相关专利申请前十大国别

与专利申请受理量国家/地区或组织不同，专利申请国别是指申请人所属国家/地区或组织。前者更类似于反映某一国家/地区或组织的市场技术活跃程度，而后者更类似于反映国家/地区或组织的科技发展程度和发明人的保护意愿。具体数据见表 2。

表2　专利申请前十国别占比

排名	国家	占比（%）	排名	国家	占比（%）
1	美国	29.99	6	瑞士	3.64
2	中国	25.61	7	法国	3.20
3	日本	5.71	8	英国	3.18
4	德国	5.34	9	俄罗斯	2.77
5	韩国	5.04	10	欧洲专利局	2.20

2008~2019年，美国在世界各国家/地区或组织累计申请与大健康产业相关专利中占相关总量的29.99%，中国占25.61%，日本占5.71%，紧随其后的是德国、韩国这两个东西方发达国家，均超过5%。排名前十的国家在全球范围内占了专利申请总量的86.68%，这表明这些国家在相关领域中已经构建了专利丛林，并且会对新的竞争主体进入该领域产生一定的阻碍作用。

3. 世界范围大健康产业相关专利申请的前十大申请人

根据图3，在世界范围内大健康产业相关专利申请前十的申请人全部是外国企业。其中，申请量排名第一的瑞士诺华公司（Novartis AG）是全球制药和消费者保健行业居领先地位的跨国公司。瑞士霍夫曼–拉罗什公司（F HOFFMANN LA ROCHE AG）排名第二，瑞士阿斯利康（ASTRAZENECA AB）排名第三。这些企业的业务范围主要聚焦在生物制药领域。

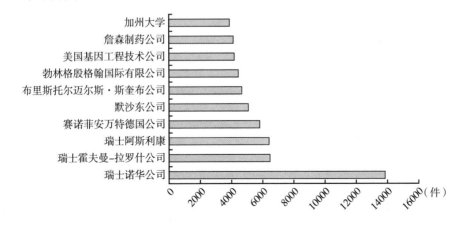

图3　2008~2019年世界排名前十申请人的申请数量

在专利申请数量排名前十的申请人中没有我国的申请人，这也反映出我国大健康产业的企业规模总体偏小，缺乏真正具有国际竞争力的企业。而且实力一般的企业限于自身核心技术的缺乏，通常无力进行全面布局。与此相比，国际上的健康行业巨头更重视基础技术的发展，他们从核心技术出发，进行全面布局。从长期而言，我国的企业必须提升核心技术水平，才能够在国际市场竞争中占据一席之地。

4. 世界范围大健康产业相关专利申请的发明人国别

发明人国别比例代表一个国家对发明创造科技人才的培养水平。与申请人国别比较，美国比例分别是29.99%和22.84%，意味着美国科技人才培养水平与企业申请专利数量是相匹配的。我国比例为25.61%和2.22%，这表示我国科技人才培养水平与企业申请专利数量并不匹配，有相当比例的专利是由非中国国籍研究人员发明的。

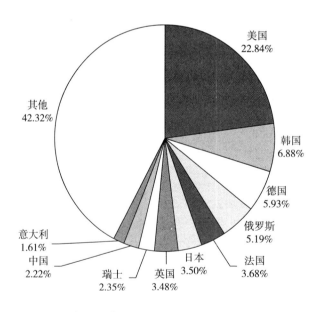

图4 2008~2019年世界范围大健康产业相关专利申请发明人国别占比

5. 世界范围内大健康产业相关专利申请的有效性

专利申请量代表市场上专利的活跃程度，而专利有效性则代表有多少专利已经被淘汰，又有多少专利将加入授权的行列，对市场竞争、市场进入产生真正的影响。有效专利又构成先发者的优势，成为阻挡后发者的门槛；而已经失效的专利可以被后来竞争者借鉴使用，帮助后发者发展技术。这些专利构成了大健康产业专利市场上的竞争要素，是专利领先企业市场收益的保证，也是新企业进入大健康产业市场需要跨过的专利障碍。与国外先发企业比较，我国大健康产业的绝大多数企业属于后发者，通过有效性筛选，可以判断大健康产业市场的专利风险性，后发企业应当予以重点关注（见图5）。

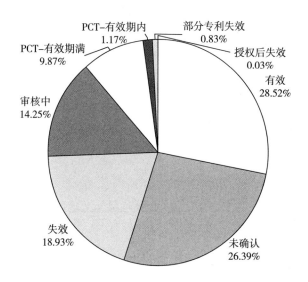

图5　世界范围内大健康产业相关专利有效性

（二）世界范围大健康产业有效专利数量

在前述专利①中，28.52%的专利有效，经过"INCOPAT"的筛选，将前述专利中28.52%的有效专利单列，作为考察内容进一步分析后，可以得出后列有效性专利数据。

---

① 检索式：（（ALL =（药物 or 疗法 or 治疗 or 疾病 or 药用））AND（IPC =（C07 or C08 or C12 or A61 or A23）））AND（AD =［20080101 to 20191231］），再选取有效专利，二次筛选专利有效性。

1. 2008～2019年世界范围的有效专利数量

如图6所示，列出了在中国与世界一些国家/地区或组织在大健康产业相关领域的有效专利状况。可以看出，2008～2019年的有效专利数量基本集中在中国、美国、日本、欧专局、韩国等国家或组织，WIPO从排前序列中消失，其余国家的专利申请量较少。与全部申请量类似，中国专利受理申请虽然多，但授权比例，尤其是发明授权比例偏低；在发明专利申请的数量方面，依旧是美国占据绝对优势。与发明比较，中国实用新型专利的申请数量不足十分之一，表明专利申请主要在发明专利上。

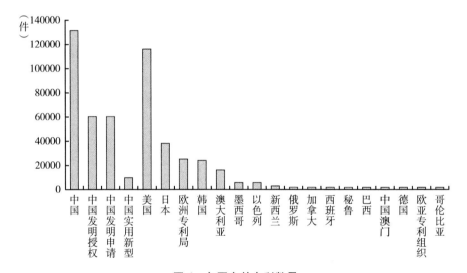

图6　各国有效专利数量

值得注意的是，部分发明申请会转化成为发明授权，且存在重叠的可能，因此发明申请和发明授权两个数据不能同时累加；2008年和2009年的实用新型专利已经完全失效，因此这两年的数据出现空白；2018和2019年申请的发明专利很少公开或者授权，因此数据出现明显下降；相当多授权时间超过3年的实用新型专利被放弃，因此有效实用新型专利数量持续下降。

根据图7，我国从2008年起发明申请有效专利数量一直排名全球第二，后续五年呈逐年递增之势，2013年到达顶峰然后下降；而实用新型专利申请有效数量自2008年起整体呈先小幅度上升再逐年下降之势。美国、日本

有效专利数量的曲线也与中国相似，呈现近似的变化。绝大部分国家在
2015 年以后，有效专利量明显呈逐年下降的趋势，而欧专局则更早一点，
在 2011 年便开始下降。后续几年下降的原因，不排除存在因为专利公开出
现延迟或部分专利被放弃的可能。

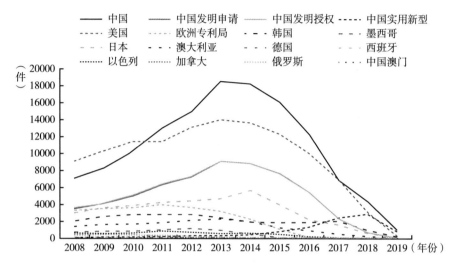

图 7　世界范围内大健康产业相关有效专利数量

从 2008 年至 2019 年业已公布的专利数据来看，在大健康产业相关领
域，我国的有效专利数量与世界先进国家呈现相当的趋势。这主要是受益于
我国《国家知识产权战略》对专利申请活动的政策引导，促使研发机构更
多地申请专利，而大量的有效专利将逐渐形成若干由核心技术构建的专利
群，从而使我国企业在竞争中获得更强的实力。

三　大健康产业相关专利在我国历年申请的情况

专利的国内外申请量与批准量①，可以从一个侧面反映我国的创新能

---

①　检索式：（（ALL ＝ （药物 or 疗法 or 治疗 or 疾病 or 药用））AND（IPC ＝ （C07 or C08 or C12
or A61 or A23）））AND（AD ＝ ［20080101 to 20191231］）。然后选取中国发明授权和中国实
用新型专利，采用二次筛选结果。

力、科技水平和市场化程度，是衡量相关行业的科技产出和知识创新的一项重要指标。因此，对与大健康有关领域的国内专利状况进行研究，分析国内专利的申请状况，对于我国大健康产业的从业者总结经验、展望知识产权的发展态势、确定研发方向、提高专利管理水平、制定专利发展规划和战略对策，具有十分重要的意义。

（一）我国相关授权专利概况

根据前述检索式，选取中国发明授权和中国实用新型专利做二次筛选。在前述条件下，自 2008 年 1 月 1 日至 2019 年 12 月 31 日，我国发明专利授权数为 79840 件，实用新型数量为 20067 件，合计 99907 件。鉴于我国采用实用新型专利初步审查制度，实用新型专利均是授权后公开的，因此可以基本将我国实用新型数量等同于实用新型专利授权数量。在前述条件下，根据 2008～2019 年的数据统计，我国相关授权专利的有效性为 70.74%，其余 29.26% 为失效专利。

（二）我国相关授权专利申请时间

如图 8 所示，列出了 2008～2019 年在中国大陆地区已授权专利的申请时间。值得注意的是，2008 年和 2009 年的实用新型专利尽管已经完全失效，但仍对申请日进行录入；2018 年和 2019 年申请的发明专利很少公开或者授权，因此数据出现明显下降。根据图表，我国相关专利的申请量在 2008 年后连续五年呈逐年递增之势，2013 年到达顶峰后下降；而发明授权专利呈现同步上升下降之势。可以看出，在总体授权专利方面，技术性较低的实用新型专利申请和授权量都较少，体现出这一行业中低水平创新空间较小。2008～2013 年数量的增长与《国家知识产权战略》的实施具有一定关联。大量专利扶持政策的出台，极大地提升了研发机构申请专利的积极性，而大量的有效专利将逐渐形成若干由核心技术构建的专利群，从而使我国企业在竞争中获得更强的实力。

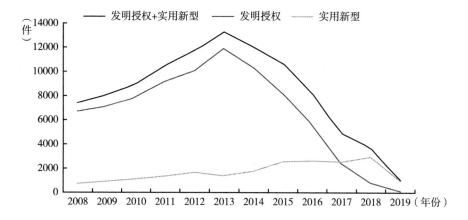

图8　2008~2019年中国大陆已授权专利的申请数量及年份

（三）申请人国别

如图9，与在世界各国家/地区或组织累计申请数量中美国占先不同，在中国的专利申请，中国占有绝对优势比例。在我国大健康产业中，我国相比域外各国在专利申请量上呈压倒性多数，这使得我国企业在本土市场的竞争中获得更强的优势。

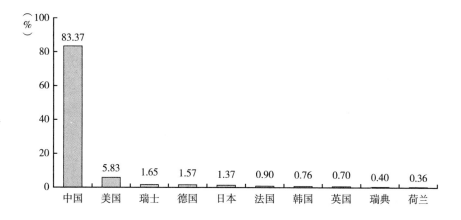

图9　我国专利授权排名前十的申请人国别

当然，第二、第三位的仍是美国、瑞士等传统强国。这种差异化固然一方面是由于本土企业注重本地市场竞争，将专利布局于本土环境，另一方面也有国际企业不愿将核心技术输入中国的可能。在实用新型专利上，我国99%的来源于本国申请，大量的实用新型专利申请也必然意味着仍然存在泡沫的风险。

（四）我国相关授权专利的前十大申请人

如图10所示，我国与世界前十申请人数据有两项不同。一是域外申请人前十全是外国机构；而在我国申请人前十中仅有瑞士霍夫曼－拉罗什公司是外国机构，其他申请人为我国机构。二是域外申请人前十全是企业机构，在我国申请人前十多为本国高等学府。浙江大学的申请量排名第一，中国人民解放军第二军医大学排名第二，中国药科大学排名第三。外国企业瑞士霍夫曼－拉罗什公司（F HOFFMANN LA ROCHE AG）排名第九。

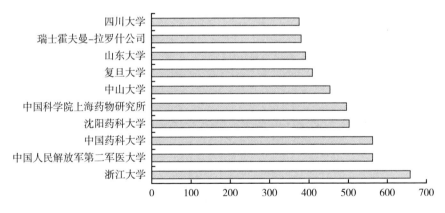

图10 我国专利授权数量排名前十的申请人

在相关专利申请数量前十的申请人中，我国申请人占了九个，显示了在中国的申请量上我国机构占绝对优势。但申请人多为大学，也恰好证明我国健康产业企业的不足，缺乏真正具有国际竞争力的企业；而国际上的健康行业的巨头，能切实将研发转化为生产力和利润，他们若到中国申请专利进行全面布局，将对中国企业构成巨大压力。

四　我国大健康产业化学类专利分析

近些年，全球生物医药产业以每五年翻两番的速度持续、高速地发展着，但各国的发展水平并不均衡。早在 2003 年，美国医药卫生相关产业的产值已占到本国 GDP 总量的 15%，法国的占到本国 GDP 总量的 11%，而我国的仅占 4.7%。但从全球生物医药产业发展趋势以及我国社会人口的结构变化情况看，我国生物医药产业的发展潜力很大，初步估算到 2020 年底，我国大健康产业产值将达到 40000 亿元左右，加上相关的生物产业，预测产值将达到 60000 亿元左右。因此，以生物、医药等领域为主的大健康产业不仅是战略产业，而且将是我国未来的支柱产业，会成为我国新的经济增长点。而大健康产业在我国具有良好的市场基础、广阔的发展空间，尤其是近年来已展现出成为我国发展最快的产业之一的势头，并将会成为 21 世纪我国的主导产业。就生产能力而言，我国的化学原料药及中间体产量中近 1/2 用于出口，占全球原料药贸易额的 1/4 左右。另一方面，近几年来，医药工业尤其是新药研发机构得到了快速的发展，大量新兴企业的出现使国内企业的产能也随之迅速提高①。在这个背景下，对大健康产业的化学类专利②进行分析整理尤为必要。

（一）世界范围内大健康产业化学类专利申请数据

1. 世界各国、地区及组织大健康产业化学类专利的申请数量

图 11 展示在中国及世界其他一些国家、地区、组织的大健康产业的化学类专利申请状况。可以看出，2008～2019 年的专利申请量基本集中在中国、美国、WIPO、欧专局、日韩等国家或组织，印度作为医药大国，排在韩国之后，其余国家的专利申请量较少。中国专利受理申请量最多，但授权比例，

---

① 苏州市知识产权局：《生物医药产业知识产权预警分析》，2010 年。
② 检索式：（（ALL ＝（药物 or 疗法 or 治疗 or 疾病 or 药用））AND（IPC ＝（C07 or C08 or C12 ）））AND（AD ＝［20080101 to 20191231］）。

尤其是发明专利的授权比例偏低；在发明专利申请的数量方面，依旧是美国占据绝对优势。与发明专利比较，中国实用新型专利的申请数量不足其1/10。

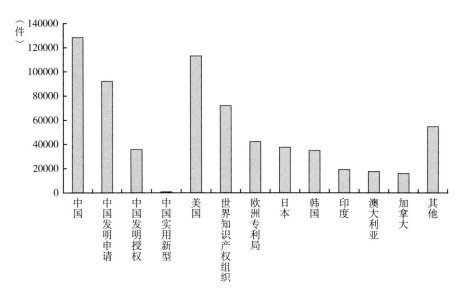

图11　2008～2019 年世界主要国家、地区及组织的大健康产业化学类专利申请数量

2. 世界范围内大健康产业化学类专利的有效性

如图12所示，大健康产业化学类专利的有效性情况为：有效占 31.34%；未确认占28.76%，失效占 14.47%，审核中占 12.36%，PCT - 有效期满占 10.60%，PCT - 有效期内占 1.41%，部分专利失效占 1.03%，授权后失效占 0.03%。专利有效性意味着有效专利这一因素对市场的影响力。

3. 世界范围内大健康产业化学类专利申请人的国别

与"化学类＋机械类"总数量比较，单纯从化学类相关申请人比例来看，美国的占比由 29.99% 上升至 35.26%，我国从 25.61% 下降至 18.83%。这表明在基础制药上，特别是化学药的研发上，美国具有强大的优势。日本 6.64%、德国 6.08% 的比例相较总量占比略有上升，意味着这两个国家的化学药物研究也有一定的优势。在全世界层面上，中国在申请量上有优势，但在授权量上仅与韩国相当，这表明在化学类药物研究上我国还有很大的上升空间。见图 13。

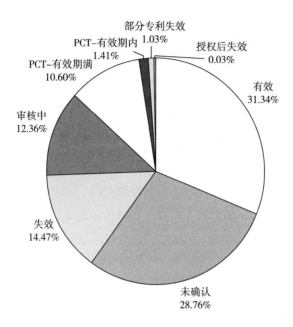

图12　世界范围内大健康产业化学类专利有效性情况

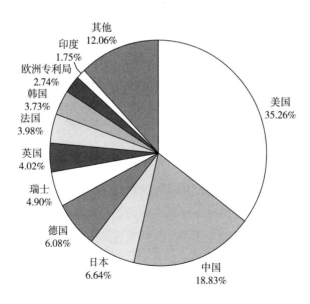

图13　世界范围内大健康产业化学类专利申请人国别占比

4. 大健康产业化学类专利申请的前十大申请人

如图 14 所示，相关化学类专利申请量排前十的申请人全部是外国企业，且与"化学类 + 机械类"的排名非常相似，前三名甚至完全一样，分别是瑞士诺华公司（NOVARTIS AG）排名第一，瑞士霍夫曼 – 拉罗什公司（F HOFFMANN LA ROCHE AG）排名第二，瑞士阿斯利康（ASTRAZENECA AB）排名第三。以科研为基础的全球性的主营医药保健及个人护理产品的布里斯托尔迈尔斯·斯奎布公司（BRISTOL MYERS SQUIBB COMPANY）名列第四，其主要业务涵盖医药产品、日用消费品、营养品及医疗器械。化学类专利申请数量排前十的申请人中没有我国的申请人，反映了我国在核心药物研究上的总体不足。

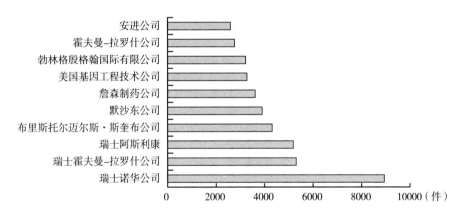

图 14　世界排名前十申请人申请数量

5. 世界范围内大健康产业化学类专利申请的 IPC 分类占比

IPC 分类分析是指将专利按国际专利分类标准进行划分，统计不同技术领域专利申请量或授权量的分布情况，从而了解该领域的技术构成情况。根据专利在不同主题间分布数量的多少，判断该技术领域的技术研究热点或发现技术机会，发现技术机会即发现技术领域的空白点，它们可能是研究者尚未注意到的新领域，也有可能是由于研发难度较大、利用现有技术难以突破的技术难点。无论何种原因，这些技术空白点对于判断技术的未来发展趋势以及制定政府、公司的研发战略都具有重要意义。见图 15。

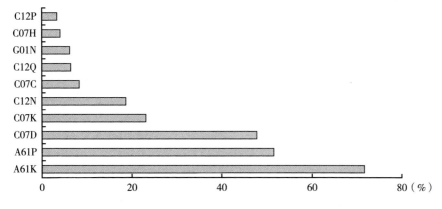

图15 大健康产业化学类专利申请的 IPC 分类占比

值得注意的是，一件专利可能同时涉及多个范畴，因此也可能同时占有多个 IPC 类别，故而各类别比例相加要超过 100%。虽然如此，其占比顺位仍然可以用于判断研究的方向。

图15显示，专利申请排前五位的研发方向及其占比分别是：A61K（医用、牙科用或梳妆用的配制品）占71.64%，A61P（化合物或药物制剂的特定治疗活性）占51.79%，C07D（杂环化合物）占47.96%，C07K（肽）占23.32%，C12N（微生物或酶及其组合物）占18.78%。由此可见，在国际上的相关研究中，机械类更注重医用、牙科用或梳妆用的配制品或某些疗法；而在化学类药物的研究上，核心方向是杂环化合物、肽、微生物或酶及其组合物，重点在于药物的配方和分子结构的变动创新。

（二）中国大健康产业化学类授权专利的情况[①]

1. 我国大健康产业化学类授权专利的数量

根据前述化学类专利的统计数据，2008～2019年，在中国获得发明授权和实用新型授权的专利共计36116件，其中授权发明专利35661件，授权

---

① 检索式：（（ALL =（药物 or 疗法 or 治疗 or 疾病 or 药用））AND（IPC =（C07 or C08 or C12）））AND（AD =［20080101 to 20191231］）。再筛选中国发明授权和实用新型专利得出结果。

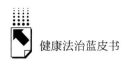

实用新型专利455件。鉴于实用新型专利数量相对发明授权较少，且其技术性也较低，故在本部分，将其并入发明授权中讨论。

2. 我国大健康产业化学类授权专利的有效性

大健康产业化学类授权专利的有效性情况为：有效专利占80.80%，失效专利占19.20%。失效原因包括超过授权期限、放弃缴纳年费、他人提出宣告无效请求或主动放弃等。

3. 我国大健康产业化学类授权专利申请人国别

如图16所示，在中国的相关授权专利申请人中，中国占有绝对优势，占比为73.01%。即使在较为弱势的化学类药物专利上的授权，我国申请人依旧占压倒性多数，表明我国企业在本土市场的竞争中拥有更多的优势。另外，第二、第三位的仍是美国（9.18%）、瑞士（3.37%）这两大行业强国。这种差异化固然一方面是由于本土企业注重本土市场竞争，将专利布局于本土环境；另一方面，存在国际企业不愿将核心技术输入中国的可能。实用新型专利的授权非常少，这意味着仍然存在较低的泡沫风险。

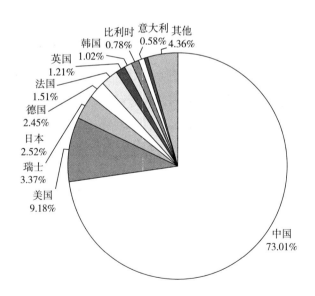

图16 我国大健康产业化学类授权专利申请人国别占比

4. 我国大健康产业化学类授权专利的前十大申请人

根据图 17 所示，我国相关化学类授权专利的前十大申请人数据与"机械类 + 化学类"的前十大申请人数据呈现类似结果：在世界层面全是外国机构；而在我国申请的多为我国机构；域外申请人全部为企业机构，而在我国申请的多为本国高等学府。在相关专利申请数量前十的申请人中，我国申请人占了 9 个，表明在中国的申请量上我国机构占据绝对优势。浙江大学的申请量排名第一，中科院上海药物研究所排名第二，中国药科大学排名第三。申请人多为大学，也恰好证明我国健康产业中企业研发能力的不足，从战略上应当加强产学研的合作，将研究成果推向市场。

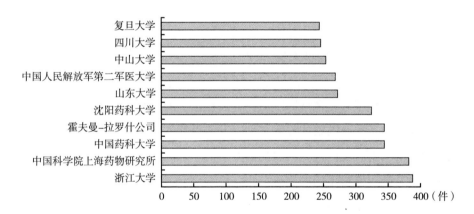

图 17　我国大健康产业化学类授权专利前十大申请人及其申请数量

5. 我国大健康产业化学类专利申请的 IPC 分类占比

图 18 显示，专利申请排前五位的研发方向及其占比分别是：A61K（医用、牙科用或梳妆用的配制品）占 67.95%，A61P（化合物或药物制剂的特定治疗活性）占 66.21%，C07D（杂环化合物）占 43.51%，C12N（微生物或酶及其组合物）占 19.25%，C07K（肽）占 17.47%。对比授权比例与申请比例，并无太大不同，化学类专利的核心方向仍是杂环化合物、肽、微生物或酶及其组合物的研究。重点在于药物的配方和分子结构的变动创新。

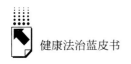

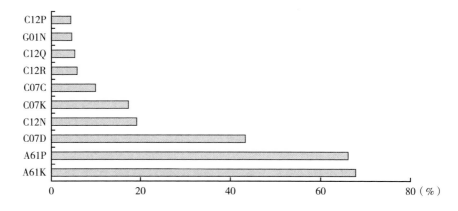

图18 我国大健康产业化学类专利申请的 IPC 分类占比

五 我国大健康产业机械类专利分析

从市场方面来看，全球医疗器械行业稳步发展，我国由于社会老龄化人口比例提高、新医改政策的深入贯彻、基本医疗保障制度实施以及居民支付能力增强等因素，国内存在巨大的消费潜力和广阔的成长空间，这必将推动医疗器械、健康器材市场的迅速扩张。

2008 年以来，国家针对医疗器械行业推出了一系列利好的政策，在企业创新、高端产品国产化这两方面对国产医疗器械企业提供了非常大的支持。在市场方面，医疗器械不论是在全球市场还是在国内市场，都在稳步持续地增长，因此在政策利好、前景广阔的基础上，开发新技术、做好专利布局就成为影响这个行业发展的关键因素。

从国家政策推进程度看，目前医疗器械行业正迎来罕见的政策密集"推进期"。"十三五"科技创新专项规划、新医改政策、分级诊疗、远程医疗的全面实施等为国产医疗设备带来更多机会，必将加快我国医疗器械国产化进程，助推产业发展迈上一个新台阶。

（一）世界范围内大健康产业机械类专利申请数据①

1. 世界范围内大健康产业机械类专利申请数量

就相关专利在世界范围内的申请或者授权数量而言，机械类专利数量是化学类的约两倍，正如中国这两大类的发明申请量对比（245525∶92228）和发明授权量对比（71227∶35661），唯独美国的机械类专利和化学类专利比为1.5∶1，这似乎意味着美国在化学类专利研发方面的强势。

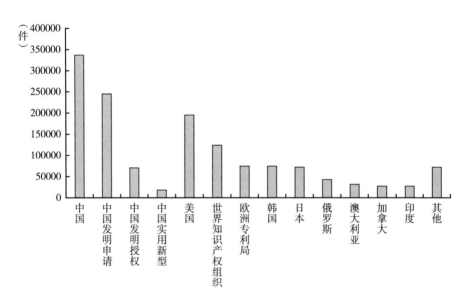

图19 世界范围内大健康产业机械类专利申请数量

从图19可以看出，2008～2019年的专利申请量基本集中在中国、美国、WIPO、欧专局、日韩等国家/组织，俄罗斯在机械类方面相对优于澳大利亚、加拿大和印度。中国专利申请量最多，然而授权量较少，尤其是发明授权的比例较低；在发明专利的数量方面，依旧是美国占据绝对优势。与发明比较，中国实用新型专利的申请数量接近2万个，同时间内发明授权的数量为71227个。

---

① 检索式：（（ALL =（药物 or 疗法 or 治疗 or 疾病 or 药用））AND（IPC =（ A61 or A23）））AND（AD =［20080101 to 20191231］）。

2. 世界范围内大健康产业机械类专利有效性

如图 20 所示，大健康产业机械类专利的有效性情况为：有效占28.30%；未确认占25.63%，失效占19.75%（相较化学类更高主要原因在于实用新型专利的有效期为 10 年，且很多没有到十年就被放弃），审核中占14.63%，PCT - 有效期满占9.63%，PCT - 有效期内占1.16%，部分专利失效占0.86%，授权后失效占0.04%。同样，专利有效性意味着有效专利这一因素对市场的影响力，在此不作赘述。

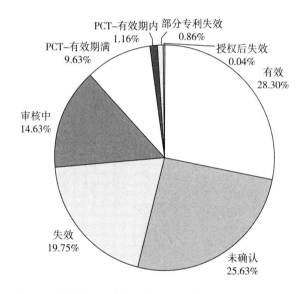

图20　世界范围内大健康产业机械类专利的有效性情况

3. 世界范围内大健康产业机械类专利的申请人国别

与化学类比较，从机械类相关申请人的比例上来看，美国占比较低，为29.23%，我国占比上升至26.41%，随后是日本占5.62%、德国占5.31%、韩国占5.13%，意味着这三个国家的医疗器械研究也有一定的竞争力。在全世界层面上，中国仅次于美国、远高于日德韩等第二梯队国家，这表明在医疗类研究和医疗器械制造上，中国具有较强的竞争力。见图21。

4. 世界范围内大健康产业机械类专利申请的前十大申请人

如图22所示，世界范围内大健康产业机械类专利申请排前十的申请人全

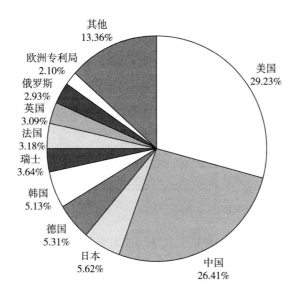

图21 世界范围内大健康产业机械类专利的申请人国别

部是外国企业，且与化学类的排名相似，第一名是瑞士诺华公司（Novartis AG），原排名第二的瑞士霍夫曼－拉罗什公司（F HOFFMANN LA ROCHE AG）下降到第四位，取代它的是赛诺菲安万特德国公司（SANOFI AVENTIS DEUTSCHLAND GMBH），瑞士阿斯利康（ASTRAZENECA AB）依旧排名第三。机械类专利申请数量前十大申请人中没有我国申请人，意味着我国缺乏大型医疗器械研究机构，缺乏能够同时在化学和机械方面占据世界主导地位的企业。

5. 世界范围内大健康产业机械类专利申请的 IPC 分类占比

图 23 显示，专利申请排前五位的研发方向及其占比分别是：A61K（医用、牙科用或梳妆用的配制品）占 82.01%，A61P（化合物或药物制剂的特定治疗活性）占 55.48%，C07D（杂环化合物）占 20.33%，C07K（肽）占 9.56%，A61M（将介质输入人体内或输到人体上的器械）占 7.57%。这个分类占比与化学类的大同小异，可见国际上的研究方向是：机械类上注重医用、牙科用、梳妆用的配制品或某些疗法或是将介质输入人体内或输到人体上的器械；并且注意和化学药品相结合，这是杂环化合物、肽、微生物或酶及其组合物（第六位）的研究方向。

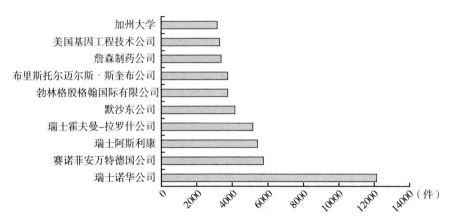

图22 世界范围内大健康产业机械类专利前十大申请人及申请数量

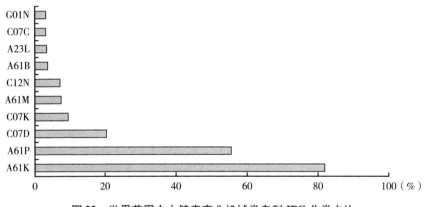

图23 世界范围内大健康产业机械类专利IPC分类占比

（二）中国大健康产业机械类授权发明专利的情况①

1. 我国大健康产业机械类授权发明专利的数量

对前述相关机械类专利进行统计，可得知2008~2019年，在中国获得授权的发明共计71227件。

---

① 检索式：（（ALL =（药物 or 疗法 or 治疗 or 疾病 or 药用））AND（IPC =（A61 or A23）））AND（AD =［20080101 to 20191231］）。再筛选中国发明授权得出结果。

2. 我国大健康产业机械类授权发明专利的有效性

大健康产业机械类授权发明专利的有效性情况为：有效占 75.43%；失效占 24.57%。失效原因包括超过授权期限、放弃缴纳年费、他人提出宣告无效请求或主动放弃等。

3. 我国大健康产业机械类授权发明专利的申请人国别

如图 24，在中国的相关授权专利申请人中，中国占有绝对优势比例，占比为 79.71%，第二、第三位的仍是美国（6.96%）、瑞士（2.04%）这两个行业强国。相较于化学类，在我国市场上中国的机械类专利更有优势，这种差异表明本土企业在机械制造领域的优势更为明显。

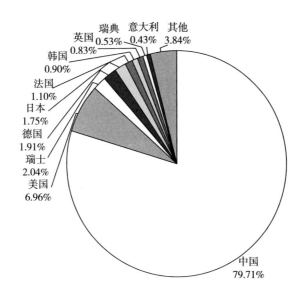

图 24　我国大健康产业机械类授权发明专利的申请人国别占比

4. 我国大健康产业机械类授权发明专利的前十大申请人

如图 25 所示，我国大健康产业机械类授权发明专利的前十大申请人数据与化学类前十大申请人数据呈现类似结果。在我国申请的多为我国机构，且多为本国高等学府。在大健康产业机械类专利申请数量前十中，我国申请人占了九个，浙江大学的申请量排名第一，中国药科大学排名第二，中国人民解放军第二军医大学排名第三。外国企业瑞士霍夫曼－拉罗什公司（F

HOFFMANN LA ROCHE AG）排名第十，显示在中国的发明专利授权量上我国机构占据绝对优势。但有两方面不足，一是申请人多为大学，这恰好证明我国健康产业企业研发能力的不足；二是申请人最多只有 500 多件专利，而国际排名第一的瑞士诺华公司（Novartis AG）的申请量足有 12000 多件，二者根本不是一个数量级别的。

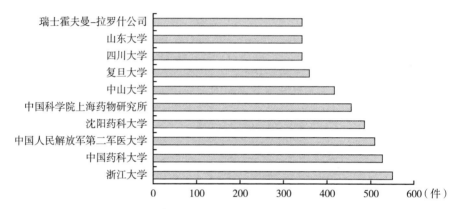

图 25　我国大健康产业机械类授权发明专利的前十大申请人及其申请数量

5. 我国大健康产业机械类授权发明专利的 IPC 分类占比

图 26 显示，专利申请排前五位的研发方向及其占比仍旧是：A61K（医用、牙科用或梳妆用的配制品）占 88.36%，A61P（化合物或药物制剂的特定治疗活性）占 81.73%，C07D（杂环化合物）占 18.30%，C07K（肽）占 7.13%，C12N（微生物或酶及其组合物）占 6.96%。对比授权比例与申请比例，A61K（医用、牙科用或梳妆用的配制品）被拒绝授权的比例相对较高。机械类和化学类结合专利的核心方向仍是杂环化合物、肽、微生物或酶及其组合物的研究。

（三）中国大健康产业机械类实用新型专利的情况①

1. 我国大健康产业机械类实用新型专利的数量

对前述相关实用新型专利进行统计，可得知 2008～2019 年，在中国获

----

① 检索式：（（ALL =（药物 or 疗法 or 治疗 or 疾病 or 药用））AND（IPC =（A61 or A23）））AND（AD =［20080101 to 20191231］）。再筛选中国实用新型专利得出结果。

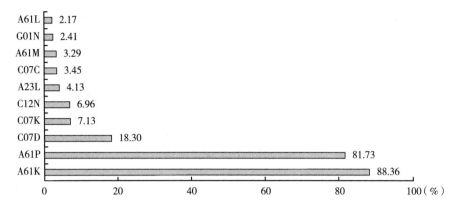

图 26　我国大健康产业机械类授权发明专利的 IPC 分类占比

得授权的实用新型专利数量共计 19501 件。

2. 我国大健康产业机械类实用新型专利的有效性

相关的机械类实用新型专利的有效性情况为：有效占 48.62%；失效占 51.38%。失效原因主要在于实用新型专利的有效期为十年，相当多的为超过授权期限，其余的还包括放弃缴纳年费、因他人提出宣告无效请求或主动放弃等。

3. 我国大健康产业机械类实用新型专利的申请人国别

实用新型专利制度一直被诟病为专为中国申请人设置的制度，如图 27 所示，在中国的相关实用新型专利申请人国别中，中国占有 99.28% 的绝对优势比例，美国、韩国、法国、德国等加起来不到 1%，这种差异似乎暗示着相当多本土企业在大健康产业机械制造方面的低技术水平。

4. 我国大健康产业机械类实用新型专利的前十大申请人

如图 28 所示，在我国申请的多为本国高等学府和医疗机构。申请数量排名前十的申请人中除贝克顿迪金森公司外，均为我国申请人，重庆莱美药业股份有限公司的申请量排名第一，中国人民解放军第四军医大学排名第二，中国人民解放军总医院排名第三，排名第一的申请量为 104 件。

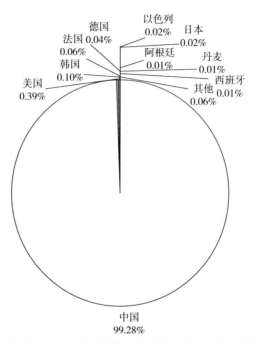

图27 我国大健康产业机械类实用新型专利的申请人国别占比

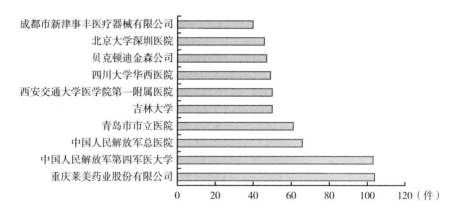

图28 我国大健康产业机械类实用新型专利的前十大申请人及其申请数量

5. 我国大健康产业机械类实用新型专利的 IPC 分类占比

图 29 显示，专利申请排前五位的研发方向及其占比是：A61M（将介质输入人体内或输到人体上的器械）占 48.77%，A61J（专用于医学或医药目

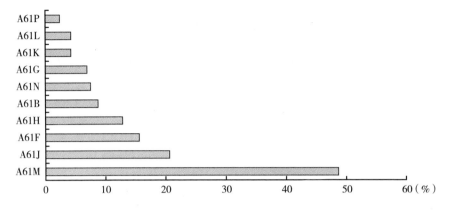

图 29　我国大健康产业机械类实用新型专利的 IPC 分类占比

的的容器；专用于把药品制成特殊的物理或服用形式的装置或方法；喂饲食物或口服药物的器具；婴儿橡皮奶头；收集唾液的器具）占 20.80％，A61F（可植入血管内的滤器；假体；为人体管状结构提供开口或防止其塌陷的装置，例如支架；整形外科、护理或避孕装置；热敷；眼或耳的治疗或保护；绷带、敷料或吸收垫；急救箱）占 15.65％，A61H（理疗装置，例如用于寻找或刺激体内反射点的装置；人工呼吸；按摩；用于特殊治疗或保健目的或人体特殊部位的洗浴装置）占 12.99％，A61B（诊断；外科；鉴定）占 8.85％。以上 5 个类型展示了小技术改进的研究方向。

六　大健康产业相关专利的总结和展望

根据世界知识产权组织（WIPO）的统计，有效运用专利信息，可缩短60％的研发时间，节省40％的研发费用。这是因为，超过90％的发明创造信息都是率先在专利文献上反映出来的。换言之，专利信息体现了技术创新的规模和水平，体现了科技产业化的能力，体现了科技对经济增长的贡献能力。因此，分析专利信息，了解大健康产业相关专利的现有水平、态势、优势和差距，对我国大健康产业相关专利发展规划的制定与布局决策都具有重要的参考价值与意义。

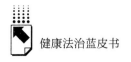
（一）大健康产业市场竞争专利风险

在进入市场前，应预先了解该市场上相关技术专利保护的状况，包括是否已经存在或潜在专利壁垒。专利壁垒指在实施国享有专利保护的专利技术。潜在专利壁垒指一些法律状态还不明确的专利申请，如：（1）最终法律状态还不确定的实施国专利申请；（2）指定某实施国但还未进入该实施国的PCT申请；（3）可能通过巴黎公约途径进入实施国的国外申请。除此之外，还需要了解哪些技术已经进入公有领域，可为市场自由使用。这种公开技术包括：（1）失效专利；（2）失效申请；（3）非专利文献所公开的未受实施国专利保护的技术；（4）仅在他国享有专利权而不在实施国享有专利权的技术。

另外，专利保护具有时效性，即专利仅在一定期限内享有实施独占权。例如，多数国家的专利法规定，发明专利的保护期限为自申请日起20年。换言之，随着时间的推移，一项曾经构成技术壁垒的专利可能进入公共领域，成为公知技术；而一些潜在的专利壁垒（即法律状态不明的专利申请）最终可能成为专利壁垒或公知技术。

在中国市场上，如果他人在中国拥有有效专利，则该专利构成中国专利壁垒。在中国的潜在专利壁垒的法律状态及保护范围还不确定，如果在中国获得专利权，则可能成为专利壁垒，而除此之外的公开技术是在中国的公知技术。

如果要在中国实施某项技术，则要了解该项技术在中国的专利保护状况。若该项技术享有专利保护，企业需要事先征得专利权人的许可，或者通过技术改型形成改型技术方案来规避存在的专利壁垒，或者放弃实施该项技术。此外，还应注意与所实施技术相关联的潜在专利壁垒，并跟踪其法律状态，考察其最终是否会成为专利壁垒。

（二）政府部门在大健康产业知识产权工作中的地位和作用

在国家知识产权战略体系中，大健康产业作为对知识产权保护依赖性较大并关系国家经济和国计民生的关键领域，必须抓紧制定总揽全局、符合国情、积极稳妥、切实可行的行业知识产权战略和实施策略，以维护国家的经济安全、社会稳定和公共健康事业的发展。[①]

1. 政府财政科技资源以企业为主体进行合理配置

1949 年以来，政府财政科技经费主要投向科研机构和高等院校，使科技成果的产出集中在研究机构和高校，这从前文的专利信息分析中也可见这样的结果。无论是专利申请人的排名统计还是专利申请人的类型统计，科研机构和高校的数量都远高于企业。实施国家知识产权战略，建设创新型国家，要从体制上解决科技与经济"两张皮"的问题。无论是生产经营还是技术创新，企业都应当是主体，它们也是专利、商标、著作权等各类知识产权的综合实施主体。要使企业真正从战略高度和长远发展出发，主动做好知识产权工作，成为技术创新的主体、成果应用的主体和研发投入的主体，政府需要从其行政管理的职能角度出发，提供相应的保障措施，这也是正在起草的《国家知识产权强国战略》应当特别关注的。

2. 建设以企业为主体、以市场为导向、产学研相结合的技术创新体系

大健康产业的发展离不开基础性研究和应用性技术研究的协调发展。基础性研究离市场应用最远，对人才层次要求高，在资金投入上是高投入低产出，因此不可能由企业承担，需要国家和政府出资，由高校和研究机构承担。而应用性技术研究要解决产业应用中的技术问题，要满足市场对医药产品更新的需求，其资金投入不大但市场的适应性要求高，可以也应该由企业承担。以生物医药研究为例，从本报告的专利信息分析可知，国外技术研究成果专利主要来自企业。另外，政府可以考虑从投资和相关政策等方面支持具有自主知识产权优势的骨干企业，帮助企业建立自主创新的基础支撑平台，支持企业加强自主创新能力建设，尽快在企业内部形成比较健全的技术开发体系。

---

① 张清奎：《浅谈医药生物领域的知识产权战略》，《中国医药生物技术》2009 年第 1 期。

3. 充分激发中小企业技术创新的活力

政府在今后的工作中可以继续从财政、科技等政策方面，保持、维护和促进服务平台的高效运转，为中小健康科技企业的自主创新创造良好的外部环境。

4. 加大对知识产权保护的司法和执法力度

政府严惩制售假冒伪劣商品等侵犯知识产权的行为，有效维护市场秩序，保护知识产权权利人的合法权益，才能树立知识产权制度的权威，发挥知识产权制度对创新的推动作用。政府要加强对企业知识产权的保护，重视企业知识产权的战略价值，注重维护企业的利益。

5. 提高中介咨询服务机构尤其是专利代理人的业务能力

在目前的知识产权形态中，专利中的技术与法律结合最为紧密。创新成果的知识产权保护，尤其是创新成果的专利保护，将直接影响权利人创新投入的收益。这就对专利代理人的从业素质提出了很高的要求。目前，我国专利代理人的整体水平还有待提高，尤其是"黑代理"的存在，大大降低了专利的撰写质量。培养高水平的专利代理人才、打击"黑代理"，将大大提高专利申请文件的撰写质量，给发明人带来更有效和稳定的权利保护。

（三）企业在技术创新和专利保护方面应当注意的问题

1. 企业要根据所处行业特点，结合自身的产品特点进行技术创新

大健康产业的发展与人民生命和健康质量密切相关，其产品的种类和规格非常丰富，用以满足各种健康需要。虽然全球每年都有全新的药物和器械出现和上市，但历史悠久、疗效好、价格低的产品仍然在医药市场占据很重要的地位。企业要根据自身的产品结构特点和技术需求，有针对性地进行技术创新。

2. 企业在技术创新时，要充分重视专利信息

企业在技术创新时要重视专利信息的检索，以了解相关技术和竞争对手的专利技术发展和保护情况。一方面可以借鉴他人的研究经验，另一方面可以在此基础上，结合技术发展的规律和市场需求，制定合理的技术研发策

略，避免可能发生的专利侵权行为。另外，也可以通过对专利信息的检索和调研，分析和评价创新成果，从而有效地指导企业将技术成果权利化。

3. 根据技术创新成果的特性，选择适当的保护形式

技术创新成果的知识产权保护，不是仅有专利保护这一种形式，企业要根据技术创新成果的特点选择适当的保护形式。对于创新性强、具有显著新颖性的技术，可以申请专利进行保护；对于不易为公众知悉或直接获得，具有一定市场价值的技术方案、技术诀窍或经营信息，则可以选择以商业秘密的形式予以保护。

理 论 前 沿[*]

The Frontiers of Theory

B.6
用法治思维和法治方式
推进疫情防控工作^{**}

江必新^{***}

摘　要：　法治作为规则之治，体现了人民对治国规律的理性认识，蕴
　　　　　含着人们普遍认可的价值准则，凝聚了社会多数人的共识。
　　　　　为疫情防控工作提供有力的法治保障，要从立法、执法、司
　　　　　法、守法各环节发力。在处置重大突发事件中推进法治政府
　　　　　建设，提高依法执政、依法行政水平，坚持以人民为中心，

---

* 2019 年是中国健康法治建设的关键年。一方面，《基本医疗卫生与健康促进法》、《药品管理法》和《疫苗管理法》等健康立法的井喷式出台，引发了学术界和实务部门的广泛关注和热烈讨论。另一方面，新冠肺炎疫情的突然暴发对我国健康相关领域的法律制度提出了新的挑战，也产生了一系列新的法律问题。本栏目收录了四篇前沿理论文章，分别聚焦新冠肺炎疫情的法治化应对和健康法基本理论建构。这些成果为我们廓清健康法治基本范畴，明确健康法治框架贡献了宝贵的学术智慧。

** 本文原载于《求是》2020 年第 5 期。

*** 江必新，中南大学法学院教授、博士生导师。

善于运用法治思维和法治方式，把握应急状态下法治的特点，坚持合目的性、合法性与正当性的统一。在依法防控新冠肺炎疫情的同时，也要根据疫情形势变化，动态调整防控措施，积极、稳妥、有序地组织复工复产，从而推动正常生产、生活秩序的恢复，将应急状态所造成的损失降低到最低限度。

关键词： 法治思维　法治方式　法治保障　疫情防控

新冠肺炎疫情暴发以来，习近平总书记高度重视，把疫情防控作为头等大事来抓，多次专门听取新冠肺炎疫情防控工作汇报，亲自指挥、亲自部署，反复强调在法治轨道上统筹推进各项防控工作。在 2020 年 2 月 5 日中央全面依法治国委员会第三次会议上，习近平总书记强调，要在党中央集中统一领导下，始终把人民群众生命安全和身体健康放在第一位，从立法、执法、司法、守法各环节发力，全面提高依法防控、依法治理能力，为疫情防控工作提供有力法治保障。习近平总书记的一系列重要讲话，充分阐述了法治在应对疫情防控等重大突发公共卫生事件中的重要作用，明确了运用法治保障疫情防控顺利开展的基本思路和方向，并就如何发挥法治的保障作用等问题提出了基本要求。这些重要讲话为坚持疫情防控法治化提供了基本遵循，为习近平全面依法治国新理念新思想新战略注入了新的内容，不仅对我们应对当前新冠肺炎疫情有重大指导意义，也为应对将来可能出现的应急事件，提供了思想武器。

一　全面深刻把握法治在应急状态下的意义和作用

党的十八大以来，习近平总书记对法治的重要作用进行了全面深刻的论述。习近平总书记指出，一个现代化的国家必然是一个法治国家。法治的现代化是国家现代化的重要标志。任何现代化国家都必须推行民主，实行法

治。建设中国特色社会主义现代化强国，全面依法治国应当成为国家与社会的核心价值，作为国家治理与社会治理的根本方式；形成全社会尊重法治、信仰法治、坚守法治的良好风气；宪法具有极高权威，法律得到普遍遵守，任何个人和组织都自觉地在宪法和法律的范围内活动；公民权利得到切实尊重和保障，国家权力受到有效约束和监督。法治不仅对于常规状态下的国家和社会治理具有重要意义，对于紧急情况下应对重大公共安全事件，包括疫情防控同样具有重大意义。

法治可以为应对紧急事件提供比较科学的方案。法治作为规则之治，体现了人民对治国规律的理性认识，蕴含着人们普遍认可的价值准则，凝聚了社会多数人的共识。法律具有预先设定性、确定性、权威性等特征，通过设立规则预先配置国家公权力机关的职权职责、公民的权利义务等内容，为有效应对与解决社会现存或可能出现的问题提供预设措施和手段。即使出现紧急情况，根据预先设计的"法律方案"缘法而治，进行规范化、标准化施策，有利于在紧急事件发生后有条不紊地处置包括新冠肺炎疫情在内的各种突发事件，做到有备无患、处变不惊。

法治可以为紧急动员社会力量应对突发事件提供法律依据和法律基础。为有效应对紧急突发事件，法律可以授予政府紧急行政权，包括发布限制人身自由措施，征用房屋和交通工具，强制疏散、强制隔离，实行宵禁和新闻管制，实行互联网和通信管制，禁止或者限制集会、游行、示威、举行会议等群体性活动，推迟举行选举，中止特定社会团体的活动，限制个别经济活动，延长被拘留和服刑人员的监禁期限等。通过法律预先授权，政府可以运用法律武器开展广泛的社会动员，集中各方面资源和力量，全力应对紧急突发事件，为应急处置的有效实施奠定坚实的法律基础。

法治可以有效平衡应急状态下的各种社会关系。在应急状态下，需要法律授予公权力机关更多行政权，实现公权力的相对集中，私权利相应地会受到一定程度的限缩、克减，公民要承担更多的容忍义务，甚至承担一些常规状态下无须承担的义务。这就需要通过法治手段平衡公权力和私权利之间的关系。一方面，要通过法律明确授权，赋予公权力机关紧急行政权等应对紧急事件的必要职权；另一方面，要防止公权力滥用，限制私权利必须保障基本人权，不能突破人道主义底线，避免对公民权利的过分限缩，克服走极端的倾向，防范应急状态下出现社会冲突，维护社会正常管理秩序。

法治可以妥善解决应急状态下的矛盾纠纷。类似新冠肺炎疫情的紧急事件的突然暴发，严重威胁着社会公众的生命安全和身体健康，也打破了常规状态下和谐安宁的社会秩序，导致各种正常的利益关系失去平衡，不可避免地会产生一些矛盾纠纷。运用法治手段可以严厉打击殴打伤害医务人员，扰乱医疗救治秩序，利用疫情哄抬物价、囤积居奇、趁火打劫、造谣滋事，制售假劣药品、医疗器械、医用卫生材料和借机诈骗等违法犯罪行为，及时化解与公共突发事件相关的民事纠纷，减少矛盾冲突，维护社会稳定。

法治可以为应对紧急事件提供有力物资保障。法律规定的应急物资保障体系，是国家应急管理体系的重要内容。对应急期间可能出现的物资供应短缺，通过完善法律规定，建立集中生产调度机制，统一组织原材料供应、安排定点生产、规范质量标准；通过建立统一应急物资采购供应体系，对应急救援物资实行集中管理、统一调拨、统一配送；甚至可以通过征收、征调、征用等手段，以应急需。

二　精准把握运用法治保障疫情防控的基本路径和要求

为疫情防控工作提供有力的法治保障，要从立法、执法、司法、守法各环节发力。

立法环节。习近平总书记指出，要完善疫情防控相关立法，加强配套制度建设，完善处罚程序，强化公共安全保障，构建系统完备、科学规范、运行有效的疫情防控法律体系。落实习近平总书记的上述要求，在立法环节要做好以下几项工作。

一是针对这次疫情暴露出来的短板和不足，抓紧补短板、堵漏洞、强弱项、创新和完善重大疫情防控体制机制，包括党对疫情防控集中统一领导，党政机关在应急状态下合署办公的体制机制，健全国家公共卫生应急管理

体系。

二是全面加强和完善公共卫生领域相关法律法规建设，在认真评估传染病防治法、野生动物保护法等法律法规实施效果的基础上进行修改和完善。

三是从保护人民健康、保障国家安全、维护国家长治久安的高度，把生物安全纳入国家安全体系，系统规划国家生物安全风险防控和治理体系建设，全面提高国家生物安全治理能力。尽快推动出台生物安全法，加快构建国家生物安全法律法规体系、制度保障体系。

四是改革完善疾病预防控制体系，坚持预防为主，预防关口前移；健全公共卫生服务体系，推动公共卫生服务与医疗服务高效协同，无缝衔接；健全防治结合、联防联控、群防群治工作机制；强化风险意识，完善公共卫生重大风险研判、评估、决策、防控协同机制。

五是改革完善重大疫情防控救治体系。健全重大疫情应急响应机制；建立集中统一高效的领导指挥体系；健全科学研究、疾病控制、临床治疗的有效协同机制；完善突发重特大疫情防控规范和应急救治管理办法；建立健全分级、分层、分流的传染病等重大疫情救治机制。

六是健全重大疾病医疗保险和救助制度，完善应急医疗救助机制。完善医保异地即时结算制度，探索建立特殊群体、特定疾病医药费豁免制度，实现公共卫生服务和医疗服务有效衔接。

七是健全统一的应急物资保障体系。尽快健全相关工作机制和应急预案，确保应急物资保障有序有力；健全国家储备体系，科学调整储备的品类、规模、结构，提升储备效能；建立国家统一的应急物资采购供应体系，推动应急物资供应保障网更加高效安全可控。

执法环节。习近平总书记指出，要严格执行疫情防控和应急处置法律法规，加强风险评估，依法审慎决策，严格依法实施防控措施，坚决防止疫情蔓延。执法机关要强化法治理念、增强法治意识，坚持严格、规范、公正、文明执法，严禁过度执法、粗暴执法，始终在法治轨道上统筹推进疫情防控和维护稳定工作。落实上述要求，在执法环节，特别要关注以下几个方面。

一是依法严肃查处危害疫情防控的行为。要严格执行传染病防治法及其实施条例、野生动物保护法、动物防疫法、突发公共卫生事件应急条例等疫情防控和应急处置法律法规，对拒不执行疫情防控期间应急管理措施的，依法从严从重追究相应法律责任。严厉打击阻碍或者妨害疫情防控人员依法实施防疫管理、隔离观察、社区管理、物资调配运输等疫情防控措施的违法行为。依法严肃处理个人隐瞒病史、重点地区旅居史、与患者或疑似患者接触史，逃避隔离、医学观察等行为。依法严惩捕杀和非法收购、运输、出售国家重点保护野生动物和制品等违法犯罪行为。依法严厉打击造谣传谣、妨害公务、暴力伤医等破坏疫情防控的违法犯罪行为，保障社会安定有序。

二是加强市场秩序、产品质量等重点领域的执法监管。依法严厉打击利用疫情哄抬物价、囤积居奇、牟取暴利，扰乱市场秩序，制售假冒伪劣疫情防控药品、医疗器械、医用卫生材料及其他疫情防控材料，利用虚假宣传欺骗消费者等违法犯罪行为。

三是依法规范捐赠受赠行为。确保受赠财物全部及时用于疫情防控，充分发挥捐赠物资对疫情防控和困难群众的帮扶作用。捐赠接收机构工作人员滥用职权、玩忽职守、徇私舞弊，致使捐赠物资遭受重大损失的，由所在单位依照有关规定予以处理；构成犯罪的，移交有关部门依法追究法律责任。

司法环节。习近平总书记指出，要加大对危害疫情防控行为的执法司法力度，加强对相关案件审理工作的指导，及时处理，定分止争。落实上述讲话精神，各司法机关要找准结合点、切入点和着力点，为疫情防控提供切实有效的司法保障。

人民法院要按照两高、两部联合印发的《关于依法惩治妨害新型冠状病毒感染肺炎疫情防控违法犯罪的意见》的要求，加强对相关案件审理工作的指导，准确适用法律，依法严惩抗拒疫情防控措施、暴力伤医、制假售假、哄抬物价、诈骗、聚众哄抢、造谣传谣、疫情防控失职渎职、贪污挪用、破坏交通设施、破坏野生动物资源等各类违法犯罪行为，有力保障疫情防控工作开展；要加强对疫情所涉民事、行政、执行案件的法律适用和政策把握问题的研究，适时发布指导意见，指导地方各级人民法院妥善审理执行相关案件，有力维护正常的经济社会秩序。

检察机关要在党委、政法委领导下，依法从严从重惩治妨害疫情防控犯罪，回应社会关切，震慑违法犯罪。要严厉惩治利用疫情哄抬物价、囤积居奇、趁火打劫等扰乱社会秩序的犯罪行为；严厉惩治制售假劣药品、医疗器械、医用卫生材料等的犯罪行为；严厉惩治暴力伤害医务人员，打砸、毁坏医疗设施等犯罪行为，尤其是以暴力、威胁等方法妨害公务、干扰医疗秩序和疫情防控秩序的犯罪行为；严厉惩治假借研制、生产或者销售用于疫情防控物品的名义骗取公私财物、捏造事实骗取公众捐赠款物等犯罪行为。对于编造、故意传播虚假疫情信息引发社会恐慌、严重扰乱社会秩序的，要及时依法追诉；对于故意传播新型冠状病毒，造成严重后果或者情节严重的，要及时依法从严追诉。

守法环节。习近平总书记指出，要加强疫情防控法治宣传和法律服务，组织基层开展疫情防控普法宣传，引导广大人民群众增强法治意识，依法支持和配合疫情防控工作。要强化疫情防控法律服务，加强疫情期间的矛盾纠纷化解，为困难群众提供有效的法律援助。落实上述讲话精神，在守法环节要重点做好以下几项工作。

一是加强疫情防控法治宣传，营造良好的法治环境。要在避免公众聚集的前提下，按照"谁执法谁普法""谁管理谁普法""谁服务谁普法"的普法责任制要求，全面落实普法宣传教育责任，切实发挥乡镇、街道、社区等基层组织的作用，加强卫生防疫法律知识宣传，向社会公众讲明疫情实际情况、政府正在采取的措施及其法律依据和理由，增强群众依法处置疫情的理念。有关人民团体、新闻媒体、政府机关要充分履行公益普法职责，将普法宣传融入疫情防控管理、服务和执法全过程，通过选取典型案例、以案释法等形式，加强警示教育，提高群众自我防范意识，震慑违法分子，提高公众法治观念。

二是强化疫情防控法律服务，营造良好的社会环境。要认真研究因疫情引起的企业复工、保险待遇、合同履行等法律问题，注重解决中小企业遇到的困难，强化分类指导与应对，提出有针对性的法律指引。要充分发挥法律服务行业的作用，大力开展疫情防控法律服务，加大公共法律服务热线和网络服务力度，为困难群众提供有效的法律援助，加强疫情期间的矛盾纠纷化解，引导广大群众主动参与群防群治，理解、支持、配合疫情的联防联控工作。

三是充分发挥社会组织和志愿者的作用。广泛发动专职巡防力量、网格员、平安志愿者等社会力量，扎实做好信息核查、政策宣传、排查帮扶、心理疏导、矛盾化解等基层基础工作，筑牢村庄社区疫情防控"第一道防线"。

四是强化公众的自律责任，奠定坚实的群众基础。社会公众要充分认识每一位成员防控疫情的社会责任，自觉履行法律义务，做到不信谣、不造谣、不传谣，尽最大努力依法参与疫情防控工作。

三　努力提高依法防控、依法治理能力

习近平总书记强调，各级党委和政府要全面依法履行职责，坚持运用法治思维和法治方式开展疫情防控工作，在处置重大突发事件中推进法治政府建设，提高依法执政、依法行政水平。各有关部门要明确责任分工，积极主动履职，抓好任务落实，提高疫情防控法治化水平，切实保障人民群众生命健康安全。落实习近平总书记的上述要求，加强疫情防控法治保障，全面提高依法防控、依法治理能力，需要在以下几个方面下功夫。

坚持以人民为中心。人民的生命健康高于一切。确保人民群众生命安全和身体健康，是我们党治国理政的一项重大任务。新冠肺炎疫情防控工作必须始终将保障人民生命安全和身体健康放在第一位。进入疫情防控的应急状态后，公民的部分权利会因此受到限制和压缩。例如，强制隔离会限制部分人员的人身自由，紧急征用会限制部分人员的财产权利。但是，任何限制公民人身和财产权利的措施都不能以损害人民生命和基本权利为代价，都必须坚持人道主义底线。与人民生命健康密切相关的知情权、隐私权、人格尊严等基本权利也必须予以尊重，不得任意进行非法限制和侵害。

善于运用法治思维和法治方式。要注重提高运用法治思维、法治方式处

置突发事件的能力。各级领导干部作为防控工作的组织者和领导者，在疫情防控各环节、各方面都担负着重要职责，法律对应对重大突发事件作出授权的，必须积极主动、依法全面履职。疫情防控越是到最吃劲的时候，越要坚持依法防控，严格遵守法治原则，确保在法治轨道上统筹推进各项防控工作。有关公权力机关要结合部门职能，明确任务分工，依据法律授权，组织开展执法检查、法治宣传教育、法律服务等工作，将依法防控、依法治理落实到乡镇、街道和社区，保障疫情防控工作顺利开展。由于新冠肺炎疫情防控面临前所未有的新情况和新问题，有些事项法律预先作出了明确授权，有些情形法律没有进行授权或者授权不明确、不充分。在人民生命健康受到现实威胁而法律又没有明确授权的情况下，为有效抗击疫情，各级党委政府要勇于履职、敢于担当，按照法律的基本精神及合理性原则作出处理，采取合乎情理、符合实际的措施，及时解决人民群众面临的现实困难，不得以法律没有明确授权为由消极无为、袖手旁观。在依据合理性原则担当履职的过程中，必须遵守不得滥用职权、徇私舞弊的底线，确保应急处置措施经得起事后的监督和审查。

把握应急状态下法治的特点。应急状态下的法治与常规状态下的法治相比有其自身特点。常规状态下，公权力运行一般坚持"法无授权不可为"的原则，私权利行使一般奉行"法无禁止即可为"的理念。但是，在疫情防控的应急状态下，政府必须发挥更加鲜明的主导作用，集中力量和资源，加大投入和力度，在一定范围和限度内，通过行使紧急行政权，采取某些特殊应对措施，以更好地维护社会公共利益，不完全受"法无授权不可为"的局限。应急状态下的公民权利要受到适当限缩以服从抗击疫情的大局，接受公权力机关的统一指挥，承担必要的容忍义务。应急状态下的法治呈现公权力扩张、部分私权利受限的特点，但是对私权利的限制必须坚持人道主义底线，不能突破保障基本人权原则的限制，过分压缩私权利的行使空间。

坚持合目的性、合法性与正当性的统一。应急状态会造成一定的消极后果，其应对机制也是将有效控制、化解危机作为基本目标。在设计、推行各项应急措施的同时，要把握好效益与成本的关系，坚持应急处置合目的性、合法性与正当性相统一，既要讲求依法依职权管控危机，实现有效控制危机的基本目标，也要适当控制应急成本，讲求应急效益，避免紧急状态实际情况与处置措施力度失衡。应急状态可以根据形势的危急程度划分为不同等级和类型，从而做到分地区、分类型、分情况处理，切忌"一刀切"。对疫情形势缓解或风险较低的地区，可以区分风险等级、区域、类型，采取较为柔性的应急措施；在公共危险已经消失的地方，应当及时变更或解除某些应急措施。

应对新冠肺炎疫情关乎人民生命健康，适时复工复产关乎经济发展大计。应急状态并非社会常态，长期保持应急状态将极大增加社会运行成本。在依法防控新冠肺炎疫情的同时，也要做好复工复产预案，根据疫情形势变化，动态调整防控措施，积极、稳妥、有序地组织复工复产，从而推动正常生产、生活秩序的恢复，将应急状态所造成的损失减少到最低限度。

B.7
在法治的轨道上统筹推进
疫情防控的几点建议

秦前红*

摘　要： 在中国疫情防控工作攻坚克难的关键时期，要健全完善防控
　　　　　疫情、推进公共卫生的领导体制和组织架构，进一步明确公
　　　　　共卫生防疫指挥部门的组成、权限、行使职权的程序，并补
　　　　　强指挥部门的权能；要健全和完善传染病防控信息的发布机
　　　　　制，优化警察权介入言论表达的制度，既要发挥党和政府的
　　　　　主导作用，又要公民和社会的全力配合与协作。要组织专门
　　　　　力量、建立专门机构研究本次防控疫情的武汉样本，总结经
　　　　　验和教训，强化制度优势，补足制度短板。

关键词： 疫情防控　公共卫生　信息发布机制　言论表达制度

　　习近平总书记在中央全面依法治国委员会第三次会议上发表的重要讲话
中指出："疫情防控越是到最吃劲的时候，越要坚持依法防控，在法治轨道
上推进各项防控工作，保障疫情防控工作顺利开展。"目前，中国的疫情防
控工作到了攻坚克难的关键时期，抗疫取得彻底胜利后的经济发展、社会秩
序恢复等也亟须未雨绸缪，预作谋划。

---

　*　秦前红，武汉大学法学院教授，教育部长江奖励计划特聘教授、武汉大学国际法国家高端智
　　库特约研究员。

一 要健全完善防控疫情、推进公共卫生的领导体制和组织架构

按照《中华人民共和国传染病防治法》《突发公共卫生事件应急条例》的规定，在传染病疫情发生后，各级政府应当成立防疫指挥部门，开展防控行动。在本次新冠肺炎疫情防控中成立的各级、各地防疫指挥部，出现了组织架构不一、权限不一、发布命令采取措施所用的主体不一、文告形式不一等乱象。尤为突出的是，很多地方不明了紧急状态与平常状态下的党政体制运作有何区别，致使指挥部这种紧急体制成立后，还继续沿用平常时期的政府决策、执法体制，从而造成决策低效、政出多门，进而造成疫情防控中的形式主义、官僚主义现象屡屡出现。比如令基层不堪重负的"表格防疫""迎检大战""留痕防疫"等不良现象莫不与此有关。建议在适当的时机修改相关法律法规，进一步明确公共卫生防疫指挥部门的组成、权限、行使职权的程序，并补强指挥部门的权能，赋予其问责权、人事调整权等。要高度重视用法治思维、法治方式解决疫情防控问题。一个省市的封城决定往往关涉跨地域的航空、铁路等交通问题，军地两方的力量协同问题和全国性的人、财、物调配问题，还涉及对公民自由权利的严厉限制、克减问题，其决策权宜由中央统揽。但从严格形式法治而言，应该首先由全国人大或者全国人大常委会根据宪法或法律之规定作出授权决定，实现党的领导和人民当家作主、依法治疫的有机统一。授权决定授权湖北省根据客观需要，实施封城特殊管理，这样既使湖北省、武汉市采取的措施具有充分的法律依据，又能防止和纠正相关决策的随意性，并改变行政决策不作为、慢作为和滥作为的不良现象。

二 要健全和完善传染病防控信息的发布机制

在传染病的预防和控制过程中，信息是至关重要、决定成败的关键因

素。重大传染病疫情出现时，只有政府、企业、社会组织和公民个人都能在第一时间获得有关传染病的来源、传播机理、危害程度、发生的地点和时间、发病或伤亡的人数、应当采取的有效防范措施时，才能使传染病的防控高效、有序，并获得社会大众的支持配合。本次新冠肺炎的发生，由于信息发布的不及时、不充分，致使病毒肆虐、疫情蔓延，给国家和人民的生命财产造成巨大损失，并使党和国家权威严重受损。而造成信息发布不及时、不充分的原因，除了有关地方官员的懒政怠政，对新型病毒本身的准确科学判断受主客观条件制约外，还有一个重要原因乃是《传染病防治法》《突发事件应对法》《突发公共卫生事件应急条例》等法律法规确立的传染病信息的预警、发布制度存在严重缺陷，容易导致职责不明、实操性差的问题。因此建议：第一，应当将传染病疫情预警和处置信息的发布归为一体，不宜将之分开；第二，应当区分传染病日常防控和应急防控的信息发布机制；第三，应当区分传染病应急防控信息发布的决定和执行，即应急防控信息发布的决定权应该交给政府，而不应该是卫生行政部门；第四，尽快修改传染病疫情发布程序、主体和时限要求，授权县级政府24小时内发布本区域疑似传染病疫情发生情况，且事后发现疑似疫情不属于法定重大传染病的也不予追责，将疑似疫情的发布规定为自动触发机制，不需要层层上报、层层审批；第五，《传染病防治法》第19条规定，对于传染病的预警，只有国务院卫生行政部门和省级政府才有权发出，而《突发事件应对法》第43条规定，可以预警的公共卫生事件即将发生或者发生的可能性增大时，县级以上地方各级人民政府应当发布相应的警报，由此可见，对于传染病引起的突发公共卫生事件的预警，上述两部法律的规定不一致，会导致实践中执法的混乱，建议全国人大常委会按照《立法法》规定的裁决机制，解决两部法律之间的冲突。

三　要优化警察权介入言论表达的制度

武汉医生李文亮将基于执业过程中了解的疫情在自己参加的同学微信群

中作了披露，受到武汉警方的书面训诫。李文亮因病去世后，社会大众因为对疫情蔓延产生的巨大焦虑和担忧，而对警方早先的执法行为提出质疑甚至严重不满，从而酿成巨大的舆情危机，这对警方执法的公信力和政府的权威带来了巨大冲击。言论表达是公民依照宪法享有的基本权利。重大疾病的防控既要发挥党和政府的主导作用，又要公民和社会的全力配合与协作，因此发挥公民言论表达的预警作用、监督作用和纠偏作用，乃是建构现代公共卫生制度的关键环节之一。警察权作为维护国家安全的重要权力之一，对涉及公民言论自由的事件必须秉持谨慎的态度，并提升执法的能力和水平。为此有如下建议。第一，要修改完善《警察法》，厘清公安机关在言论处理上的职责定位。公安机关对言论问题的处理要采取妥当谨慎的态度，不能简单粗暴执法，既不能缺位，也不能任意越位。第二，公安机关对言论问题的处理应该主要偏重于结果管理，而不能偏重于过程管理。亦即只有发生了明显危害国家利益、集体利益和个人合法权益的情形时，警察权才能出场。第三，解决言论问题的方式除了要依靠强制性的执法管理以外，还要注意智慧管理和柔性对待，要发挥信息多元化的对冲机制作用，并且在可能的情况下增加权威信息发布的透明度和及时性。

四 要组织专门力量、建立专门机构研究本次防控疫情的武汉样本，总结经验和教训，强化制度优势，补足制度短板

新冠肺炎病毒具有传染力强、传染形式隐蔽、致死率相对较高的特点。疫情发生后，武汉市发布疫情信息迟缓，采取措施不及时，使得这样一场疫情成为蔓延全国的特大公共卫生事件。针对疫情所采取的防控措施的力度、强度和投入的人力、物力又为我国历史上前所未有，疫情造成的损失难以估计。为了充分地总结疫情防控中的教训，并分析提取可为未来公共卫生事件和其他突发紧急事件防控得以借鉴的经验，提出以下建议。第一，要研究如何进一步促进风险防范的组织体系和组织能力的现代化。以武汉本次采取的

疫情防控措施为例，物质调配、交通管制、人员的限制流动等都超过了本市政府所能掌控的范围，自身处理能力完全不能满足疫情防控的要求，因此未来处理类似事件，应该考虑在坚持党中央集中统一领导的前提下，依照宪法和法律的规定，及时宣布紧急状态或戒严状态，并建立区域性的疫情防控指挥部门，以便因时因地制宜，靠前指挥调度，及时科学地采取防控措施。第二，要研究如何进一步优化防控公共卫生突发事件的战略储备制度。本次疫情全面发生后，医疗设施、医疗人员、医疗资源供给不足的短板立刻凸显。未来要根据我国经济社会发展状况、人口分布、面临风险程度的高低，就医院布局、医务人员培养、医疗资源的储备作出更充分科学的安排，并制定完善相关的法律制度。第三，要研究如何完善公共卫生突发事件、自然灾害、环境公害，甚至战争状态叠加出现时的协调衔接制度。完善国家安全机制启动的程序、条件、职责分配等方面的法律制度。第四，要建立对全民开展公共卫生教育和宣传的法律制度，将公共卫生教育纳入义务教育内容，尤其是在中小学课程体系中要合理安排，借以塑造公民文明健康的生活方式。第五，要建立社区管理人员的公共卫生知识培训、保险安排或者特殊时期的津贴补助制度。武汉本次采取的防控措施绝大多数要通过社区管理人员最后落地。但社区管理人员能力缺乏、动力机制不足、保障条件差的问题极大地影响了防控成效，因此亟待通过立法补足相关制度短板。

五　要研究如何应对武汉或全国其他地区灾后重建中可能出现的几个突出问题

第一，可能出现的大规模上访或者群体性事件。由于前期检测统计口径的不同，没有做到"应收应治"导致的患者医药费不能核销、权利受损，以及征用公民企业财产程序不当、补偿不到位等，都可能是上访的诱因，需要提前防范。第二，在市区突击建立方舱医院，由于隔离人数数量庞大，可能带来医疗废弃物、医用垃圾污染问题，要提前研究解决预案。第三，由于封闭隔离太久可能产生的大规模心理疾患问题，要考虑建立疏导救治的制度。

B.8
健康中国战略的法制建构

——卫生法观念与体制更新*

王晨光**

摘　要： 健康事关个人、民族和国家的命运；健康中国上升为国家战略乃社会发展和人民对幸福生活追求的必然结果。作为国家战略，它应当有相应的顶层设计，尤其是法律制度设计。基于这一思考，本文探讨了健康中国战略中的几个关键环节的设计，即"法律地位——国家战略""核心价值——人民为中心""基本理念——大健康理念""实施策略——健康优先""关键制度——改革深水区中的硬骨头""综合布局——超越医药本位的综合治理体系"，并进而针对这些环节提出了相应的法律框架和可实施的路径。健康中国需要各政府部门、各领域和各行业的跨界大协作。因此，最关键的是以健康为出发点和归宿的大协作体系建构。健康不仅是医学技术问题，而且是重大社会改革和制度重构的革命。这里不仅需要脚踏实地逐步推进的科学态度，也需要坚定推进改革的勇气和魄力，需要相应法律制度的支撑和保障。

关键词： 健康权　健康中国　国家战略　大健康理念　健康优先

---

* 本文原载于《中国卫生法制》2018 年第 4 期。录入本书有修改。
** 王晨光，法学博士，清华大学法学院教授，清华大学法学院卫生法研究中心主任。

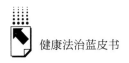

随着社会的飞速发展，健康问题突显，成为政府和百姓高度关注的焦点之一。健康既是每个人全面发展的基本条件，也是民族和国家赖以兴旺发达的基础；它既涉及个体权益，又关乎全民族命运。保障每个人的健康和提高全民族的健康水平已成为我国全面推进小康社会建设进程中必须面对的重大社会挑战，也成为全面深化改革征程上的一块"硬骨头"。可谓兹事体大，非容轻议。

正因其日益彰显的重要性，健康中国实至名归地成为国家发展战略中的重要组成部分；全国人大和政府主管部门也把健康领域的立法作为推动健康中国建设和医药卫生体制改革的重要突破口。如果说，"平安中国"是保障每一个公民和组织生存安全和参与社会活动的基本制度，"绿色中国"和"美丽中国"是协调人与自然之间的关系、保障生态文明的基本制度，"法治中国"是保障国家、社会和公民依法依规有序运行的基本制度，那么，"健康中国"就是确保每个公民依法享有健康权益，依法推动健康事业发展并为人民提供健康保障的基本制度。而健康中国的推进又必须有法制保障。本文基于这一思考，探讨健康中国的法制框架和路径。

一　健康中国的地位——国家战略

在我国社会发展和改革过程中，健康问题曾经被边缘化。原有的医疗卫生体制受到市场化改革和社会转型的冲击，无法跟上社会快速发展的步伐，也无力应对新出现的社会健康风险，从而导致医药卫生体制捉襟见肘；"因病致贫""因病返贫"成为制约社会经济发展的重要障碍和制度短板。2009年新一轮医药体制改革重新设定了方向，为应对由健康产生的社会问题提出了制度性回应；健康不再仅仅是涉及个人的医疗问题，也成为我国社会经济发展和体制改革的重大制度问题，关乎民族兴亡和国家富强。

基于这种不断深化的认识，党和国家高度重视健康问题，积极推动我国医药卫生体制改革。2013年8月，习近平总书记提出，"人民身体健康是全面建成小康社会的重要内涵"；2014年12月，他在江苏镇江考察时再次强调"没有全民健康，就没有全面小康"①。

2015 年 10 月 29 日，党的十八届五中全会公报首次提出"推进健康中国建设"，把"健康中国"上升为国家战略。习近平总书记在 2016 年 7 月 25 日会见世界卫生组织总干事陈冯富珍时，阐述了"健康中国"的决策部署是使全体中国人民享有更高水平的医疗卫生服务，是我们两个百年目标的重要组成部分，是中华民族伟大复兴的坚实健康基础②。在同年 8 月 19 日至 20 日召开的全国卫生与健康大会上，他提出"要把人民健康放在优先发展的战略地位，以普及健康生活、优化健康服务、完善健康保障、建设健康环境、发展健康产业为重点，加快推进健康中国建设，努力全方位、全周期保障人民健康，为实现'两个一百年'奋斗目标、实现中华民族伟大复兴的中国梦打下坚实健康基础"③。2016 年 8 月 26 日，中共中央政治局召开会议，审议通过《"健康中国 2030"规划纲要》；2017 年党的十九大报告进一步强调指出："实施健康中国战略。人民健康是民族昌盛和国家富强的重要标志。"

健康居然上升为国家战略，这似乎出乎不少人的意料。如果认真理解上述一系列论述，我们不难看到健康与小康社会建设和民族复兴之间的内在联系，深入理解健康中国战略出台的必然性。

其一，健康是每个人全面发展的必然要求，健康权是一项不容忽视的基本人权。生命是每个人生存的基本物质形态，而健康是生命的最佳状态。没有身心健康就无法充分享受个人的权利，无法得到全面的发展，也无法全面有效地参与社会活动。著名哲学家笛卡尔说，人不仅需要技术，"而且最重要的是需要保持健康，因为它确实是首要福祉，是人生所有福祉的基础"④。虽然健康依赖于生命的存在，但有了生命并不一定就有健康。生命最完美和

---

① 于士航：《夯实中华民族伟大复兴的健康之基——以习近平同志为核心的党中央加快推进健康中国建设纪实》，载 http：//www. gov. cn/xinwen/2017 – 10/14/content_ 5231664. htm。

② 《习近平：没有全民健康就没有全面小康》，载 http：//www. ce. cn/xwzx/gnsz/szyw/201608/21/t20160821_ 15085250. shtml。

③ 《习近平谈治国理政》（第二卷），外文出版社，2017，第 370 页。

④ Rene Descartes, *Discourse on the Method*（《方法论》），Part 6。

追求的最高境界就是健康。从法律角度而言，健康权与生命权既有重合，又有区别。虽然健康权的外延小于生命权，其内涵则比生命权丰富和复杂得多（生命和健康并非总是处于对应的关系。例如，生命虽然存在，但健康不一定处于最佳状态，甚至已不复存在。"因病返贫"等因健康缺失而导致贫困而形成的社会问题就清楚地揭示出生命与健康的错位带来的新问题；此外，二者的错位还带来围绕"安乐死""姑息疗法"等医疗手段的新的伦理和法律问题）。在现代社会中，健康权已然成为独立于生命权的一种新权益。

其二，健康是广大人民群众所追求的美好目标。由于在我国社会发展过程中，社会保障制度，尤其是健康保障制度，曾经被忽略和被边缘化，因病致贫、因病返贫成为迈向小康社会的一个制度障碍。SARS 等传染病的防治、疫苗等健康产品的提供、看病难看病贵，以及个人医疗支出的攀升都成为社会高度关注的焦点问题。因此，健康不是仅仅涉及个体的小事，而是一个制度重建的重大问题。为全体人民群众提供更高水平的医疗卫生服务，确保全民健康，是时代提出的挑战，是党和政府对人民的郑重承诺，因此也是一项重大的民心工程。

其三，健康是经济社会发展的基本条件，是民族昌盛和国家富强的重要标志。没有健康就没有小康，没有全民健康也就没有民族复兴，这已成为全民的共识。建设健康中国也成为实现"两个一百年"目标的重要组成部分。从这一意义上讲，在任何一个国家，医药卫生体制的改革都不是简单的提供医疗服务的技术问题，而是一项重大的政治社会制度的改革。

其四，随着我国更多地参与国际合作，尤其是"一带一路"建设的推进，推动有关国家人民群众的健康和医疗服务的发展已成为我国参与国际合作、推进"一带一路"建设的重要内容。我国在非洲国家的医疗队就是我国积极参与全球健康促进的典范。在全球化不断推进的过程中，健康已成为贸易、外交和国际合作的重要领域，也是中国作为一个负责任大国必须承担的国际义务。故，健康不仅仅是国内问题，而且是国际问题。我国应当在全球健康促进过程中继续发挥更大的积极作用。

综上，健康中国上升为国家战略实乃社会发展和人民对幸福生活追求的必然结果。"健康中国"既然已上升为国家战略，就应当有相应的顶层设计，尤其是法律制度设计。

首先，应当依据宪法的有关规定，通过顶层设计，全面规划建设医药卫生法治。我国改革开放和社会转型的不断发展，原有计划经济体系下的医药卫生体制经历了剧烈的震荡和重构，而当前的医改刚刚进入深水区，"硬骨头"尚未啃下来，导致医药卫生体制难以用法律加以定型，很多改革措施依赖政策推进，法律的作用尚未充分体现。尽管如此，我国现行有关医药卫生领域的单行法律已然不少①，但多是水来土掩式的应急之作，缺乏系统性和统一规划。随着当前医改的深入推进，尤其是健康中国战略的出台，我们已经具备一定的经验和条件，应当尽快做好顶层设计，把医药卫生领域的法律框架搭建好。《基本医疗卫生和健康促进法》应当能够在推进医药卫生领域法制建设中起到"基础性、综合性"②的作用。

其次，作为国家战略，一定要有一个国家层面上的统一领导和协调机构。因为医药卫生涉及领域广泛，参与的政府机构和社会组织众多，建立一个国家层面上的统一领导医药卫生事业的健康委员会已成为当务之急。否则健康中国战略将会由于不同主管部门职责的交叉或重叠形成"九龙治水"的局面，导致无法得到切实落实。当前，在国务院下面已然设有相当多的领导小组或部际委员会，负责不同领域中与健康有关的工作，如爱国卫生委员会、医改领导小组、国务院食品安全委员会、国家禁毒委员会、国务院防治艾滋病工作委员会、新型农村社会养老保险试点工作领导小组、国务院妇女儿童工作委员会、国务院老龄工作委员会、国务院残疾人工作委员会，以及一些部际联席会议。虽然它们都在不同程度上发挥了保障和促进健康的积极作用，但割裂健康工作、相互掣肘的弊端也显而易见。如果借实施健康中国

---

① 我国现有医疗卫生计生领域的法律 12 部，行政法规 39 部，部门规章 136 件。参见《卫生计生法律法规体系初步形成》，《中国卫生法制》2015 年第 1 期，第 53 页。

② 全国人大教育科学文化卫生委员会主任委员柳斌杰就《基本医疗卫生和健康促进法》作的立法说明报告将该法定位为"基础性、综合性"法律。见人民网《基本医疗卫生与健康促进法草案初审：公民依法享有健康权》，载 http：//legal. people. com. cn/n1/2017/1222/c42510-29724612. html。

战略之机，设立国家健康委员会，不仅可以精简现有重叠机构，也将会为健康中国战略提供组织上的保障，极大地推动和促进我国健康事业的发展，更有效地推动医药卫生体制的改革。

再次，从健康融入所有政策的要求而言，有必要从制度上保证健康纳入所有重大决策。这就不仅需要卫生主管部门而且需要所有政府部门都参与健康中国战略的实施，在其制定重大决策时，都要把健康因素纳入其决策。由于不同部门的主要职能不同，如何让负责不同工作的职能部门把健康纳入其决策的考量之中，确实需要制定一系列的程序和制度，例如健康影响评估制度，决策中医疗卫生专业人员的参与程序、不同职能部门的协调制度、不良健康影响的举报制度等。而这些程序、评估制度和把健康融入所有政策的指导思想必须要有相应的法律制度和程序保障。

最后，从我国参与国际社会和推进"一带一路"建设的要求来讲，健康应当成为打造人类命运共同体的重要内容，因此也需要通过立法来引导我国有关机构和企业在对外贸易、国际交流和对外援助中高度关注相关国家的健康事业，依法推动当地民众健康水平的提高，积极参与国际卫生法制的发展和全球健康促进活动。

二 健康中国建设的核心——人民健康

健康中国是全面建设小康社会的重要组成部分，而建设小康社会则遵循以人民为中心的发展思想。党的十九大报告总结了改革开放以来的经验，明确提出："把人民对美好生活的向往作为奋斗目标。"《"健康中国2030"规划纲要》指出：推进健康中国建设必须"坚持以人民为中心的发展思想……以提高人民健康水平为核心，以体制机制改革创新为动力"。这就明确了健康中国建设的核心是保障人民健康。

如何在法律上确定和保障这一核心呢?

第一，要通过立法明确设立健康权。我国宪法虽然没有明确使用"健康权"的文字表述，但有关的宪法条文已经采用了健康权的概念。《中华人民共和国宪法》明确宣布"国家尊重和保障人权"。第 45 条第 1 款规定："中华人民共和国公民在年老、疾病或者丧失劳动能力的情况下，有从国家和社会获得物质帮助的权利。国家发展为公民享受这些权利所需要的社会保险、社会救济和医疗卫生事业。"第 21、26、36 条规定"国家发展医疗卫生事业"、"保护人民健康"、"增强人民体质"和不得利用宗教"损害公民身体健康"。从上述宪法规定可以看出，"健康权"是宪法确立和保障的公民基本权利。《基本医疗卫生和健康促进法》也进一步对这一宪法所包含的权利作出了较为全面的规定，为健康中国战略的核心提供了一个基础性的法律概念和相应的基本制度保障。这是健康法制建设的首要前提。

第二，科学理解健康权的内涵，承担尊重和保障健康权的政府职责。健康权是一项内涵丰富的基本人权，既包括享有自身健康和身体自由的自由权（即所谓"消极人权"，如未经同意不受强行治疗和实验的权利、知情同意权等），也包括平等和及时地获得与社会经济发展水平相适应的基本医疗服务和医疗保障、获得尽可能高的身体和精神健康水平的权利（即所谓"积极人权"，如获得基本医疗和公共卫生服务权、获得医疗救助权、获得健康信息权等）。正如我国政府于 2017 年 9 月发表的《中国健康事业的发展与人权进步》明确表明的那样，"健康权是一项包容广泛的基本人权，是人类有尊严地生活的基本保证，人人有权享有公平可及的最高健康标准"[1]。我国 1986 年《民法通则》第 98 条中规定的"公民享有生命健康权"和 2017年《民法总则》第 110 条规定的自然人享有的"生命权、身体权、健康权"（已把健康权与生命权和身体权并列作为单独的权利）都是传统消极人权意义上的权利。[2] 这些规定仅仅从民事法律角度规定了公民身体完整和不受侵犯的健康权及相应的侵权责任，比宪法和卫生法所规定的保障公民具有尽可能高的身体和精神健康水平的健康权要窄得多，不包括更广泛的获得健康服务和健康促进的内容。因此，宪法和卫生法规范的健康权不仅包括消极人

---

① 国务院新闻办公室：《中国健康事业的发展与人权进步》白皮书。

② 2020 年《民法典》第 110 条也作了相同的规定，即"自然人享有生命权、身体权、健康权、姓名权、肖像权、名誉权、荣誉权、隐私权、婚姻自主权等权利"。

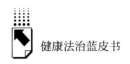
权，而且包括积极人权；不仅包括民法上保护身体完整和不受侵犯的内容，也包括社会法和公法上获得相应医疗服务和健康促进等权利的内容。其权利内容有：（1）公民健康自由；（2）公民在患病时有权从国家和社会获得医疗照护、物质给付和其他服务；（3）国家应发展医疗卫生事业、体育事业，保护生活和生态环境，从而保护和促进公民健康。对于健康权中的自由权而言，他人无权进行干预；但是对于健康权中的获得和享有的权利，则需要政府和社会积极地提供和保障，这要求政府和社会依法承担相应的法律规定的给付和保障义务。

第三，国家要积极立法，在"公平可及、系统连续"和"可负担"的基础上，根据社会、经济和科技发展水平，为人民提供"全方位、全周期"的健康保障，"显著改善健康公平"。① 政府负有为人民提供尽可能高的健康保障的职责，这是党和政府对人民的庄严承诺，是宪法和法律的要求，也是我国参加的一系列世界卫生组织宪章和法律文件的要求。虽然保障健康需要每个人的自觉和努力，需要医疗服务等机构提供帮助，也需要社会组织的参与和努力，即全民参与、共建共享，但是政府在其中起的主导和决定性作用不容忽视和弱化。无论是发达国家的医疗服务体制的建立和改革，还是发展中国家的医疗卫生体制建设和改革，政府的主导作用皆有目共睹。政府的主导作用主要体现在医药卫生基本体制的建构和改革、公共卫生服务的提供、健康保障服务体系的设计和建构、健康生活模式的倡导、医疗投入和医疗保险制度的建构、健康环境的保障等方面。毋庸讳言，虽然我国围绕宪法已经制定了一些卫生领域的法律和法规（如《精神卫生法》《传染病防治法》《职业病防治法》《献血法》《执业医师法》《药品管理法》《食品安全法》《医疗机构管理条例》等），但这些法律法规显得过于散乱，缺乏科学的体系规划。如前所述，有必要通过顶层设计，按照卫生法学的内在规律和逻辑科学设计我国医疗卫生领域的法律体系，在《基本医疗卫生和健康促进法》这一基础性和综合性法律的基础上，或修改完善现有法律法规，或填补缺项，

① 中共中央、国务院《"健康中国 2030"规划纲要》。

制定新的法律法规,例如"公共卫生法""医疗服务法""医疗保险法""医疗机构法""药事法""控烟法"等,从而建立科学完整的卫生法律体系。

在这些立法中,除了现有的卫生方针、健康入万策和保障健康等原则外,还应当根据各个领域的特点,分别贯彻和体现健康保障全方位、全周期、可负担、非歧视、保基本、强基层、公平可及、安全有效、程序健全、系统连续、社会参与、共济共享、不断提高、持续发展等基本原则。

第四,针对我国医疗卫生领域的弊端,制定相应的法律根据和保障,推动我国医药卫生体制改革的深化。"由于工业化、城镇化、人口老龄化,由于疾病谱、生态环境、生活方式不断变化,我国仍然面临多重基本威胁并存、多种健康因素交织的复杂局面","既面对着发达国家面临的卫生与健康问题,也面对着发展中国家面临的卫生与健康问题"。① 加上我国医改进入深水区,面临诸多"硬骨头"的局面,我国卫生法制建设还需要以问题为导向,针对现有问题,出台有针对性的法律法规。譬如,我国医改一直强调但尚未完全实现的强基层保基本的目标、全覆盖的医疗服务、分诊转诊制度、家庭医生制度、公平统一的医保制度、合理用药制度等,都需要有更科学可行的相应法律机制,以保证医改于法有据,制度运行有法可依。再如,针对仍然存在的"因病致贫"和"因病返贫"现象,应当出台相应的保障基层贫困人员的医保和医疗救助、推动村医和家庭医生制度完善的法律法规。这些针对问题制定的法律法规应当在卫生领域基础性法律中有根据,也可以具有时空和对应群体的相应性规定。

三 健康中国的新理念——大健康

健康中国战略是在新的历史时期和社会条件下出台的,具有全新的健康理念——大健康理念。习近平在全国卫生和健康大会上提出:"要倡导健康文明的生活方式,树立大卫生、大健康的观念,把以治病为中心转变为以人

---

① 《习近平谈治国理政》(第二卷),外文出版社,2017,第371页。

民健康为中心，建立健全健康教育体系，提升全民健康素养，推动全民健身和全民健康深度融合。""要坚定不移贯彻预防为主，坚持防治结合、联防联控、群防群控，努力为人民群众提供全生命周期的卫生与健康服务。要重视重大疾病防控，优化防治策略，最大程度减少人群患病。"①

大健康理念是总结历史经验教训、基于现代医学理论发展而形成的新健康理念。19 世纪和 20 世纪形成的传统医学和医疗卫生体制的导向和重心在于治疗已经发生的疾病，医学教育也主要是围绕疾病治疗而设置。这一传统医疗卫生体制的科学基础是微生物学、生理学，因为当时医学认知的、导致疾病的原因主要是细菌和肌体病变。但是在 20 世纪后期和进入 21 世纪以来，社会物质生活的丰富、社会结构的改变和生活方式的改变带来了新的疾病谱，慢性病成为健康恶化和死亡的主要原因②。而造成慢性病和新的健康威胁的原因不仅是病菌，还包括个人不良生活习惯、社会、经济、文化、环境等诸多原因。如果仅仅针对疾病的症状进行治疗，往往事倍功半。因此，建立在"行为科学"和"社会生态科学"基础上③、针对危害健康因素的"预防医学"（preventive medicine）日益得到重视和推广，出现了从以治疗已发疾病为中心的医学和医疗体制向以预防为中心的医学和医疗体制的转变④。

我国历来具有预防医学的优良传统，自古以来就有"上医治未病，中

---

① 《习近平谈治国理政》（第二卷），外文出版社，2017，第 371~372 页。

② Rafael Lozano, et al., "Global and Regional Mortality from 235 Causes of Death for 20 Age Groups in 1990 and 2010: A Systematic Analysis for the Global Burden of Disease Study 2010"（1990~2010 年全球和区域 20 组年龄段 235 种死亡原因研究：2010 年提交全球疾病负担研究的系统分析），*Lancet*（《柳叶刀》），vol. 380, Dec. 15, 2012。该分析报告指出：人口增长、人类平均年龄增长等原因"共同推动了死亡原因从传染病、产科、婴儿和营养不良致死转向非传染性疾病致死"。

③ 参见 "Ilona Kickbusch, The Contribution of the World Health Organization to a New Public Health and Health Promotion"（世卫组织对新公共卫生和健康促进的贡献），*American Journal of Public Health*（《美国公共卫生杂志》），March 2003, Vol 93, No. 3, pp. 383 – 387。

④ 参见 "Farshad Fani Marvasti and Randall S. Stafford, From 'Sick Care' to Health Care: Reengineering Prevention into the U. S. System"（从"疾病治疗"到健康关怀：重新把预防构筑进美国体系中），*N Engl J Med.*（《新英格兰医学评论》），September 6, 2012, pp. 889 – 891。

医治欲病，下医治已病"的理念①。中华人民共和国成立后，面对千疮百孔、百病待医，却又缺医少药、医学落后的局面，政府制定了预防为主、群防群治的医疗方针，通过爱国卫生运动、除"四害"、开展体育运动等一系列声势浩大的卫生和健康运动，有效地提高了人民的健康水平。随着健康中国战略的实施，我们应当切实树立大健康、大卫生的理念，把以治病为中心转变为以人民健康为中心，如同治理河水，不仅要关注下游的治理，更要关注上游和中游的治理。这样才能得到事半功倍的效果。

理念转变需要有法律制度的保障和落实。具体建议包括如下方面。

通过立法把"大健康"理念法律化。这就需要在医疗卫生基础性法律中把大健康的理念作为指导方针或基本原则加以规定，扭转单纯以治病为中心的错误导向；同时要把大健康理念落实到统一规划和领导健康事业的机构建设、健康入万策的机制和程序制定、不健康产品的限制等一系列法律机制中。

通过法律手段倡导健康生活方式。生活方式是人在特定社会环境中形成的生活态度和习惯。由于受到各种复杂因素的影响，生活方式中难免有些不健康的态度和习惯。人们常说，"积习难改""秉性难移"。这充分说明了改变不健康生活方式的难度。如果仅仅靠宣传教育，收效必打折扣，且会久拖不决。而法律作为具有强制性的规范，能够对人的行为进行强制性约束。以公共场所控烟为例，宣传教育收效甚微，而通过北京等地方政府立法，对在公共场所吸烟的行为进行规范和限制就有了法律根据。不仅对行为人具有强制性的约束，而且赋予有关执法机构、社会机构和他人依法进行干预的权力。虽然个人有选择生活方式的自由，但法律可以对不健康的生活方式进行时间、空间和行为模式的限制，还可以通过政府机构、社会机构和个人对其进行干预、教育和处罚。

通过立法把医疗服务和公共卫生服务结合在一起。我国医疗服务和公共卫生服务的机构分立，在很多地方形成了"铁路警察各管一段"的服务模

———————————

① 《黄帝内经》的《素问·四气调神大论》说："圣人不治已病治未病。"《灵枢·逆顺》说："上工治未病，不治已病。"

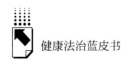

式；加上传统以治病为中心的医疗服务模式，医疗机构和医生的绝大部分精力都在治病上。改变这种状况的最佳途径，首先是在法律上明确医疗服务机构承担健康预防和健康教育的责任，打破二元机构的结构壁垒。其次，要制定具体的诊疗规范，把健康预防和教育作为规定步骤纳入治疗过程中。再次，要建立资源共建共享的健康档案和流通平台，充分发挥大数据和互联网的作用，及时分析和判断疾病谱的变化，未雨绸缪，防患未然，并结合家庭医生和社区医生制度建设，对个体患者和公民提供全方位、全周期的健康服务，真正从以治病为中心转变为以人民健康为中心。

加强健康环境建设和保障。影响健康的因素，几乎存在于所有社会领域。因此要通过立法、执法和司法，打破部门和专业局限，以人民健康为中心，在环境保护、工业生产、食品和药品生产流通、健康教育、文化体育、财政税收等所有领域中建立健全减少和消除危害健康因素的机制，打造健康环境。

运用法治手段确保健康信息公开、及时、有效地传播。大健康理念的普及应当是全方位的普及，不仅要在医疗卫生专业人员中普及，而且要在全社会范围内进行普及，形成良好的健康意识和氛围。如果仍然有很多人认为多吃药和多打点滴就是保障健康，那就必然造成抗生素滥用和过度治疗的后果。健康信息的普及应当有法律的保障，例如在国家教育体系中规定必要的健康教育内容，媒体依法开辟健康专栏，依法普及健康科学知识，依法禁止伪医学的传播，依法对各种健康产品和服务的广告进行管理，定期发布权威性健康信息等。

四　健康中国的实施——健康优先

“健康是促进人的全面发展的必然要求，是经济社会发展的基础条件，是民族昌盛和国家富强的重要标志，也是广大人民群众的共同追求”[①]；健

---

① 《习近平谈治国理政》（第二卷），外文出版社，2017，第371页。

康与每个人的全面发展、全民族的伟大复兴和全面建成小康社会密切联系在一起。因此,《"健康中国2030"规划纲要》明确规定健康中国战略要遵循"健康优先"的原则,"把健康摆在优先发展的战略地位"。

在理论上,健康优先很容易证成和接受;但是在实践中,健康往往被其他考虑遮蔽或虚化。例如,在效率优先的时期,健康鲜有人重视;在GDP统领的阶段,医疗卫生系统也要"吃饭靠自己"。因此,健康优先的原则还需要通过法律途径落实。具体需要哪些法律措施呢?

在作出经济社会重大决策时要经过健康评估程序,没有通过的不允许上马和实施。前文已经就健康进入所有政策的法律机制进行了论述,故不再赘述。但是这些机制的实际运行还有待于相应的配套机制的建立和完善,例如健康评估标准及其制定机制,健康评估机构及其构成人员选择机制,评估和结果的公开机制,修改决策以减少影响健康因素的补救机制,经济效益与健康效益的衡量机制,等等。尽管一些重大决策不可避免地会带来一些损害健康的后果,但只要经过科学评估,把评估结果公布于众,完善决策和形成共识就有保障。这些配套机制都是为了建立科学、公开的途径,以切实落实健康进入所有政策的要求,真正实现健康优先的战略要求。

建立健康工作问责制度,把健康作为衡量政府工作的基本指标之一。出台和实施危害健康的决策和措施应当承担相应的法律责任,如行政责任、民事责任和刑事责任,以及违反党政纪律的责任和考核不达标的责任。只有建立让决策者承担相应责任的制度,才能让决策者把健康作为硬指标和优先考虑的因素。

运用法律手段,严格规范劳动环境、生活环境和生态环境,打造健康环境。每个人都生活在一定的劳动、生活和生态环境中。毋庸置疑,有害健康的生活方式往往是在这三大环境中形成的,因此,改善这三大环境是健康优先的必然要求。我国已有《职业病防治法》,但该法主要从预防和控制职业病的角度进行规范。在大健康理念的指引下,需要防控的不仅仅是职业病,而且还应当包括改善导致亚健康或慢性病等的不利于健康的劳动环境和劳动方式,故应当考虑从更高的视野扩充该法或制定单行的劳动环境法。就生活

环境改善而言，也需要制定和实施严格的、有利于健康的规范建筑和家装材料的法律法规，制定关于各种建筑（尤其是住房）的空间、绿地、通风和采光等的法律规范，把用户的健康作为首要标准，提高人民生活质量。就生态环境而言，生态文明建设是我国"五位一体"布局的重要组成部分，已经有较为健全的法律法规，为解决生态恶化、环境污染、雾霾等问题提供了可靠的法律支撑。

运用税收、行政监管和执法等法律手段，保障食品、药品和其他商品优质安全，提供有利于健康的产品，遏制和减少不利于健康的产品的生产和流通。追求市场利润和维护健康是两个不同的价值取向，导致不同的社会效果。是在利润诱惑下牺牲健康，还是为了健康而宁可损失一定利润，这是政府、社会、企业和个人必须作出的选择。如果秉行健康优先的原则，在这两者间的选择应是不言而喻的。对于不利于健康的产品，如前文讨论的公共场所控烟立法那样，必须通过行政监管和执法手段对其生产、广告宣传、流通和使用进行限制。相反，对于有利于健康的产品则可以在法律上给予优惠和鼓励，如鼓励开放体育设施、鼓励建设和开办养老院、免费婚前体检等。故，法律监管并非都是禁止，也包括积极支持的手段。税收也是调整产品生产、流通和使用的有效手段。我国加入的《烟草控制框架公约》第6条第1款就明确指出："价格和税收措施是减少各阶层人群特别是青少年烟草消费的有效和重要手段。"菲律宾对于烟酒等有害健康产品征收"罪恶税"（sin tax），并把税收所得专款专用，只用在提高医疗服务投入上，收到了良好的社会和经济效果，有效地减少了这些产品的销售和使用，同时增加了医疗卫生的投入①。我国烟草税也几经提高，但遗憾的是税务部门在2009年调整烟草税的过程中并没有把健康作为决策的重要因素，而是仅仅从提高国家税收角度作出决策②。因而导致税收增加，但香烟的零售价格并没有提高多少，控烟效果也不明显。

---

① 参见 Kai Kaiser, Caryn Bredenkamp, and Roberto Iglesias, *Sin Tax Reform in the Philippines*（菲律宾的罪恶税），World Bank Group（世界银行集团），2016。
② 此消息是作者在2009年参加的控烟研讨会上听到的国家税务总局人员的陈述。

五 健康中国的突破口——关键制度建设

健康中国建设并非易事，而是在医改进入深水区的关键时期展开的战略布局，必然面临诸多困难。我国医改确实也取得了巨大的成就，推动了医疗卫生事业的大发展，但是很多深层次的体制问题尚未得到解决。如习近平总书记所言："当前，医药卫生体制改革已进入深水区，到了啃硬骨头的攻坚期。要加快把党的十八届三中全会确定的医药卫生体制改革任务落到实处。要着力推进基本医疗卫生制度建设，努力在分级诊疗制度、现代医院管理制度、全民医保制度、药品供应保障制度、综合监管制度五项基本医疗卫生制度建设上取得突破。"[1]

"深水区"和"硬骨头"主要集中在现行医疗和公共卫生服务领域，即基本医疗卫生领域。它们直接关系每个公民的切身利益和感受，因此其重要性和敏感度显得更为突出。它们既是对我国医改和健康中国建设的挑战，也是为其突破和发展提供的机遇。上述五大任务揭示了推进健康中国建设的突破口，即需要建构的关键制度。[2]

（一）分级诊疗制度的法律化

分级诊疗制度不是仅仅为了解决"千军万马奔三甲"问题的权宜之计，而是为了形成良性就医秩序、加强基层和落实基本医疗卫生全覆盖而设计的基本制度。这一制度符合医疗卫生服务的基本规律，能够起到强基层、保基本与合理分配医疗卫生资源的作用，实现卫生工作重心下移、资源下沉和更好地服务民众的目的。

---

[1] 《习近平谈治国理政》（第二卷），外文出版社，2017，第 372 ~ 373 页。

[2] 本文前几节主要就健康中国中的健康权、战略地位、大健康理念和健康优先等宏观问题及其相应法律制度建构进行了分析并提出了相应建议，其重心在于大健康和健康促进方面。本节所论述的法制建设则主要集中在传统治病和健康服务领域。这些法律制度与前述法律制度建设共同构成了完整的健康社会的法制体系。

这一制度为什么难以真正落地生根？其主要原因不外乎：（1）优质医疗资源集中在大城市的大医院，资源（医疗设备和物质条件、医务人员和资金投入）分配不合理；（2）民众找大医院和名医的就医习惯；（3）大多数大医院的门诊量大，且是其主要资金来源之一，因而大医院不愿放弃门诊服务；（4）各级各类医疗机构间的相互连通存在制度障碍，无法形成连续性和制度化的医疗服务；虽然近年来出现的医联体在很多地区和在很大程度上提供了上下联通的机制，但医联体应当有利于强基层，而非相反；尤其是大医院在医联体中的龙头地位和产生的虹吸效应值得高度关注。

针对上述问题，有必要通过法律引导和制度强制，逐步落实分诊制。（1）立法加大在基层医疗机构看病报销的比例，甚至考虑在基层医疗服务机构的接受基本医疗服务的费用全部由医保报销的制度，即基本医疗服务免费制（这种免费基本医疗服务并非个人不出钱，而是个人依法交纳医保费用，在接受基本医疗服务时就不再交费)①，从而通过加大报销比例的累进制，鼓励更多的人在基层首诊。（2）制定有利于医务人员到基层和留在基层的人事和薪酬制度。鼓励医务人员到基层不能仅靠思想教育和行政命令，而是必须要有吸引人才到基层的人事和薪酬制度。基层人员能够有职业发展的空间，比如晋升高级职称或获得相应的待遇，有机会获得在职业务培训和信息，他们才能在基层待得住。通俗地讲，钱下去了，人才能够下得去和待得住。（3）通过立法逐步减少或取消大医院的门诊部（急诊除外）。（4）把转诊分诊的程序法律化，建立各级各类医疗服务机构的联通机制，保证医疗服务的连续性。（5）还应该通过立法界定基本医疗服务的范围，即划定基本医疗服务目录（或"服务包"），合理划分基本医疗服务、二级和三级医疗服务目录，通过上述立法和制度，加大对基本医疗服务的报销比例，提高基层医疗服务质量，实现首诊在基层和落实分诊制的

---

① 王晨光：《可以实现的梦想：建立普惠大众的免费基本医疗服务制度》，《医学与法学》2017年第5期，第1~6页。

目标。科学设定基本医疗服务服务包，还能够不断根据社会经济科技发展调整服务包的范围，改变无序增加和改变基本医疗服务报销范围的现象；通过一定的法定程序确定服务包的过程也是公众参与、普及健康知识和了解国情最好的宣传教育方法。

（二）通过法律手段推动公立医院改革

公立医院是我国医疗服务机构的主体，尤其在基本医疗服务和公共卫生服务领域起着决定性作用①，同时公立医院改革也是一块难啃的"硬骨头"，虽经几番推动，很多深层问题仍是公说婆说，缺乏共识。显然，在改革不断深化和形成共识的过程中，法律要及时跟上，通过立法明确其法律地位，推动现代医院管理制度建立，破除公立医院逐利机制，同时也要明确非公立医疗机构的法律地位和管理，推动社会办医，满足人民群众日益增长的医疗卫生需求。

公立医院改革首先要解决几个关键的认识问题，并依据客观现状和规律，进行相应的法律设计。（1）厘清公立医院的公益性概念及其内涵。公立医院甚至所有医疗机构都应当是公益性的，这基本上已经成为无可争议的定论。但是公益性并不意味着不计成本或不能营利，更不意味着任何人可以随意获取②。公益性意味着这些机构的服务和功能必须以人民健康为核心，意味着其盈利不得用于其经营者分红或转投其他机构或领域，但可以用来更新其设备等必要的发展条件，以及提高其工作者的待遇。如果能够形成上述或其他共识，法律就应当作出相应的财务使用和管理的规定，不断壮大医疗服务机构，提高其水平。（2）认可并鼓励公立医院融资的多样性。公立医院获得的政府投入占比很小，"财政补助在公立医院业务收入中的比重越来

---

① 2015 年我国公立医疗卫生机构有 543666 所，非公立机构有 439862 所；公立机构有 6581539 名医护人员和 690857 名村医和卫生员，非公立机构分别有 1415998 名和 340668 名；公立机构门诊量为 271243.6 万人，非公立机构为 37120.5 万人。见《2016 年中国卫生和计划生育统计年鉴》，中国协和医科大学出版社，2016。

② 医疗服务应当是按照接受方的"需要"（need）而非"要求"（demand）而提供。

越低,已从 20 世纪 80 年代中期占医院业务支出的 35% 左右下降到不足 10%"①。尽管医保的收入也有政府投入,政府对公立医院投入不足也是现实状况。面对这一现状,应当在法律上鼓励和承认公立医院融资的多样性,而不应像《基本医疗卫生和健康促进法(草案)》规定的那样,简单地禁止公立医院与社会资本合作和禁止其举债建设。只要政府原始投入和持续投入的状况不变,其公立的法律地位不会发生变化。融资多样性在法律规定的框架下不会削弱其公立性,反而会进一步使其做大做强。(3)明确公立医院的法人地位,推动管办分离制度。虽然公立医院的法人地位已在法律上明确,但是长期计划经济下主管部门直接管理的旧模式并未彻底改变,除前述经费使用外,公立医院的人事、服务项目、设备药品使用等仍然受不同主管部门的操控,无法真正建立现代医院的管理制度。政府作为原始和最大出资人,当然可以通过制定政策、标准和健康社会规划来指导和监管公立医疗机构的运行,这是毫无疑问的,但是政府不应成为直接的操作者,而应当贯彻管办分离的原则,不再直接插手其运行。同时,应当看到,公立性质并不否认采取政府、社会与私人合资的可能性,公立性质也并不是简单地把所有参与其中的医护人员都变成有编制的人员。英国全民医疗服务制度是政府全资(税收所得)支持的,但同时又通过购买服务的方式吸收大量个体医护人员和私人诊所参与其中;在政府统一规划的体制下,也有"内部市场"(internal market)的存在②。这些经验值得我们认真借鉴。

(三)运用法律手段改革医疗保险制度

在绝大多数国家,因医疗保险独特的性质和功能,都制定有《医疗保

---

① 郑大喜:《基于公益性的政府卫生投入与公立医院费用控制》,《医学与社会》2012 年第 11 期,第 41 页;《钟南山:"三医联动"让公立医院真正"姓公"》,《南方日报》2017 年 3 月 8 日,载 http://www.cnr.cn/gd/gdkx/20170308/t20170308_ 523643596. shtml。

② Rachael Harker, NHS funding and expenditure(英国全民医疗服务的筹资与支付),House of Commons Briefing Paper(《英国下院资料文件》),No. SN0724,14 June, 2017, p. 4。

险法》，而非将其与其他社会保险混淆在一起；医疗保险的经营者也绝非政府机构。而我国医保制度则存在如下弊端：（1）管理分散，不同主管部门各自为政，人为壁垒导致部门利益取代公众健康的宗旨；（2）管办不分，监管不科学，导致行政操办，无法建立职业化的医保运行和监管体制；（3）医保机构专业人员缺乏，专业能力不足，缺乏职业管理人、会计师、医师、律师等专业人员，导致只能采取"总额控制""限制耗材"等简单粗暴的行政指令性监管。

针对这些制度性弊端，应当在保障公民健康权和建立科学医保制度的更高层次上设计出科学的医保制度。（1）通过制定独立的《医疗保险法》，建立我国统一的医疗保险制度；（2）落实管办分离的方针，政府机构不再直接经营医疗保险，而交给职业医疗保险机构运营，政府主管机构则负责制定医保标准、范围、程序，对保险机构的选择、评估和监管；（3）医保机构通过公开竞争程序取得医保经营权，依法成立由政府、参保人、专业人士代表组成的管理委员会，科学经营和管理医保资金；（4）通过有序竞争，建立多元社会保险经办制度；（5）通过医保制度改革，科学控制医药费用，打击骗保、回扣和贪腐行为。

（四）依法建立科学有效的药品和医疗器械供应和使用制度

药品和医疗器械是医疗专业人员治病救人不可缺少的工具和手段。2015年国务院发布《关于改革药品医疗器械审评审批制度的意见》（国发〔2015〕44号），启动药品监管体制改革，极大地改变了药品审批严重积压、药品临床试验数据造假、仿制药质量不一的现象，推动了药品监管模式的改革，建立了药品上市许可持有人制度，正在推进药品数据保护和专利链接等制度，成效卓著，有力地促进了药品和医疗器械产业发展尤其是新药创新。

上述在药品研发、临床试验和生产领域的改革都有相关法律和政策的出台，本文不再赘述。但是在药品的流通和使用环节，改革尚需进一步深化。对此，可以考虑：（1）继续推进药品流通领域的改革，通过立法完善两票制和公立医院省级药品招标采购平台制度，减少流通环节并降低药价；（2）通

过立法建立短缺和低价药品的生产供应保障制度；（3）通过立法建立科学合理的药品定价机制；（4）破除公立医院趋利机制，坚决依法取消药品加成制度；（5）建立统一的执业药师制度，依法保障药师在合理用药和用药安全方面的重要作用；（6）通过进一步改革医保报销制度，消除过度治疗、药品滥用等弊端。

（五）综合监管制度法治化

医疗卫生服务关乎民众健康和生命，因此各国政府对于医疗卫生服务都实行严格的监管。如前所述，我国医疗卫生监管制度存在政府职能部门管办不分的情况，因此监管主要指政府主管机构对医疗卫生机构及其服务进行监督管理的工作。在这一意义上：（1）依法把好准入关，对医疗卫生机构的设立进行规划和审批，根据其所在区域和性质，规范其规模；（2）对医疗卫生机构及其服务进行全方位和全程监管，即对医疗机构的运行，医疗服务的质量，医疗服务的技术、药品和器械及其使用等不同领域和阶段的服务进行全方位和全过程的监管；（3）协调不同部门的监管职能，建立既有统一领导和协调又有分级分类实施的医疗卫生服务监管机制；（4）建立定期审核、评估制度以及相应的奖惩制度；（5）充分发挥医疗卫生职业团体的作用，把一些政府职能部门的工作通过购买服务或授权的方式交给它们负责；同时通过立法建立社会参与的机制和平台，实现共建共享的目标；（6）转变监管理念和方式，把政府主管部门单打独斗的单一监管转变为政府领导下医疗卫生机构和行业组织建立自身的监管制度，使其成为医疗卫生服务的提供者和第一责任人。

六　结语：民族复兴大系统下的健康中国
——超越医药卫生

前几节分别就健康中国的战略地位、核心价值、创新理念、实施策略和关键制度改革进行了阐述，并就其相应的法制设计进行了分析，提出了建议。但这只是对健康中国内在基本理论和制度的分析，尚不足以揭示健康中国在民族伟大复兴和全面小康社会建设大系统中的地位和作用。由于健康中国是关系每一个人、关系全民族和全中国的重大战略，因此必须超越医药卫生科学和技术的专业视野，从民生工程、民族复兴和两个一百年目标的重要组成部分的角度来认识它。可以说，健康中国是党的十八大提出的统筹推进"五位一体"总体布局的重要内容，包含在"社会建设"和"生态文明建设"两个部分中，是实现中国梦的条件和基础。

健康中国建设是以保障民众健康为目标的系统建构，是民族伟大复兴大系统中的子系统。因此，子系统的建设必然要与大系统相连接，其设计和建构也必将超越其自身子系统的范围。基于这一考虑，健康中国应当具备大系统格局下跨越部门、领域和界别的具体体系设计和建构。这些体系包括如下几方面。

第一，全社会关心和有序参与的决策体系，即前文所论及的国家层面上的健康委员会领导，社会团体、专业组织和公民依法广泛参与的决策体系。涉及健康问题的决策往往需要决策者在相互矛盾的利益和价值中进行选择，因此也最容易引发不同利益群体的争执。大到医药卫生体制的改革，小到基本医疗卫生服务包和医疗保险目录的划定，概莫如此。这也是为什么美国奥巴马医改法案会引起如此激烈的争执，为什么各国都为这些改革和决策设立了各种社会广泛参与的民主和公开的决策程序。我国在推进健康中国战略过程中，也不可避免地要充分发扬社会主义民主，建立全社会参与的决策体系。这一体系也将会为中国特色民主政治的发展作出贡献。

第二，大众参与的全民健身和群众体育体系。大健康理念要高度重视预防和保健，把预防和保健放在疾病治疗的前面。全民健身和群众体育是我国长期以来鼓励公民强身健体的优秀传统，应当把它纳入大健康的规划之中。而现实中，由于分管部门不同，主管体育的部门往往不是从大健康的角度来推动体育活动；由于市场化的进程，很多好的全民健身活动如工间操等也被废止。这些活动和设施建设及使用往往不是卫生主管部门能够决定的事情，

因此如何推动全民健身和群众体育体系的建构，也是在健康中国建设中应当考虑的重要问题。

第三，有利于人民健康的健康生态体系。健康生态是健康中国的基础，包括生态环境保护和健康环境建设。我国高度重视生态环境保护，制定了一系列环境保护法律法规，形成了良好的制度。但是在健康环境建设方面，还有很多缺陷，例如公共场所吸烟、吐痰和丢弃废物等有害健康的行为还较为普遍，甚至是某些地方的习俗；再如垃圾分类混乱、街头无照食品摊贩、不遵守交通规则等现象还相当严重。如人们私下所说："关起家门是欧洲，走出家门是非洲。"这就充分说明了健康环境建设的滞后状态。当前在农村开展的"厕所革命"和"改水改厕"起到了一个好的示范作用。以此为带动，积极推动健康环境的立法，改变人们的不良生活方式，从而提高全民健康素养，是今后健康中国建设的一个艰巨任务。

第四，建立全面覆盖的健康数据收集、分析和使用的大数据体系和新技术研发体系。在信息社会，高科技和人工智能技术的发展将对医疗卫生服务和健康中国建设带来深远的影响。因此，主管科技和工业发展的部门与卫生主管部门应当深入合作，综合布局，建立健康大数据体系和新技术研发体系。对于地大人众的我国而言，大数据体系和新的信息与人工智能技术将发挥巨大的作用。在这方面，我国一些地方通过数据共享平台建设，建立了医保异地报销体系、健康数据共享平台、远程诊疗系统、药品追溯系统等数据共享体系，收到良好效果。这些数据共享平台和运用新技术的医疗服务会带来一系列的法律问题，如信息不准确和输送错误带来的法律责任、高科技医疗诊断的责任人、争议解决的途径等问题，也需要通过立法和新的法律手段解决。

上述体系建设都涉及政府各部门、各领域和各行业的跨界大协作。因此最关键的是以健康为出发点和归宿的大协作体系建构。健康不仅是一个医学技术问题，而且是重大社会改革和制度重构的革命。这里不仅需要脚踏实地逐步推进的科学态度，也需要坚定推进改革的勇气和魄力，需要相应法律制度的支撑和保障。医疗卫生体制的改革不是唾手可得的易事，而是一项艰巨的社会系统工程和社会改革。"我们将迎难而上，进一步深化医药卫生体制改革，探索医改这一世界性难题的中国式解决办法，着力解决人民群众看病难、看病贵，基本医疗卫生资源均衡配置等问题，致力于实现到 2020 年人人享有基本医疗卫生服务的目标，不断推进全面建设小康社会进程。"①

① 中央政府门户网站：《习近平 20 日会见世界卫生组织总干事陈冯富珍》，http：//www. gov. cn/ldhd/2013 – 08/20/content_ 2470625. htm，2013 年 8 月 20 日。

B.9
健康权的规范构造[*]

陈云良^{**}

摘　要： 当前健康权研究缺乏对健康权规范模式的整体把握，缺乏系统的、从规范分析角度展开的讨论。从规范分析视角出发，以宪法基本权利的结构为分析框架，可以阐明健康权的规范构造，进一步说明健康权的权利属性和相应的治理对策。考察宪法基本权利体系理论的发展历程，基本权利构造经历了从二分到复合的变迁。健康权成为消极权利规范模式与积极权利规范模式共同作用的场域，因此健康权规范构造也必然呈现复杂的结构。以复合结构为基本框架，以有效选择原则为权利复合结构的区分界限，对健康权的消极权利和积极权利进行规范构造，并明确健康权的限制机制。健康权的复合规范构造可以更合理地解决健康权规范构造的立法和司法应用，构建科学的健康权规范体系，明确公立医院的双重职能，正确定位民营医院的发展方向。

关键词： 健康权　消极权利　积极权利

一　健康权研究需要规范分析

2018 年长生疫苗事件催生了《疫苗管理法》的出台，同年《药品管理法

---

* 本文原载于《中国法学》2019 年第 5 期。本文系教育部哲学社会科学研究重大课题攻关项目"基本医疗服务保障法制化研究"（项目批准号：14JZD025）的阶段性成果。

** 陈云良，广东外语外贸大学广东法治研究院教授。

（修正草案）》《基本医疗卫生与健康促进法（草案）》① 亦公开征求意见，引发全社会关注卫生法制基本问题。② 公民健康权作为这几部法律的基本范畴更是引起了法学界的重视。但是目前健康权的研究主要停留在属性研究和策略研究层面，缺乏从内在法理逻辑切入的规范分析。首先，对健康权进行片面理解和解释，要么将其解释为积极权利，要么将其解释为消极权利。公法学者强调健康权的积极权利属性，如岳远雷认为"健康权是公民的一项基本人权，应得到国家的尊重和保障；通过从宪法学的视角对健康权的含义、特征进行剖析和法律规定的考察，得出国家应对公民健康权的实现承担基本的责任"③。有的学者将健康权作为一种纯粹的积极权利，由行政权加以保障，健康权规范模式也就成为纯粹的行政法规范模式。如胡晓翔等指出，健康权法律关系是"行政法律关系"，④ 所有的规范设计都应当以行政法为基本模式。"强调经济、社会与文化权利等'积极权利'类型之保护，以及关注人民实际享有宪法权利之情形，历来是社会主义国家之重要的宪法理念。"⑤ 而私法学者则把健康权理解为一种民事权利，用民事法律关系理论来分析健康法律关系，尤其是自 2009 年《侵权责任法》把医疗损害作为侵权责任规定后，人们逐渐习惯将健康权的规范模式建立在民事侵权法律关系的基础上，研究内容往往集中在患者和医院过错责任、患者知情同意制度中的证据证明力和证明方式、侵权损害免

---

① 2017 年 12 月全国人大常委会公布了《基本医疗卫生与健康促进法（草案）》（一次审议稿）向全社会征求意见，明确提出公民享有健康权，将"公民的健康权利与义务"作为第二章。2018 年 11 月公布《基本医疗卫生与健康促进法（草案）》（二次审议稿），取消了原第二章，但其内容全部保留，分散到各章中。

② 2018 年 1 月，全国人大常委会将包括《基本医疗卫生与健康促进法（草案）》在内的一批法律草案面向全社会公开征求意见。社会大众对《基本医疗卫生与健康促进法（草案）》提交的建议意见最多，超过 5.7 万条。

③ 岳远雷：《论公民健康权的国家基本责任》，载《中国医学伦理学》2007 年第 3 期。

④ 参见胡晓翔《医改指归——医患关系之痛的原因与解决之道的思考》，载《南京医科大学学报》（社会科学版）2009 年第 2 期；邹艳晖《行政机关对公民健康权的给付义务》，载《兰州学刊》2016 年第 10 期。

⑤ 周刚志：《论"消极权利"与"积极权利"——中国宪法权利性质之实证分析》，载《法学评论》2015 年第 3 期。

责等方面。① 这两种观点都有一定的合理性，但都仅揭示了健康权规范模式的一个方面，而没有进行系统性学理思考。其次，健康权基础理论尚未成熟，缺乏对健康权规范模式的整体把握。由于理论准备不足，许多健康权的基本问题没有得以澄清，不能对立法进行有效的指导，卫生立法当中诸多重大基本问题分歧甚大，没有形成共识，直接影响了卫生立法的进程。2019年8月，《基本医疗卫生与健康促进法（草案）》第三次审议仍然没有通过。理论准备不足的缺陷还直接反映在法律名称上。《基本医疗卫生与健康促进法（草案）》在2014年底列入"十三五"立法规划时法律名称为"基本医疗卫生法"，到2017年底公布草案时改为现名，引起巨大的争议。"法名掀起巨大讨论的背后，是法律定位的不明晰，以及'健康融入万策'尚不坚固的共识。"② 十三届全国人大常委会第六次会议第一次审议该草案时，不少常委会委员对该草案名称提出了不同的修改意见。有的委员认为把"基本医疗卫生"和"健康促进"规定在同一部法律当中，容易引起基本概念的混乱；有的委员不赞成把"基本"二字写进法律名称；有的委员认为健康权是公民的基本权利，不能用促进法的规范模式来规定，可以保留"基本"二字，"像基本文化服务保障法保障公民的基本文化权利一样，还是要把它叫成'保障法'"③。光从法律名称的争议来看，"医疗""卫生""健康"的基本内涵、"基本医疗卫生"与"非基本医疗卫生"的区别、"基本医疗卫生"与"健康促进"的关系、健康权的基本含义、健康权的范围、健康权的立法模式、卫生法律体系构成等基础问题就亟待深入讨论分析，而其中有些问题甚至还从未展开过讨论，如"基本医疗"与"健康促进"的

① 参见纪格非《事实不证自明——突破医疗损害诉讼证明困境的另一视角》，载《证据科学》2016年第3期；周洪江、胡树新：《证据偏在下的医疗侵权证明责任分配——以司法与立法的冲突为视角》，载《山西高等学校社会科学学报》2015年第3期；马宁：《医疗损害责任的免除》，载《社会科学战线》2016年第5期；李雪阳：《困境与策略——辨析医疗领域中的"知情同意"》，载《哲学动态》2012年第8期。

② 吴斌、陈伟斌：《"基本医疗卫生与健康促进法"是公民卫生健康权益保障的重大突破》，载《南方都市报》2018年2月22日，第8版。

③ 赵实：《全国人大常委会委员建议修改基本医疗卫生与健康促进法名称》，载 https：//www. The paper. cn/newsDetail_ forward_ 1924444，最后访问时间：2019年5月14日。

区别和联系，如此匆匆改变原有的立法名称不得不说过于草率。

规范分析方法是法学研究的独特方法，是构建和保障法律规范科学性的基本方法。"规范分析方法主要关注法的合法性、法的运行效果、法的实体内容，全方位考察法的构成要素，由此制度事实构成规范分析的对象。"① 当前健康权研究缺乏系统的规范分析，导致健康权利义务关系模糊，对一些医疗领域社会问题的解释难以圆洽，无法真正对健康权的实现提供有力的可操作性的理论支撑。健康权研究需要以规范分析方法为基础，说明健康权的规范结构，才能真正分析清楚健康权法律关系中的权利与义务，真正探明健康权基本权利理论基础，进而指导立法与司法实践。

二　基本权利理论的变迁考察

消极权利与积极权利二分法是现代宪法基本权利理论的基本分析范式，但是，随着实践需求的变化和法学理论的不断演进，原来将权利区分为消极权利与积极权利的类型化方法已经难以满足权利理论与实践的需求。消极权利与积极权利存在复杂的联系，将积极权利与消极权利截然分开处理的做法不适应现代权利的复合性质。② 宪法理论对这一问题的回应体现在基本权利复合性的提出。那么，健康权是否也存在从二分法到复合性的变迁？"任何一项宪法规范的结构均不是单一的，需要放在宪法文本的整体结构中去考量，既要关注其内部规范要素，也要考察规范形成的历史条件以及规范之间的关系。"③ 这一问题的分析不能停留于现有的法律规定本身，而必须从社会发展角度和历史发展角度，进行更为深入的探究。

（一）基本权利二分法理论的模糊化历程

首先，消极权利衍生积极权利。当前，健康权已经成为基本权利进入

---

① 谢晖：《论规范分析方法》，载《中国法学》2009 年第 2 期。
② 参见张翔《基本权利的规范建构》，高等教育出版社，2008，第 38 页。
③ 张震：《宪法环境条款的规范构造与实施路径》，载《当代法学》2017 年第 3 期。

各国宪法中。但事实上，最初健康权完全是一种消极权利，"无论是发达的罗马法系，还是遵循先例的日耳曼法系，都是在私权的维度上考虑健康权的体系框架和保护问题"①。消极健康权是指自然人的健康法益免受他人不法侵害，或者因他人侵权行为受到损害时，有请求公力救济的权利。《民法总则》第110条规定的"健康权"即消极健康权在实在法上的具体体现。当然，这里的"健康权"是狭义的健康权。一方面其与"生命权"相区别，这主要着眼于侵害后果。侵害后果是死亡，则受到侵害的是生命权，适用死亡赔偿金的有关规定；侵害后果是伤残或者疾病，则受到侵害的是健康权，适用残疾赔偿金或者赔偿治疗所需的医疗费的有关规定。另一方面，其与"身体权"相区别。身体权着眼于人的物质存在的完整性，附着于人体的头发甚至义齿都能成为身体权保护的客体，而健康权着眼于人的身心系统的良好运行，身体局部物质的取得或毁损、灭失并不必然导致整个系统的损害。尤其是在医疗服务中，患者知情同意克减的人格权严格来说是身体权，亦即授权医疗机构及其医务人员进行侵入性诊疗行为，而其健康权并未因此减损，相反，在正常情形下，其健康权是受益的。

近现代以来，一方面，统治者认识到人口健康对于资本主义发展的重要性，从而健康的治理成为国家治理的重要内容，公民的健康保障成为国家统治正当性的重要组成部分；② 另一方面，生产的社会化使人们已经无法仅依据私法来有效地实现自己的权利，要求国家主动作为，通过公法来保障个人权利。"个体也再无法像从前一样，通过自由竞争自主地经营自己的生活，其自由的实现愈来愈多地依赖于国家所提供的各种社会物质条件。"③ 奉行国家不干预的自由竞争消极治理模式无以为继。以英国1942年《贝弗里奇报告》为转折点，国家开始为公民提供全面福利，其中医疗成为基本保障

① 蒋月、林志强：《健康权观源流考》，载《学术论坛》2007年第4期。
② See John Tobin, *The Right to Health in International Law*, at 1 – 41, Oxford University Press, 2012.
③ 赵宏：《作为客观价值的基本权利及其问题》，载《政法论坛》2011年第2期。

的重要部分。秩序行政向服务行政转变，① 向公民提供公共产品成为宪法上的国家义务。公民的这种社会权利不断扩展，国家承担从摇篮到坟墓的保姆角色，全面承担社会公共服务责任，包括医疗卫生服务。除了这种日常的健康权保障之外，健康权的非日常保障——健康侵权法律关系也衍生出了积极权利的因素。生产的社会化导致"事故的严重性、不可避免性和非个人特征，使得把不幸事件之后果归结为个人行为的做法不再具有合理性"②，在这样的社会转型背景下，若限于私法内部的思考，仅仅以消极权利主体责任自负为由将健康侵权中不可知的风险归由当事人承担，会导致看似完善的健康权制度、看似公平的权利义务安排，在实践中变得空洞而虚假，使得健康权保障期待落空。因此，侵权责任这一原先纯粹的消极权利保障制度发生颠覆性革命，民事责任部分转换为国家责任。而这一变革在健康权领域的表现尤为明显，因为医疗风险往往是不确定的，无论医疗机构还是患者，都在面对不可知的医疗风险，此时国家有义务提供底线保障。例如，紧急情况下，个人处于生命危机时，不需要经本人同意也不需其请求，医疗机构和医生都负有紧急救治的义务，这种获得紧急救治的权利就是将患者的消极健康权转化成积极健康权。同样，分级诊疗中的转诊行为本属民法调整，但在现代社会已经演变为社会法范畴。③

其次，积极权利也衍生消极权利。积极健康权是指公民请求国家维护其健康状态的权利，包括健康资源获得权、基本医疗服务请求权、公共卫生服务请求权、健康社会保障权、医疗救助权和紧急医疗救治权等。④ 在健康权的消极权利属性随着社会实践发展衍生出积极权利因素的同时，这些积极权利因素不断发展，也逐渐衍生出了消极权利的色彩，主要体现为树立起国家积极义务以公民消极权利为前提和根基的观念。"公务国家""福利国家"

---

① 参见江必新《行政法学研究应如何回应服务型政府的实践》，载《现代法学》2009 年第 1 期。
② 张铁薇：《侵权责任法与社会法关系研究》，载《中国法学》2011 年第 2 期。
③ 参见陈云良《论转诊行为的法律性质及救济途径》，载《法学》2019 年第 5 期。
④ 参见陈云良《基本医疗卫生立法基本问题研究——兼评我国〈基本医疗卫生与健康促进法（草案）〉》，载《政治与法律》2018 年第 5 期。

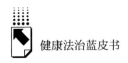

模式的兴起带来的重要问题就是公权力的扩张，要求国家采取某种集体道德原则的立场，从而基于共同体原则支持公民对健康的价值需求。① 人们在发展积极权利的同时也赋予了国家更多的权力，产生了国家权力危害公民权利的情形。因此，积极权利不再是纯粹的"公民主张—国家提供"模式，而是将公民的自主选择权作为积极权利的前提和根基，人们在要求积极权利的同时也强调对消极权利的保障。德国联邦宪法法院在 1958 年吕特案判决中明确指出：基本权利的主要目的在于确保个人的自由免受公权力的干预，积极权利的核心目的是为消极权利的最终实现提供基本保障。由此，原来的积极权利规范模式逐渐抹上了消极权利的色彩。这一点在健康权领域尤其体现为医疗父权主义的衰落与患者主体地位的提升。在医疗行为中，患者知情同意制度的设计正是尊重患者的自主决定权——消极权利的表现，患者有权自己处理自己的健康事务，有权参与医疗过程。可见，健康权的积极权利属性体现为人们有权要求国家提供保障，但是必须明确医疗行为中健康权享有者的积极权利的行使必须以消极权利——知情同意为前提。因此，尽管福利国家思潮成为世界共识，但是并没有因此忽视消极权利，恰恰相反，大量的积极权利被渲染上了消极权利的色彩。

（二）基本权利复合性的理论回应

现代社会的发展已经导致了消极权利与积极权利二分法思路的解构，二分法将二者截然分开的做法不能清晰描述权利的复合性质，"一些学者提出，没有一个权利是完全的消极权利或积极权利"②，"消极权利与积极权利的二分只是相对的，积极权利固然有天然的'消极权利侧面'，而传统的消极权利也逐渐生出'积极权利侧面'的性质来"③。德国宪法法院的裁判经

---

① 参见〔瑞典〕博·罗思坦《正义的制度：全民福利国家的道德和政治逻辑》，靳继东、丁浩译，中国人民大学出版社，2017，第 34 页。
② 邓海娟：《健康权的国家义务研究》，法律出版社，2014，第 24 页。
③ 张翔：《基本权利的受益权功能与国家的给付义务——从基本权利分析框架的革新开始》，载《中国法学》2006 年第 1 期。

验和德国宪法理论发展出来的基本权利功能体系理论，已经实现了从二分法到复合性的变迁，二者得以在同一权利结构并行不悖。国内的学者对基本权利的复合性亦展开了充分的讨论。有学者提出基本权利的双重属性理论。[1]有学者则分析指出："将基本权利划分为积极权利和消极权利在理论和实践上都存在缺陷，任何基本权利都具有积极和消极双重属性，都是积极权利和消极权利的统一，都具有积极权能和消极权能。"[2] 此外，消极权利与积极权利的二分最早根植于自由权和社会权的二分，而理论界已经为重构这种二分法提供了颇为成熟的论述。[3] 因此，一方面，公民健康消极权利并不影响健康权作为积极权利的功能发挥，反而消极权利需要积极权利的受益权保障；另一方面，国家法律机制完全可以容纳积极权利规范和消极权利规范的同时运作，偏颇于任何一方都是对问题整体结构的忽视，都是偏见。因此，健康权是一种复合权利，既是一种防御他人不法侵害的消极权利，也是一种请求国家提供帮助的积极权利，成为消极权利与积极权利共同作用的场域，需要私法规范和公法规范来共同规范构造。

三　有效选择——基本权利复合性的界分原则

基本权利复合性规范模式主要体现在基本权利体系的双重属性上，即同一个基本权利同时具有消极权利和积极权利的属性，那么在具体实践中如何决定何时何地采取何种权利规范模式？这就需要一个判断原则。因此，要从规范角度确立起健康权的规范模式，首先要明确基本权利复合性规范模式的界分原则。

现代公法、私法的目的可以说都是保护个人自由意志，健康权规范模式

---

[1]　参见张翔《基本权利的规范建构》，高等教育出版社，2008，第42~45页。

[2]　商继政：《论基本权利的双重属性》，载《四川师范大学学报》（社会科学版）2007年第6期。

[3]　参见秦前红、涂云新《经济、社会、文化权利的可司法性研究——从比较宪法的视角介入》，载《法学评论》2012年第4期。

构建也应当以自由意志为基础。基于对公民自由意志的保护，首先应当保障其自由选择的权利。只要公民具有选择的能力和条件，就必须允许其行使消极权利，这就是有效选择原则。符合这一原则的，采取消极权利的规范模式；不符合这一原则的，就必须由国家提供保障，采取积极权利的规范模式。当健康权主体能够以自由意志进行选择并且进行了自由选择的时候，就必须承担责任。当自由意志"失灵"之后，健康权主体享有受益权，享有要求获得帮助的权利，而在宏观上的制度设计中，健康权主体有要求制度保障的权利。

有效选择原则体现为选择能力与选择条件。选择能力是指健康权主体存在自由意志并且能够自由表达的能力。健康权主体能够充分获知和理解是表达自由意志的前提，"行为应当是行为人在自由和理性的状态下实施的，是他的自主的决定，倘非如此，则也不能称之为'行为'，因为无意识的或者是意志不自由下人所实施的，与其称之为'行为'不如叫作'动作'更准确"①。而现代医学具有的复杂性、专业性导致健康权主体并不一定能够充分认知和理解其作出的选择，因此，必须将选择能力作为规范模式的基本标准，健康权主体具有选择能力时才是自由意志的表达，才能适用消极权利规范模式。不具有选择能力时就应当适用积极权利规范模式。

选择条件要满足两个方面的要求。其一，要存在多元的选项供健康权主体选择。缺乏选项的自由选择不是自由意志的表达。不能将形式上的自主表达认为是自由意志的表达，更重要的条件是实质上是否享有选择的自由。只有唯一选项的选择不是自由选择，不能要求行为人对自己的行为承担全部责任，否则就是一种道德绑架，在公法上则会构成垄断。2019 年连续出现的乡村医生辞职现象正是其没有选择自由造成的。国家不能为乡村医生提供基本收入保障和职工身份，而其必须承担大量的公共卫生任务，医疗服务只能选择基本药物，诊疗收费也由国家定价。必须履行国家积极健康权义务提供

---

① 丁南：《从"自由意志"到"社会利益"——民法制度变迁的法哲学解读》，载《法制与社会发展》2004 年第 2 期。

公共卫生服务，没有经营自由，没有基本收入保障，医疗责任又按消极健康权模式构造，权利缺乏保障的乡村医生难以承担这种积极和消极健康权的双重义务。当然，在这里，乡村医生不是公民健康权的权利主体，而是公民健康权的义务主体。其二，要存在表达途径，健康权主体能够充分合理表达自己的意志。如果没有充分表达自己的意愿，却要承担不利后果，这样的规范也是不正义的。所以，当健康权主体没有两个以上的选项或者没有充分的表达途径，那么就不可以按照消极权利的规范模式来确立权利义务关系，国家就负有一定的保障义务并承担相应的责任。

总之，如果不具备选择的能力和条件，选择就是无效的，就不能适用消极权利的规范，相应的就应当适用积极权利规范，由国家加以保障。

四　健康权规范构造的展开

（一）健康权的消极权利规范构造

当健康权主体具有有效选择能力和条件时，享有按照自己意愿行为的权利、不受外界的干预、负有不影响他人利益和公共利益的义务，也必须对自己的行为承担责任。这就是健康权的消极规范结构。有两种较为典型的表现形式，一种表现为日常生活中与健康权有关的行为、习惯等，另一种表现为医疗过程中健康权主体自由选择医疗方式并自愿承受风险后果的行为。这两种权利的行使都由民法规范。在日常生活中，公民有权利决定自己的生活方式，塑造自己的健康习惯，这是一种消极权利，他人不能干预。纽约市前市长 M. Bloomberg 为了减少肥胖人群数量，曾试图制定规则限制人们饮用汽水的分量，引发人们愤怒的批评和法官的制止，认为这严重侵害了人们的自由选择，加重了穷人的负担。① 同样，每个人都可以在合法范围内处置自己的

---

① See Lawrence o. Gostin, "Limiting What We can Eat: A Bridge Too Far. " *The Milbank Quarterly*, 92 (2): 173 – 176 (2014).

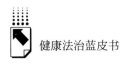

健康事项，有权自由选择医疗服务，也可以放弃医疗服务，其他人尤其是公权力不得干预。

消极权利具有消极性，体现在当侵害没有发生时，消极权利就处于静止状态，因此，主要的权利行使方式是对外来干预的防御，通过自力或者公力排除干预。相应地，国家必须保证消极权利不受干预。一方面，公权力要承担克制的义务。例如不得强制献血。侵犯公民的健康权，公民可以根据消极权利的规范结构，行使防御权权能。再如器官捐赠与交易中公权力应当克制，"不论是人体器官的无偿捐赠还是有偿出卖，都是公民处分自己身体的方式，都应该得到同等的对待与尊重"①。在可以选择的情况下，患者有权利对医疗过程中的治疗手段、治疗内容、治疗的可能结果等作出自己的选择，医疗机构不得代替患者选择。另一方面，健康权享有者自由意志的实现还存在着其他干预，公权力承担排除其他干预的义务。例如孕妇跳楼案，正是由于患者本人的选择权被剥夺，代理人干预了患者本人自由意志的结果。对此，患者有权利要求排除干预，公权力应当排除这种不当干预，确保消极权利的实现。

健康权主体享有决定权的同时必须自己承担责任。这决定了在有关健康权消极权利的法律规定中必须明确健康权主体的本人责任，由于自己的行为而发生损害的，必须自己承担责任。对于医疗过程中尤其是手术中的风险状况，应当以有效选择原则为依据，如果患者有条件也有能力作出选择，其选择高风险治疗方式就是自冒风险行为，应当自己承担责任。伤医杀医患者就是忽视了自己的责任，忽视了医疗合同的平等性，错把医生的行为义务视为结果义务。当然，如果患者没有足够的选择条件和选择能力，那么就不属于自冒风险行为，就不能根据消极权利的规范模式来归责。如《侵权责任法》第 56 条规定的紧急救治权，就是在病情危急的情形下，无须本人或其近亲属同意，健康权主体有权接受医疗机构提供的相应治疗。

---

① 陈云良：《人体移植器官产品化的法律调整》，载《政治与法律》2014 年第 4 期。

（二）健康权的积极权利规范构造

积极权利是健康权主体要求公权力履行积极义务的权利。根据权利行使的方式的不同，可以分为直接要求行政给付的主观受益权和间接要求权利保障的客观秩序保障权，相应的权利、义务、责任也不同。

1. 基于健康权主体请求的积极权利规范构造

当某种健康权事项具有公共性，超出了一般公民有效选择条件和能力范围之外，公民有权根据自身利益需求请求国家给予保障，国家有相应的给付义务。由于保障不足而引起损害的，国家有补偿责任。一种是公共卫生，这是典型的国家义务。例如大型流行性疾病，是单个个人所无法预测和避免的，其产生和扩散往往是社会性原因，这就需要政府提供公共卫生服务来解决，在我国主要通过国家公共卫生机构的行政给付来实现。国家制定一系列公共卫生法律，规范政府的这种公共卫生给付行为。另一种是基本医疗服务领域。医疗服务本来是典型的私人事务，由个人自己负责购买，由市场向社会提供。但是到19世纪末，德国行政法学界提出国家应该对公民承担生存照顾义务，现代福利国家从此诞生。一些欧洲国家开始由政府向公民提供全部或部分医疗服务，英国实行全民免费医疗制度，德国实行社会医疗保障制度。联合国《经济、社会及文化权利公约》第12条第1款规定："本公约缔约各国承认人人有权享有能达到的最高的体质和心理健康的标准。"第12条第2款第4项规定各缔约国要"创造保证人人在患病时能得到医疗照顾的条件"。当今世界各国，无论经济发达与否，大多数都不同程度地承担向公民提供医疗服务的义务。医疗服务特别是其中的基本医疗服务成为现代国家的基本义务，公民可以行使积极权利要求国家提供基本医疗行政给付保障。国家制定医疗法（又称医事法）来规范基本医疗服务给付行为。

健康权主体主张可以实现的权利，要求国家提供基本保障，义务的主要承担者是行政主体，行使方式主要是请求行政给付。在基本公共卫生服务中，公共卫生行政主体负有保障公共卫生的义务。如果出现不作为，公民有

权向行政机关提起行政复议或者向司法机关起诉等要求行政给付。例如长生疫苗事件中，如果公民在发现疫苗存在问题时能够及时向行政机关申诉或提起行政诉讼，就能够避免悲剧的发生。在基本医疗服务的提供中，政府、公立医院、用人单位负有提供基本医疗服务的义务，如果在基本医疗服务中损害了公民健康权益，公民有权要求医疗机构提供相应补偿、赔偿。如我国规定基层医疗卫生机构只能使用基本药物，药品销售实行零差率，以此来控制医疗服务的价格，保障基本医疗服务的可及性。

由政府承担责任的前提是健康权享有者没有选择的条件和能力。符合这一原则，应当由政府承担责任。不符合这一原则的则仍然应当根据健康权的消极权利规范的模式来确定责任，即健康权享有者自己承担责任，政府承担尊重和克制的义务。

2. 基于国家制度构建的积极权利规范构造

公民有权获得健康权的制度保障。国家政策与国家立法是公民个人无法直接选择的，在这种情况下，公民不具有有效选择能力和条件，必然采取积极权利的规范模式，即公民有权利要求国家提供合理的、不断完善的制度保障。对于健康权制度保障这一积极义务，主要是要求国家提供健康权实现所需的各种制度和条件，义务承担者是立法机关。如本文开头所提到的国家起草、制定和修订《基本医疗卫生与健康促进法》《疫苗管理法》《药品管理法》，便是履行健康权的制度保障义务。在公共卫生领域，我国制定了《传染病防治法》《职业病防治法》《母婴保健法》《精神卫生法》《食品安全法》《进出口商品检验法》《红十字会法》《献血法》《人口与计划生育法》9 部公共卫生法律，构成了比较完整的公共卫生法律体系，国家为全体公民提供完整的公共卫生制度保障。我国也加入了世界卫生组织，积极参与全球卫生治理。但是，在医疗领域我们一直没有在宪法之下制定落实国家基本医疗保障义务的法律，由全国人大及其常委会通过的医疗卫生方面的全国性法律只有两部，即《执业医师法》和《药品管理法》。正在审议的《基本医疗卫生与健康促进法（草案）》是对这种立法缺漏的补正，也正是健康权积极权利规范构造，将从根本上解决这一制度保障缺陷。[①]

公民健康权要得到完整的保护，不仅要建立完整的医疗卫生法体系，还要在其他法律中作出相应规定。健康权保障要融入所有政策，这在医学界被称为 HiAP（Health in All Policies），是世界卫生组织提出并倡导的制度。"将健康融入所有政策"的基本出发点在于：健康在很大程度上是由卫生保健领域之外的因素决定的，这些因素就是健康权的基础因素，比如饮用水、环境、施工等，健康保障的根本在于对这些健康影响因素的控制，因此要努力将健康照护纳入社会决策，以期改善人口健康。[②] 芬兰是世界最早实施"将健康融入所有政策"的国家，得到了欧盟成员国的认可，从 2006 年开始 HiAP 成为欧盟制定政策的重要原则。[③] 2013 年，世界卫生组织第八届国际健康促进大会发布《健康融入所有政策赫尔辛基宣言》，要求成员国贯彻落实 HiAP。中国很快作出回应，2017 年《"健康中国 2030"规划纲要》正式提出"将健康融入所有政策"，《基本医疗卫生与健康促进法（草案）》第 2 条也作了同样的规定。

公民有权通过合法途径提出要求，实现健康权的积极权利权能，督促立法机关积极保障公民健康权。但是我国目前并没有像德国那样设立立法不作为诉讼制度，公民不可以直接请求国家立法，而必须在法定资格、法定程序的限制之下对国家立法保障提出要求。而且缺乏立法并不是健康权受到损害的直接原因，因此不能要求国家承担责任。

（三）健康权的限制

健康权存在被滥用的风险。美国当代医学伦理学家埃里克·卡斯尔

---

① 对于这部法律是不是医疗领域的基本法，存在很大争议。从现有草案名称来看，它规范的内容除了基本医疗以外，还包括公共卫生、健康促进。当然，它至少第一次系统规定了基本医疗服务制度。

② See Timo Stahl, et. al, eds., *Health in All Policies*: *Prospects and potentials*, *Ministry of Social Affairs and Health*, Health Department of Finland, 2006.

③ See Commission of the European Communities, *Whitepaper*: *Together for Health*: *a Strategic Approach for the EU* 2008－2013, 2007.

（Eric J. Cassell）在对现代医患关系的分析中指出："患有严重躯体疾病的人经常失去奋斗的信心，思维变得狭隘，推理和决策的能力可能会发生变化，过度依赖医生和照顾他们的人，对外界事物变得淡漠，只注重自己，表现为自闭和孩子气，过分关注自己，无视外部世界。"① 患者觉得自己是弱者，应该得到全社会的同情和照顾，认为医生必须把病治好，错把治疗的权利当成治愈的权利。频繁见诸报端的医闹事件正是健康权滥用的典型表现，中国传统文化中的"死者为大"和愚孝文化更是加剧了这种权利滥用。因此，需要以权利限制条款来避免健康权利滥用。我国《宪法》第51条规定："中华人民共和国公民在行使自由和权利的时候，不得损害国家的、社会的、集体的利益和其他公民的合法的自由和权利。"

我国《宪法》第51条所规定的权利限制条款仍然是概括的限制，无法提供直接的行为指引。应当根据消极权利和积极权利的不同情况对健康权的行使加以限制。首先，对消极健康权的限制，即对健康权主体防御权的限制。强制医疗就是对患者自由决定治疗的权利的限制，例如对传染病患者、吸毒者，国家相关机关有权在法定条件下实施强制医疗，以避免损害他人权利和公共利益。其次，对积极健康权进行限制，行政给付必须在财政支付能力范围内，不能超越国家财政能力或者超出财政预算，否则就会导致国家正常运行的困难。我国到底应不应该实施全民免费医疗就是一个积极健康权限制的问题。由于经济发展水平的限制，我国目前的财政支付能力还不能包揽全体社会成员的医疗服务。当然，对健康权的限制应当在合理合法的范围内，即"对限制要进行限制"②。首先，必须遵循法律保留原则。对于健康权的限制必须由法律来规定，法律之外的行政法规、地方性法规、行政规章等不得作出超出法律规定范围限制健康权的规定。其次，必须遵循比例原则，即必须在合理范围内进行健康权限制，作最低程度的限制，限制的手段是必要的，以给被限制对象带来最小负担的方式进行。当对健康权的限制带

① Eric J. Cassell, *Talking with patients*, Vol. 2. Cambridge, Mass：MIT Press, 1985.
② 赵宏：《限制的限制：德国基本权利限制模式的内在机理》，载《法学家》2011年第2期。

来的损害大于实施限制后带来的公共利益、他人利益的增长时，不得进行限制。最后，保护效果原则，即对健康权的限制必须出于对公共利益、他人合法利益保护的目的，如果其他的方案能够获得更好的保护效果，就不能采用健康权限制的方法。

总之，健康权规范构造的具体设计必须说明权利、义务、责任的划分，这样才能起到规范分析法学提供行为指引和问题解决方案的作用。

五　健康权规范构造的立法与司法应用

（一）构建科学的健康权规范体系

我国健康权规范体系尚未完整构造。尽管十一届全国人大常委会委员长吴邦国在 2011 年宣布中国特色社会主义法律体系基本形成，但是健康（卫生）法律体系是最近几年才开始系统构造，[①] 医疗领域的基础性法律更是尚付阙如。就立法而言，我们可以将健康权规范体系分为积极健康权规范体系和消极健康权规范体系。对于积极健康权规范体系而言，我们首先要在宪法之下制定一部健康领域的基本法，规定国家保障公民健康权利的积极义务。正在起草的《基本医疗卫生与健康促进法》承载着这一历史使命。[②] 国家的健康积极义务分为公共卫生服务和基本医疗服务。公共卫生服务是典型的公

---

① "健康法律体系"（或称"健康法体系"）通常被称为"卫生法体系"，也被称为"生命法体系""医事法体系""医疗法体系"。因为在中文语境中"卫生"一词与"健康""医疗"等词语混用，造成了名称的混乱。"卫生"一词是我国约定俗成的用法，笔者认为，用"健康"一词来统一表述更为准确。

② 如前所述，该法名称引发了巨大的争议。这一争议正如前注所述，是由于对"卫生""健康""医疗"这些最基本的概念缺乏统一的认识，其实"医疗卫生"完全可以包含健康促进的内容，从该法草案第六章规定的"健康促进"来看，基本属于我们通常所说的公共卫生，法律名称应该为《基本医疗卫生法》，不必要画蛇添足。参见陈云良《基本医疗卫生立法基本问题研究——兼评我国〈基本医疗卫生与健康促进法（草案）〉》，载《政治与法律》2018 年第 5 期。当然，"健康"一词也可包含"医疗卫生"的全部含义，法律名称也可称为《健康法》，参见王晨光、杨健《〈基本医疗卫生与健康促进法（草案）〉专家座谈会纪要》，载《中国卫生法制》2018 年第 3 期。

共产品，市场不能提供，公民没有选择机会，不具备选择条件。在艾滋病、SARS 这样的传染病发生时，公民不具备防御的认知能力，也不具备选择能力。因此，世界各国普遍规定由国家向公民提供公共卫生服务，颁布了一系列公共卫生法律，美国、英国、德国、法国等国家还在此之上制定了统一的《公共卫生法》。如前所述，我国已经制定了《传染病防治法》等 9 部公共卫生法律，尚没有制定统摄公共卫生领域的《公共卫生法》。鉴于人类社会的不断进化与发展，科学技术的进步也同时引发了一些前所未有的公共卫生问题，我们有必要制定一部公共卫生基本法，弥补现有公共卫生分别立法难免产生的漏洞。而基本医疗服务本是消极健康权利，由公民个人自由决定如何选择。但现代国家普遍将其拟制成公共产品，消极权利转化成积极权利，国家承担积极义务，如我国《基本医疗卫生与健康促进法（草案三次审议稿）》第 29 条明确规定"基本医疗服务主要由政府举办的医疗卫生机构提供"，明确了政府提供基本医疗服务的主导责任。笔者一直主张单独制定一部《基本医疗服务法》作为医疗领域的基本法，而不是像现在的《基本医疗卫生与健康促进法（草案）》将基本医疗服务和公共卫生规定在一部法律里。"公共卫生是国家免费提供的，基本医疗是政府、社会和个人共同承担。它们的运行方式、管理模式、责任承担都不一样。两套制度放在一起可能会造成混乱"[1]，二者在规范模式上有重大差别。首先，基本医疗服务仍然以患者的请求为启动要求，如果患者不主动就诊，基本医疗服务就无法开始，而公共卫生服务是不需要请求，政府就必须给付的；其次，在医疗服务中，医疗机构和公权力仍然负有尊重患者选择的义务，例如选择基本药物还是非基本药物，而公民对公共卫生服务是没有选择权的，甚至没有放弃权；最后，公民作为权利主体有权要求政府提供免费的公共卫生服务，政府有义务保障基本公共卫生服务，政府如果没有履行公共卫生义务，公民可以直接提起行政给付诉讼。而即使在最新的《基本医疗卫生与健康促进法（草案

---

① 陈云良：《〈基本医疗卫生与健康促进法（草案）〉若干问题的思考》，载《中国卫生法制》2018 年第 2 期。

三次审议稿)》中也未作行政给付诉讼规定，公民基本医疗服务请求权未得到满足时，目前不能通过诉讼途径救济。

在《基本医疗服务法》之下再制定《医院法》《护士法》等，加上现在的《执业医师法》《药品管理法》，形成完整的医疗法体系。[①] 除了《公共卫生法》及其下位法和《基本医疗服务法》及其下位法之外，积极健康权规范体系还包括规范国家积极支付义务的《基本医疗保险法》《医疗救助法》。

消极健康权规范主要体现在现有民事法律规范中。《侵权责任法》第七章专门规定了"医疗损害责任"。《民法典·侵权责任编（草案）》延续了这一模式。而消极健康权的主要实现方式是医疗合同。《合同法》没有对医疗合同作专门规定，医疗合同属无名合同，患者和医疗机构之间的医疗服务行为适用《合同法》的一般规定。《民法典·合同编（草案二次审议稿）》仍然没有对医疗合同作特别规定。在缺乏立法指引的情况下，医疗服务合同文本五花八门，不规范、不统一，缺乏明确的规范指引，导致医疗服务容易引发纠纷。另一方面，在医疗服务合同纠纷中，缺乏明确的纠纷解决依据，患者的消极权利难以得到保障。首先，《合同法》过于粗略抽象，往往适用困难。例如，《合同法》第62条规定："履行方式不明确的，按照有利于实现合同目的的方式履行。"但是，在医疗服务合同中，如何判断"有利于实现合同目的"是难以确定的，因为现代循证医学的一切判断都要在一定的技术条件支持下根据专业医学知识才能作出，在医患信息严重不对称的情况下，合目的解释权往往完全在医方。而《合同法》总则不可能针对某一种

[①] 据悉，国家卫生健康委员会正在启动《中华人民共和国医事法》的起草。从名称上看，其将和全国人大常委会正在制定的《中华人民共和国基本医疗卫生与健康促进法》产生高度重合。用健康权的二元构造理论或许可以化解这一矛盾。从全国人大常委会公布的《基本医疗卫生与健康促进法（草案）》来看，这一草案是从积极健康权角度来保障公民健康权的，主要规定政府的主导责任。而《医事法》可从消极健康权视角来维护公民健康权，规范医患双方的民事权利和民事义务。二者可以并行而不重复。2019年5月19日，在北京大学医学人文学院举行的"《中华人民共和国医事法》立法前瞻问题研讨会"上，该院王岳教授提交的《医事法（建议稿大纲）》正好体现了这一思路。

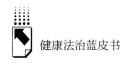
具体合同作出明确规定，这就导致医方掌握了解释合同目的的主导权，其解释极有可能任性。也正是由于这种任性，才导致了过度医疗等诸多问题。通过有名合同的方式，将双方主要权利义务予以明确，可以有效避免医方解释的任意性。其次，"医疗合同具有直接关系人的生命与健康等重大人身利益的特征。凡涉及重大人身权益的领域，多已超越了由私法自治原则调整的纯粹私人利益的范畴，而进入了社会公共利益的领域"①。因此，需要强制性规范的介入来加大对医疗服务合同的规范力度，而不能像对待一般财产关系类合同那样任由当事人意思自治。合同立法中通过将医疗服务合同有名化，进一步具体说明相应履行方式，实现对意思自治原则的调整。再次，医疗合同有名化还有助于医患双方选择医疗合同纠纷为诉由寻求司法救济，改变当前往侵权法救济一边倒的不平衡司法状态。② 最后，医疗合同既不同于承揽合同，也不同于典型的委托合同，有必要将医疗合同有名化处理。③

当今世界医疗服务纠纷多发，明晰医患双方权利义务成为现实需要，医疗合同有名化正在逐步成为共识。国际上很多国家都采取合同法的形式来保障患者的契约权利。例如，《荷兰民法典》第七编"具体合同"确立了"医疗服务合同"的有名合同地位。《德国民法典》在第二编（债务关系法）第八章（具体债务关系）第八节（雇佣合同）第二目中规定了医疗合同。尤其值得注意的是，《欧洲示范民法典草案》在第四卷（有名合同及其产生的权利义务）第三编（服务合同）第八章规定了医疗合同。④ 因此，医疗合同有名化不但早已是重大现实需求，也符合立法理论和一般立法规律，具有可行性。

但是在我国当前的立法实践中，医疗合同的独特性和重要性并没有体现出来，《基本医疗卫生与健康促进法（草案二次审议稿）》中没有相应的规

---

① 李运华、赵少凡：《略论医患关系的专门立法调整》，载《求索》2002 年第 5 期。
② 参见刘炫麟《民法典编撰与医疗合同典型化》，载《法治研究》2019 年第 3 期。
③ 参见陈云良主编《卫生法学》，高等教育出版社，2019，第 33 页。
④ 参见杜景林、卢谌《德国民法典全文注释》（上册），中国政法大学出版社，2015，第 514～520 页；〔德〕克里斯蒂安·冯·巴尔、〔英〕克莱夫《欧洲私法的原则、定义与示范规则：欧洲示范民法典草案》，于庆生等译，法律出版社，2014，第 630～707 页。

定,《民法典》各分编草案中的"合同编"也没有专门针对医疗合同进行规定。医疗服务合同的缔约方式、格式条款的特殊规定、违约责任的构成要件等都应当在卫生相关立法中作出规定,为医疗服务合同确立指引,为医疗服务合同纠纷裁决提供明确依据。

以上大体从健康权二元角度构造健康权规范体系。然而,现代社会健康权具有复合性,这种构造不是绝对的,积极健康权规范体系中蕴含消极健康权规范,消极健康权规范体系中也会存在积极健康权条款。

(二)明确公立医院双重职能

当前的公立医院承担着两种职能,扮演着两种角色,既是提供非基本医疗服务的市场主体,也是代表国家提供基本医疗服务的公法主体。这两种职能在公立医院中呈现重合的状态,二者界限的模糊导致了权利、义务、责任的模糊。一方面,在医疗市场化改革的背景下,患者可以在公立医院自费就医,自主选择医疗服务的提供主体和服务内容,这使得二者的法律关系具有私法属性,可以通过消极权利规范模式构建医患关系——患者的自由权得以充分实现,但同时也要承担相应的责任。另一方面,患者认为公立医院由国家出资,享有国家政策支持,占有国家资源,应当对患者承担更多的责任。事实上,"公立医院可以说是国家履行基本医疗服务保障义务的代理人,公立医院的医疗行为因而同国家公共行政给付行为紧密相连"[1]。如果过度强调医患关系的消极权利侧面,事实上就将公立医院本应承担的积极给付义务遁入私法规定中,依据私法规范排除了公立医院的公法责任。营利性医疗服务与基本医疗服务两种性质的职能都要在医院实现,这就需要将医院的基本医疗服务职能与一般医疗服务职能进行区分,形成二者的规范模式,促进这两种职能之间的协调配合。2015年国务院办公厅《关于城市公立医院综合改革试点的指导意见》明确提出,公立医院改革的基本目标是既要"充分发挥市场机制作用"、"调动积极性",又要"破除公立医院逐利机制"、

---

① 胡国梁:《公立医院的运行逻辑与法理定位》,载《天府新论》2017年第2期。

"维护公益性",任何一方都不可偏废。只有厘清这两种职能的界限,才能使二者相辅相成。

公立医院的营利性医疗服务应当采取消极权利规范模式,因为作为市场主体的医院与患者之间是平等的,二者法律关系的平等性决定了公民作为民事主体必须自己承担责任,这是对公民权利的尊重。基本医疗服务应当采取积极权利规范模式,避免医疗服务市场化导致基本医疗服务目的落空,因此,政府应当确立基本医疗服务范围,将基本医疗服务视为公共产品来提供。而这两种职能及其规范模式的界限仍然要以"有效选择原则"为标准。以手术中的知情同意制度为例。知情同意制度是营利性医疗服务的基本制度,是消极权利规范模式的产物,知情同意确保了患者的知情权和选择权。但是,知情同意还有可能以积极权利规范模式来确立权利、义务、责任。例如,医疗过程中的不明风险,连医生都可能不能作出判断,患者就更不知情,患者在此情况下不具有有效选择能力,所以不能采取消极权利规范模式,不能以患者"同意"为由要求患者承担全部责任。再如,侵入性治疗中的不可知风险如并发症、病情突变等复杂情况。类似风险应当由整个社会来共同面对和承担,而不能简单地将其归于公民个人来承担,体现出健康权内涵的共济性特征。① 公民有权利获得帮助,国家应当积极保障,出现不良后果时,应当由国家负担一部分责任。目前一个已经成为共识的解决方案就是由国家设立医疗责任保险,以此来履行其积极义务。明确这一标准,可以避免公立医院将积极给付义务遁入私法规定中,依据私法去排除自己的公法责任。这样,通过有效选择原则,就明确了公立医院的双重职能及其界限。

(三)正确定位民营医院发展方向

医疗具有高度的专业性,现代医学科技的高度发达更加剧了这一点,没有受过专业教育的普通患者尽管有自由表达的能力,但是其对自身的疾病无

---

① See Wright-Carozza P, "From Conquest to Constitutions: Retrieving a Latin American Tradition of the Idea of Human Rights." *HumanQuarterly* 25, 281 – 288 (2003).

法正确认知和理解，不能作出正确的判断，通常是没有选择能力的。没有选择能力，即使具有多种选择条件，也是无意义的。按照前述健康权规范构造理论，医疗服务应当尽可能采用积极健康权构造模式。正因为如此，现代国家普遍主动承担保障公民健康的积极义务，由国家向公民提供医疗服务，而不是按消极健康权模式听任市场自由提供。即便是最典型的市场经济国家英国也是如此，其建立了英国人引以为傲的国家卫生服务系统（National Health Service）。[1] 同时，医疗是公民的生存性基本需求，也不宜作为一种营利性产品来提供。特别是我国的社会主义性质，加上当前市场诚信匮乏的现实，更不宜把医疗卫生服务交由市场去提供。20世纪90年代的市场化医改给我们留下了惨痛教训。但是，近年来医疗服务的市场化倾向正在重新抬头，国家不断出台政策鼓励民营医院发展，国务院先后发布了《关于进一步鼓励和引导社会资本举办医疗机构的意见》（2010年）和《关于促进社会办医加快发展若干政策措施的通知》（2015年）。正在审议的《基本医疗卫生与健康促进法（草案三次审议稿)》亦体现了鼓励民营医院发展的政策导向，第41条规定："鼓励社会力量依法举办医疗卫生机构。"根据国家卫生健康委员会统计信息中心于2019年1月发布的数据，截止到2018年11月底，我国民营医院已经达到210404家，远远超过同期的公立医院数量——12072家。与2017年同期相比，民营医院增加了2291家，公立医院减少了109家。[2]

这种把公民健康事业交给民营医院来经营的消极健康权发展模式带来了巨大的社会问题。2016年引起广泛关注的"魏则西事件"使全社会认识到，医疗服务不能作为一种营利性产品由市场来经营。2019年5月14日，国家卫生健康委员会等五部门发布《关于开展促进诊所发展试点的意见》，鼓励

---

[1] 参见陈云良、陈佳苗《英国2012年〈卫生和社会护理法案〉研究》，载《法学杂志》2018年第6期。

[2] 参见国家卫生健康委员会统计信息中心《2018年11月底全国医疗卫生机构数》，载 http://www.nhc.gov.cn/mohwsbwstjxxzx/s7967/201901/94fcf9be64b84ccca2f94e3efead7965.shtml，最后访问时间：2020年7月29日。

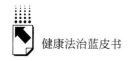

医生个人开办诊所。而同时，厦门市公安局、深圳市公安局宣布查处了惠爱门诊部、华光大门诊部、真爱门诊部、宝济门诊部等系列医疗涉黑涉恶案件，这些民营医疗机构采取术中恶意加价、虚假诊断、夸大病情或疗效、利用医托欺诱和强迫患者诊疗等手段来获利。[①] 这些民营医疗机构正是恶意利用患者在专业治疗中缺乏选择能力这一自然缺陷，欺骗和敲诈患者。民营医疗机构的这种黑恶经营模式并非个别现象。有资料显示，全国的民营医院中，曾经80%是由靠性病游医起家的莆田系创办。[②] 健康权规范构造理论和民营医院的发展现实都表明，我国目前不宜发展民营医院来为公民提供医疗服务，对违规经营的民营医疗机构应当加大加快取缔力度。众所周知，美国公民看病费用由自己负责，自己购买商业保险，并且医疗费用高，但是美国实际上对医院的营利性控制得非常严格，司法确立了"禁止企业介入医疗"原则，[③] 确保医疗专业判断的独立性，确保医院和医生以患者健康为中心。为了禁止非专业人员干预医生的专业医学决定，防止医生因经济效益怠于履行对患者的忠诚义务，避免医疗机构过度商业化，美国约有30个州以各种形式禁止企业介入医疗事业。[④] 20世纪初，美英等国在中国举办的华西医院、协和医院、湘雅医院、齐鲁医院、瑞金医院都是由教会、协会、基金会举办，而不是企业举办。从我国民营医院的发展现实来看，这种禁止商业机构以医疗来谋利的做法值得借鉴，符合医疗的公益性。

鉴于医疗的公益性、当下市场诚信水平、监管部门的监管能力，以及

① 参见可凡《一批莆式医院被定性为恶势力犯罪集团》，载 http：//www. sohu. com/a/314477368_456062，最后访问时间：2019年6月9日；《大批"莆式"医院被定为黑恶势力，医疗欺诈已被列为扫黑除恶整治重点》，载 http：//www. sohu. com/a/315367349_120044796，最后访问时间：2019年6月9日。
② 参见朱丽《莆田系与公立医院的博弈之道》，载《中外管理》2015年第5期；《"莆田系"民营医院名单大揭秘》，载 http：//www. sohu. com/a/149035970_470046，最后访问时间：2019年6月9日。
③ See Hayward, Lisa, "Rediger Revising Washington's Corporate Practice of Medicine Doctrine." *Washington Law Review* 2, 403, 1996.
④ 参见李宛芝《论美国法上"禁止法人介入医疗原则"及"对台湾医疗法人规范"之启示》，载《月旦医事法报告》2017年第11期。

患者在医疗专业问题上缺乏选择条件和选择能力，应当禁止无医疗经验的企业办医院，严格限制举办营利性医院。如果允许医院像企业一样以营利为目的，医院经营者、医护人员必然会在治疗过程中偏离治病的目的，想尽一切办法多收费，甚至在术中加价，损害患者利益，偏离患者健康这个中心。应当对现有营利性民营医院加强规制，保障民营医院的公益性，探索营利性民营医院的运营与医疗服务分离运行的机制，推动实现民营医院运营中的逐利机制与民营医院医疗服务体系相分离，并将其逐步转为非营利性医院。

重点案例评述

Case Review

B.10
不良反应药品的产品责任

谢思成*

摘　要：　药品不良反应案件频发，但司法实践中对药品不良反应的
产品责任判定存在同案不同判的现象。如果仅依据药品符
合国家标准而判定不存在缺陷，则不利于保护消费者的合
法权益。司法裁判中应当严格按照产品责任的构成要件来
分析：缺陷、损害以及因果关系。其中对于缺陷的判断，
第一步是明确药品是否符合国家标准或行业标准，第二步
明确是否存在不合理的危险。如果符合国家标准但是存在
不合理的危险仍应认为药品存在缺陷。对于"不合理的危
险"的判断，关键在于该药品是否符合消费者的"合理期
待"，若药品导致了常见且可预期之外的不良反应，则可

* 谢思成，武汉大学大健康法制研究中心助理研究员。

以判定该药品存在缺陷，应当由生产者承担相应的产品责任。

关键词： 不良反应　产品责任　药品　产品缺陷

一　基本案情

（一）案件事实

2008 年 8 月 31 日，彭某某因自觉感冒去刘某某卫生室看病，检查后，该卫生室负责人余某某开具处方，原告依该处方静脉注射盐酸克林霉素和炎琥宁 2 天后，不适加重。9 月 2 日，彭某某前往黄石市中心医院检查，化验结果为尿隐血、尿蛋白。彭某某未在黄石市中心医院接受治疗，返回刘某某卫生室继续注射盐酸克林霉素和炎琥宁，当天下午入住鄂州市中心医院治疗，次日查血，发现肌酐值远高于正常值。医生诊断彭某某患有急性肾衰竭、高血压三级。住院治疗 9 天后，转往湖北省人民医院继续住院治疗，15 天后出院。湖北省人民医院的诊断结论为急性肾损伤。彭某某 2008 年 8 月 29 日体检时虽然发现双肾小结石、左肾囊肿及"小三阳"、轻度脂肪肝及肝脏多发性囊肿，但其谷丙转氨酶、谷草转氨酶、肌酐、尿蛋白均在正常值范围内，其肝、肾功能正常，因此怀疑其急性肾损伤与其注射盐酸克林霉素有关，追查之下，发现其注射的盐酸克林霉素系普某某制药公司生产，批号为 080603—3，由刘某某卫生室从吴某某医药公司购进，吴某某医药公司则从大和医药公司购进。[1]

---

[1]　彭某某诉武汉普某某制药有限公司生命权、健康权、身体权纠纷案，湖北省鄂州市中级人民法院（2018）鄂 07 民再 8 号民事判决书。

（二）判决要旨

一审法院认为损害结果的发生不是因为涉案药品质量不合格，也非医疗行为存在过错，属于预料之外的药物不良反应，四被告亦无其他应承担本案民事责任的违法行为，因此对要求四被告承担连带赔偿责任的主张不予支持。但从民事活动的公平原则考虑，应对彭某某遭受的损失进行适当补偿。

二审法院认为彭某某注射的盐酸克林霉素虽然属质量合格产品，但引起了肾损伤的后果，该后果的发生与注射的盐酸克林霉素有直接的因果关系，故应认定彭某某注射的盐酸克林霉素构成产品缺陷。

再审法院认为本案损害后果的发生，既不是因为药品质量不合格，也非医疗行为存在过错，而属于药品使用过程中的不良反应，各方当事人均不存在过错。结合公平原则，彭某某的损失应由普某某制药公司、大和医药公司、吴某某医药公司、刘某某卫生室共同分担。

（三）核心争点

产品缺陷是指产品存在危及人体健康、人身及财产安全的不合理的危险，包括设计上的缺陷、制造上的缺陷和指示上的缺陷。产品不符合保障人体健康和人身、财产安全的国家标准、行业标准的，同样属于存在缺陷。本案争议焦点是检验合格的药品导致不良反应，该药品是否为缺陷产品？药品生产者与销售者是否应当承担产品责任？

二 类案整理

（一）对药品不良反应案件的类型化整理

通过图1、图2可以得知，药品不良反应案件的数量逐年递增，其中涉及因果关系以及侵犯生命权和健康权的案件数量较多。

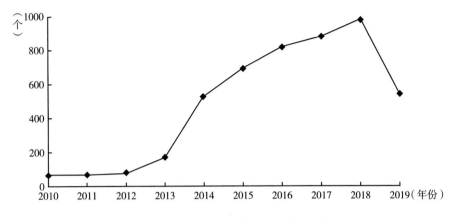

图1　药品不良反应案件裁判年份及数量

数据来源：无讼案例官网，https：//www.itslaw.com/search，以"不良反应"为关键词进行搜索，案件类型设置为民事案件，截至2020年1月10日共有4926个相关案例。

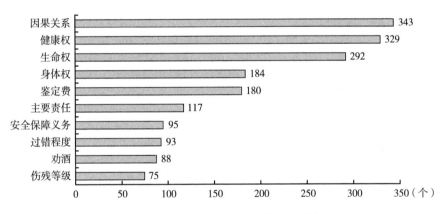

图2　药品不良反应案件涉及的主要关键词

（二）与本案案情相似案件判决情况统计

表1系选取不良反应药品的产品责任典型案例汇总而成，从中可以窥见针对药品不良反应案例各地法院的裁判思路存在较大的分歧，主要争议焦点在于药品是否存在缺陷、是否与损害后果存在因果关系以及损害责任的承担方式。

表 1　典型案例及裁判结果梳理

编号	案名	说明书是否提示患者所出现的不良反应	鉴定结果	法院判决要旨
1	吴旭朝诉齐鲁制药有限公司等产品责任纠纷案①	未提示	尚无使用"申捷"药物导致格林巴利综合征的权威报告	药物"申捷"系经药监部门批准后生产使用，该药品所附说明书中注明了药品的通用名称、成份、规格、适用症、不良反应、批准文号等内容，产品标识符合相关法律规定。仅凭现有材料尚不能作出该产品存在质量问题的认定
2	刘海兴与河北省沧州中西医结合医院医疗损害责任纠纷案②	未提示	医院未密切关注用药后的反应，存在过错。但药品不存在缺陷	酌定中西医结合医院对刘海兴的各项经济损失承担45%的赔偿责任，另赔偿刘海兴精神损害抚慰金60000元
3	高某与深圳赛诺菲巴斯德生物制品有限公司医疗产品责任纠纷案③	判决书中未明确	高某的血小板减少性紫癜与其接种流感病毒裂解疫苗之间，不排除存在因果关系	鉴于高某尚年幼，病情对其生活造成不利影响，且其病情与接种流感病毒裂解疫苗不排除存在因果关系，故本案适用公平责任原则，由巴斯德公司对高某的合理损失进行适当补偿，补偿范围应限于高某有证据证明的合理损失部分，具体数额由法院酌情确定
4	王成刚、周习梅等与公安县杨家厂镇卫生院等医疗损害责任纠纷案④	判决书中未明确	该批次"头孢噻肟钠"药品仅仅是受害人王倩过敏反应的诱发因素	药品不良反应是指正常剂量的合格药物在用于预防、诊断、治疗疾病或调节生理机能时出现的有害的和与用药目的无关的反应，为药品的固有属性，属于合格药品的设计缺陷范畴。该药品的使用与受害人王倩的死亡结果之间存在因果关系。鉴于合格的药物设计受制于当前医学科技认知能力和受害人王倩异于常人过敏体质的事实，本院酌定被告昆明积大制药股份有限公司承担三原告30%损失的赔偿责任。被告公安县杨家厂镇卫生院承担三原告20%损失的赔偿责任

编号	案名	说明书是否提示患者所出现的不良反应	鉴定结果	法院判决要旨
5	贺定珍诉国药集团致君（深圳）坪山制药有限公司、沈阳维康医药连锁有限公司大连沈阳路维康大药房产品责任纠纷案⑤	有提示	原告放弃鉴定	致君公司提供的药品批准文号说明及国家总局网站查询路径可以证明其生产的双氯芬酸钠缓释片符合国家标准并经检验合格，且药品批准文号在有效期之内，故涉案药品尚不存在法律界定的产品缺陷
6	张美琼诉开平市中心医院、大博医疗科技股份有限公司医疗产品责任纠纷案⑥	有提示	被告未申请对内固定钢板断裂的原因进行鉴定	因该钢板是植入原告体内，应当排除外力所致的可能性，且使用时间不足三个月，应推定为该钢板质量存在缺陷，对于否定缺陷的举证责任应由被告大博医疗科技股份有限公司承担。虽然被告大博医疗科技股份有限公司提供了相关质量证明书、出厂检验报告等，但在举证期限内没有对该钢板断裂的原因申请鉴定，不足以否定该钢板存在缺陷
7	芦某1与惠氏制药有限公司、航天中心医院医疗产品责任纠纷案⑦	判决书中未明确	鉴定结果不明	根据现有证据，无法证明惠氏公司生产的肺炎疫苗质量存在缺陷。该疫苗并未出现大规模的类似损害后果。本案中，原告出现的症状和损害后果属于极特殊罕见的个案。惠氏公司亦提交了该疫苗的检验报告以及生物制品批签法合格证。因此原告就缺陷产品主张惠氏公司承担全部赔偿责任之诉讼请求，不能成立。但根据鉴定报告上"在起病时间上和病情免疫反应特点上，与接种七价肺炎球菌结合疫苗具有间接的因果关系"的论述，本院判定惠氏公司承担40%的赔偿责任

①吴旭朝诉齐鲁制药有限公司等产品责任纠纷案，北京市西城区人民法院（2014）西民初字第04224号民事判决书。

②刘海兴与河北省沧州中西医结合医院医疗损害责任纠纷案，沧州市中级人民法院（2019）冀09民终5894号民事判决书。

③高某与深圳赛诺菲巴斯德生物制品有限公司医疗产品责任纠纷案,北京市丰台区人民法院(2018)京 0106 民初 26914 号民事判决书。

④王成刚、周习梅等与公安县杨家厂镇卫生院等医疗损害责任纠纷案,湖北省公安县人民法院(2019)鄂 1022 民初 905 号民事判决书。

⑤贺定珍诉国药集团致君(深圳)坪山制药有限公司、沈阳维康医药连锁有限公司大连沈阳路维康大药房产品责任纠纷案,辽宁省大连市旅顺口区人民法院(2019)辽 0212 民初 1441 号民事判决书。

⑥张美琼诉开平市中心医院、大博医疗科技股份有限公司医疗产品责任纠纷案,广东省开平市人民法院(2016)粤 0783 民初 2805 号民事判决书。

⑦芦某 1 与惠氏制药有限公司、航天中心医院医疗产品责任纠纷案,北京市海淀区人民法院(2014)海少民初字第 47 号民事判决书。

三 案例剖析

（一）产品责任的构成要件

产品责任,是指缺陷产品造成他人损害时,该缺陷产品的生产者、销售者应当承担的侵权责任。① 我国《产品质量法》第 41 条规定:"因产品存在缺陷造成人身、缺陷产品以外的其他财产损害的,生产者应当承担赔偿责任。"因此,产品责任的构成要件有:(1)产品存在缺陷;(2)损害,即使用缺陷产品所导致的人身伤害或缺陷产品以外的财产损害以及其他损失;(3)产品缺陷与损害事实之间存在因果关系。

（二）药品是否存在缺陷?

1. 药品缺陷的证明责任

产品缺陷的举证责任应当由谁承担在司法实践中存在一定的争议。由于法律并未对产品缺陷的举证责任作出特别规定,因此主张产品存在缺陷的原告负有证明该缺陷的证明责任。但是,考虑到产品责任的受害人欠缺产品的

---

① 程啸:《侵权责任法》,法律出版社,2015,第 481 页。

相关专业技术知识，不了解产品生产、销售的具体情况，对受害人证明产品缺陷的责任不应提出过高的要求。受害人只要提供证据（如具有相应资质的产品鉴定机构的鉴定报告等）证明涉案产品存在问题，即可初步认定产品存在缺陷。此时，应由作为被告的生产者、销售者提供证据证明产品不存在缺陷。也就是说，被告对于产品没有缺陷的证明程度高于原告对产品存在缺陷的证明程度。被告不仅要证明诉争产品符合国家标准、行业标准，还要证明根本不存在危及人身、他人财产安全的不合理的危险。[①] 司法实践中有的法院会采取推定的方式认定产品缺陷，在排除其他可能原因的情况下，产品存在缺陷的可能性达到了高度盖然性，如果被告无法证明是其他原因导致损害发生，就要承担相应的责任。（如表1所列案例6）

2. 缺陷的判断方法

当产品有保障人体健康和人身、财产安全的国家标准、行业标准时，倘若被诉产品的质量不符合这些标准，当然被认为存在缺陷。即便产品符合保障人体健康和人身、财产安全的国家标准、行业标准，是合格的产品，也只能初步表明该产品没有缺陷，并不等于该产品是没有缺陷的产品。如果受害人能够证明产品存在危及人身财产安全的不合理危险，则仍应认定其存在缺陷。[②] 尤其是在药品领域，原因在于国家药典标准是根据现有医疗技术进行非临床和临床实验所得的数据制定的，无法反映药品中可能潜藏的不良反应。如果药品生产者以药品符合国家药典标准、不存在缺陷为由拒绝承担责任，则损害只能由患者自己承受。这显然与《产品质量法》保护消费者合法权益的立法宗旨是不符的。[③]

所谓不合理的危险，仅指在对产品进行合理使用过程中出现的危及使用者人身安全、财产安全的危险。消费者在合理使用产品时，会产生一种对产品安全性的合理期待。也就是说，只要是对产品进行合理的使用，则消费者会认为该产品具有"合理期待的安全性"。如果在合理使用的情况下，产品

---

① 程啸：《侵权责任法》，法律出版社，2015，第501页。

② 程啸：《侵权责任法》，法律出版社，2015，第493页。

③ 何晓平：《论我国药品损害救济体系的构建》，载《法学杂志》2011年第7期。

却对人身、财产造成了损害，那就说明：要么产品的质量不合格，即其制造或设计上有问题；要么该危险虽然是合理使用产品的必然产物，但因生产者、销售者未进行充分的说明与警示而存在警示缺陷。[①] 两种情形都属于产品缺陷，生产者、销售者应当承担侵权责任。

3. 药品不良反应的分类与法律定性

（1）常见且可预期的不良反应

任何药品都有可能存在不良反应，且因个人体质差异而有不同的反应类型及反应程度。对药品可能出现的不良反应，各国大都立法规定，应在药品的标签或说明书上作充分的说明。

（2）常见且可预期之外的不良反应

药品的配方、工艺设计、制造、营销以及使用大都以当时的知识水准为限，对于某些药品，即使在开发阶段已经作了大量的药理、毒理以及临床试验，但药品的毒性反应具有潜伏性和长期累积的特点，再加上人体免疫系统的个体差异，因此仍有可能不能完全预见药品所隐藏的不良反应，使药品的危险难以预测。而这种未经发现、未能预见、未能在药品的使用说明书中体现的意外的不良反应则称为常见且可预期之外的不良反应。

（3）特异体质型药物过敏反应

特异体质一词作为医学上的正式术语，一般是针对对某种特定的药剂呈现特别反应体质的人而言。从广义的角度而言，特异体质型药物过敏反应也属于药品不良反应。但此种不良反应是已知却无法以现有技术克服的"缺陷"，在国外则被称为"系统风险"。此种风险发生率极低，杀伤力极大，且为通常注意所不能预防。

在药品不良反应的三种类型中，药品正常且可预期的不良反应和特异体质型药物过敏反应应属"合理危险"的范围。

药品常见且可预期之外的不良反应是药品本身有而未能被发现的意外有害反应。我国台湾地区学者称之为药品的设计缺陷，即药品依其设计制造，

---

① 程啸：《侵权责任法》，法律出版社，2015，第497页。

但有当时未预期的本质上的不安全，有致人损害的可能。亦即药物在设计上有不合理的危险，而此种危险系设计上的错误所致。国外对此种不良反应所致的损害赔偿大都通过立法规制或以判例进行确认。如1978年1月1日施行的《德国药品法》第84条规定：由于药品之使用致人于死，或严重伤害其身体健康，有下列情形之一时，将该药品行销于本法施行区域之药商就此所生损害对受害人负赔偿责任：（1）该药品在依指示之方法使用时，有超出当时医学知识可以接受之范围之有害结果，且其原因系存在于研发或制造领域内；（2）该损害系因不符合当时医学知识所应有之标示、专业信息或使用的信息而发生。由此可见，《德国药品法》将药品缺陷分为：研发缺陷、制造缺陷和指示缺陷。而药品超出当时医学知识可以接受之范围之有害结果，显然是指药品常见且可预期之外的不良反应，属于药品研发缺陷的范畴。①

4. 结合本案的分析

本案中的盐酸克林霉素符合国家标准和行业标准，被检测为合格产品并出厂，彭某某因注射盐酸克林霉素导致急性肾损伤并住院治疗。二审法院直接根据损害后果的发生而断定损害是因产品存在缺陷而导致，不具有说服力。一审法院和再审法院仅仅根据药品符合国家标准而判定不存在缺陷，此种判断标准不利于保护消费者的合法权益。

判断该批盐酸克林霉素是否存在不合理的危险是关键。本案中的彭某某用药后产生了不良反应。"药品不良反应"是指合格药品在正常用法用量下出现的与用药目的无关的或意外的有害反应。该药品说明书中仅仅提示"肝、肾功能损害者慎用"，但是彭某某经过体检查出谷丙转氨酶、谷草转氨酶、肌酐、尿蛋白均正常，因此对于正常的肝肾功能健全的消费者而言，如果医疗机构人员没有提醒，在遵照医嘱合理使用盐酸克林霉素时断不会料到会产生急性肾损伤的不良反应。按照正常合理用途使用该药品却遭受预期

---

① 叶正明：《药品不良反应的法律定性及其后果的救济》，载《法律与医学杂志》2005年第1期。

之外的损害，很明显属于常见且可预期之外的不良反应，足以证明该药品存在研发缺陷。除非生产者能够证明产品投入流通时的科学技术水平不能发现盐酸克林霉素具有导致急性肾损伤的可能性，否则本案中的盐酸克林霉素应当被认定为存在缺陷。

（三）损害

本案中彭某某因急性肾损伤住院，健康权遭到损害；同时花费医疗费、住宿费、交通费等合计 81518.29 元，因此也遭受了财产损失。

（四）因果关系的证明

本案的原告通过鉴定机构证明了不良反应与注射盐酸克林霉素存在因果关系。

综上所述，本案中的盐酸克林霉素存在缺陷，同时造成了彭某某的人身与财产损害，满足产品责任的构成要件，被告武汉普某某制药有限公司与刘某某卫生室应当承担连带赔偿责任。

四 结语

药品不良反应的案件数量逐年递增，但是司法实践中法院对此类案件的裁判有较大的分歧，同案不同判的现象严重。本案中的盐酸克林霉素符合国家标准和行业标准，但是仍然导致了原告急性肾损伤并住院治疗。如果仅仅根据药品符合国家标准而判定不存在缺陷，则极不利于保护消费者的合法权益。应当对该危险是否属于不合理的危险进行分析。彭某某按照正常合理用途使用该药品却遭受预期之外的损害，即使该损害被认为是不良反应，也足以证明该药品存在不合理的危险。是故，被告应当承担产品责任。

为减少此类药品不良反应案件同案异判的现象，司法裁判中应当严格按照产品责任的构成要件来分析：缺陷、损害以及因果关系。其中对于缺陷的判断分两步：第一步，药品是否符合国家标准或行业标准；第二步，是否存在不合理的危险。如果符合国家标准但是存在不合理的危险，仍应认为药品存在缺陷。对于"不合理的危险"的判断，关键在于该药品是否符合消费者的"合理期待"，若药品导致常见且可预期之外的不良反应，则可以判定该药品存在缺陷，从而应当由生产者承担相应的产品责任。

B.11
服务对象伤亡事故中医养结合机构的责任认定

柯雨偲 文 婧*

摘 要： 医养结合机构为入住老年人群体同时提供医疗护理与健康服务，机构中发生服务对象伤亡事件时，法院参照传统养老机构对医养结合机构定责的做法不尽合理。此问题的解决可从两方面展开，首先，制定医养结合机构服务范围与接纳服务对象的示范标准或最低标准，各机构在此基础上结合自身实际情况自主确定，并将相关条件明文载于《入住协议》中，为医养双方的责任认定提供清晰参照；其次，在责任承担的具体认定上，先判断医养结合养老机构的类型，对"辐射型"医养结合机构，以一般医疗场所确定其责任的承担，对"内属型"医养结合机构与"联动型"医养结合机构，若因医疗行为致损，则承担医疗损害责任，若因医养服务致损，则从医养结合机构的资质与其对医养服务协议的履行两方面认定机构过错，划定其责任范围，以送养方与受害人的过错为责任减轻事由，实践中将医养结合机构的公立性作为其责任减轻理由的做法不具有合理性，医养协议中免除医养结合机构承担服务对象伤亡损害责任的条款亦因违反《民法典》而属无效。

关键词： 医养结合机构 侵权责任 过错 责任减轻事由

---

* 柯雨偲，武汉大学法学院大健康法制中心助理研究员；文婧，武汉理工大学法学与人文社会学院副教授，武汉大学大健康法制研究中心研究员。

一　基本案情

（一）案件事实

被告绵阳雨辰医养结合医院与原告赖淑清之子徐文斌于 2018 年 8 月 18 日签订《绵阳雨辰医养结合医院托老协议》，服务对象系原告之女徐某。徐某于 2018 年 7 月 13 日至 2018 年 8 月 17 日在绵阳市第三人民医院住院治疗，后出院诊断为"未分化型精神分裂症、高血压 3 级极高危、Ⅱ型糖尿病可能、胆囊癌肝转移可能性大、双侧甲状腺结节"。该协议约定内容如下：第一，被告为徐某提供托老及医疗服务，对徐某入住期间的疾病进行诊断治疗以及陪护，并于入住后对徐某进行初步的健康评估；第二，被告有权根据徐某的身体状况等因素，变更陪护等级、调整入住区域以及收取相应费用；第三，若徐某因疾病或其他情况出现精神异常（如狂躁不安、精神恍惚、幻觉）等不能自控的行为时，被告有权在陪护上采取约束性的安全措施；第四，入住期间出现徐某病情不稳定，有自伤或者危害他人的行为时，被告有权终止协议；第五，被告提供的标准陪护服务系定时巡视而非专人随时陪护，徐某在巡视时间外因自身行动、自伤、自残、自杀以及协议解除后继续滞留于被告处期间所发生的各种损害后果均由徐某与原告方自行承担。徐某系无民事行为能力人，故徐文斌在本协议上签字后该协议即发生法律效力。2018 年 9 月 4 日，徐某于被告医院坠楼身亡。①

（二）判决要旨

法院认为，首先，本案案由非为原告所主张的因被告的诊疗行为致损的医疗损害责任纠纷，而是因被告违规收治患者且未提供安全保障致损的生命

---

① 赖淑清诉绵阳雨辰医养结合医院生命权、健康权、身体权纠纷案，绵阳市涪城区人民法院（2019）川 0703 民初 1673 号民事判决书。

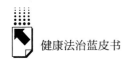

权纠纷。其次，被告此类医养结合医院的性质应为《最高人民法院关于审理人身损害赔偿案件适用法律若干问题的解释》中所规定的"从事住宿、餐饮、娱乐等经营活动或其他社会活动的自然人、法人、其他组织"。再次，被告未按照约定在徐某入院后5日内评估其健康状况，亦未依据徐某的健康状况依照约定调整徐某的陪护等级和入住区域，以及与家属协商因此发生的费用变更，且存在消极巡查的情形，故而可知，因其未尽合理安全保障义务而存在过错，致使他人遭受人身损害，其应当承担相应的赔偿责任。最后，原告作为徐某亲属，在知晓徐某精神状况、考察了被告环境的情况下，仍以最低标准将徐某交由被告照顾，对徐某坠楼死亡的后果亦应自行承担相应的责任。

（三）核心争点

被告绵阳雨辰医养结合医院未依照合同约定对入住对象进行体检，未履行合理的安全保障义务，最终致使服务对象徐某于其服务场所内死亡，其应当对此承担侵权责任。但我国医养结合机构类型不一，针对医养结合机构的业务范围及其对入住者的接收标准，目前并不存在相关的法律规定。因此，如何认定绵阳雨辰医养结合医院对入住对象死亡所应承担的责任即本案核心争点。另外，原告作为徐某的亲属，在知晓徐某的病情与医养结合医院条件的情况下仍将徐某送至被告处疗养，亦应对徐某的死亡承担部分责任。那么此种情况下，原被告间的责任划分也同样是一个有待明确的问题。

二　类案整理

（一）对医养结合机构责任承担案件的类型化整理

图1、图2表明，关于医养结合机构侵权责任承担的案例数量呈逐年增加的趋势，其中侵害生命权、健康权以及身体权的案件居多，主要争议集中于对过错以及因果关系的讨论。

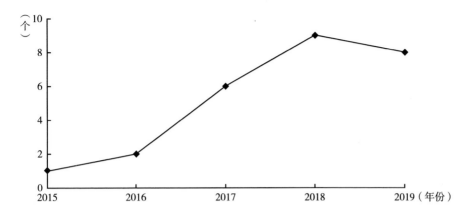

图1　医养结合机构的责任承担案件的裁判年份及数量

数据来源：无讼案例官网，https：//www.itslaw.com/search，以"医养结合""侵权""死亡"为关键词搜索，截至2020年1月9日共有27个相关案例。

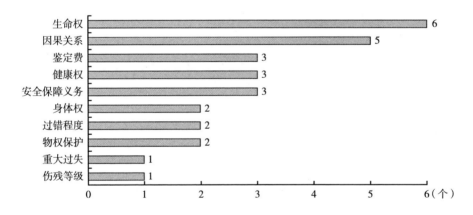

图2　医养结合机构的责任承担案件涉及的主要关键词

（二）对与本案案情相似案件判决情况的统计[①]

司法实践中，对于医养结合机构中发生的此类服务对象伤亡事故，各法院判决医养结合机构承担侵权责任与否以及裁判理由各异。见表1、表2。

---

① 在无讼案例官网以"医养结合""死亡""侵权"等为关键词，搜集到与本案案情相似的判决书9份。

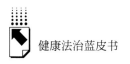

表 1　不同判决结果及其理由的案例分布

判决结果	判决理由
判决肯定医养结合机构承担侵权责任(8/9)	理由一:医养结合机构未合理履行安全保障义务①
	理由二:医养结合机构护理人员的护理行为存在过错②
	理由三:医养结合机构的诊疗行为存在过错③
判决否定医养结合机构承担侵权责任(1/9)	理由:医疗行为无瑕疵,因抢救无效而死亡④

①许昌市第二人民医院、阎春玲合同纠纷案,许昌市中级人民法院(2019)豫 10 民终 205 号民事判决书;陈秀金连、陈金兰妹等与长汀县新桥中心卫生院生命权、健康权、身体权纠纷案,长汀县人民法院(2016)闽 0821 民初 2918 号民事判决书;廖振强、廖水金妹等与长汀县新桥中心卫生院生命权、健康权、身体权纠纷案,长汀县人民法院(2016)闽 0821 民初 2579 号民事判决书;李维多与成都市成华区第六人民医院医疗损害责任纠纷案,成都市成华区人民法院(2014)成华民初字第 3495 号民事判决书。

②四平市晚情社会养老服务中心、田帅武与田园园等健康权纠纷案,四平市中级人民法院(2018)吉 03 民终 433 号民事判决书;罗山县福海颐养院、李松凤侵权责任纠纷案,信阳市中级人民法院(2018)豫 15 民终 3763 号民事判决书;沈财厚等与济南颐和护理院医疗损害责任纠纷案,济南市市中区人民法院(2017)鲁 0103 民初 2831 号民事判决书。

③福建省永安市燕西街道中山社区医养结合卫生服务站、魏莹医疗损害责任纠纷案,三明市中级人民法院(2018)闽 04 民终 354 号民事判决书。

④冯新忠、冯新英、冯新兰、冯新根与南京瑞东医院、南京鼓楼医院医疗损害责任纠纷案,南京市栖霞区人民法院(2017)苏 0113 民初 6616 号民事判决书。

表 2　典型案例及裁判结果梳理

编号	案名	应否承担侵权赔偿责任	死亡原因	法院观点	院方担责比例以及责任划分依据	医养结合机构的类型*
1	陈秀金连、陈金兰妹等与长汀县新桥中心卫生院生命权、健康权、身体权纠纷案	应当	坠楼	1. 院方无法证明其尽到合理的看护、照顾及安全保障义务;2. 院方在死者入住后未依约对其进行相关体检;3. 送养方对于在医养期间及医养服务场所内发生的意外事故致死自愿放弃请求赔偿的约定无效;4. 公立医院具有公益性质,责任承担比例从轻较宜	40%;未进行体检与未完全履行安全保障义务虽然存在过错,但应适当减轻非营利性公立医院的责任	"内属型"医养结合机构(第二种)

续表

编号	案名	应否承担侵权赔偿责任	死亡原因	法院观点	院方担责比例以及责任划分依据	医养结合机构的类型*
2	廖振强、廖水金妹等与长汀县新桥中心卫生院生命权、健康权、身体权纠纷案	应当	坠楼	1. 死者的坠楼系原生病症致幻导致的结果，非自杀行为；2. 有证据证明院方未尽合理的看护、照顾及安全保障义务；3. 免除院方责任的格式条款无效；4. 死者家属在明知死者患有脑梗死，无法完全辨别自己的行为的情况下仍将其送至被告处医养，存在过错，故应适当减轻被告的责任	40%；因未进行体检与未尽合理的安全保障义务而存在过错，但死者家属亦存在过错，故应当减轻被告的责任	"内属型"医养结合机构（第二种）
3	四平市晚情社会养老服务中心、田帅武与田园园等健康权纠纷案	应当	进食的吞咽堵塞造成的窒息死亡	一审：1. 院方无依据地减轻照护义务；2. 院方护理人员的护理行为存在疏忽；3. 在相关规定未见完善的情况下，过分强调契合我国老龄化趋势需要而产生的新兴医养结合医院的责任承担将会产生不利的导向 二审：死者本身患有严重疾病	一审：30%；护理行为虽有过错，但过分苛责不利于鼓励医养结合机构的发展 二审：15%；死者身体素质较低	"内属型"医养结合机构（第一种）
4	许昌市第二人民医院、阎春玲合同纠纷案	应当	自行离院自杀	1. 死者在入住养老服务中心时具有一定的认知能力，其独自外出时存在躲避他人寻找的行为；2. 院方发现死者离开后多次告知其家属并派人寻找；3. 院方存在安保疏忽致使死者得以私自离开医院	一审与二审均为20%；死者对其自杀行为具有清晰意识，院方仅承担安保疏忽的过错	"内属型"医养结合机构（第二种）

续表

编号	案名	应否承担侵权赔偿责任	死亡原因	法院观点	院方担责比例以及责任划分依据	医养结合机构的类型*
5	罗山县福海颐养院、李松凤侵权责任纠纷案	应当	原生疾病致死	1. 院方未于死者入住后依约对其进行相应体检;2. 院方护理人员的护理行为存在疏忽;3. 死者本身患有较为严重的疾病	一审:40%;护理行为过错为死亡的次要原因 二审:60%;护理行为过错为死亡的主要原因	"内属型"医养结合机构（第一种）
6	福建省永安市燕西街道中山社区医养结合卫生服务站、魏莹医疗损害责任纠纷案	应当	心肌梗死	院方对患者低血压病情重视不足,未进行必要的鉴别诊断,在无心电图等其他检查手段的情况下,未建议患者及时转诊上级医院,影响患者心肌梗死的及时抢救治疗	一审与二审均为25%;因对患者病情重视不足而存在过错,应承担部分责任	"辐射型"医养结合机构
7	冯新忠、冯新英、冯新兰、冯新根与南京瑞东医院、南京鼓楼医院医疗损害责任纠纷案	不应当	抢救无效死亡,确切死亡原因不明	诊疗行为基本符合医疗规范,与患者死亡后果之间不存在因果关系	/	"联动型"医养结合机构

* 医养结合机构的分类详见下文。

三 案例剖析

（一）医养结合机构的现状

1. 医养结合机构的类型

医养结合养老服务是指，将养老和医疗资源有机整合，使二者的服务功能有效衔接，在基本生活照料的基础上，为老年人提供检查诊断、医疗护理、康复疗养、健康管理、保健教育和临终关怀等一系列专业化、持续性健康照护服务的养老供给方式。[1] 实践中发展出了以不同方式提供医养结合养老服务的各类医养结合机构，大致呈现以下三种类型。第一类是"内属型"医养结合机构，其设立方式有两种。第一种是在养老机构内另设医疗机构。在有条件的养老机构内配备专业的医疗团队，设置老年病科等基础医疗科室以及规范建立住院床位等，从而形成为养老中的老年人提供集养老、慢性病管理、康复、住院治疗以及长期照料等一体性服务的多功能"医养结合"养老机构。第二种是在医疗机构内另设养老机构。医院依托自身的医疗资源优势，在医院内部开辟老年病区或设立养老护理院，主要为病后需要长期护理的老年患者提供长期医疗护理、康复、托老、健康管理以及临终关怀等系列服务。第二类是"联动型"医养结合机构，其运行模式为，独立的养老机构和周边医疗机构开展合作、互利共赢。在该模式下，养老机构和医院双方签订合作协议，明确双方的养老和医疗职责，即医院的医护人员要对养老机构中的医护人员进行医疗以及护理知识培训，定期到养老机构为老人提供健康检查、老年病管理及治疗等医疗服务，满足老人的医疗卫生服务需求。同时，在老人突发疾病或患大病时，养老机构通过绿色通道及时将老人转入合作医院接受治疗，待老人病情稳定后，再将其接回养老机构进行后续的康复护理和治疗，实现医院和养老机构之间的协作与"双向转诊"。第三类是"辐射型"医养结合机构，其实行的是以社区为中心，由医疗机构或社区卫生服务中心为居家社区老年人提供医疗健康服务的模式。[2]

以上三类医养结合机构体现了养老服务与医疗资源结合的不同程度。对于第三类医养结合机构而言，其本质上仍为一种仅提供医疗服务而并不提供养老服务的普通诊所，其服务的提供仰赖于服务对象的自主选择，其责任承担与一般医疗场所相近，对服务场所负有一般的安全保障义务，对其所提供

① 邓大松、李玉娇：《医养结合养老模式：制度理性、供需困境与模式创新》，载《新疆师范大学学报》（哲学社会科学版）2018 年第 1 期，第 108 页。
② 参见黄佳豪、孟昉《"医养结合"养老模式的必要性、困境与对策》，载《中国卫生政策研究》2014 年第 6 期，第 64～65 页。

的医疗健康服务承担医疗损害责任。第一类医养结合机构与第二类医养结合机构较为相似，其服务内容均包含同时提供养老服务与医疗服务，并要求提供养老服务的护理人员应具有将相应医疗资源应用于日常照料之中的能力。前者自身具备自主提供医疗服务的能力，后者则以与其他医疗机构签订相关协议的方式提供医疗服务。这种运行模式的新颖性和复合性，导致两类机构服务对象人身伤亡责任的认定问题格外复杂。因此，以下将对该两类医养结合机构的责任认定问题进行探讨。

2. 医养结合机构的服务范围与入住标准

医养结合机构是在我国人口老龄化问题日渐严峻与家庭模式现代化发展的双重情势下应运而生的产物，目前并无相关法律法规对其进行直接规制，实践中多以将"医疗"与"养老"二分的方式对其进行规范。这导致部分医疗服务体系与养老保障体系孤立运行，医疗服务与养老服务分割供给。[1]医养结合机构在养老服务提供方面，参照传统养老机构，受《养老机构管理办法》、《养老机构设立许可办法》与《老年人社会福利机构基本规范》中关于资质、服务设施、场所以及服务人员的相关规定的约束。在医疗服务提供方面，依据《医疗机构管理条例》、《护理院基本标准》、《养老机构医务室基本标准（试行）》和《养老机构护理站基本标准（试行）》等规定进行建设和管理，依据《执业医师法》和《护士条例》约束提供医养服务的相关人员。但医养结合机构并非"医疗"与"养老"的简单二元相加，医养融合型机构的监管主体涉及民政、卫生和医保等多个部门，各部门关于同一事项的标准和政策不一，这又进一步加大了医养结合机构的规范难度。以护理等级评估标准为例，民政部门以生活照护水平为基准判断老人是否可以入住养老院，而卫生部门则以身体健康水平为基准。此外，相关部门对于采用何种护理标准进行护理的要求亦不相同。[2] 医疗资源对

---

[1] 耿爱生：《养老模式的变革取向："医养结合"及其实现》，载《贵州社会科学》2015年第9期，第103页。

[2] 参见李玉玲《我国养老服务质量建设的难点及治理研究》，载《兰州学刊》2020年第2期，第195页。

养老的介入与融合，使得医养结合机构在发挥养老功能时，所服务的对象与传统的、仅提供日常照料服务的养老机构并不完全相同，医养结合机构能够以及应该在何种程度上将医疗资源融入养老服务之中，决定了医养结合机构的服务范围和老年人的入住标准。《老年人权益保障法》第48条规定，养老服务机构应当与老年人签订服务协议。[1] 民政部亦于2016年发布了《养老机构服务合同》（示范文本）供各养老机构参考。因此，实践中确定服务范围与老年人入住标准的权利被赋予医养结合机构，由其结合自身实际情况确定所提供的服务范围与接纳的服务对象。此种规定方式具有一定的合理性，我国医养结合机构仍处于发展初期，各地供需的客观情势不一，为避免抑制医养结合机构发展的积极性，不宜制定统一标准，但可以制定相关的示范标准或最低标准。例如，就医养结合机构的服务范围而言，可以规定其在生活护理方面包括但不限于"医养结合养老服务"定义中所涵盖的"医疗保健、康复护理、生活照料等"，在医疗保障方面包括在预防、诊断、治疗到康复的全过程中提供全科医疗、老年病以及慢性病管理等服务;[2] 就医养结合机构的入住标准而言，可以规定医养结合机构对失能、失智老年人和患有高危、慢性病的老年人这一特殊群体应具有符合其医疗看护能力程度的接纳性,[3] 但对于患有精神疾病的老年人则不得收容，因为其行为的不可控性已超出了医养结合机构对其本人及其周围人之保护能力的范围。将此相关条件明文载于《入住协议》中，能够为医养双方的责任认定提供清晰的参照，既可避免医养服务提供方承担能力范围之外的责任，亦可避免医养服务接受方因对医养服务概念的误解而错误签订医养协议。

---

[1] 《老年人权益保障法》第48条："养老机构应当与接受服务的老年人或者其代理人签订服务协议，明确双方的权利、义务。养老机构及其工作人员不得以任何方式侵害老年人的权益。"

[2] 参见杜鹏、王雪辉《"医养结合"与健康养老服务体系建设》，载《兰州学刊》2016年第11期，第175页。

[3] 参见孟兆敏、李振《养老机构分类标准及分类管理研究》，载《江苏大学学报》（社会科学版）2018年第1期，第74页。

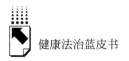

（二）医养结合机构的责任认定

1. 医养结合机构的责任性质

首先，当医养结合机构实施医疗行为时，无论医疗行为的对象是否为该机构的养老服务对象，其性质与一般医疗机构并无不同。故此，服务对象因一般医疗行为伤亡时，医养结合机构应适用《民法典》中关于"医疗损害责任"的规定向服务对象承担侵权责任。其次，在服务对象的入住过程中，医养结合机构所提供的除医疗服务以外的其他医养服务致使服务对象受伤或死亡时，医养方的行为既侵害了服务对象的生命权、健康权等固有权利，属于侵权行为；也违反了合同约定的提供医养服务的义务，构成加害给付，由此产生了侵权责任与违约责任的竞合。① 依据我国《民法典》第186条，② 此时送养方有权选择主张违约责任或侵权责任。若权利人主张违约责任，则依照合同约定处理即可。若权利人主张侵权责任，由于我国《民法典》并未对医养结合机构进行特殊规定，故而其侵权责任的认定应当适用《民法典》对一般侵权责任的认定规则。

2. 侵权责任的成立要件

《民法典》第1165条第1款规定："行为人因过错侵害他人民事权益，应当承担侵权责任。"故而，一般侵权责任的成立要件包括侵权行为、过错、因果关系以及损害结果四个方面。在此类医养结合机构服务对象伤亡的案例中，对过错要件的判断往往是法院认定医养方是否应承担侵权责任的关键。医养结合机构是否存在过错，通常需要考虑以下几个方面。首先，医养结合机构的资质。一方面，医养结合机构应当符合《养老机构管理办法》、《养老机构设立许可办法》与《老年人社会福利机构基本规范》等对资质、服务设施、场所的要求。另一方面，送养方作为非专业方，其对医养结合机

---

① 参见谢鸿飞《违约责任与侵权责任竞合理论的再构成》，载《环球法律评论》2014年第6期，第7页。

② 《民法典》第186条："因当事人一方的违约行为，损害对方人身权益、财产权益的，受损害方有权选择请求其承担违约责任或者侵权责任。"

构的客观资质的了解更多是基于医养结合机构自身的介绍与说明，无论是医养结合机构在明知其对相应服务对象不具备照护能力的情况下依然签订入住协议，还是出于接纳更多老年人入住的目的，而未在一定时间内以体检的方式对入住对象进行审查核验，都会最终致使不符合入住标准的老年人入住，进而发生医养结合机构控制能力之外的死亡事故。是故，在此类情形下应当认定医养结合机构存在过错。其次，医养服务协议的履行。医养服务协议约定的医养结合机构给付义务的内容包括三个方面。第一，医护人员的照护义务。第二，就入住对象身体状态变化向送养方进行告知的义务。医养结合机构依据老年人的自理程度以及健康状况对护理服务进行级别的划分，以供送养方在老年人入住时自由选择，而老年人的身体状况可能发生变化，以至当前护理级别或当前医养结合机构无法满足其需求。医养方对此若不及时向送养方进行告知，则可能导致入住对象伤亡事故的发生。第三，医养结合机构的安全保障义务，包括对可能发生的危险进行告知、警示以及防范的危险预防义务，及时发现并消除养老服务设施设备或者服务场所存在的安全隐患的危险消除义务以及对正在发生的侵权行为进行制止，在损害结果已经发生时进行及时救助的义务。[①] 若医养方因瑕疵履行上述三项义务，而导致服务对象伤亡事故的发生，应认定其存在过错。

3. 侵权责任的责任范围

医养结合机构中发生服务对象伤亡事故时，其侵权责任的范围由两部分构成，首先，侵权行为人应当在其过错致使损害结果发生的原因力范围内承担相应责任。其次，应审查是否存在其他责任减轻事由。在此类案件中，责任减轻事由主要表现为以下三个方面。首先，送养方的过错。一方面，医养方的体检义务与送养方的告知义务可在最大程度上确定入住对象是否符合入住标准，医养方的体检义务并不免除送养方告知义务的履行，当送养方为防止医养方拒绝接纳老年人而对其部分既往病史与所患病症进行隐瞒时，应视

[①] 参见中华人民共和国民政部、国家工商行政管理总局共同制定的《养老机构服务合同》（示范文本）。

为送养方存在过错。另一方面，送养方在入住协议履行过程中，承担根据入住对象的身体状态变化调整医养服务等级的义务，如若送养方无视医养结合机构的告知，致使入住对象的照护需要无法被持续满足，进而发生入住对象伤亡事件时，应于送养方过错范围内免除医养结合机构的责任。其次，受害人的过错。当具有一定的认知能力和自控能力的老年人对伤亡结果进行积极追求时，应在其自身过错范围内免除医养结合机构赔偿责任。最后，医养结合机构的公立性。实践中有法院以"因公立机构的公益性质，在法律框架内相对减轻其赔偿责任，鼓励其医养结合服务开展的社会效果会更好"为由，把公立性作为责任减轻事由之一。但此观点并不具备合理依据。从侵权责任认定的现行法律规定来看，无相关规定将公立机构作为特殊主体对其进行责任范围的规制，难谓"在法律框架内减轻责任"。从鼓励公立机构开展医养服务的社会效果来看，政府资金投入的增加与医养结合专项财政补贴的落实才是鼓励机构发展与保障持续运作的有效支撑手段，对责任范围的划定课以鼓励机构发展的目的实无必要，故而，不宜以医养结合机构的公立性作为责任减轻事由之一。

另外，医养结合机构为避免承担过重责任往往在医养协议中约定"服务对象因自身行为不当造成伤害、致残、死亡的，由送养方自行承担责任"。依据《民法典》第506条，造成对方人身伤害的合同免责条款无效。因此，即便服务对象的伤亡主要系因其自身行为不当造成，但只要医养结合机构对该伤亡结果依法应承担相应的责任，上述免责条款就无效。

四　结语

在我国人口结构发生重大变化，老龄化形势日趋严峻的当下，老年人的健康问题突出，老年人群体对医疗护理与健康服务方面的需求不断增加，但传统养老方式在健康护理与日常照料两方面功能上分散，促使医养结合机构应运而生。当前我国实践对医养结合机构的认知仅仅停留在医疗与养老的机械组合，对医养结合机构的法律规制并不完善，实践中发生服务对象伤亡事件而产生各方责任承担的认定问题时，法院往往只得参照常规的养老机构担责的方式对医养结合机构定责。对医养结合机构责任承担的认定，应当首先判断医养结合机构的类型。对"辐射型"医养结合机构，以一般医疗场所确定其责任的承担。对"内属型"医养结合机构与"联动型"医养结合机构，若因医疗行为致损，则承担医疗损害责任；若因医养服务致损，则以医养双方各自过错划定其责任范围。医养结合机构的公立性不得被作为其责任减轻的理由。对医养协议中免除医养结合机构承担服务对象伤亡损害责任的条款，应当认定无效。

B.12
民办医疗、养老机构融资担保合同的效力

王骁　文婧*

摘　要： 民办医疗、养老机构融资担保合同的效力问题，本质上是公益法人的认定问题。根据《民法典》第683条第2款的规定，公益法人不得为保证人，其签订的保证合同无效。但对于公益法人的定义，法律无具体规定。根据公益法人的内涵，考虑我国目前医疗机构的融资需求和发展现状，宜将"公益性"和"非营利性"作为公益法人的构成要件。"非营利性"要件不应仅以企业登记类型为判断依据，更要考察其实际的收入来源及剩余利益分配方案。公益法人的类型也不应限于事业单位和社会团体，如民办非企业单位等若满足"公益性"和"非营利性"的条件，也应当给予其公益法人地位。

关键词： 公益法人　非营利性　融资担保合同　合同效力

一　基本案情

（一）案件事实

2015年9月17日，原告华瑞医疗公司与被告事业眉州医院、眉州养老

---

* 王骁，武汉大学大健康法制研究中心助理研究员；文婧，武汉理工大学法学与人文社会学院副教授，武汉大学大健康法制研究中心研究员。

院、陈东翔、赵素贞、张正华签订借款协议书，约定出借人华瑞医疗公司向借款人事业眉州医院提供专门借款 200 万元，借款期限为 6 个月，自 2015 年 9 月 17 日至 2016 年 3 月 16 日，若华瑞医疗公司与事业眉州医院在借款期间未完成股权合作，则借款期限届满时，事业眉州医院应在 2 个工作日内将借款本金加算同期银行贷款利率向华瑞医疗公司清偿完毕。协议另约定眉州养老院、陈东翔、赵素贞、张正华以其全部资产为该笔借款提供不可撤销的连带保证担保，担保的范围包括但不限于借款本金、利息、违约金和出借人为实现债权支出的合理费用（如律师费、诉讼费等）。

借款期限届满后，华瑞医疗公司未能与事业眉州医院就合作事宜达成一致，原告华瑞医疗公司依据借款协议书的约定，要求事业眉州医院在 2016 年 3 月 18 日前偿还 200 万元借款本息，但事业眉州医院未还本付息，眉州养老院、陈东翔、赵素贞、张正华亦未承担连带保证责任。[①]

（二）判决要旨

两审法院均认为，眉州养老院为民办非企业单位（法人），即企业事业单位、社会团体或其他社会力量以及公民个人利用非国有资产举办的，从事非营利性社会服务活动的社会组织。虽然眉州养老院系非营利法人，其业务范围有类似于医院的公益性质，但其从事的业务对外营业并收费，其经费及财产不依靠国家拨款，而由个人出资并有相应的利益获取渠道，故眉州养老院并不是单纯以公益为目的的社会团体，不属于《担保法》限制的保证人的范畴。眉州养老院作为保证人签署借款协议书，承诺对事业眉州医院的债务提供连带保证，是当事人的真实意思表示。现事业眉州医院未依约履行债务，眉州养老院应依照协议约定承担连带保证责任。

（三）核心争点

本案的争议焦点之一是，眉州养老院是否需要承担保证责任，即眉州养

---

① 参见陈东翔等与北京华瑞世纪医疗投资管理有限公司借款合同纠纷案，北京市第三中级人民法院（2019）京 03 民终 4661 号民事判决书。

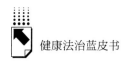

老院签订的保证合同是否有效，其是否属于《担保法》第 9 条规定的不得作为保证人的以公益为目的的事业单位、社会团体。

二　类案整理

（一）对医疗机构担保合同纠纷案件的类型化整理

通过对近几年医疗机构担保合同纠纷案件进行整理，发现就案件数量而言，在 2013 年至 2014 年有较大增长，此后则呈波动趋势。且此类案件通常与借贷纠纷联系紧密，尤以民间借贷为甚，金融借款次之。见图 1。

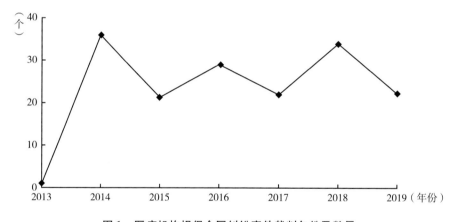

图1　医疗机构担保合同纠纷案件裁判年份及数量

数据来源：无讼案例官网，https：//www.itslaw.com/search，以医院为当事人，以"以公益为目的""担保"为关键词搜索，截至 2020 年 2 月 20 日共有 166 个相关案例。

（二）典型同类案件判决情况整理

通过对近五年的同类案件进行整理，我们发现各法院在对民办医疗、养老机构是否属于公益法人的认定上所考量的主要因素存在差异，从而导致了对上述机构签订的融资担保合同效力判断标准的分歧。

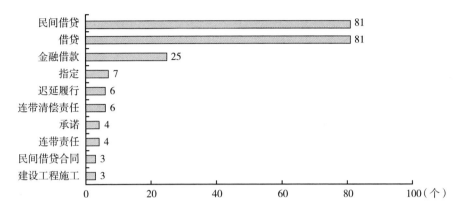

图2 医疗机构担保合同纠纷案件涉及的主要关键词

表1 典型案例及裁判结果梳理

编号	案件名称	法人类型	担保方式	合同效力	法院观点
1	龙卫娇与茶陵壹玖零康复医院、王和平、李娇、王泽鸣、刘阳民间借贷纠纷案[①]	民办非企业单位	保证担保	无效	茶陵壹玖零康复医院在茶陵县卫生和计划生育局被核定为非营利性医疗机构,享受税收优惠政策,其利润分配除开具人员工资、增添医疗设备、改善就诊条件外,受主管机关即茶陵县卫计局的监管。龙卫娇未举证证明茶陵壹玖零康复医院违反经营目的,收支结余用于分红。故可以认定茶陵壹玖零康复医院具有公益性质,不得为保证人
2	贺州广济医院诉孔惠贤等借款合同纠纷案[②]	民办非企业单位	保证担保	无效	贺州广济医院为医疗机构,依法不得为保证人
3	青海湘亚医院与金梦章、青海兴华医院建设工程施工合同纠纷案[③]	民办非企业单位	保证担保	无效	青海湘亚医院是以公益为目的的民办非企业法人。因《担保法》沿用了《民法通则》的法人分类体系,而民办非企业法人是在上述立法之后创设的新类型法人单位,故《担保法》第9条"事业单位、社会团体"的范围客观上无法涵盖民办非企业单位,不能以民办非企业单位并非事业单位、社会团体而当然排除《担保法》第9条的法律适用

续表

编号	案件名称	法人类型	担保方式	合同效力	法院观点
4	吴文进与沃特体育股份有限公司、蔡金辉民间借贷纠纷案④	民办非企业单位	保证担保	有效	莆田人民医院既非事业单位,亦非社会团体,属民办非企业单位,是有别于事业单位和社会团体的一类法律主体。不可否认,其经营性质为"非营利性",在一定程度上具有医院特有的公益性,但公益性与以公益为目的是两个概念。莆田人民医院是由自然人合伙出资举办的,其经营所需经费并非出自国家财政或国有资产,出资人对其合法所得的财产拥有全部的权利,所得收益可用于投资者的经济回报,能够独立承担民事责任
5	中国农业银行股份有限公司自贡盐都支行与四川省华纬医药有限公司、自贡福世光明医院有限责任公司等金融借款合同纠纷案⑤	有限责任公司	保证担保	有效	福世光明医院未提供证据证明系本条规定所不得为保证人的情形,且被告福世光明医院的工商注册登记载明其为有限责任公司,其辩称理由无事实和法律依据,本院不予支持
6	周润泽与内蒙古玛拉沁医院、赵晖等借款合同纠纷案⑥	个人独资企业	抵押担保	无效	玛拉沁医院虽为私人所有的营利性医疗机构,但相较于公办医疗机构,仅是投资渠道上的不同,并不能否定其公益属性,私立医院中的医疗卫生设施仍属于社会公益设施。根据上述法律规定,玛拉沁医院为邢科的借款提供担保的财产属依法不得抵押的财产
7	成都阜外心血管病医院有限公司、大邑融泰小额贷款有限公司借款合同纠纷案⑦	有限责任公司	抵押担保	有效	二审法院认为,阜外医院系依法设立的有限责任公司,医院尚在筹建当中,并未实际取得执业许可证和对外营业,也即其并未实际开展医疗服务,与以公益为目的的医院在法律性质和法律地位上均完全不同,其将案涉土地用于对外提供抵押担保,并未对一定区域内的社会公共利益和社会稳定造成实质上的损害,合同有效

编号	案件名称	法人类型	担保方式	合同效力	法院观点
7	成都阜外心血管病医院有限公司、大邑融泰小额贷款有限公司借款合同纠纷案⑦	有限责任公司	抵押担保	有效	最高院认为，阜外医院处于筹建之中，尚未取得执业许可证，即其并未实际开展医疗服务，将其土地使用权设定抵押权不会损害国家、集体和他人利益，故阜外医院用于抵押的土地使用权非属法律禁止用于抵押的财物，二审法院未基于此而认定合同无效并无不当
8	广州南洋肿瘤医院有限公司、广州南洋肿瘤医院民间借贷纠纷案⑧	有限责任公司	抵押担保	有效	关于借条约定以南洋医院设备和收入作为担保的效力问题，由于我国《担保法》和《物权法》规定的不得作为保证人的主体以及此类主体不得用于抵押担保的财产，仅限于以公益为目的的事业单位、社会团体以及相关的公益设施，故南洋公司、南洋医院关于担保无效的主张不能成立

①参见龙卫娇与茶陵壹玖零康复医院、王和平、李娇、王泽鸣、刘阳民间借贷纠纷案，湖南省株洲市中级人民法院（2019）湘02民终2457号民事判决书。

②参见贺州广济医院诉孔惠贤等借款合同纠纷案，广西壮族自治区梧州市中级人民法院（2018）桂04民终789号民事判决书。

③参见青海湘亚医院与金梦章、青海兴华医院建设工程施工合同纠纷案，青海省高级人民法院（2019）青民终55号民事判决书。

④参见吴文进与沃特体育股份有限公司、蔡金辉民间借贷纠纷，福建省莆田市秀屿区人民法院（2017）闽0305民初99号民事判决书。

⑤参见中国农业银行股份有限公司自贡盐都支行与四川省华纬医药有限公司、自贡福世光明医院有限责任公司、胡先其、冯艳金融借款合同纠纷，四川省自贡市大安区人民法院（2018）川0304民初259号民事判决书。

⑥参见周润泽与内蒙古玛拉沁医院、赵晖等借款合同纠纷案，最高人民法院（2015）民一终字第240号民事判决书。

⑦参见成都阜外心血管病医院有限公司、大邑融泰小额贷款有限公司借款合同纠纷案，四川省高级人民法院（2017）川民终1048号民事判决书；最高人民法院（2018）最高法民申1927号民事裁定书。

⑧参见广州南洋肿瘤医院有限公司、广州南洋肿瘤医院民间借贷纠纷，广东省广州市中级人民法院（2018）粤01民终11941号民事判决书。

三　案例剖析

近年来，大健康产业逐渐成为国内经济发展的热点，其中医疗、养老领域作为该产业的核心备受关注。无论是民办医院还是民办养老院，都具有初期投入成本巨大、投资回收周期很长的特点，而且即使进入正常运营阶段，相关设备的维护和更新也需要消耗大量的资金，因此民办医院、养老院不可避免地具有融资需求。一般而言，资金提供方为确保其债权实现，会要求民办医院、养老院以其自身财产进行抵押。此外，民办医院、养老院因拥有经济价值较大的医疗器械等动产以及建设用地使用权、房屋等不动产，具有较好的商业信誉，在民间借贷中应贷款人或借款人的请求对外提供保证或抵押担保的情况也时有出现。而对于民办医院、养老院作为担保人，签订的抵押合同或保证合同是否有效这一问题，目前在司法实践中仍然存在争议和分歧，同案不同判的现象比较严重。

（一）相关法律规定

《民法典》第 683 条第 2 款规定："以公益为目的的非营利法人、非法人组织不得为保证人。"

《民法典》第 399 条规定："下列财产不得抵押：……（三）学校、幼儿园、医疗机构等为公益目的成立的非营利法人的教育设施、医疗卫生设施和其他公益设施。"

（二）民办医院担保合同效力问题的转化

公益法人，是指为社会公共利益，即不特定多数人之利益而设立的法人。① 根据我国《民法典》的规定，公益法人的担保人资格受到两方面的限

---

① 参见董开军主编《〈中华人民共和国担保法〉原理与条文释义》，中国计划出版社，1995，第 52 页。

制，一是不得为保证人，二是不得对其所有的社会公益设施设定抵押。这意味着，公益法人以保证人角色签订的保证合同无效，以公益法人的社会公益设施为抵押财产设定的抵押合同无效。质言之，民办医院保证担保合同的效力问题，就是民办医院是否属于公益法人的问题。民办医院抵押担保合同的效力问题，就是在解决前述问题的基础上，再判断抵押财产是否属于社会公益设施的问题。

根据《民法典》第 683 条第 2 款的规定，以公益为目的的非营利法人、非法人组织是公益法人。"非营利法人""非法人组织"表达的含义清晰、确定，对其采用文义解释的方法进行分析，得到的结果具有唯一性。"以公益为目的"则因语义较为模糊而无法直接适用。这一表述系承继自《担保法》第 9 条，《民法典》未作修改。目前尚未有法律、行政法规或司法解释对其作出明确具体的定义。各法院判决的分歧，也多源于对"以公益为目的"这一要件产生了不同的理解。至此，问题进一步转化为民办医院是否属于"以公益为目的的非营利法人、非法人组织"，而对"以公益为目的"的解释则是争议核心。

（三）"以公益为目的"的解释论研究

公益法人与其他法人的本质区别在于"以公益为目的"，在目前的司法实践中，法院认定"以公益为目的"，通常考量两个要素：第一个要素是法人所从事的主要活动的类别，即其活动是否服务于文化、卫生、教育、科学、体育、慈善等有利于社会公众利益的事业，例如举办学校培养技术人才，开设医院救死扶伤，创建学会促进学术交流，成立残疾人福利基金会扶危济困等；第二个要素是法人是否以其活动营利，即其向社会公众提供服务的同时是否收取费用，并将扣除各项成本后的盈利以各种形式分配给出资人。上述两个要素可以分别称为"公益性"和"非营利性"，对两者的构成权重进行不同的配置，会令"以公益为目的"具有不同的含义。

第一种观点认为，"以公益为目的"仅以法人从事的事业具有"公益性"为已足，无须考虑其是否以营利为目的。在这一观点下，所有的医院、

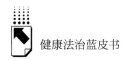

养老院，无论是公办或是民办，无论民办医院、养老院的类型是民办非企业单位还是公司，均属于《担保法》第9条①规定的不得为保证人的公益法人。其理由在于：私立的学校、幼儿园、医院，即使其设立的目的是营利，但在客观上也起到了教书育人或者救死扶伤的作用，它们是我国社会公益事业的组成部分，因此《担保法》没有区分公立与私立，不管公立与私立都不得为担保人。② 全国人大常委会、最高人民法院和少数地方法院认同这一观点。③ 第二种观点则认为，"非营利性"是"以公益为目的"的应有之意，公益法人不仅应从事科教文卫等公益事业，还必须将其全部收入用于改进和完善其所从事的公益事业。根据这一观点，民办医院、养老院的经营活动虽然必定满足公益性的要件，但若其为企业、公司等营利机构，向公众提供的是有偿服务，并将所获收益回报于投资人，则不是"以公益为目的"，不受《担保法》第9条不得为保证人的限制。

若采用主观历史解释的方法，应采纳第一种观点。但若采用目的解释的方法，则二者似乎都有一定的合理性。第一种观点将"以公益为目的"等同于具有"公益性"，使条文所限制的主体的范围最大化，其体现的价值取向是公共利益优先，而对财产的自由处分给予了较大限制。公益法人为他人债务提供保证担保，本质上会直接影响到其财产状况，一旦被担保人不履行到期债务，债权人将有权追及担保人即公益法人。此时，公益法人作为代偿

---

① 《担保法》第9条即对应于《民法典》第683条第2款。

② 参见李国光、奚晓明等编《最高人民法院〈关于适用《中华人民共和国担保法》若干问题的解释〉理解与适用》，吉林人民出版社，2000，第206页。

③ 全国人大常委会的意见，参见《全国人民代表大会常务委员会法制工作委员会对关于私立学校、幼儿园、医院的教育设施、医疗卫生设施能否抵押的请示的意见》（法工办发〔2009〕231号）。该意见指出，"私立学校、幼儿园、医院和公办学校、幼儿园、医院，只是投资渠道上的不同，其公益属性是一样的"。最高人民法院的意见，参见周润泽与内蒙古玛拉沁医院、赵晖等借款合同纠纷案，最高人民法院（2015）民一终字第240号民事判决书。最高人民法院在此案中表示，"玛拉沁医院虽为私人所有的营利性医疗机构，但其相较于公办医疗机构，仅是投资渠道上的不同，并不能因此否定其公益属性"。部分地方法院的意见，参见贺州广济医院诉孔惠贤等借款合同纠纷案，广西壮族自治区梧州市中级人民法院（2018）桂04民终789号民事判决书。梧州市中级人民法院在此案中表示，"贺州广济医院为医疗机构，依法不得为保证人"。

主体，承担了责任，减损了财产，却并无任何得益。基于这样的考量，如允许民办医院、养老院对外提供保证担保，可能会使原本用于医疗领域的资金外流，导致原本就较为稀缺的医疗资源进一步萎缩，对我国的医疗事业产生消极影响。第二种观点则试图权衡社会公共利益和个人财产的处分自由，对民办医院、养老院以是否具有营利性为标准进行再分类，其中营利性的民办医院、养老院可享有对外提供保证担保的资格，而非营利性的则与公办医院、养老院一样，被禁止作为保证人。

笔者认为第二种观点更为合理，即"以公益为目的"应满足"非营利性"的要件。首先，非营利性与公益法人的本质属性相吻合。"以公益为目的"与"客观上有助于公共利益"，是两个不同的概念。仅以经营活动有利于社会公共利益为判断标准，会使公益法人的认定产生困难，有时会得出不合理的结论。例如私人书店售卖图书客观上也促进了文化的传播，私人药店售卖药品客观上也使患者得到救治，但我们很难认为这二者属于公益法人。事实上相当一部分民事主体的经营活动在客观上都促进了各种各样的公共利益，但这只是其追逐私利时产生的"副产品"，并不能因此将它们都认定为公益法人。

其次，肯定营利性医院、养老院的担保人地位，有助于当前我国医疗、养老事业的发展。对"以公益为目的"的理解，直接决定了公益法人的认定标准。一旦某一民事主体的性质被归为公益法人，其不仅会丧失作为保证人的资格，而且根据《民法典》第 399 条的规定，也无法以其医疗卫生设施进行抵押融资。营利性的医院、养老院本就以取得投资回报为目的，其为了经营发展必定要进行各种商业融资，而其最主要的资产就是医疗设施。若不允许其将医疗设施抵押，将造成它们在我国的融资困难，进而影响其正常发展壮大。[①] 尽管也有观点试图从政府提供税收优惠、设立专项资金支持、鼓励金融机构运用信贷手段支持等方面着手解决民营医院的融资问题，但对于营利性医疗机构而言，这些途径目前尚不能完全满足其资金需求。至

---

① 参见程啸《担保物权研究》，中国人民大学出版社，2017，第 213 页。

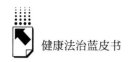

于营利性医疗机构可能因承担保证责任而造成医疗资源客观上减损的问题，笔者认为这种损失对于目前中国的民营医疗市场环境而言影响甚微。根据《2019 中国卫生健康统计年鉴》的数据，从 2017 年到 2018 年，民营医院的数量占全部医院的比重由 60% 提升至 64%，而民营医院诊疗人次占比却仅仅从 14.2% 增长至 14.7%。[①] 数量占比为 64% 的民营医院只承担了14.7% 的诊疗人次，2018 年 4 个百分点的数量占比增长只换来了 0.5 个百分点的诊疗人次占比增长。这些数据表明，民营医院的数量增长不具有质量，未能有效缓解我国医疗资源紧缺的问题。民营医院能提供的医疗服务较为初级，同质化竞争严重。允许营利性的民办医院作为正常的市场主体运用商业融资手段获得充足资金，聘请高水平医生、采购先进设备、提升医疗服务质量，吸引更多的患者前往民营医院就诊，能实质上增加社会总体有效的医疗资源。

（四）"非营利性"要件的认定标准

大部分地方法院以"公益性"和"非营利性"作为公益法人的构成要件，但对"非营利性"的判断方法，又产生了一些分歧，大致可以分为以下三类：第一类以民办医院登记的法人类型作为判断依据，只要登记为民办非企业单位，《医疗机构执业许可证》记载为非营利性医院，即构成公益法人；[②] 第二类除观察民办医院的登记类型外，还对其进行实质考察，若有证据证明民办医院实际上将利益分配给投资人的，则无论登记信息如何，仍然应当将其认定为营利性医疗机构，不属于公益法人；[③] 第三类以民办医院收

---

① 数据来源为《2019 中国卫生健康统计年鉴》。

② 根据卫生部、国家中医药管理局、财政部、国家计委《关于城镇医疗机构分类管理的实施意见》的规定，医疗机构分为非营利性医疗机构和营利性医疗机构。其中，非营利性医疗机构是指为社会公众利益服务而设立和运营的医疗机构，不以营利为目的，其收入用于弥补医疗服务成本，实际运营中的收支结余只能用于自身的发展；营利性医疗机构是指医疗服务所得收益可用于投资者经济回报的医疗机构。

③ 参见夏建平与盱眙县中医院、江苏鹏胜集团有限公司等民间借贷纠纷案，江苏省无锡市中级人民法院（2016）苏 02 民终 2903 号民事判决书。

费与否、资金来源，以及广义的获利渠道作为判断"非营利性"的标准，对外营业并收费，其经费及财产非国家拨款，由个人出资并有相应的利益获取渠道的，即使登记为民办非企业单位和非营利性医院，也不属于公益法人。[①]

笔者认为，强调公益法人活动的公益性，并不意味着公益法人不得进行任何营利性活动，营利不是公益法人的最终目的，而只是完成其公益目的的一种手段或必要途径。因此民办医院是否收费，其财产是否依靠国家拨款，与公益法人的认定无关。只要民办医院的登记类型为民办非企业单位和非营利性医疗机构，就完成了其属于公益法人的举证，推定其为公益法人。对方当事人需提交相反的证据，证明民办医院的确将剩余财产进行分配，推翻前一推定。此外，民办医院投资人的获利渠道不能作模糊化表述，必须要明确其具体获利方式。

（五）公益法人之法人类型的扩张

《担保法》第9条的公益法人，仅列举了事业单位和社会团体。民办医院的法人类型，或为有限公司、合伙企业、独资企业，或为民办非企业单位，均不属于此处的事业单位和社会团体，有法院以此认定民办医院不是公益法人。[②] 但也有法院认为《担保法》系沿用了《民法通则》的法人分类体系，而民办非企业单位法人是在上述立法之后创设的新类型法人，故《担保法》第9条事业单位及社会团体的范围在客观上无法涵盖民办非企业单位。虽然民办非企业单位与事业单位的举办资金来源不同，但均有可能是以公益为目的的，故不能以民办非企业单位并非事业单位、社会团体而当然排除《担保法》第9条的适用。[③] 笔者认为第二种观点更具合理性，其突破了文义的限制，对《担保法》第9条进行了合目的性的扩张解释，适当地

---

① 参见陈东翔等与北京华瑞世纪医疗投资管理有限公司借款合同纠纷案，北京市第三中级人民法院（2019）京 03 民终 4661 号民事判决书。

② 参见吴文进与沃特体育股份有限公司、蔡金辉民间借贷纠纷案，福建省莆田市秀屿区人民法院（2017）闽 0305 民初 99 号民事判决书。

③ 参见商丘市梁园区锦绣投资有限公司与商丘华阳生态农业发展有限公司、许洪嘉追偿权纠纷案，河南省商丘市梁园区人民法院（2018）豫 1402 民初 10060 号民事判决书。

扩大了公益法人的法人类型，未背离该条的立法目的。后《民法典》第683条用"非营利法人"和"非法人组织"替换了"事业单位"和"社会团体"，从根本上解决了这一分歧。

四 结语

民办医院、养老院签订的融资担保合同的效力，取决于对其法人类型的判断。公益法人不得为保证人，公益法人的公益设施不得为抵押财产。判断民办医院、养老院是否为公益法人，应当考察其是否以公益为目的。以公益为目的的含义，包括了事业类型的公益性，以及经营目的的非营利性。民办医院承担着救死扶伤的社会职能，其事业必然具有公益性，但不一定非以营利为目的。非营利性的判断，应结合民办医院的登记类型以及经营收益的实际分配状况来综合认定。公益法人的法人种类不限于事业单位和社会团体，只要满足以公益为目的的要件，民办非企业单位也可以是公益法人。

B.13
食品领域惩罚性赔偿条款的适用条件

谢思成*

摘　要： 司法实践中各地法院对食品领域惩罚性赔偿案件同案异判的现象严重。不少法院认为食品领域惩罚性赔偿条款适用的前提是消费者遭受人身损害。但是，若惩罚性赔偿以此为条件，《食品安全法》中的惩罚性赔偿规定将成为具文。为回应该争议，最高人民法院《关于审理食品安全民事纠纷案件适用法律若干问题的解释》即将出台，其征求意见稿已经对惩罚性赔偿不以消费者实际遭受人身损害为条件进行了明确规定，消费者只需要证明该食品不符合食品安全标准（如果向经营者主张，则需要证明经营者存在故意或重大过失）。唯有如此明确惩罚性赔偿的适用前提，消费者的权益才能得到最大限度的维护。

关键词： 惩罚性赔偿　人身损害　食品安全标准

一　基本案情

（一）案件事实

2017 年 7 月 21 日，刘某某购买了健维公司生产的价值 223200 元的"花旗松素"六盒。2017 年 10 月 21 日，吉林省长春市食品药品监督管理局

---

* 谢思成，武汉大学大健康法制研究中心助理研究员。

宽城分局对吉林省健维生物制品销售有限公司作出行政处罚决定，经检查发现，吉林省健维生物制品销售有限公司在未取得保健食品批准文件且不符合食品安全标准的情况下，即按保健食品经营销售"花旗松素"，并声称其具有保健功能，执法人员现场依法下达《责令整改通知书》，并作出没收违法所得和处以罚款的行政处罚。吉林省健维生物制品销售有限公司对该处罚决定未申请行政复议，并按要求缴纳了罚款。但案涉产品至今未取得保健食品批准文件。花旗松素宣传手册宣称该产品被广泛应用于各种癌症、白血病、脑等治疗领域。2018 年 7 月 19 日，临江市市场监督管理局作出（临）市监罚字（2018）3 号《行政处罚决定书》，称对吉林省健维生物制品销售有限公司作出的以下行为进行行政处罚：一是使用绝对化用语的行为；二是针对非药品宣传存在药用功效的行为；三是对非食品、药品原料做食用功效广告宣传，误导消费者，从而构成发布虚假广告的行为。①

（二）判决要旨

一审法院认为，关于刘某某主张十倍赔偿款的诉请，根据《中华人民共和国食品安全法》（以下简称"《食品安全法》"）第 96 条的规定，造成人身、财产或者其他损害的，依法承担赔偿责任，生产不符合食品安全标准的食品，消费者除要求赔偿损失外，还可以向生产者要求支付价款十倍的赔偿金；因刘某某未提供充分证据证明其本人实际遭受了人身或财产损害，故对刘某某主张的十倍赔偿不予支持。②

---

① 刘某某诉吉林省健维天然生物科技有限公司、中国吉林森林工业集团有限责任公司产品责任纠纷案，吉林省吉林市中级人民法院（2019）吉 02 民终 106 号民事判决书。

② 《食品安全法》第 148 条规定："消费者因不符合食品安全标准的食品受到损害的，可以向经营者要求赔偿损失，也可以向生产者要求赔偿损失。接到消费者赔偿要求的生产经营者，应当实行首负责任制，先行赔付，不得推诿；属于生产者责任的，经营者赔偿后有权向生产者追偿；属于经营者责任的，生产者赔偿后有权向经营者追偿。生产不符合食品安全标准的食品或者经营明知是不符合食品安全标准的食品，消费者除要求赔偿损失外，还可以向生产者或者经营者要求支付价款十倍或者损失三倍的赔偿金；增加赔偿的金额不足一千元的，为一千元。但是，食品的标签、说明书存在不影响食品安全且不会对消费者造成误导的瑕疵的除外。"

二审法院未针对刘某某十倍赔偿款的诉请进行分析，直接判决维持原判。

（三）核心争点

《食品安全法》第148条第2款规定："生产不符合食品安全标准的食品或者经营明知是不符合食品安全标准的食品，消费者除要求赔偿损失外，还可以向生产者或者经营者要求支付价款十倍或者损失三倍的赔偿金；增加赔偿的金额不足一千元的，为一千元。但是，食品的标签、说明书存在不影响食品安全且不会对消费者造成误导的瑕疵的除外。"在司法实践中，该条款适用的争议焦点在于惩罚性赔偿是否必须以该食品造成消费者人身损害为前提。

二 类案整理

（一）对食品领域惩罚性赔偿案件进行类型化整理

通过图1、图2可以得知，2017年食品领域惩罚性赔偿案件激增，随后案件数量有所下降，其中涉及网购的惩罚性赔偿案件数量较多。

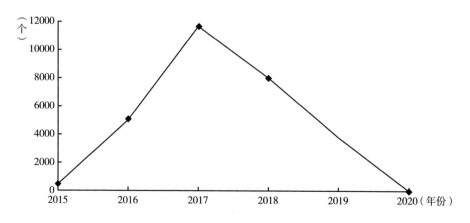

图1 食品领域惩罚性赔偿案件裁判年份及数量

数据来源：无讼案例官网，https：//www.itslaw.com/search，以"食品安全法第148条"为关键词进行搜索，截至2020年2月19日共有29128个相关案例。

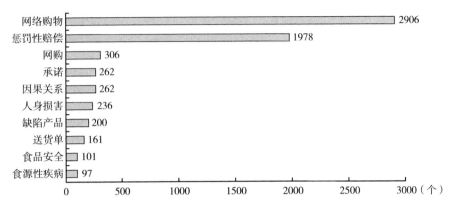

图2　食品领域惩罚性赔偿案件涉及的主要关键词

（二）与本案案情相似案件的判决情况统计

表1系选取食品领域惩罚性赔偿的典型案例汇总而成，从中可以看出不同法院对于食品领域人身损害是否为惩罚性赔偿的构成要件有较大的分歧。司法实践中主要存在"肯定说"、"否定说"以及"损害危险说"三种主要裁判观点。

表1　典型案例及裁判结果梳理

编号	案名	是否造成人身损害	法院判决要旨
1	北京永辉超市有限公司朝阳太阳宫分公司等买卖合同纠纷案①	否	一审法院:涉案豆干不符合食品安全标准,存在损害购买者健康的可能,故陈雷要求永辉太阳宫分公司赔偿92500元于法有据,本院予以支持 二审法院:涉案食品是否存在脂肪含量标注不实问题无法直接通过外观加以判断,故依据现有证据难以认定永辉太阳宫分公司经营明知是不符合食品安全标准的食品,故对惩罚性赔偿的诉讼请求,本院不予支持

编号	案名	是否造成人身损害	法院判决要旨
2	左卫东、昭通市昭阳区万有药行产品销售者责任纠纷案②	否	一审法院:惩罚性赔偿以造成损害为前提条件,因原告左卫东提供的证据不足以证实其已服用蚁粒神,并已造成除所购产品之外的其他损害,包括人身、财产或者其他损害,故对其提出的由被告万有药行给予其购买保健产品价款228元的十倍赔偿,即2280元的请求,依法不予支持 二审法院:适用十倍赔偿的条件是销售者明知是不符合食品安全标准的食品而故意销售,而本案中,对于被上诉人销售的产品,是否属于不符合食品安全标准的食品,被上诉人是否属于明知不符合食品安全标准而故意销售,上诉人未提交证据证明,而且也未经相关部门确认被上诉人销售的产品属于不符合食品安全标准的食品
3	安徽永辉超市有限公司、李军买卖合同纠纷案③	否	一审法院:被告作为产品的销售者,将不符合国家食品安全标准的食品上架销售,显然未尽到查验义务,故对于原告要求被告支付十倍价款赔偿的诉请,予以支持 二审法院:《中华人民共和国食品安全法》第148条中规定的"损害"并非仅指人身损害,永辉超市将不符合食品安全国家标准的案涉葡萄酒销售给李军,已造成后者财产损失,所以永辉超市主张案涉葡萄酒未造成李军损失的上诉理由,不能成立。食品安全国家标准不仅对食品的原料、理化指标、微生物限量、污染物限量及添加剂的使用等进行了规定,还对食品包装标签标识等作了规定。案涉葡萄酒因未明确标示生产日期或罐装日期而不符合食品安全国家标准
4	徐向新、自贡太平洋电子商务有限公司网络购物合同纠纷案④	否	法院认为:徐向新并未举证证明涉案食品对其身体造成损害,亦无任何证据证明涉案商品存在"对人体健康造成任何急性、亚急性或者慢性危害等"的情形
5	钟春江与肥东县本稚食品经营部网络购物合同纠纷案⑤	否	法院认为:《食品安全法》第148条第1款明确规定适用的情形系消费者因不符合食品安全标准的食品受到损害;第2款亦写明消费者除要求赔偿损失外可以要求价款十倍的赔偿金;故原告即使主张适用第2款,法条的适用也应根据法条整体规定理解,而相应的司法解释也应在相应的法律规定基础上适用,即原告因不符合食品安全标准的食品受到损害;但原告至今未能提供证据证明其因被告生产或者销售的食品受到损害

续表

编号	案名	是否造成人身损害	法院判决要旨
6	陈献礼、许昌市胖东来商贸集团有限公司产品销售者责任纠纷案⑥	否	二审法院认为:本案食品标签中对"特级初榨"、"橄榄油"和"葵花籽油"的差异性文字叙述,吸引消费者对"橄榄油"成分加以关注的故意较为明显,且易引起消费者产生该调和油是以橄榄油为主要油料的错误认知,属于标签标识不符合国家强制性标准的情形

① 北京永辉超市有限公司朝阳太阳宫分公司等买卖合同纠纷案,北京市第三中级人民法院(2019)京 03 民终 6256 号民事判决书。

② 左卫东、昭通市昭阳区万有药行产品销售者责任纠纷案,昭通市中级人民法院(2018)云 06 民终 580 号民事判决书。

③ 安徽永辉超市有限公司、李军买卖合同纠纷案,合肥市中级人民法院(2016)皖 01 民终 5695 号民事判决书。

④ 徐向新、自贡太平洋电子商务有限公司网络购物合同纠纷案,合肥市中级人民法院(2018)皖 01 民终 3913 号民事判决书。

⑤ 钟春江与肥东县本稚食品经营部网络购物合同纠纷案,绍兴市越城区人民法院(2017)浙 0602 民初 2620 号民事判决书。

⑥ 陈献礼、许昌市胖东来商贸集团有限公司产品销售者责任纠纷案,许昌市中级人民法院(2018)豫 10 民终 2639 号民事判决书。

三 案例剖析

(一)惩罚性赔偿是否以人身损害为成立条件

人身损害是否为惩罚性赔偿责任的归责要件,司法实践中有以下三种不同的观点。

观点一:"肯定说",即生产者、销售者承担惩罚性赔偿责任的前提是消费者受到人身损害。据此观点,消费者若不能证明食品对其造成损害,则其主张惩罚性赔偿的诉讼请求得不到支持。① 如在"左卫东、昭通市昭阳区

---

① 唐郢:《食品领域惩罚性赔偿司法适用研究》,载《法律适用·司法案例》2019 年第 8 期,第 50 页。

万有药行产品销售者责任纠纷案"① 中，法院以"惩罚性赔偿以造成损害为前提条件。因原告左卫东提供的证据不足以证实其已服用蚁力神，并已造成除所购产品之外的其他损害，包括人身、财产或者其他损害"为由，认定不适用惩罚性赔偿条款。又例如在"丛李松与大连国际商贸大厦有限公司哈尔滨麦凯乐总店买卖合同纠纷上诉案"② 中，丛某主张所购牛油曲奇未标识添加剂名称，要求麦凯乐总店给予十倍赔偿。哈尔滨中院认为，"《食品安全法》规定的惩罚性赔偿责任以'消费者受到损害'为前提"，于是以"丛某未证明涉案饼干所含添加剂危害其身体健康"为由，驳回了其十倍赔偿的请求。

观点二："否定说"，即以食品安全标准作为主要判断依据，消费者无论能否证明其人身受到损害，只要该食品不符合标准，就可以适用惩罚性赔偿。如在"陈雷与北京酒葫芦电子商务有限公司产品销售者责任纠纷上诉案"③ 中，原告因购买的进口"白汽泡葡萄汁"无中文营养标签，向经营者主张十倍赔偿。法院认为，"根据《食品安全法》第26条第（4）项，食品安全标准包括了对与营养有关的标签、标志、说明书的要求。经营者明知而违反上述强制执行标准即可适用惩罚性赔偿，无论是否造成损害后果或存在损害风险"。

观点三："危险说"，即消费者需要证明存在因该食品遭受损害的风险，但是无须证明已经产生了损害后果。如在"李应聪与牛蛮健康管理咨询（上海）有限公司等网络购物合同纠纷上诉案"④ 中，《食品安全国家标准食品添加剂使用标准》对硬脂酸镁的使用范围进行了明确规定，其中不包

---

① 左卫东、昭通市昭阳区万有药行产品销售者责任纠纷案，昭通市中级人民法院（2018）云06民终580号民事判决书。
② 丛李松与大连国际商贸大厦有限公司哈尔滨麦凯乐总店买卖合同纠纷上诉案，哈尔滨市中级人民法院（2018）黑01民终1124号民事判决书。
③ 陈雷与北京酒葫芦电子商务有限公司产品销售者责任纠纷上诉案，四川省眉州市中级人民法院（2017）川14民终283号民事判决书。
④ 李应聪与牛蛮健康管理咨询（上海）有限公司等网络购物合同纠纷上诉案，广州市中级人民法院（2017）粤01民终3110号民事判决书。

含左旋肉碱产品，李某据此主张赔偿。广州中院认为，使用硬脂酸镁超出了食品安全国家标准规定的食品种类和范围，属于非法添加，可能危害人体健康，牛蛮公司应当向李某进行十倍赔偿，不论是否给李某造成实际损害后果。又例如在"北京永辉超市有限公司朝阳太阳宫分公司等买卖合同纠纷案"[①] 中，一审法院认为涉案豆干不符合食品安全标准，存在损害购买者健康的可能，因此对惩罚性赔偿的主张予以支持。

（二）食品领域惩罚性赔偿不以遭受实际损害为条件

1. 基于目的解释

食品安全的惩罚性赔偿条款的目的是提高经营者的违法成本，起到震慑作用，其根本目的不是补偿，而是惩罚，只不过通过私法机制加以惩罚，惩罚款最终归于消费者。[②] 如果要求以民事案件中的受害人证明存在损害后果作为惩罚性赔偿金适用的条件，会增加受害人的诉讼成本，惩罚赔偿金的惩罚功能必将受到严苛适用条件的影响而无法发挥其本应有的震慑功能，该条款的立法目的必然落空。

2. 基于文义解释

探究法律规定的本意应当对条文所使用的文字含义进行解释。《食品安全法》第148条第2款将"十倍价款"与"损失"并列，在文义上，并列关系的词语通常指代不同对象，那么"损失"不构成惩罚性赔偿的条件。[③]

实际上，最高院民一庭负责人早在2014年《最高人民法院关于审理食品药品纠纷案件适用法律若干问题的规定》的新闻发布会上就对此问题进

---

① 北京永辉超市有限公司朝阳太阳宫分公司等买卖合同纠纷案，北京市第三中级人民法院（2019）京03民终6256号民事判决书。

② 吕来明、王慧诚：《食品安全法惩罚性赔偿条款的适用条件》，载《人民司法（应用）》2019年1期。

③ 肖峰、陈科林：《我国食品安全惩罚性赔偿立法的反思与完善——以经济法义务民事化归责的制度困境为视角》，载《法律科学》2018年第2期。

行了厘清。① 但是此次发言未能减少该类案件在司法实践中的分歧。对此，最高人民法院《关于审理食品安全民事纠纷案件适用法律若干问题的解释》（征求意见稿）的第 11 条规定："食品不符合食品安全标准，消费者主张生产者或者销售者按照食品安全法第一百四十八条第二款规定承担惩罚性赔偿责任，生产者或者销售者以未造成消费者人身损害为由抗辩的，人民法院不予支持。"尽管该规定仍属于征求意见阶段，但是可以代表最高人民法院对于此类案件的基本观点，即第 148 条第 2 款的惩罚性赔偿不以消费者实际遭受人身损害为条件。

（三）结合本案分析

本案中健维公司未取得保健食品批准文件，并且其制造的"花旗松素"不符合食品安全标准，尽管未给刘某某造成人身损害，但是符合《食品安全法》第 148 条第 2 款所规定的惩罚性赔偿的构成要件，即生产不符合食品安全标准的食品，同时对非药品宣传药用功效造成对消费者的误导。因此，应当支持刘某某要求健维公司支付十倍价款赔偿的主张。

四 结语

《食品安全法》第 148 条第 2 款旨在增加食品生产者的违法成本，营造良好的食品经营环境。如果按照造成消费者人身损害方可适用惩罚性赔偿的苛刻条件，《食品安全法》的惩罚性规定将成为具文，食品生产领域的违法

---

① 第 15 条明确规定："生产不符合安全标准的食品或者销售明知是不符合安全标准的食品，消费者除要求赔偿损失外，向生产者、销售者主张支付价款十倍赔偿金或者依照法律规定的其他赔偿标准要求赔偿的，人民法院应予支持。"也就是说，消费者主张食品价款十倍赔偿金不以人身权益遭受损害为前提。这对于统一裁判尺度，维护消费者合法权益，净化食品、药品环境，将产生积极影响。参见张先明《"不给制售有毒有害食品和假冒伪劣药品的人以可乘之机"——最高人民法院民一庭负责人答记者问》，载《人民法院报》2014 年1 月 10 日，第 4 版。

成本将大幅降低。① 司法实践中各地法院对食品领域惩罚性赔偿构成要件的观点不一。为了解决这一问题，最高人民法院《关于审理食品安全民事纠纷案件适用法律若干问题的解释》即将出台，其征求意见稿已经对惩罚性赔偿不以消费者实际遭受人身损害为条件进行了明确规定，也就是说消费者只需要证明以下两点即可主张惩罚性赔偿：第一，该食品不符合食品安全标准；第二，如果向经营者主张，需要证明经营者存在故意或重大过失。法官不得以食品未造成消费者人身损害为由驳回该项诉讼请求，否则有悖于该条款的立法目的。相信该司法解释的出台会极大减少食品领域惩罚性赔偿类型案件同案不同判的现象，从而更好地保障人民群众的身体健康和生命安全。

---

① 吕来明、王慧诚：《食品安全法惩罚性赔偿条款的适用条件》，载《人民司法（应用）》2019 年第 1 期。

限定治疗方式的保险合同条款性质

陈晓萍*

摘　要： 本类案件中当事人投保重大疾病险，保险合同中限定治疗方式的条款是否为免责条款而无效为核心争点，其主要判断依据为《保险法》第19条。《保险法》第19条并不适用于核心给付条款，判定限定治疗方式的条款是否属于核心给付条款的关键就在于其是否属于对责任范围的必要描述和解释。治疗方式仅是体现疾病轻重的指标之一，并不是对疾病本身的解释和描述，因而，该条款并不属于对承保范围的描述和解释，不是核心给付条款，可适用《保险法》第19条。但适用时应考虑投保人所患疾病是否达到条款规定的严重程度，疾病较轻时其对治疗方式的选择并未受到该条款的限制，而是由疾病本身所决定，该条款仍有效。

关键词： 重大疾病保险　限定治疗方式　免责条款　内容控制

一　基本案情

（一）案件事实

2017年3月24日，原告王某作为投保人和被保险人在被告长城人寿保险公司投保重大疾病保险。保险责任2.2条中约定：若被保险人因意外伤

---

* 陈晓萍，武汉大学大健康法制研究中心助理研究员。

害，或于本附加险合同生效或最后一次复效之日起 90 日后因意外伤害以外的原因，经专科医生明确诊断初次罹患本附加险合同所列的轻症疾病的，我们将额外按本附加险合同基本保险金额的 20% 给付轻症疾病保险金。2018年 1 月 26 日至 2018 年 2 月 2 日，原告在天津市肿瘤医院入院治疗，入院诊断"鞍区占位垂体瘤"，家属遵照医嘱治疗并花费医疗费 8258.04 元。原告向被告长城人寿保险公司申请理赔，被告出具理赔批单，内容为因被保险人本次所患疾病未达到轻症诊断标准，不予以赔付，保险合同继续有效。

（二）判决要旨

一、二审法院均认为，王某与长城人寿保险公司之间的保险合同系双方当事人的真实意思表示，不违反法律法规的强制性规定，属合法有效。本案的争议焦点可确定为长城人寿保险公司应否对王某所患疾病承担保险责任。保险合同约定"经头颅断层扫描（CT）、核磁共振（MRI）或其他影像学检查被确诊为脑垂体瘤、脑囊肿，并实际接受了手术或放射性治疗"，该条款是对保险责任范围的约定，不属于免除保险人责任的条款。故王某主张该条款系以限定治疗方式免除保险责任而应为无效条款的上诉意见，缺乏事实及法律依据。

（三）核心争点

被保险人未选择指定的治疗方式是否应得到赔偿，关键在于保险条款中关于治疗方式的规定是否属责任免除条款，该案一、二审法院均认为保险条款中关于治疗方式的规定是对保险责任范围的约定，不属于免除保险人责任条款，但司法实践和理论对此条款的性质有所争议。

二　类案整理

（一）对限定治疗方式的保险合同条款案件进行类型化整理

图 1 和图 2 表明，近五年来该类型案件数量先呈上升趋势，2019 年案

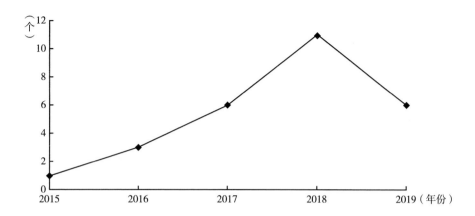

图1　保险合同限定治疗方式裁判案件年份及数量

数据来源：无讼案例官网，https：//www.itslaw.com/search，以"保险合同"和"限定治疗方式"为关键词搜索，截至2020年1月19日共有29篇相关文书。

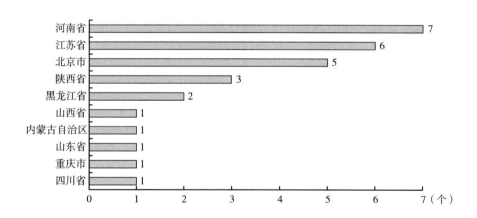

图2　保险合同限定治疗方式案件省份分布

数据来源：无讼案例官网，https：//www.itslaw.com/search，以"保险合同"和"限定治疗方式"为关键词搜索，截至2020年1月19日共有29篇相关文书。

件数量下降；案件多分布在河南、江苏、北京等地。

与本案案情相似案件的判决情况统计见表1、表2。

表1 判决肯定与否定赔偿及其判决理由分布案例数量与占比

判决结果	判决理由
判决肯定赔偿 （25/31）①	理由一：保险人以限定治疗方式来限制投保人或被保险人获得理赔的权利,免除自己的保险责任,根据《保险法》第19条的规定,该条款应认定无效
	理由二：社会科技进步使越来越多的疾病得到有效、安全的快速治疗,疾病治疗朝向微创化发展
	理由三：投保人罹患疾病是保险事故的基础,采取何种措施、何种手术予以救治是保险事故衍生出来的后续问题
判决否定赔偿 （6/31）	理由一：重大疾病保险定义适用规范中,很多疾病都是将治疗手段作为疾病的认定标准,非限定治疗方式,而是疾病轻重程度,是对重大疾病范围的约定②
	理由二：未达到保险合同约定的提前给付保险费及豁免的条件③

①向德云与太平洋人寿保险股份有限公司、太平洋保险股份公司重庆分公司人寿保险合同纠纷案,重庆市黔江区人民法院（2015）黔法民初字第05535号民事判决书;吴辉凡、黄天蓉与泰康人寿保险股份有限公司昭通中心支公司健康保险合同纠纷案,水富县人民法院（2016）云0630民初119号民事判决书;孟祥春与中国太平洋人寿保险股份有限公司咸阳中心支公司保险纠纷案,三原县人民法院（2016）陕0422民初1551号民事判决书;李洁与中国太平洋人寿保险股份有限公司广元中心支公司合同纠纷案,广元市利州区人民法院（2016）川0802民初744号民事判决书;张会来与新华人寿保险股份有限公司齐齐哈尔中心支公司富裕营业部人身保险合同纠纷案,富裕县人民法院（2016）黑0227民初291号民事判决书;李保平与泰康人寿保险有限责任公司河南安阳中心支公司保险纠纷案,安阳市龙安区人民法院（2017）豫0506民初1082号民事判决书;李月社与中国人寿保险股份有限公司西安分公司保险合同纠纷案,西安市碑林区人民法院（2017）陕0103民初6343号民事判决书;谢建红与中国平安人寿保险股份有限公司江苏分公司人身保险合同纠纷案,盐城市大丰区人民法院（2017）苏0982民初4452号民事判决书;朱军俊与信诚人寿保险有限公司镇江中心支公司保险纠纷案,丹阳市人民法院（2017）苏1181民初3055号民事判决书;谢建红与中国平安人寿保险股份有限公司江苏分公司人身保险合同纠纷案,盐城市中级人民法院（2017）苏09民终5075号民事判决书;孟祥春与中国太平洋人寿保险股份有限公司咸阳中心支公司保险纠纷案,咸阳市中级人民法院（2017）陕04民终318号民事判决书;吴志坚与太平人寿保险有限公司山西分公司保险合同纠纷案,太原市小店区人民法院（2017）晋0105民初3563号民事判决书;昌宝花与中国人寿保险股份有限公司山东省分公司人身保险合同纠纷案,济南市中级人民法院（2018）鲁01民终130号民事判决书;李峰与中国太平洋人寿保险股份有限公司豫南分公司人身保险合同纠纷案,内乡县人民法院（2018）豫1325民初3893号民事判决书;姬长江与中国太平洋人寿保险股份有限公司齐齐哈尔中心支公司人身保险合同纠纷案,齐齐哈尔市富拉尔基区人民法院（2018）黑0206民初532号民事判决书;中国平安人寿保险股份有限公司泰州中心支公司与张根贵人身保险合同纠纷案,兴化市人民法院（2018）苏1281民初2585号民事判决书;中国平安人寿保险股份有限公司泰州中心支公司与张根贵人身保险合同纠纷案,泰州市中级人民法院（2018）苏12民终1801号民事判决书;李照连与中国人寿保险股份有限公司新野支公司人身保险合同纠纷案,新野县人民法院（2018）豫1329民初1632号民事判决书;中国平安人寿保险股份有限公司与秦建芳人身保险合同纠纷案,南京市江宁区人民法院（2018）苏0115民初19601号民事判决书;中国平安人寿保险股份有限公司与秦建芳人身保险合同纠纷案,南京市中级人民法院（2019）苏01民终4213号民事判决书;中国平安人寿保险股份有限公司通辽中心支公司与周海春保险纠纷案,内蒙古自治区开鲁县人民法

续表

院(2019)内 0523 民初 2507 号民事判决书;中国平安人寿保险股份有限公司通辽中心支公司与周海春保险纠纷案,通辽市中级人民法院(2019)内 05 民终 1816 号民事判决书;张某某与中国人寿保险股份有限公司河南省分公司人身保险合同纠纷案,项城市人民法院(2019)豫 1681 民初 1421 号民事判决书;吴新杰与英大泰和人寿保险股份有限公司漯河中心支公司保险纠纷案,漯河市中级人民法院(2019)豫 11 民终 1891 号民事判决书;王玉国诉中国人寿保险公司淮安市楚州支公司保险合同纠纷案,载于《中华人民共和国最高人民法院公报》2015 年第 12 期(总第 230 期)。

②昌宝花与中国人寿保险股份有限公司山东省分公司人身保险合同纠纷案,商河县人民法院(2017)鲁 0126 民初 1795 号民事判决书;王秀利与长城人寿保险股份有限公司人身保险合同纠纷案,北京铁路运输法院(2018)京 7101 民初 976 号民事判决书;王秀利与长城人寿保险股份有限公司人身保险合同纠纷案,北京市第四中级人民法院(2018)京 04 民终 167 号民事判决书;方忠与中国平安人寿保险股份有限公司镇江中心支公司人身保险合同纠纷案,镇江市京口区人民法院(2018)苏 1102 民初 1797 号民事判决书。

③杨晓锋、魏亚萍与中国太平洋人寿保险股份有限公司渭南中心支公司保险合同纠纷案,富平县人民法院(2017)陕 0528 民初 3149 号民事判决书;杨晓锋、魏亚萍与中国太平洋人寿保险股份有限公司渭南中心支公司保险合同纠纷案,渭南市中级人民法院(2018)陕 05 民终 65 号民事判决书。

表 2　典型案例及裁判结果梳理

编号	案名	案件事实	判决结果及理由
1	王玉国诉中国人寿保险公司淮安市楚州支公司保险合同纠纷案	保险合同第 23 条第 10 款规定"主动脉手术指为治疗主动脉疾病,实际实施了开胸或开腹进行的切除、置换、修补病损主动脉血管的手术……",王玉国接受的是主动脉夹层覆膜支架隔绝术	王玉国所患主动脉夹层疾病属于主动脉疾病,符合合同约定重大疾病的保险责任范围。该合同第 23 条第 10 款显然不属于对疾病症状的解释和描述,而是对疾病治疗方式的限定,排除了被保险人享有的对疾病治疗方式的选择权,该条款应认定无效
2	谢建红与中国平安人寿保险股份有限公司江苏分公司人身保险合同纠纷案	保险合同约定的重大疾病第 16 种为脑垂体瘤、脑囊肿、脑动脉瘤及脑血管瘤,指经头颅断层扫描(CT)、核磁共振检查(MRI)或其他影像学检查被确诊为上列病变,并实际接受了手术或放射治疗,且实际实施了开颅进行的脑肿瘤或囊肿完全切除或部分切除的手术。谢建红患蛛网膜下腔出血,行蛛血介入术是否符合保险合同约定的责任范围	谢建红提供的资料能够推定其蛛网膜下腔出血与颅内动脉瘤之间存在因果关系,所患疾病符合保险条款中约定的重大疾病。保险条款仅以"开颅手术"认可条件成立,剥夺了谢建红的选择权。谢建红购买"重大疾病险"的初衷是万一发生疾病,在病发时的一般医疗条件允许的情况下有一份保障,以减轻自己的经济负担,而非为了保险理赔刻意选择更痛苦的救治方式

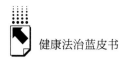
续表

编号	案名	案件事实	判决结果及理由
3	方忠与中国平安人寿保险股份有限公司镇江中心支公司人身保险合同纠纷案	保险合同已明确该险种项下被告承担的保险责任包括给付"重大疾病保险金"或"特定轻度重疾保险金",在释义部分对"重大疾病"及"特定轻度重疾"及其他几十种疾病作了列举、解释和描述,以进一步明确保险责任范围。其中"主动脉手术"属于"重大疾病",而"主动脉内手术"属于"特定轻度重疾"。上述保险金名称、疾病名称均为加黑、加粗字体。王兰接受的胸主动脉夹层覆膜支架置入手术,属于保险合同约定的"特定轻度重疾"	保险合同规定"重大疾病"或"特定轻度重疾"的相关条款是保险责任范围条款,依照《最高人民法院关于适用〈中华人民共和国保险法〉若干问题的解释(二)》第9条,不可以认定为保险法第17条第2款规定的"免除保险人责任"的免责条款。投保人在投保时书面承诺"本人已阅读保险条款,产品说明书和投保提示书,了解本产品的特点和保单利益的不确定性"。投保人在投保案涉人身保险合同时应当知道签署相关文件所产生的法律后果,且其本身亦应对合同中相关条款及黑体加粗部分加以了解和注意,因此被告已经尽到了对上述保险合同条款的一般提示及说明义务,该条款有效
4	杨晓锋、魏亚萍与中国太平洋人寿保险股份有限公司渭南中心支公司保险合同纠纷案	合同10.1条就给特种疾病作了定义,10.1.8条约定了脑垂体瘤、脑囊肿等特种疾病是指经头颅断层扫描、核磁共振或其他影像学检查被确诊,并实际接受了手术或放射治疗。魏亚萍身感不适,随后被诊断为左颞部蛛网膜囊肿,并进行保守治疗	涉诉保险合同系双方当事人的真实意思表示,不违反法律规定,合法有效。该合同明确约定了重大疾病的定义及原告享有10日犹豫期等权利。原告被诊断为左颞部蛛网膜囊肿,并进行保守治疗,但未达到保险合同约定的提前给付保险费及豁免的条件

三 案例剖析

(一)对限定治疗方式的条款的规制

在实践中不少人身保险合同关于疾病及其治疗方式的定义均属格式条

款，这些格式条款在约定了保险责任范围、便利双方交易的同时，由于数量的庞杂、内容的专业性、双方信息的不对称以及力量的悬殊，使投保人处于不利地位。在立法例中，信息规制或内容控制是重新平衡双方利益的主要方式，前者注重程序控制，要求尽到说明义务；后者注重内容判断，多以事后的司法审查程序确认诉争格式条款无效。《保险法》第 17 条、第 19 条、第 30 条分别通过保险人的信息提供义务、对格式条款的内容控制和不利解释规则进行规制。关于限定治疗方式的条款，虽然专业性高，但较少出现有歧义的问题，因此主要涉及的是第 17 条和第 19 条，尤其是对第 19 条的适用，认为限定治疗方式的条款为免责条款的法院主要依据的是第 19 条，而其适用是否符合法理则需进一步讨论。

1. 说明义务

如何在保险合同中正确履行明确说明义务，其判断标准有两类，即主观说与客观说、形式说与实质说两种。主观说是以保险人的理解为基准，也就是说只要保险人在订约时认为其已将合同条款向投保人或被保险人作了适当解释，就可认为是履行了说明义务。客观说则是以相对人是否理解契约条款内容及含义为标准。[1] 形式说和实质说的分类则涉及如何认定当事人已经理解条款含义。形式说认为，投保人只要在"保险人已履行保险条款说明义务"的声明书上签字，就表明保险人说明义务已经履行完毕。实质说是指保险人对于保险契约中所约定的免责条款，除了在保险单上加以提示外，还应当对有关免责条款的概念、内容及其法律后果等，以书面或者口头形式向投保人或其代理人作出解释，以使投保人明了该条款的真实含义和法律后果。[2] 按照《保险法》及司法实践，我国对保险人的说明义务要求较高，采客观说，要求保险人说明并达到常人可以理解条款含义的程度。

---

① 于海纯：《保险人说明义务程度标准研究》，载《保险研究》2008 年第 1 期，第 82 页。
② 龚贻生、朱铭来、吕岩：《论保险合同免责条款和保险人明确说明义务——〈保险法〉第 17 条和第 19 条的理解和适用》，载《保险研究》2011 年第 9 期，第 102 页。

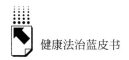

《保险法》第17条①关于对一般条款和免责条款的说明义务的要求不同，对免责条款的说明义务要求更高，采实质说。限定治疗方式的条款属于一般的格式条款无疑，而依据《最高人民法院关于适用〈中华人民共和国保险法〉若干问题的解释（二）》第9条②对免责条款作出的定义，限定治疗方式的条款并不属于免责条款，保险人尽到一般说明义务即可。但是司法实践中直接适用《保险法》第19条的法院又多认为其为免责条款，与司法解释的有关规定存在冲突。

2. 内容控制

内容控制是指在保险契约并不违反法律强制规定时，仍由国家公权力依据诚实信用原则或基于利益衡平而干预契约效力。③ 内容控制的理论依据在于，保险人与被保险人或投保人双方之间缔约地位悬殊，仅通过立法规制与行政规制尚不足以杜绝格式条款的弊端，保险人仍可以制定不公平条款。为遵循社会公平及实质契约之理念，避免定型化契约的某一条款改变或者逃避保险人应履行之义务，若保险条款之内容与一般法律之规定有所偏离，且依诚实信用原则将对被保险人产生不合理之利益时，该条款无效。④ 从保险法所遵循的公共政策来看，保险法在契约自由上更需要保证保险市场能够满足社会大众的系统性投保需求。因此，在与保险本质发生冲突时，契约自由原则即作出退让，由此，对给付均衡的考察应从风险共同体层面进行审视，它应当是对投保时所收保费与所承担风险对价性的整体评估。在内容控制理论

---

① 《保险法》第17条：订立保险合同，采用保险人提供的格式条款的，保险人向投保人提供的投保单应当附格式条款，保险人应当向投保人说明合同的内容。对保险合同中免除保险人责任的条款，保险人在订立合同时应当在投保单、保险单或者其他保险凭证上作出足以引起投保人注意的提示，并对该条款的内容以书面或者口头形式向投保人作出明确说明；未作提示或者明确说明的，该条款不产生效力。

② 《最高人民法院关于适用〈中华人民共和国保险法〉若干问题的解释（二）》第9条：保险人提供的格式合同文本中的责任免除条款、免赔额、免赔率、比例赔付或者给付等免除或者减轻保险人责任的条款，可以认定为《保险法》第17条第2款规定的"免除保险人责任的条款"。保险人因投保人、被保险人违反法定或者约定义务，享有解除合同权利的条款，不属于《保险法》第17条第2款规定的"免除保险人责任的条款"。

③ 江朝国：《保险法逐条释义》（第二卷保险契约），元照出版公司，2013，第313页。

④ 樊启荣：《保险法》，北京大学出版社，2011，第99页。

中，当免责条款的出现使保险共同体成员无法获得普遍所期待的人身和财产上的保障时，契约自由原则就需要让位于被保险人的合理期待规则。[1] 人身保险合同关乎投保人身体健康，与一般的合同相比，具有保障投保群体能获得有效的医疗保障的社会政策功能，当其以采用不同的治疗方式为由免除自身责任时，法院考虑到社会政策以及当事人的合理期待，多认为其不符合《保险法》第 19 条[2]的规定而认定无效。

关于疾病治疗方式的条款性质认定，不能简单断定为保险合同关于保险责任范围大小的约定，治疗方式限定的初衷是为了对疾病轻重进行限定，例如约定脑垂体瘤等特种疾病在确诊后还需实际接受手术，实际接受手术本是为了从医学层面说明疾病的严重程度，但是投保人所患疾病若已属保险责任范围之内，却采用了保险合同规定之外的治疗方式时，如此规定便限制了当事人治疗的选择权。

3. 司法实践中的相关问题

我国司法实践中关于《保险法》第 17 条的适用效果并不理想，条文适用本身对保险人的说明义务要求过高、偏离实际，[3]《保险法》第 19 条的规定也不够具体；而从体系化的角度考虑，其与《保险法》第 19 条也存在混用、逻辑不清的情形，例如在李峰与中国太平洋人寿保险股份有限公司豫南分公司人身保险合同纠纷案[4]中，法院先是依据《保险法》第 19 条认定限定治疗条款无效，其次又认为保险人就对免责条款已经履行说明义务未能尽到举证责任，这与最高人民法院有关的司法解释对《保险法》第 17 条和第

---

① 韩长印、王家骏：《意外伤害保险的契约型塑与内容控制》，载《法学》2016 年第 11 期，第 112 页。

② 《保险法》第 19 条：采用保险人提供的格式条款订立的保险合同中的下列条款无效：（一）免除保险人依法应当承担的义务或者加重投保人、被保险人责任的；（二）排除投保人、被保险人或者受益人依法享有的权利的。

③ 马宁：《保险人明确说明义务批判》，载《法学研究》2015 年第 3 期，第 102 页。

④ 李峰与中国太平洋人寿保险股份有限公司豫南分公司人身保险合同纠纷案，内乡县人民法院（2018）豫 1325 民初 3893 号民事判决书。

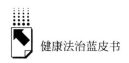
19 条的适用先后的理解①有所冲突。在保险合同免责条款效力的司法认定中,程序正义与实质正义缺一不可、不可偏废,②但在限定治疗方式条款是否有效的判断上,如需认定其是否为免责条款,首先应依据第 17 条判断条款是否产生效力,认定条款应产生效力后才有适用第 19 条判断有无效力的问题。

(二)《保险法》第19条的适用问题

认定限定治疗方式的条款为免责条款的主要法律依据是《保险法》第19 条,但此类案件是否应适用第 19 条予以审查仍需讨论。《保险法》第 19 条虽对内容控制订有明文,但审查标准的不确定性导致裁判机关在进行内容控制时无法采取涵摄这样的传统法律适用模式,因而法官在对格式条款实体内容进行审查时享有较大的自由裁量权,这也使这一领域成为"法官法"的沃土。③为了限制法官的裁量权,统一审查标准,司法实践中对适用第 19 条的合同条款的范围和标准应进一步明确。

1. 适用范围

《保险法》第 19 条未规定其适用范围的限制。依其字面含义,但凡可列入"加重投保人责任"等三种类型的条款皆应认定无效,但这样的规定过于宽泛,在司法实践中也会引起"同案不同判"的现象。依据立法资料,《保险法》第 19 条的规定源于我国《合同法》第 40 条,《合同法》该条是借鉴德国法的有关规定。德国法上有关格式条款内容控制的规范从《一般交易条款法》纳入《德国民法典》,《德国民法典》第 307 条是内容控制规则的总则性规定,该款第 1 句规定:"第 1 款和第 2 款以及第 308 条和第 309

---

① 最高人民法院民事审判第二庭编著《最高人民法院关于保险法司法解释(二)理解与适用》,人民法院出版社,2015,第 237~240 页。

② 姜影:《保险人说明义务与保险合同免责条款效力的逻辑关系分析》,载《现代管理科学》2014 年第 6 期,第 61 页。

③ 张力毅:《政策性保险之政策目的如何融入司法裁判——以〈交强险条例〉第 1 条的司法适用为中心》,载《华东政法大学学报》2016 年第 4 期,第 100 页。

条，只适用于用来约定偏离或补充法律条文的规定的一般交易条款中的条款。"① 尽管字面上并未直接表明，但按立法理由，该条正是为了将宣示性条款与核心给付条款排除在其适用范围之外。②

对于宣示性条款，即复制法律规定的格式条款并无审查的必要。因为此类条款不仅不会损害给付均衡，相反在很多情形下是公平的象征。对于核心给付条款，一般认为当事人通常会对此认真阅读、思虑后才决定是否接受，依据合同的意思表示瑕疵规则以及市场竞争淘汰规则，一般不会损害当事人的利益。③ 通过表1和表2的案例总结发现，我国法院适用第19条审查条款内容时未对条款的性质进行论证而直接依据该规定对条款是否有效进行判断。对各类条款都笼统适用第19条实则扩大了需进行内容审查的条款范围，使保险人要承担过重的责任。

2. 核心给付条款的判断标准

一般认为，在保险合同中，规定保险金给付事由，即保险责任范围，以及保险金给付标准的条款，均应当属于保险合同的核心给付条款。④ 学理上用以界定承保风险范围的条款主要有两类，一是危险描述条款，用以描述本保险合同所承保的风险种类与范围；二是危险限制条款，用以修正、调整危险描述条款，主要是对承保的风险种类、范围再作精细化限定，保险实务中的除外风险条款，通常均属于危险限制条款。⑤ 也有学者不认同将除外责任、免赔率等作为核心条款，认为这样将大大压缩内容控制的范围，免于审查的核心条款应是指对保险类型与客体、所承保风险、保险金数额、保险金额或保险利益给出关键性的定义或描述的条款。⑥ 但对于界定保险责任（风

---

① 《德国民法典》（第3版），陈卫佐译注，法律出版社，2010，第102页。
② 王静：《我国〈保险法〉第19条司法适用研究——基于保险格式条款裁判的实证分析》，载《政治与法律》2014年第11期，第94页。
③ 解亘：《格式条款内容规制的规范体系》，载《法学研究》2013年第2期，第104页。
④ 梁宇贤、刘兴善、柯泽东、林勋发：《商事法精论》，今日书局有限公司，2007，第564页。
⑤ 王静：《我国〈保险法〉第19条司法适用研究——基于保险格式条款裁判的实证分析》，载《政治与法律》2014年第11期，第97页。
⑥ 马宁：《保险格式条款内容控制的规范体系》，载《中外法学》2015年第5期，第1201页。

险）范围的相关条款为核心给付条款并无争议，若是限定治疗方式的条款为保险公司界定风险的种类的标准，那么法院对其适用《保险法》第 19 条不符合条文本身的法理。

3. 限定治疗方式条款的性质判断

危险描述条款主要是对保险种类与范围的约定。保险责任是指保险合同中载明的风险事故发生后保险人应承担的赔偿或者给付责任，即保险合同双方当事人在保险合同中对保险人所应承担的风险责任范围的具体约定。[①] 危险限制条款是对风险种类、范围的进一步具体化规定，属于核心给付条款。此外，在保险关系中，保险人为了估计、控制危险，并于保险事故发生之后能够正确了解损害发生的原因及其范围，经常需要投保人的说明、协力或采取避免危险发生的特定行为（包括作为与不作为），此种行为义务的种类繁多，虽有一部分由保险法规定，但有更多的行为义务则应根据险种特性而于保险契约中加以约定，这被称为约定行为义务（约定义务）条款。[②]

危险限制条款与约定义务条款的界限并不清楚，保险人为了规避免责条款对投保人的特殊保护，甚至会以危险限制条款的外观表达约定义务条款的内容，此类条款被称为隐藏性义务条款。我国法律并无对约定义务条款的具体规定，德国《保险法》认为区分之标准不在于格式条款的文字描述或处于合同中的位置等形式要素，在于其实质内容。如果某保险格式条款仅以排除性的方式反向描述保险合同所欲承保的特定风险与灾害，未因投保人的疏忽行为而剥夺其保障，则属于危险限制条款；如果该保险格式条款是以要求投保人或被保险人为某一特定行为，且将其是否遵守该特定要求作为其能否获得保险保障之前提，则属于约定义务条款。[③]

① 孙蓉、于林樾:《免赔条款并非免责条款——保险合同免赔条款的性质及法律适用》，载《西南金融》2013 年第 6 期，第 21 页。
② 叶启洲:《从全有全无到或多或少——以德国保险契约法上约定行为义务法制之改革为中心》，载《政大法学评论》2015 年第 140 期，第 4 页。
③ 王静:《我国〈保险法〉第 19 条司法适用研究——基于保险格式条款裁判的实证分析》，载《政治与法律》2014 年第 11 期，第 98 页。

在本类案件中，部分判决也认同限定治疗方式的条款为隐藏性义务条款①，持此观点的法院认为对于投保人、被保险人而言，签订医疗保险合同的目的就是在发生重大疾病经治疗后可以获得赔偿，投保人、被保险人有权根据自身身体状况，选择具有创伤小、死亡率低、并发症发生率低的治疗方式而使所患疾病得到有效治疗，这是病患的基本权利。保险人通过限定治疗方式来限制投保人、被保险人获得保险赔偿的权利，实际上是以特定义务的履行作为承保风险的要件，因而限定治疗方式的条款属于隐藏性义务条款。

我国也有学者主张，《保险法》第19条应适用于具有远期性、不确定性的约定义务条款，尤其是隐藏性义务条款，而不适用于危险限制条款，②但是以约定义务条款为标准确定是否适用《保险法》第19条并不合理。约定义务也具有控制承保风险的作用，其与危险限制条款之间的区别很微妙，约定义务甚至也可被划入危险限制条款之中，两者难以简单区分，因而将约定义务条款作为核心给付条款的判断标准会引发更多的争议，如台湾司法实务对以投保人履行内部稽核的作业程序为赔偿前提的金融业保险条款的性质认定存在分歧。③并且，德国区分二者的意义在于某一条款若属于约定义务条款，保险人要因义务违反主张免责时，应适用《保险法》第28条的规范，对投保人违反义务时的主观要件以及因果关系等均要进行限制，条款若是除外责任则无此限制。④我国台湾地区《保险法》所规定的除外责任属危险限制条款，特约条款则属约定义务条款。台湾地区《保险法》对隐藏性义务条款和危险限制条款的区分也在于对"特约条款"与"除外责任"的适用不同，条款若主张为除外责任适用时不需先经《保险法》第68条第1

---

① 如昌宝花与中国人寿保险股份有限公司山东省分公司人身保险合同纠纷案，济南市中级人民法院（2018）鲁01民终130号民事判决书；中国平安人寿保险股份有限公司与秦建芳人身保险合同纠纷案，南京市中级人民法院（2019）苏01民终4213号民事判决书。
② 王静：《我国〈保险法〉第19条司法适用研究——基于保险格式条款裁判的实证分析》，载《政治与法律》2014年第11期，第98页。
③ 中国台湾地区"最高法院"2007年台上字394号民事判决。
④ 转引自叶启洲《从全有全无到或多或少——以德国保险契约法上约定行为义务法制之改革为中心》，载《政大法学评论》2015年第140期。

项解除契约、也不受该条第 2 项除斥期间的限制。① 因而，德国与我国台湾地区区分的意义在于约定义务条款和危险限制条款适用的法律效果不同，而不在于判断其是否属于核心给付条款。

对于限定治疗方式的条款是否应适用《保险法》第 19 条应着眼于核心给付条款本身的性质判断。合同内涵可分为有关要素的合意与偶素的合意，由此合同条款可分为核心给付条款与附随条款，要素是成立合同必不可缺的内容，通常认为合同的标的及作为对待给付的价格条款系合同成立所必备的意思内容。② 关于核心给付条款的范围，《欧盟消费者合同不公平条款指令》和《欧洲共同买卖法（草案）》重点将合同核心事项的定义、合同价款的适当性排除在公平性审查之外。③《欧洲私法共同参考框架》对内容控制的范围明文排除给付描述性条款，④ 即具体的给付与对待给付的描述和确定条款。对于何为核心事项的描述和定义，《欧洲保险合同法原则》认为承保范围和保险费为核心事项，并在注解中作出严格限定，认为那些限制、改变或修订保险人应承担义务的条款而非对核心事项的必要解释皆不属于核心条款。⑤ 因而，在保险合同中保险责任范围和保险金为合同成立的核心事项，而关于保险责任范围和保险金必要的描述和解释的条款为核心给付条款。

综上，限定治疗方式的条款是否属于核心给付条款的关键就在于其是否属于对责任范围的必要描述和解释。此类案件中投保人罹患疾病的类型和轻重程度才是对责任范围的具体和必要的描述和定义，治疗方式只是体现疾病轻重的指标之一，并不是对疾病本身的描述和解释，更对疾病的轻重的判断

---

① 中国台湾地区"高等法院"2014 年度保险上字第 26 号民事判决、中国台湾地区"台北地方法院"2016 年度保险字第 111 号民事判决、中国台湾地区"高等法院"2017 年度保险上字第 33 号民事判决。
② 解亘：《格式条款内容规制的规范体系》，载《法学研究》2013 年第 2 期，第 110 页。
③ 范雪飞：《论不公平条款制度——兼论我国显失公平制度之于格式条款》，载《法律科学（西北政法大学学报）》2014 年第 6 期，第 109 页。
④ DCFR ii - 9：40：For contract terms which are drafted in plain and intelligible language, the unfairness test extends neither to the definition of the main subject matter of the contract, nor to the adequacy of the price to be paid.
⑤ 马宁：《保险格式条款内容控制的规范体系》，载《中外法学》2015 年第 5 期，第 1207 页。

没有关键的影响，同等严重的疾病可能有多种不同的治疗方式。因而，限定治疗方式的条款并不属于对承保范围的描述和解释，不是核心给付条款，可适用《保险法》第19条，如投保人所患疾病符合保险条款中约定的重大疾病，保险条款仅以符合规定的"治疗方式"认可条件成立，实际上限制当事人对疾病治疗方式的选择权应为无效。同时应当注意的是，认定该条款免责的事实前提是当事人的疾病达到条款规定的严重程度，在王秀利案中，王所患脑部疾病尚未达到需用手术或放射性治疗的程度，其对治疗方式的选择并未受到该条款的限制而是由疾病本身所决定，因而其关于该条款无效的诉求不应被支持。

保险合同中使用的专业医学术语一般人难以理解，如前述案例中，保险公司对疾病进行一些指标和特征上的甚至治疗方式上的限制，是由其防范控制风险的本质所决定的，在一定范围内是合理的。这类医学专业性很强的条款，即使保险人再三解释和说明，因为背景知识的限制，即便是有一定文化修养的人在请教了医学专家以后也未必能达到明了其真实含义和法律后果的目的。而这样做不仅加大了保险合同当事人的缔约成本，同时也消磨了人们的保险意识，不利于保险业的发展。因此，对此类条款执行国家标准或行业标准有一定的合理性，但也应当注意医疗标准的更新，不能因为落后的医疗标准而限制当事人在患同等严重的疾病时选择更加先进、更有利于自身健康的治疗方式，对此类限定治疗方式的条款应予以调整，治疗方式仅作为体现疾病轻重的标准之一而不作为责任基础。

四　结语

保险合同尤其是人身保险合同，如果不是将疾病的范围而是将疾病的治疗方式作为责任基础显然不符合公众投保时的心理期待，治疗方式始终只能是判断疾病轻重的标准之一，而不是最后决定保险人责任的基础，保险人责任的范围应当是疾病的严重程度而不是治疗方式，只要投保人或被保险人的疾病达到规定的程度，保险人就应承担责任，此时关于限定治疗方式的条款

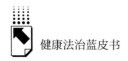

无效。而若投保人或被保险人的疾病尚未达到规定程度，则不属于承保的责任范围，其未选择合同规定的治疗方式不是因为对治疗方式的选择权被相关条款限制，而是因为自身疾病尚不需要，相关条款实质上并未限制当事人对疾病治疗方式的选择权。综上，判断限定治疗方式的条款的效力是否需要适用《保险法》第 19 条，还是应以疾病的重大程度的不同进行区分讨论，在达到相同程度时，此类条款因限制当事人对治疗方式的选择权而应为无效，反之此类条款仅是对保险范围进行规定，仍应有效。如此理解符合法理和条款设置的初衷，但是显然还是存在矛盾，即条款的效力为何会因情况的不同而不同，最根本的解决方式还是对此类条款的规定进行合理的调整。

B.15
养老机构侵犯入住老人
健康权的责任范围

陈晓萍*

摘　要： 本类案件中因养老机构过失致使老人骨折，后老人长期卧床休息而患血栓最终因并发症死亡，老人生命权受损害与其身体健康受损是否具有因果关系存在争议。因果关系的判断既应关注事实问题，也应考量法律价值，老人骨折而卧床患血栓乃是通常情况下会有的风险，其死亡与身体健康受损害具有联系，养老机构过失行为的损害范围应包括对老人生命权的损害。但是原因力强度将影响损害赔偿的额度，在本类案件中养老机构对于老人死亡尚未构成主要原因，应综合各方面考量其最终承担的赔偿份额。

关键词： 养老院侵权责任　因果关系　责任范围

一　基本案情

（一）案件事实

京源养老院与魏某及其子女林某签订养老机构代养人员入住协议书，2017年6月，养老院的护理人员在协助魏某上厕所时，未尽到注意义务导致魏某摔

---

* 陈晓萍，武汉大学大健康法制研究中心助理研究员。

伤。同日，魏某被送往京山市人民医院治疗，诊断为右侧股骨上段骨折。魏某出院后回到京源养老院，京源养老院与林某签订协议书一份，养老院已支付双方约定的住院期间医疗费、伙食费等相关费用。此外，双方还约定协议签订后因魏某伤情产生的后续治疗费用仍由京源养老院承担。后魏某因病情加重被送往医院住院治疗，养老院已承担一部分费用。同年因魏某及其家属要求回家休息，魏某出院诊断为右股骨上段骨折、右下肢静脉血栓形成、糖尿病。后林某与京山社会福利院（原京山县社会福利院）签订自费代养合同一份，但林某后认为福利院服务态度不好而将魏某接回家里照顾。住家期间，魏某再次因病情严重被送往医院住院治疗一天后出院，诊断为右下肢静脉血栓形成、2型糖尿病、右股骨颈骨折后遗症、褥疮。2017年12月，魏某死亡，死亡原因为静脉血栓形成并继发性肺梗死导致呼吸、心跳骤停。①

（二）判决要旨

两审法院认为养老院未充分考虑到魏某的年龄、身体状况、行动能力等因素并尽到充分的注意义务，存在过错，应对魏某因摔伤造成的损失承担侵权责任。对于魏某的死亡，各方当事人均未提交因果关系或具体原因力大小的鉴定意见，对此也均未申请人民法院进行鉴定，法院认为魏某的受伤对其健康状况有一定影响，与之后的死亡存在事实上的联系。但据查明的事实，本案养老院、魏某本人及其子女对魏某的死亡均无过错，基于利益平衡之考量，可由双方分担损失。

（三）核心争点

本案中关于养老机构侵犯入住老人的健康权的因果关系没有争议，但在责任范围的因果关系中，老人生命权受损害与其身体健康受损是否具有因果关系存在争议。两审法院认为，魏某的受伤对其健康状况有一定影响，与魏某死亡存在事实上的联系，但未进行详细说理，缺乏说服力。

---

① 林琪与京山市京源养老院生命权、健康权、身体权纠纷案，荆门市中级人民法院（2019）鄂08民终183号民事判决书。

二 类案整理

（一）对养老机构侵权案件进行类型化整理

图 1 和图 2 表明，养老机构侵犯人身权、健康权、身体权的案例整体呈逐年增加的趋势，且对因果关系的认定争议较大。

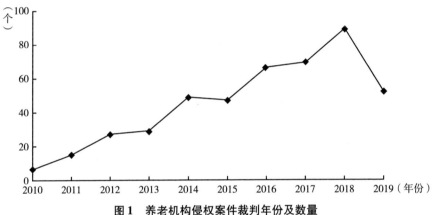

图 1　养老机构侵权案件裁判年份及数量

数据来源：无讼案例官网，https：//www. itslaw. com/search，以"养老机构"以及"生命权"、"身体权"、"健康权"为关键词搜索，截至 2019 年 12 月 23 日共有 463 个相关案例。

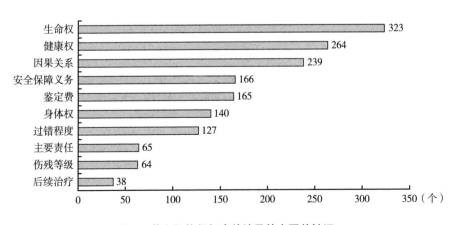

图 2　养老机构侵权案件涉及的主要关键词

（二）与本案案情相似案件的判决情况统计①

表1将此类案件中不同的判决结果和主要理由进行归纳，表2选取此类案件中的典型案例对其基本案情、法院观点、责任类型等进行介绍。二者反映了司法实务中法院对于老人生命权受损害与其身体健康受损是否具有因果关系的争议情况。

表1　判决肯定与否定赔偿及其各判决理由分布案例

判决结果	判决理由
判决肯定赔偿 （14）	理由一：违约责任，死亡结果与损伤有因果关系，且与其未尽寄养义务有关联性①
	理由二：过错责任，摔伤为死亡的诱发因素，综合考虑双方过错程度、原因力大小以及老人身体情况等酌定赔偿数额②
	理由三：公平责任，摔伤与死亡有事实上的联系，但对死亡结果均无过错，为平衡双方利益，养老院分担一部分损失③
判决否定赔偿 （2）	理由一：死亡与摔伤不存在因果关系，外伤不会导致死亡④
	理由二：死亡非违约行为所致，而是疾病发展的必然结果⑤

①张长岭、张玉生与石河子市爱德养老院服务合同纠纷案，石河子市人民法院（2013）石民初字第1939号民事判决书；吕秋月与北京市石景山区民族养老院服务合同纠纷案，北京市石景山区人民法院（2017）京0107民初17666号民事判决书；刘志明与长春市双阳区平湖街道双桥村老年公寓服务合同纠纷案，长春市双阳区人民法院（2017）吉0112民初1489号民事判决书；上诉人万福缘汤岗子温泉老年公寓与被上诉人吴晓旭、阮佩珠合同纠纷案，鞍山市中级人民法院（2018）辽03民终1359号民事判决书。

②邢黄生、邢玲玲与郑州市青龙山温泉疗养院生命权、健康权、身体权纠纷案，河南省郑州高新技术产业开发区人民法院（2013）开民初字第2856号民事判决书；莘玉芳与嘉兴经济技术开发区金港湾养老服务中心生命权、健康权、身体权纠纷案，嘉兴市南湖区人民法院（2014）嘉南长巡民初字第107号判决书；邢黄生、邢玲玲与郑州市青龙山温泉疗养院服务合同纠纷案，河南省郑州市中级人民法院（2014）郑民一终字第1075号民事判决书；王金发、王金福等与上海普陀区云集曹杨养老院生命权、健康权、身体权纠纷案，上海市静安区人民法院（2016）沪0106民初27503号民事判决书；吴圣宝、吴吉玲等与北京市海淀区上庄镇敬老院、耿顺兴生命权、健康权、身体权纠纷案，北京市海淀区人民法院（2016）京0108民初30319号民事判决书；王莉华、孙洁等与天津市河西区广东路龙福宫老人院生命权、健康权、身体权纠纷案，天津市河西区人民法院（2017）津0103民初921号民事判决书；刘丽华与八师一四二团天健养老院生命权、健康权、身体权纠纷案，下野地垦区人民法院（2018）兵0801民初477号民事判决书；王莉华、孙洁生命权、健康权、身体权纠纷案，天津市第二中级人民法院（2018）津02民终3127号民事判决书；刘丽华、刘俊玲、刘显华与八师一四二团天健养老院生命权纠纷案，新疆生产建设兵团第八师中级人民法院（2019）兵08民终748号民事判决书。

---

①　在无讼案例官网以"养老机构""摔倒""骨折""死亡"为关键词，搜集到与本案案情相似的判决书16个。

续表

③林琪与京山市京源养老院生命权、健康权、身体权纠纷案,荆门市中级人民法院(2019)鄂08民终183号民事判决书。

④刘万芹与王辉生命权、健康权、身体权纠纷案,逊克县人民法院(2019)黑1123民初802号民事判决书。

⑤张长岭、张玉生与石河子市爱德养老院服务合同纠纷案,新疆生产建设兵团第八师中级人民法院(2014)兵八民二终字第114号民事判决书。

表2　典型案例及裁判结果梳理

编号	案名	养老院是否承担死亡的责任	死亡原因	法院观点	责任类型
1	刘丽华、刘俊玲、刘显华与八师一四二团天健养老院生命权纠纷案	是,与死亡存在因果关系和过错	摔伤后骨折,因心悸死亡,未进行尸检	经鉴定,左侧股骨粗隆间骨折与死亡之间存在因果关系,属诱发因素,建议参与度5%为宜	过错责任,依参与度确定责任大小
2	张长岭、张玉生与石河子市爱德养老院服务合同纠纷案	两审法院判决结果不同	骨折引起血栓至肺栓塞疾病造成死亡	该死亡结果与损伤有因果关系,且与其未尽寄养义务有关联性;二审认为证据不足	违约责任,一审依鉴定中心的死亡参与度承担责任
3	王莉华、孙洁等与天津市河西区广东路龙福宫老人院生命权、健康权、身体权纠纷案	是,养老院具有过错	骨折出院后重回养老院,双方明知栓塞风险	家属知栓塞风险并选择保守治疗而未进行防栓塞治疗并将孙某送回养老院;养老院知此风险,在孙某出现异常时未考虑该风险并及时通知孙某家属,增加了孙某栓塞的风险,但依鉴定其死亡是病情发展的不可逆结果	过错责任,事故起因,双方的过错程度,加之孙某高龄和病情发展的不可逆因素,以及对养老院的公益性等情况的考虑,酌情确定
4	刘万芹与王辉生命权、健康权、身体权纠纷案	否	有跌倒史,最终因脑梗死亡	根据医学理论及生活常识,王占友身上的外伤并不能导致王占友死亡,且未提供证据证明因果关系	
5	王金发、王金福等与上海普陀区云集曹杨养老院生命权、健康权、身体权纠纷案	是	有跌倒史,因重症肺炎死亡	骨折不是致使其死亡的主要原因,既往有脑梗史,疾病发作与其高龄因素、自身健康状况等应有一定的关联性	侵权责任,综合各因素承担责任份额

三 案例剖析

（一）因果关系判断对损害赔偿的影响

1. 学理上对因果关系的判断路径

因果关系不仅是事实的判断，也涉及法律价值考量，在养老机构类案整理中不难发现，本类案件中法院否定赔偿的原因都在于摔伤与死亡不存在因果关系。在英美的损害赔偿法中，因果关系具有事实层面和法律层面的双重意义：在事实层面，解决的是加害行为与损害结果是否具有客观上的联系的问题，如果不符合事实层面的判断，那么便无需继续进行法律层面的判断；在法律层面，解决的是损害赔偿的范围的问题。

德国法则区分责任成立因果关系与责任范围因果关系，分别旨在应对解决侵权是否构成以及责任范围大小的问题，具体而言，前者指可归责的行为与权利受侵害（或对保护他人法律的违反）之间具有因果关系，后者指权利受侵害与损害之间的因果关系。[①] 有观点认为英美法上的二分对应于德国法上的责任成立因果关系与责任范围因果关系的区分，[②] 基于德国法侵权构成的三分模式，只有先确定侵权构成，才能解决侵权人需承担的责任范围，但无论在哪个阶段都不仅涉及事实上的因果关系判断，也离不开法律的价值判断。

德国的侵权法因果关系理论主要有条件说、相当因果关系说以及法规目的说，其中相当因果关系说为主流学说。一般认为相当因果关系说是建立于条件说的基础之上，对条件说予以限制与发展的一种学说。其包括两层结构，一是条件关系，二是相当性。即对于因果关系的判断分两步进行，首先判断行为与损害之间有无必要的条件关系，若具备条件关系，则进行第二层

[①] 王泽鉴：《侵权行为法第一册——基本理论、一般侵权行为》，中国政法大学出版社，2001，第189页。

[②] 林诚二：《民法债编总论——体系化解说》，中国人民大学出版社，2003，第150页。

次"相当性"的判断。①

条件说是判断行为与损害是否具有必要条件关系的主流学说，其认为在现实生活中，导致权益被侵害的事实有很多，但只有那些产生损害的必要条件才属于结果的原因。经典的表述为"无此行为，虽必不生此损害，有此行为，通常即足以生此种损害者，是为有因果关系。无此行为，必不生此种损害，有此行为，通常亦不生此种损害者，即无因果关系"②。检验是否存在条件关系的方法有：剔除说，即如果将被告从事件中剔除，结果就不会发生或以不同的方式发生，就足以证明被告的行为引发了结果；替代说，在不作为的加害行为中，假设被告已履行应尽作为义务结果仍然发生，则可排除两者的因果联系。③

德国法在必要条件确认基础上用于进一步限制责任的主流理论是相当性的判断。所谓相当性，一是该条件的存在对于诉争损害的发生概率产生了影响，二是该条件并非在某些极端特殊的情形下才会成为引发损害的条件。④因果关系的相当性为侵权责任的成立设定了一定的门槛，只有行为对损害发生的可能性达到一定的相当性，才能认定二者具备因果关系。此时的因果关系主要是对侵权构成产生影响，背后蕴含的主要思想是只对自己行为导致的损害负责，此项价值判断符合自然理性，也是侵权法的核心要旨。但现实生活中导致损害发生的原因可能错综复杂，因而需要一定的标准来进行判断，大多数情况下能肯定的只是某种程度上某行为导致了损害的发生。原因力主要是指行为在事实上的作用力，虽然相当因果关系可以兼为其他价值实现的工具，但原因力的影响更多的是建立在事实性基础之上的，在此种事实性的刚性之上，原因力建立起了自身的影响力。损害赔偿的范围应反映原因力的强度，则是一项妥适的价值判断。⑤ 在本案中，养老机构的过失导致了魏某

① 葛洪涛：《论侵权法中的因果关系》，博士学位论文，山东大学，2008，第30页。
② 王伯琦：《民法债编总论》，台北编译馆，1956，第77页。
③ 程啸：《侵权责任法》（第2版），法律出版社，2015，第234~235页。
④ 程啸：《侵权责任法》（第2版），法律出版社，2015，第236页。
⑤ 叶金强：《论侵权损害赔偿范围的确定》，载《中外法学》2012年第1期，第170页。

骨折,但是其行为是否导致了魏某的死亡仍需在事实基础上结合价值判断进行认定。

尽管相当因果关系说在德国司法实践中占据主导地位,但是仍有不足,因而又产生了法规目的说对其加以补足,可以将罕见的、不典型的风险视为因果关系的原因。该说认为,因侵权行为所生之赔偿责任须就侵权法规的意义与目的加以探究,尤其要探讨该法规究竟保护何种利益。就其实质而言,其对因果关系的认定标准为法规内容以及目的。①

我国侵权法中的因果关系理论,大致经过了三个阶段,必然性与偶然性因果关系论争阶段、相当因果关系的介绍及取得通说地位的阶段、各理论的全面引进及新发展阶段。

2. 司法实践对因果关系的认定方法

对于此类案件的因果关系认定,司法实践中多未区分责任成立和责任范围的不同层面,甚至未考虑到法律价值判断对因果关系认定的影响,仅考虑事实上的条件是否成立,部分法院仅依据司法鉴定在科学技术领域对原因力的判断结果进行认定,或者在未经尸检的情况下单纯依靠自由心证。这种做法虽然不合理论框架,但有一定的合理性,因为责任成立或者责任范围的因果关系有时难以区分。并且理论上在法律上对因果关系进行讨论就是要进行价值评判,这不可避免地会使其承载主观性内容,但规则认定未标准化而依靠法官的主观判决结果难免会产生差异。②

实践中将因果关系局限于事实认定领域固然可能更为简明扼要,法律上的因果关系,其实质上已经到了法官自由裁量的领域。③ 但其实无论是否区分责任成立与责任范围,因果关系的判断都不仅是一个事实问题,而且是一种法律政策之工具,蕴含了侵权法对损害赔偿责任认定的价值判断。④ 鉴定

① 曾世雄:《损害赔偿法原理》,中国政法大学,2001,第112~113页。
② 李文胜:《论责任成立与责任范围的因果关系》,载《宁夏社会科学》2007年第4期,第22页。
③ 左传卫:《质疑侵权法中因果关系的二分法》,载《法学》2007年第4期,第87页。
④ 王泽鉴:《侵权行为》,北京大学出版社,2016,第246页。

意见其实并不能对因果关系的价值判断进行分析，仅仅是从科学技术方面讨论二者是否具有联系。如若回到学理上的路径，在此类案件中，事实上，养老机构未尽注意义务与老人摔倒受伤之间存在因果关系，侵权行为致使老人健康权受损没有疑问，要判断的主要是责任成立范围的因果关系，即老人健康权受损的范围是否包括老人死亡的结果。魏某摔伤后的出院诊断为右股骨上段骨折、右下肢静脉血栓形成、糖尿病，依据医学判断，静脉血栓形成、脱落，栓塞肺动脉而引起心脏病等一系列症状都有可能发生，魏某的死亡情况说明也指出魏某的死亡原因为静脉血栓形成并继发性肺梗死导致呼吸、心跳骤停。因此，在本案中，如果没有养老机构的过失行为，魏某便不会死亡，这符合事实上的条件判断，并且老人骨折后卧床休息患血栓在医学上出现的可能性较大，具有相当性，并不属于极端情形。但如果盲目地将鉴定意见中养老机构对老年人的死亡的参与度作为因果关系的判断标准，而不考虑具体情况的差异未免过于武断，因为有的案件中老人死亡主要是自身原有疾病发展的不可逆结果，并且对此类案件的判断还要考虑在保护老年人权益的同时促进养老机构的发展。

老年人骨折后因本身的特殊体质患血栓并死亡，老年人骨折后长期卧床休息患血栓属于通常会有的症状，并不属于异常的风险介入，符合相当因果关系的判断。但是特殊体质案例是相当因果关系的例外，在此类案例中，"老年人的特殊体质"是否会影响因果关系的认定还需讨论。最高人民法院第 24 号指导案例给出的观点认为，虽然受害人年事已高，但其年老骨质疏松仅是事故造成后果的客观因素，并无法律上的因果关系。也就是说，即便受害人的特殊体质确实与侵权行为相互结合而造成或扩大了损害后果，这种事实上存在的因果联系也不是法律上的因果关系，不能据此减轻侵权人的赔偿责任。[①] 在这类特殊体质案件中，特殊体质并不影响因果关系的认定，只是因区分受害人的不同损害类型，最终

---

① 刘正华、泸州纳溪利达运输有限责任公司机动车交通事故责任纠纷案，泸州市中级人民法院（2013）锡民终字第 497 号民事判决书。

对损害赔偿责任产生影响。[①] 在养老机构侵权案件中，老年人自身身体羸弱、骨折后恢复较慢并产生并发症，其体质与侵权行为相结合导致老年人死亡的结果，依据最高人民法院第 24 号指导案例的观点，老年人的身体情况与死亡虽有事实上的联系但并不影响在法律层面的因果关系的认定。

（二）因果关系判断在此类案件中的有关问题

1. 不同请求权的选择对此类案件因果关系的影响

在养老机构侵权案件中，当事人既可提起服务合同违约之诉，也可提起侵害人格权之诉。为认定损害赔偿范围，一般认为合同之诉的赔偿应具备可预见性，侵权之诉则以因果关系为构成要件。从规范属性上看，可预见性与相当性存在明显不同：相当性关注的并非对损害的预见性，毋宁是损害结果发生的盖然性。但按照国内多数学者的观点，相当性的判断也取决于预见与否，实质上将二者等同视之。[②] 若将二者等同起来，当事人提起违约之诉还是侵权之诉对认定损害赔偿范围的差异将更少。但以是否可预见作为损害范围认定的规则并不完全符合损害归责的实质，通说认为，以相当性为核心的因果关系理论主要判断的是"行为是否会引发特定损害后果"，这与行为人是否可预见无关。[③] 同时，从损害预防来看，养老机构违反服务合同若仅以其订立合同时是否对损害的发生有可预见性，而不考虑其在履行合同中因了解的深入而对如何照顾老人更为熟悉，则不利于其在履约过程中积极避免损害。因而，要避免因为当事人提出请求权路径的不同导致损害赔偿认定规则的巨大差异，不应单纯考虑可预见性或是相当性，还应当考虑规范的目的，对养老机构侵权案件的损害赔偿范围进行考量。

① 程啸：《受害人特殊体质与损害赔偿责任的减轻——最高人民法院第 24 号指导案例评析》，载《法学研究》2018 年第 1 期，第 76 页。

② 徐建刚：《规范保护目的理论下的统一损害赔偿》，载《政法论坛》2019 年第 4 期，第 85 页。

③ 徐建刚：《规范保护目的理论下的统一损害赔偿》，载《政法论坛》2019 年第 4 期，第 86 页。

2. 因果关系确定后的责任类型

过错责任是侵权责任的基本归责原则，但在实践中公平责任被大量使用，甚至被作为一般条款，从而给予了法官极大的自由裁量权，使本来应当适用过错责任或者严格责任的情形却适用公平责任。[①] 在本案中法院适用了公平责任使养老院承担一部分损失，我认为这个做法有待商榷。在此类案件中，养老机构对于老年人的摔伤显然不是故意为之，应判断是否有过失。在判断其是否有过失时，一般有主观过失说和客观过失说。主观过失因以行为人的心理状态的欠缺作为判断过失标准而难以衡量，一般倾向于采取客观过失说，以合理注意义务、善良管理人的标准判断行为人有无过失。养老机构应如何护理自理能力不同的老人，有相关的养老机构护理等级标准[②]为参照，或者在双方签订的协议中约定，违反相关标准，对老人的照顾存在的疏忽导致的损害应适用过错责任，而非公平责任。

3. 因果关系与最终赔偿数额的确定

在养老机构的此类侵权案件中，老年人因本身身体情况导致骨折后损害进一步扩大。对于老人骨折而言，养老院的过错是老人摔倒的主要原因，而对于老人的死亡而言，摔倒只是诱因而非主要原因，但是上文已论述过老人特殊体质并不影响养老院侵权行为与老人死亡的因果关系的成立。在数种原因造成损害结果时，在计算赔偿数额时必须考虑的因素就是两个，一是主观过错，二是原因力。原因力的大小虽然不影响责任的成立，但是应影响责任赔偿的数额。在一般情况下，依据因果关系的相当性程度来确定承担多大责任确实具有合理性，但是也不能完全恪守。如在有关机会损失的案件中，当治愈机会为49％或51％时，判决行为人不承担任何责任（不具有相当性）或者要求其承担完全赔偿责任（具有相当性）均非妥当。因此，在机会损失案件和因果关系难以得到确切证明的特定侵权案件中，根据因果关系的盖然性程度确定行为人所承担之责任范围的比例责任学说，在比较法上开始发

---

① 王利明：《我国侵权责任法的体系构建》，载《中国法学》2008 年第 4 期，第 7 页。
② 如《社会福利机构管理暂行办法》《天津市养老机构护理等级标准（试行）》。

展起来。[1] 应以因果关系在事实上的盖然性程度为基础，综合考量行为人的过错程度、违法性程度，最终确定行为人应当承担的责任范围。[2] 对于养老机构最终要承担的赔偿数额，要综合考虑双方的过错、原因力大小、老人自身的身体状况等多因素予以酌定。

四　结语

机构养老的需求在我国社会与日俱增，纠纷也呈现逐年上升的趋势，而其中关于因果关系的判断问题尤为突出。本案中养老机构侵犯入住老人的健康权的因果关系显然成立，但在责任范围的因果关系中，老人生命权受损害与其身体健康受损是否具有因果关系存在争议。因果关系判断不仅是事实问题，也蕴含着法律价值的考量；原因力的大小不仅是侵权责任成立的构成要件之一，也会影响到最终的赔偿结果。在本案中，老人骨折而卧床后患血栓乃是通常情况下会有的风险，其死亡与身体健康受损害具有联系，养老机构的过失行为的损害范围应包括对老人生命权的损害，但是损害赔偿的额度也应反映原因力的强度，在本类案件中养老机构对老人死亡尚未构成主要原因，应综合各方面考量其最终承担的赔偿份额。

---

① 欧洲侵权法小组：《欧洲侵权法原则：文本与评注》，于敏、谢鸿飞译，法律出版社，2009，第95页。

② 郑晓剑：《侵权损害赔偿效果的弹性化构造》，载《武汉大学学报》（哲学社会科学版）2019年第4期，第145页。

B.16
药品通用名称的商标确权与侵权认定

摘　要： 药品通用名称的认定问题、药品通用名称与注册药品商标的冲突问题在近年来的药品商标确权与侵权案件中时常出现。针对药品通用名称的认定问题，除法定药品通用名称外，对"约定俗成"的药品通用名称的认定应当以"消费者的一般认识"为主要标准，同时兼顾时间标准、地域标准以及参考标准。针对药品通用名称与注册药品商标的冲突问题，应当重点考虑二者存在的时间先后顺序、相似程度以及产生混淆误认的可能性。

关键词： 药品通用名称　注册药品商标　商标确权与侵权

一　基本案情

（一）案件事实

2012年11月漳州片仔癀药业股份有限公司（以下简称"漳州片仔癀公司"）就第11683990号"八宝丹片仔癀"商标向原国家工商行政管理总局商标局（以下简称"商标局"）提出注册申请，指定商品为第5类"补药、人用药、药物饮料、医药用胶囊、医药制剂、医用药物"等商品。2014年

---

* 吉日木图，武汉大学大健康法制研究中心助理研究员。

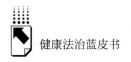
6月，在注册商标审核阶段厦门中药厂有限责任公司（以下简称"厦门中药厂"）就该商标向商标局提出异议，其理由：一是诉争商标中的"八宝丹"文字系厦门中药厂独有的商品标志，属于未注册商标，经过长期在先使用已经具有极高的知名度，诉争商标的注册行为是明显的抢注行为；二是厦门中药厂为"八宝丹"商标的在先权利人，该商标虽属于未注册商标，但在市场上与厦门中药厂有密不可分的关系，诉争商标与厦门中药厂"八宝丹"商标属于近似商标，是对厦门中药厂"八宝丹"商标的抢注。商标局就此于2015年10月作出了不予注册的决定。

漳州片仔癀公司不服上述决定向商标评审委员会提出了复审，其主要理由为：漳州片仔癀公司生产的"片仔癀"曾用名为"八宝丹片仔癀""八宝丹（片仔癀）"，二者在历史上完全一致，既指同一商品，亦指向同一厂家即漳州片仔癀公司。"八宝丹片仔癀"与"片仔癀"具有一致性，此为相关公众熟知，诉争商标的注册没有欺骗性，不会导致公众对商品质量等特点或者产地产生误认。商标评审委员会于2017年3月作出了不予注册复审决定。①

漳州片仔癀公司不服上述决定，于2017年5月向北京知识产权法院提起行政诉讼。值得注意的是，在本案一审中，漳州片仔癀公司提出新的主张，认为"八宝丹"系药品通用名称，不得作为未注册商标使用。本案最终经过两审以及最高院的审判监督程序于2019年12月审结。

（二）核心争点

关于诉争商标"八宝丹片仔癀"的申请注册是否构成《商标法》第32条规定的以不正当手段抢先注册他人已经使用并有一定影响商标情形的问题，关键在于认定"八宝丹"是否构成"他人已经使用并有一定影响的商标"。而"八宝丹"作为传统中医方剂名称能否被当作商标使用是认定他人是否构成抢注的关键，因此本案的核心争点应为诉争商标"八宝丹"

---

① （2017）京73行初3195号。

是否属于药品的通用名称，从而违反了《商标法》第 11 条第 1 款第（一）项的规定。

（三）判决要旨

本案两审法院均认为漳州片仔癀公司在不予注册复审程序中并未提及"八宝丹"系药品通用名称这一理由，故该事由并非被诉决定的审查范围，亦不属于本案审理范围。但本案二审中，法院仍对该事由予以了回应。二审法院认为，除厦门中药厂外，目前国内尚无其他药品生产企业生产"八宝丹"产品，漳州片仔癀公司在本案中提交的证据亦不足以证明"八宝丹"已成为药品通用名称。最高院在再审审查过程中，也对此项事由予以了认定，其认为从现有证据看，并无证据表明除厦门中药厂外，目前国内还有其他药品生产企业生产"八宝丹"产品，这种长期唯一的提供主体能够在客观上形成稳定的市场格局，使相关公众在看到"八宝丹"时，通常会将其与厦门中药厂形成对应联系，"八宝丹"已经具有指示商品来源的意义，并没有通用化。

二 类案整理

（一）对涉及药品通用名称的商标授权、确权及侵权案件的类型化整理

图 1 至图 3 表明，涉及药品通用名称的商标纠纷数量不在少数，其中关于药品名称、药品通用名称、注册药品商标的关系如何界定以及药品通用名称能否注册为药品商标的问题争议较大。

（二）涉及药品通用名称的商标授权、确权及侵权案件的判决情况统计

本文通过关键词的搜索得到数量众多的相关案例，并用表格的形式进行整理。表 1 对此类案件中涉及药品通用名称的核心争议问题进行了归纳，表

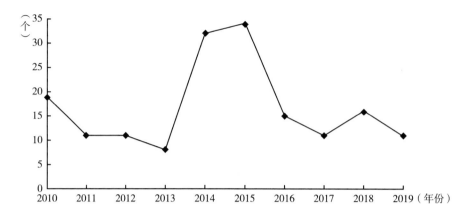

图1 涉及药品通用名称的商标授权、确权及侵权案件的裁判年份及数量

数据来源：无讼案例官网，https：//www.itslaw.com/search，以"药品通用名称"及"商标"为关键词搜索，截至2020年1月30日共有206个相关案例。

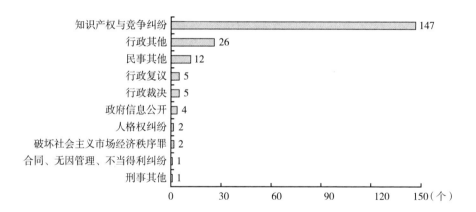

图2 涉及药品通用名称的商标授权、确权及侵权案件的案由分布

数据来源：无讼案例官网，https：//www.itslaw.com/search，以"药品通用名称"及"商标"为关键词搜索，截至2020年1月30日共有206个相关案例。

2 选取了此类案件中的典型案例对其争议问题、案件名称、法院观点、判决结果进行了简要介绍。二者反映出涉及药品通用名称的商标授权、确权及侵权案件在司法实践中的主要认定难点和争议点。

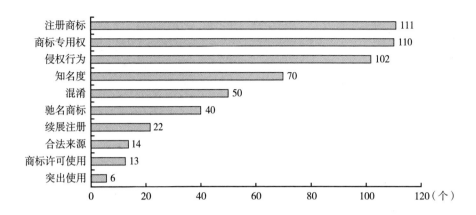

图3　涉及药品通用名称的商标授权、确权及侵权案件的主要关键词

数据来源：无讼案例官网，https：//www.itslaw.com/search，以"药品通用名称"及"商标"为关键词搜索，截至2020年1月30日共有206个相关案例。

表1　判决涉及药品通用名称的争议问题统计

问题类型	核心争议
涉及药品通用名称的商标授权、确权问题	在先的药品通用名称能否被注册为商标①
	在后的药品通用名称能否成为已注册商标被宣告无效的理由②
涉及药品通用名称的商标侵权问题	药品通用名称与他人商标相同或相似时，是否侵犯他人商标专用权③
涉及药品通用名称的认定问题	法定药品通用名称的认定（上述案例都涉及本问题）
	约定俗成药品通用名称的认定④

数据来源：在无讼案例官网以"药品通用名称"及"商标"为关键词搜索，并从众多案例中筛选出典型案例的判决书13份。

①（2011）京高行终字第1304号；（2018）京行终字1446号；（2014）京行（知）终字第2594号；（2018）京行终字5447号；（2016）京73行初1872号；（2009）行提字第1号；（2010）冀民三终字第61号。

②（2011）京行终字第11号。

③（2007）吉民三终字第126号；（2012）粤高法民三终字第530号；（2007）鲁民三终字第56号。

④（2014）穗中法知民终字第741号；（2019）京行终7213号。

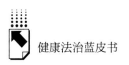

表2 典型案例及判决结果梳理

争议问题	案件名称	法院观点	判决结果
在先的药品通用名称能否被注册为商标	上海盛康医院投资管理有限公司与国家工商行政管理总局商标评审委员会商标授权行政纠纷案	1. 在先药品通用名称存在被注册为商标的可能性 2. 当药品通用名称起到区分药品来源的作用时可以作为商标予以注册	允许注册为商标
	鲁南制药集团股份有限公司与商标评审委员会等商标争议行政纠纷案	一审、二审法院均认为，在先药品通用名称因缺乏显著性，构成《商标法》第11条第1款第（三）项之情形，故不能被注册为商标	不予核准为注册商标
在后的药品通用名称能否成为已注册商标被宣告无效或被撤销的理由	商标评审委员会与上海杏灵科技药业股份有限公司等商标争议行政纠纷案	一审、二审法院均认为，争议商标是否属于通用名称应当以申请注册时的事实状态为准，在后的药品通用名称不能成为已注册商标被宣告无效的理由	维持争议的注册商标
药品通用名称与他人商标相同或相似时，是否侵犯他人商标专用权	贵州百灵企业集团天台山药业有限公司与吉林省吴太感康药业有限公司商标侵权纠纷案	一审、二审法院均认为行政机关认定药品通用名称之行为构成行政许可，但其不具备许可他人使用第三人注册商标之效力	构成侵权
	香港联华药业有限公司、深圳金活利生药业有限公司擅自使用知名商品特有名称、包装、装潢纠纷案	一审、二审法院均认为他人商标被认定为药品通用名称之后，第三人使用该通用名称具有正当性，其使用非商标法意义上的使用	不构成侵权
约定俗成药品通用名称的认定	深圳凤凰生活文化传媒广告有限公司、广州二天堂大药房连锁有限公司、广州二天堂大药房连锁有限公司建设分店侵害商标权纠纷案	一审、二审法院均认为构成约定俗成药品通用名称需要在行业内、理论界、实践界被公认为通用名称才能构成药品通用名称	不构成药品通用名称

三 案例剖析

（一）药品名称、药品通用名称、药品商标名称的区别

药品名称是药品通用名称的上位概念，一般可以将药品名称分为药品通用名称与药品特有名称，依据原国家工商行政管理总局《关于禁止仿冒知名商品特有的名称、包装、装潢的不正当竞争行为的若干规定》第3条规定：知名商品特有的名称，是指知名商品独有的与通用名称有显著区别的商品名称。药品特有名称是药品的生产者、经营者自行命名、特定选用的名称，它是该药品特有的称谓。依照《药品说明书和标签管理规定》，药品说明书和标签标注之药品名称应当符合原国家食药监督局公布的药品通用名称和商品名称的命名原则，并与药品批准证明文件的相应内容一致。药品说明书和标签中禁止使用未经注册的商标和其他未经批准的药品名称。可见，药品特有名称独立于药品通用名称存在，同时药品特有名称的使用需要经过行政机关的批准。就其法律保护而言，药品的特有名称受反不正当竞争法的保护，依据《反不正当竞争法》第6条的规定，擅自使用有一定影响的商品名称，或者使用与有一定影响的商品近似的名称，造成和他人有一定影响的商品相混淆，使购买者误认为是该有一定影响商品的，属于不正当竞争行为。

依据2017年颁布的《最高人民法院关于审理商标授权确权行政案件若干问题的规定》的第10条，通用名称包括法定的商品通用名称或者约定俗成的商品通用名称。其中法定的商品通用名称是指依据法律规定或者国家标准、行业标准属于商品通用名称的；约定俗成的通用名称是指相关公众普遍认为某一名称能够指代一类商品的，一般以全国范围内相关公众的通常认识为判断标准，但对于由于历史传统、风土人情、地理环境等形成的相关市场固定的商品，也可以认定为通用名称；此外，被专业工具书、辞典等列为商品名称的，可以作为认定约定俗成的通用名称的参考。根据上述司法解释的

规定，可以将药品的通用名称分为法定药品通用名称和约定俗成的药品通用名称。依照《中华人民共和国药品管理法》的规定，法定的药品通用名称是指列入国家药品标准和《中华人民共和国药典》（简称"《中国药典》"）的药品名称。约定俗成的药品通用名称指相关公众普遍认为某一药品名称能够指代某一类药品，那么这一药品名称就是该类药品约定俗成的药品通用名称。

药品商标名称是指在药品上使用的，能够区分药品来源的，文字、字母、数字等标志，且药品商标只能是注册商标。

就药品名称、药品通用名称、药品商标名称的关系而言，三者既存在联系也存在区别，首先三者都是药品这一特殊商品的重要商业标识，但是三者基于药品的受众群体不同，存在不同的侧重点。就法定药品通用名称而言，其主要的受众群体是药品领域的专业人士，其目的在于方便药品的行政管理、确保用药安全。药品商标名称的主要受众是广大消费者，其目的在于指明药品的来源并反映药品的内在质量。由于部分法定药品通用名称冗长晦涩，普通大众难以理解记忆，而药品商标名称可以用在多个药品之上，其只能起到区分药品来源的作用，而不能区分药品种类。[①] 因此药品名称拥有不可替代的作用，一方面其使用需要经过行政机关的批准，具有一定的规范性，另一方面其一般由药品生产经营者命名，方便普通大众熟悉和记忆，同时又能起到区别药品种类的作用。药品名称经过使用可能具有显著特征，可以起到识别药品来源的作用，此时药品名称便如上文所述可以获得反不正当竞争法的保护，另外，如果经过使用，药品名称成为该类药品的通用名称，其便会成为约定俗成的药品通用名称。

（二）司法实践中关于药品通用名称的认定问题

无论是涉及药品通用名称的商标授权、确权案件，还是此类商标侵权案件，其前提都是需要对药品通用名称予以认定。结合上述案例可以得出如下

---

① 参见纪晓昕《"散利痛"触动权利冲突之痛》，载《中华商标》2002年第2期，第20～23页。

结论：在司法实践中，对于法定药品通用名称的认定并无太大争议，法院一般认为列入《中国药典》以及在药品标准中予以确认的药品名称都可以认定为药品通用名称，争议较大的是对约定俗成的药品通用名称的认定。具体而言，存在两个方面的问题。

第一，在是否存在约定俗成的药品通用名称的问题上存在争议。对此，学界有观点认为，"药品通用名称多采用较为专业的药学名称，反映某一类药品与另一类药品之间的根本区别，其由药品管理的专门机关规定，而不是由相关领域的消费者决定，在世界范围内都统一和通用，具有强制性和约束性，因此药品通用名称与普通商品的通用名称定义有所不同"①。相反，也有观点认为药品注册商标存在成为约定俗成的药品通用名称的情况，即注册商标的通用化问题。②

就药品领域是否存在约定俗成的通用名称的问题而言，首先，依照强制性法律规定，药品生产经营者在产品上必须使用注册商标，这说明药品商标作为商品商标的一种类型受到商标法及其相关司法解释的规制。依照 2010 年最高人民法院《关于审理商标授权确权行政案件若干问题的意见》（以下简称"《确权意见》"）以及 2017 年最高人民法院《关于审理商标授权确权行政案件若干问题的规定》（以下简称"《确权规定》"）③，判断诉争商标是否为通用名称的标准主要分为两个方面：一是法律规定、国家标准和行业标准规定的通用名称；二是相关公众的约定俗成的通用名称。专业工具书、辞典列为商品名称的，可作为认定约定俗成的通用名称的参考。从上述规定可以看出任何商标都存在通用化后成为约定俗成的通用名称的可能，药品商标作为商标的一种类别并无理由被排除出上述规定的适用范围。其次，通用名称的认定旨在防止社会公众资源私有化，以保障市场竞争的公平秩序及消费

---

① 参见杜文婷《药品通用名称能否作为注册商标——从"奇星华佗再造"案说起》，载《中华商标》2018 年第 11 期，第 76 页。

② 沈世娟、王冬林：《药品商业标识注册问题研究》，载《知识产权》2015 年第 12 期，第 74 页。

③ 最高院 2010 年颁布的《确权意见》和 2017 年颁布的《确权规定》中关于通用名称认定问题的规定大致相同，并无太大的变化。

者利益，降低混淆的可能。药品商标抑或药品名称在没有成为法定通用名称的前提下，仍存在被通用化的可能性，此时如果否定药品约定俗成的通用名称的存在，将导致一些药品商标及药品名称在被实质性通用化的情况下，仍被某一个体垄断性地使用，从而导致社会公共资源被私有化，不利于保护消费者和其他竞争者的利益。综上，药品领域应当存在约定俗成的通用名称。

第二，对于约定俗成的药品通用名称的认定也存在一定的争议。以"深圳凤凰生活文化传媒广告有限公司、广州二天堂大药房连锁有限公司、广州二天堂大药房连锁有限公司建设分店侵害商标权纠纷案"为例，本案两被告认为其在广告宣传中使用的"伟哥"字样属于治疗男性性功能障碍药品的通用名称，即我国虽未将"伟哥"这一药品名称列入药典或药品标准，但是该名称已经在相关公众的认识当中成为此类药品的通用名称，其同时也提交了相关证据，如部分媒体、词典等对"伟哥"的报道和描述，以及部分政府部门对"伟哥"这一名称的使用。但本案一审、二审法院均认为"伟哥"这一药品名称不具有行业内的普遍性和权威性，也不足以证实全国或全行业、理论界与实践界均对治疗男性性功能障碍的这种商品约定俗成称为"伟哥"。因此法院认定"伟哥"不构成治疗男性性功能障碍药品的约定俗成的通用名称，两被告使用该名称的行为侵犯了权利人的注册商标专用权。[①] 从本案可以看出，针对约定俗成的药品通用名称的认定问题存在的争议是，约定俗成的药品通用名称的认定主体是否应当包括同行业的经营者，以及约定俗成的药品通用名称的认定标准应当包括哪些？

就约定俗成的药品通用名称的认定问题而言，主要讨论的是关于通用名称的认定标准，参照《确权规定》，我们可以将通用名称的认定标准分为法定标准、约定俗成的标准以及约定俗成标准的参考。法定标准包括法律规定、国家标准和行业标准。具体到药品领域，目前我国的国家药品标准包括《中国药典》、原国家食品药品监督管理局颁布的药品标准、原国家食品药

---

① （2014）穗中法知民终字第741号。

品监督管理局颁布的药品注册标准及药品试行标准①，上述标准中收载的药品名称均为法定药品通用名称。就法定药品通用名称的认定并无太大争议，不再赘述，此处需要讨论的是约定俗成的药品通用名称的认定问题。对此有学者认为，"约定俗成的标准包括，同行业经营者约定俗成、普遍使用的名称，以及民意调查等消费者认知。约定俗成的标准实际上可以理解为相关公众的普遍认知，此处相关公众应包括消费者及其他行业经营者。专业工具书、辞典、专家意见仅作为约定俗成的通用名称的参考"②。另有学者认为，"对药品生产者和经营者来说，行业认知更关注的是药品的有效成分或主要成分，且药品的标签、说明书都应当优先使用法定通用名。因此在药品法定通用名之外，行业不可能有意识或无意识形成新的约定俗成的通用名"，"约定俗成应当以消费者认知为判断依据，消费者调查报告应当是最直接的证据形式"③。

约定俗成的通用名称的认定主体应当为消费者，其理由有如下三点。第一，对于同行业的药品生产经营者而言，其对约定俗成的通用名称的认知具有一定的滞后性，即只有公众对某一商品名称或者商标产生了趋同性的感性认知，并接受其为该类商品的通用名称时，才会引起同行业其他生产经营者的关注。第二，商品名称和商标的价值是以消费者对商品的认知为基础的，在商标侵权的认定当中，是以消费者是否会产生混淆或者混淆可能性为标准的，也即商标混淆理论是以消费者的认知为判定标准的。与此相似，商标及商品名称的通用化的认定同样也应当以消费者对商品的认知为基础。第三，外国判例与学说都是以消费者的认知为判断通用化的唯一标准，这对我国司

---

① 关于药品试行标准，在 2007 年颁布的《药品注册管理办法》中，取消了原《药品注册管理办法》关于药品试行标准的内容。原国家食品药品监督管理局在随后颁布的《关于实施〈药品注册管理办法〉有关事宜的通知》规定，2007 年 10 月 1 日起，根据新《药品注册管理办法》获得生产批准的品种，其药品标准即为正式标准。此前已批准的药品试行标准，仍按照原《药品注册管理办法》关于药品试行标准转正的程序和要求，申报和办理药品试行标准转正。故，从 2007 年 10 月 1 日起，我国将不再有新的"药品试行标准"。

② 参见杨晓玲《专有与公有之间：商品通用名称的司法认定研究》，载《西南政法大学学报》2015 年第 1 期，第 102 页。

③ 参见（2014）穗中法知民终字第 741 号判决书。

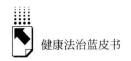

法及立法实践有一定的参考价值。以"阿司匹林"案为例，德国 Bayer 公司原本把"阿司匹林"作为乙酰水杨酸这种治疗感冒的新药品的商标来使用，但经过长期的使用和宣传推广之后，在消费者的认知当中阿司匹林已经可以直接指称该种新药品，后来在该案当中司法机关就将消费者对该名称的认知情况作为此案商标通用化的唯一判断依据。[①] 就相关的外国法学理论而言，美国商标法理论当中，关于商标通用化认定的"主要意义原则"[②] 也体现了其将消费者认知作为唯一判定标准的观点。综上，可以得出如下结论，即对于约定俗成的药品通用名称的认定，应当以消费者为唯一的认知主体。

除了上述认定主体标准之外，约定俗成的药品通用名称的认定标准还应当包括相应的时间标准、地域标准和参考标准。时间标准主要是指对认定药品通用名称的时间作出规定，即法院在审理时，需要分情况考虑，具体先考虑申请时的状态，再考虑核准时的状态。[③] 地域标准是指在判定商品通用名称时，法院一般以全国范围内相关公众的认知为依据。但是不同地域内，商品名称会存在很大差异。如果将地域范围限定为全国范围内，可能出现某一名称在一定范围内已经成为通用名称，在全国范围内并未成为通用名称的尴尬局面，故在考虑地域范围时，应结合具体案例，对于由于历史传统、风土人情、地理环境等形成的相关市场固定的商品在该相关市场内通用的称谓，人民法院可以认定为通用名称。[④] 参考标准是指专业工具书、辞典等可以作为认定约定通用名称的参考标准。

综上所述，药品通用名称可以分为法定通用名称与约定俗成的通用名称两大类，对于药品法定通用名称的认定，以药典以及药品标准中确认的

---

① 参见杜颖《通用名称的商标权问题研究》，载《法学家》2007 年第 3 期，第 75 页。
② 此处的"主要意义原则"是指，在消费者心目中认识该商标的是其主要意义，而非部分意义，因此，商标权利人如欲主张其商标未通用化，必须证明其商标在消费者心目中的主要意义并非商品名称，而是表明商品的来源，并以多数消费者之共识为依据。
③ 参见 2017 年《最高人民法院关于审理商标授权确权行政案件若干问题的规定》第 10 条第 4 款。
④ 参见 2017 年《最高人民法院关于审理商标授权确权行政案件若干问题的规定》第 10 条第 2 款。

通用名称为准。对于药品约定俗成的通用名称的认定，应当以消费者一般认识为主体标准，同时兼顾上文所述的时间标准和地域标准以及参考标准。

（二）药品通用名称在商标授权、确权案件中的相关问题

药品通用名称在商标授权、确权案件中所遇到的主要问题分为两个方面，一方面为在先的药品通用名称能否被注册为商标，另一方面为在后的药品通用名称能否成为注册商标被宣告无效或者被撤销的理由。换言之，就是药品注册商标通用化之后，是否应当被宣告无效抑或被撤销。对于第一个问题，又可以将其细分为两种情况。一为在先药品通用名称与注册商标相同的情况，二为在先药品通用名称与注册商标近似或者将药品通用名称作为组成部分申请注册商标。

1. 在先药品通用名称与申请注册的商标相同

一般而言，仅仅以药品通用名称申请注册商标违反《中华人民共和国药品管理法》第50条的规定，即已经作为药品通用名称的，该名称不得作为药品商标使用。与此同时，其也属于《商标法》第11条第1款第（一）项规定的情况，因缺乏显著性而不能被注册为商标。从上述法律规定中不难得出如下结论，即在先药品通用名称一般情况下不能被注册为商标。但在我国司法实践中，药品通用名称存在被注册为商标的可能性。以上海盛康医院投资管理有限公司与国家工商行政管理总局商标评审委员会商标授权行政纠纷一案为例，本案争议药品商标"肛泰"在申请注册前，已经被列入国家药品标准成为法定药品通用名称，就此原告认为"肛泰"作为药品通用名称不能被注册为药品商标。但本案一审、二审法院均认为根据《商标法》第11条第2款的规定，药品通用名称存在被注册为商标的可能性。其认为药品通用名称获得显著性的条件如下：第一，经过使用和宣传，该药品通用名称作为商标可以起到区分药品来源的作用；第二，该商标申请人是药品通用名称所代表的该类药品的唯一生产经营者，其生产经营之该类药品作为药品保密品种、专利、商业秘密等被保护，从而与其形成稳定对应关系。就此

法院认为作为药品通用名称的"肛泰"已经通过使用获得显著性从而可以被注册为商标。[①] 在漳州片仔癀药业股份有限公司与国家工商行政管理总局商标局的行政纠纷案中，法院也作出了类似的判决。

对于药品通用名称能否通过获得显著性而被注册为商标，应当区分法定与约定俗成两种不同类型的通用名称予以讨论。首先，对于法定药品通用名称而言，对其予以确定不仅有严格的法律依据，而且一般都是由专业的人士予以实施和论证。对于此类法定药品通用名称，行政机关已经通过行政审批之手段以及列入药典的方式予以公示，商标申请人在申请前应当知道该药品通用名称的存在。此时，基于维护公共利益之需要，此类列入药典的通用名称，在任何情况下，都不具有专属性。其次，对于约定俗成的药品通用名称，由于其并未经过专业化的行政审批，也未被列入药品标准和药典，因此其与其他商品通用名称一样存在被注册为商标的可能性。

2. 在先药品通用名称与申请注册的商标近似

对于此类问题，又可以将其细分为两种情况予以讨论，第一种是将药品通用名称的组成部分申请为注册商标的情况，第二种则是申请注册的商标与药品通用名称的组成部分或者该药品通用名称近似。

对于第一种情况而言，如果是将普通商品的通用名称作为组成部分申请注册商标，当其所包含的通用名称的范围与其注册商标核准使用的商品范围一致时，该商标具有显著性，不会引起公众混淆误认，因此可以予以注册。例如"雀巢咖啡""五箭干红"等商标可以在咖啡、红酒等商品上予以注册。但是药品作为特殊商品，事关公众的生命健康，应当适用更加严格的标准。与此同时，药品的生产经营者往往不会只在一类药品上使用药品注册商标，此时如若允许"显著性标识＋药品通用名称"的商标予以注册，可能会引起消费者的误认。质言之，以"显著性标识＋药品通用名称"申请注册药品商标，其申报的商品范围势必大于该类药品通用名称下药品的范围，此时将该商标使用在通用名称范围外的其他药品上，可能会造成消费者的混

---

① （2016）京 73 行初 1872 号。

淆误认。在我国司法实践中，司法机关也作出了同样的判断，如在广州白云山医药集团股份有限公司等与国家工商行政管理总局商标评审委员会行政纠纷案中，原告申请注册的商标"奇星华佗再造"便含有中药药品通用名称"华佗再造丸"的主要组成部分。而该案的一、二审法院均认为将"奇星华佗再造"的商标使用在除"华佗再造丸"以外的药品上可能会引起消费者误认，其因违反《商标法》第 10 条第 1 款第（七）项而被宣告无效。①

第二种情况，主要包括申请注册之商标与药品通用名称近似，以及与药品通用名称的组成部分近似。与上一种情况相同，其作为药品这一类特殊商品的商标，使用在该类药品通用名称范围外的药品上，容易导致消费者误认，同样会因为违反《商标法》第 10 条第 1 款第（七）项之规定而被驳回抑或被宣告无效。例如，在"慷肤新"案中，② 一、二审法院以及商评委均认为"慷肤新"商标与药品通用名称"康肤新液"近似，该商标使用在指定商品上，容易使消费者误认为商品具有通利血脉、养阴生肌之功效，可以用于治疗金疮、外伤、溃疡、瘘管、烧伤、烫伤、褥疮之创面，从而对商品的功能用途等特点产生误认。诉争商标已构成《商标法》第 10 条第 1 款第（七）项所指的情形。

3. 在先注册的商标与在后的药品通用名称相同或近似

依照《确权规定》第 10 条第 4 款的规定，人民法院审查判断诉争商标是否属于通用名称，一般以商标申请日时的事实状态为准。核准注册时事实状态发生变化的，以核准注册时的事实状态判断其是否属于通用名称。在商标评审委员会与上海杏灵科技药业股份有限公司等商标争议行政纠纷案中，原告注册的"杏灵"药品商标的文字部分，在完成注册之后成为药品通用名称"杏灵颗粒"组成部分，二者构成实质性相似。商评委在对该商标予以复审时认为其属于《商标法》第 11 条第 1 款第（一）项规定的不得予以注册的情形，对其作出撤销的决定。一审、二审法院则认为，争议商标是否

---

① （2018）京行终字 5447 号。
② （2018）京行终字 1446 号。

属于通用名称应当以申请注册时的事实状态为准，在后的药品通用名称不能成为已注册商标被撤销的理由。值得注意的是，该案审结于 2011 年，当时适用的是 2001 年修正的《商标法》，然而，2013 年修正的《商标法》增加了第 49 条第 2 款的规定，注册商标成为其核定使用的商品的通用名称或者没有正当理由连续三年不使用的，任何单位或者个人可以向商标局申请撤销该注册商标。就此可以得出如下结论，当在先药品商标与在后药品通用名称相同时，可以认定其已经成为核定使用商品的通用名称，第三人可以向商标局申请对其予以撤销。而对于在先药品商标与在后药品通用名称相似的情况，仍需依照上文所述，判断其是否会引起消费者混淆误认，从而适用《商标法》第 10 条第 1 款第（七）项的规定。

（三）药品通用名称在商标侵权案件中的相关问题

药品通用名称在商标侵权案件中存在的主要问题是：相关人使用的特定药品通用名称与他人药品商标相同或相似时，是否侵犯他人商标专用权。

对于此问题，在我国司法实践中，司法机关有不同的看法。在贵州百灵企业集团天台山药业有限公司与吉林省吴太感康药业有限公司商标侵权纠纷案中，原告吉林吴太药业为药品商标"感康"的专用权人，被告贵州天台山药业在其生产销售的药品上使用"金感康胶囊"的药品通用名称，本案一审、二审法院均认为，被告使用"金感康胶囊"作为其药品通用名称的同时也将其作为该药品的名称使用，因为其除了"金感康胶囊"之外没有其他商品名称。原告的"感康"商标注册在先，应保护在先权利，同时被告提供的国家食品药品监督管理局颁布件仅是试行，其也承认并没有列入药典。被告以行政机关批准其使用"金感康胶囊"名称的批文作为不构成侵犯原告商标专用权的抗辩理由不能成立，被告突出使用"金感康胶囊"通用名称的行为侵犯了原告的商标专用权，构成不正当竞争行为。① 而在香港联华药业有限公司、深圳金活利生药业有限公司擅自使用知名商品特有名

---

① （2007）吉民三终字第 126 号。

称、包装、装潢纠纷一案中，原告认为被告使用之药品通用名称"依马打正红花油"侵犯其专有的注册商标"依马打"，而被告金活利生公司认为其产品标识"依马打正红花油"属于药品通用名称，不构成对原告联华公司注册商标的侵权。本案一审、二审法院均认为，金活利生公司产品包装上确实标注有"依马打正红花油"字样，但金活利生公司没有单独、突出使用"依马打"三字，其与联华公司注册的商标并不完全一致，且金活利生公司在其生产的正红花油产品上使用了自己的注册商标，也标注了企业名称，故金活利生公司使用"依马打正红花油"字样的药品通用名称具有正当理由，其对"依马打"三字的使用不是商标意义上的使用，也不会导致相关消费者的混淆和误认。①

对于上述情况，2013 年《商标法》修订时增加了第 59 条第 1 款的规定，即注册商标中含有的本商品的通用名称、图形、型号，或者直接表示商品的质量、主要原料、功能、用途、重量、数量及其他特点，或者含有的地名，注册商标专用权人无权禁止他人正当使用。对于上述情况，可以将其理解为注册商标含有药品通用名称或其主要部分，此时他人对该药品通用名称的正当使用不会侵犯该注册商标的专有权。上述两个案例之所以出现不同的裁判结果，原因在于对正当使用行为的认定。在"感康"案中，被告使用之"金感康胶囊"标识，虽为药品通用名称，但其将该标识作为药品名称突出使用，容易使消费者误认为其与"感康"有特殊联系，故其对药品通用名称的使用并非正当使用，无法成为侵权抗辩事由，相反，在"依马打"案中，被告使用"依马打正红花油"字样的药品通用名称时，并未突出使用"依马打"标识，其在商品上标注有自己的商标和企业字号，因此其使用行为具有正当性，属于对药品通用名称的正当使用行为。

概言之，当某一药品通用名称与他人注册药品商标相同或近似时，该药品通用名称的使用人为表明药品种类而使用该药品通用名称时，应当尽量选择与该商标特征不同的表现形式，同时要突出自身的"商标"、"企业字号"

---

① （2012）粤高法民三终字第 530 号。

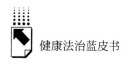
以及"商品名称",以此来显著区别商品来源,防止消费者混淆误认,唯有如此,其行为才能称之为正当使用药品通用名称的行为。

四　结语

本文从漳州片仔癀公司与厦门中药厂就"八宝丹"药品商标的争议出发,结合其他相似的典型案例,得出如下结论:近年来,在药品商标授权、确权以及侵权案件中,涉及药品通用名称的认定、药品通用名称与注册药品商标的冲突以及将正当使用药品通用名称作为商标侵权抗辩的情形屡见不鲜,涉案药品商标是否为药品通用名称成为上述案件裁判的核心争议点。

本文结合典型案例就司法实践中涉及药品通用名称的仍存在较大分歧的三个问题进行了探讨。

第一,就约定俗成的药品通用名称的认定问题而言,本文认为应当以消费者的一般认知为主体标准,同时兼顾时间标准和地域标准以及参考标准。

第二,就药品通用名称与他人商标相同或相似时,是否侵犯他人商标专用权的问题,本文认为应当具体问题具体分析,根据药品通用名称与他人商标存在的时间先后以及二者相似程度作出不同的认定。

第三,就药品通用名称与药品商标冲突问题而言,本文认为当某一药品通用名称与他人注册药品商标相同或近似,该药品通用名称的使用人为表明药品种类而使用该药品通用名称时,应当尽量选择与该商标特征不同的表现形式,同时要突出自身的"商标"、"企业字号"以及"商品名称",以此来显著区别商品来源,防止消费者混淆误认。

药品专利说明书充分公开与
创造性的判断

吉日木图*

摘　要： 专利说明书充分公开应当满足"清楚"、"完整"和"能够实现"三个标准，其中"能够实现"的标准应先行判断是否记载可再现的技术方案，在确认技术方案后，再行判断技术问题和技术效果。药品作为化学产品，判断其专利说明书是否充分公开的标准应更加严格。针对说明书充分公开的判断与专利创造性判断的关系，应当明确专利实质授权条件与专利审查形式要件之间的区别，二者属于不同的法律问题，具有不同的认定逻辑和认定标准。专利实质授权条件的判断应当以专利审查形式要件的满足为前提，而专利创造性的判断应限于创造性本身，其不能延伸扩展到对专利说明书充分公开的判断当中，专利审查机关与司法机关应当遵循专利法的制度设计，避免不同法律条款之间的混合适用。

关键词： 专利说明书　充分公开　专利创造性

一　基本案情

（一）案件事实

2005 年 7 月，荷兰伊拉兹马斯大学鹿特丹医学中心（以下简称"鹿

---

* 吉日木图，武汉大学大健康法制研究中心助理研究员。

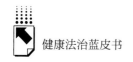

特丹医学中心")向我国国家知识产权局原审查部门申请专利申请号为201210057668.0、名称为"结合分子"的发明专利。该发明专利属于单克隆抗体基因技术领域，是当前国际科技前沿研究热点。单克隆抗体药物是目前发展最快的治疗性生物大分子药物，在抗肿瘤、自身免疫性疾病等方面具有显著疗效，市场潜力巨大。经实质审查，国家知识产权局原审查部门于2015年10月8日驳回了上述申请。鹿特丹医学中心对上述驳回决定不服，于2016年1月向国家知识产权局提出了专利复审请求。经形式审查合格，国家知识产权局于2016年2月26日依法受理了该复审请求，并将其转送至原审查部门进行前置审查。原审查部门在前置审查意见书中坚持原驳回决定。随后，国家知识产权局成立合议组对本案进行审理。国家知识产权局于2017年9月5日作出了维持驳回专利申请的决定。鹿特丹医学中心不服，向北京知识产权法院提起行政诉讼，一审法院于2019年1月开庭审理，2019年5月审结。国家知识产权局不服本案一审判决，向最高人民法院提起上诉，案件于2019年10月开庭，于2019年12月6日审结。

该专利的主要内容为利用免疫动物进行人源重链抗体开发的技术，即利用转基因技术生产大分子药物的方法。该专利的技术进步之处在于其将人源的基因片段插入试验鼠的基因中，形成转基因鼠，再利用此抗原免疫鼠产生相应的重链抗体。在专利复审中，该发明专利有如下权利要求。

1. 产生仅有 VH 重链的抗体的方法，所述方法包括：

（a）提供表达异源 VH 重链基因座的转基因非人哺乳动物，其中：

（i）所述 VH 重链基因座包含可变区和至少一个重链恒定区，所述可变区包含至少一个天然存在的 V 基因片段、至少一个 D 基因片段和至少一个 J 基因片段，其中所述 V、D 和 J 基因片段源自人类；

（ii）每个恒定区不编码功能性 CH1 域；

（iii）V 基因片段、D 基因片段和 J 基因片段能够重组而形成 VDJ 编码序列；

（iv）每个重链恒定区来源于脊椎动物，但非来源于人类；

（v）重组后的 VH 重链基因座在表达时，能够形成仅有重链的抗体；

（b）用抗原免疫所述转基因非人哺乳动物，其中所述哺乳动物是小鼠，并且该哺乳动物内源性的免疫球蛋白重链基因座缺失或被沉默。

本案重点考察权利要求 1，故剩余权利要求，限于篇幅，不再累述。简单地说，本专利申请保护的是一种制造重链抗体的方法。①

国家知识产权局认为：第一，在确定本案专利申请所解决的技术问题时，要以本申请文件中已验证的技术效果为基础，本申请并未证明使用包含源自人类的天然存在的 V 基因片段的仅重链基因座能够产生功能性人源仅重链可溶抗体的技术效果，因此本申请实际解决的技术问题仅是提供一种表达包含其他异源基因片段的异源重链基因座的仅有 VH 重链抗体的方法；第二，基于该技术问题，在对比文件 1 公开的包含异源基因片段的异源重链基因座的转基因小鼠产生异源仅重链抗体的技术方案，且抗体小型化和人源仅有重链的抗体已是基因工程抗体的确定的研究方向时，本领域普通技术人员有动机使用源自人的天然存在的 V 基因片段进行异源表达；第三，本申请仅在说明书中记载了相应的方案，仅是一种设想，无具体实验数据支持和验证，该种技术效果不能作为创造性判断的依据。

鹿特丹医学中心认为：第一，本申请实际解决的技术问题是提供一种产生表达包含天然人 V 基因片段的仅有 VH 重链的可溶抗体的方法；第二，对比文件 1 和现有技术不仅没有对本申请给出技术启示，甚至给出了相反的技术启示；第三，创造性判断与说明书公开充分属于不同的法律问题，不应混淆，本申请说明书利用功能性实验反映了抗体的溶解性，实际上公开了效果数据，符合说明书公开充分的要求。

---

① 参见（2019）最高法知行终 127 号判决书。

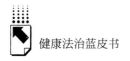

（二）核心争点

第一，在于本专利申请相对于对比文件所解决的技术问题。专利申请人认为本发明解决的技术问题是"提供一种产生表达包含天然人 V 基因片段的仅有 VH 重链的可溶抗体的方法"；而国家知识产权局则认为本申请说明书没有公开制备包含天然人 V 基因片段的仅有 VH 重链的具有水溶性的抗体这一效果并缺乏数据支持和验证，故在确定发明解决的技术问题时不予考虑，因此其解决的技术问题仅是"提供一种表达包含其他异源基因片段的异源重链基因座的仅重链抗体的方法"，而在现有技术当中已经公开了生产包含其他异源基因片段的重链抗体的方法，因此该专利申请应当以缺乏创造性为由予以驳回。

第二，对比文件是否给出了"使用人的天然 V 基因片段生产仅有重链抗体"的技术启示。专利申请人认为，对比文件 1 和现有技术不仅没有对本申请给出技术启示，甚至给出了相反的技术启示。国家知识产权局则认为当抗体小型化和人源仅有重链的抗体已是基因工程抗体的确定的研究方向时，本领域普通技术人员有动机使用源自人的天然存在的 V 基因片段进行异源表达。

（三）判决要旨

本案一审法院判决要旨如下。抗体小型化和人源仅有重链的抗体确实是基因工程抗体的研究方向，本领域普通技术人员也确实有动机使用源自人类的天然存在的 V 基因片段进行异源表达。但在以实验科学为基础的生物制药领域，即使在努力的方向已经明确的情况下，仍需要本领域技术人员付出相当多的智力劳动，才能克服种种难以预料的困难以取得技术上的进步。如果仅因为努力的方向对于本领域技术人员而言是明确的，就认为在此方向上取得的研究成果就是显而易见的，显然会极大地打击本领域技术人员在现有技术基础上深入研究以期取得突破的积极性，也与专利法鼓励创新的根本价值取向背道而驰。因此，对比文件并未向本领域技术人员给出使用源自人类的天然存在的 V 基因片段产生仅有 VH 重链的抗体的技术启示。本专利申请的权利要求 1 具备专利法要求的创造性。一审法院就此撤销了原复审决定，要求国家知识产权局重新审查。

本案二审最高人民法院判决要旨如下。

第一，就技术问题的确认而言，关于发明所解决的技术问题。国家知识产权局以说明书未公开和验证制备人源可溶仅有重链的抗体的数据为由，实质上不认可本案专利申请与现有技术的区别，所概括的技术问题拉近了本案专利申请与现有技术的距离，在客观上混淆了创造性判断与说明书充分公开、权利要求应该得到说明书支持等不同法律标准，甚至有将说明书充分公开问题纳入创造性判断的倾向。因此，国家知识产权局上诉主张中关于本申请是否公开了制备"人源可溶仅有重链的抗体"[①] 及是否有数据支持和验证等问题，更适合在说明书是否充分公开这一法律问题下予以审查，不宜一概纳入创造性判断中予以考虑。

第二，如前所述，首先，国家知识产权局上诉主张中所确定的技术问题有误。其次，在此基础上，国家知识产权局上诉主张中关于对比文件 1 为本领域普通技术人员提供的教导和启示的内容缺乏论证基础。面对所要解决的客观的技术问题，本领域普通技术人员从现有技术中可以获知的启示原则上应该是具体、明确的技术手段，而不是抽象的想法或者一般的研究方向。仅仅依据研究方向的一致性和本领域的抽象、普遍需求来认定现有技术给出的启示，隐含着后见之明的危险，容易低估发明的创造性。最终最高人民法院支持了一审法院的观点，判决驳回上诉维持原判。

---

① 此处，"人源可溶仅有重链的抗体"是指只有重链的基于人源基因并具有可溶性的抗体。参见（2019）最高法知行终 127 号判决书。

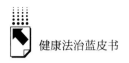

二 类案整理

（一）对涉及专利说明书充分公开与创造性判断的药品专利授权行政案件的类型化整理

在近十五年的司法实践中，我国各级法院几乎每年都有数起涉及专利说明书充分公开与创造性判断的药品专利授权行政案件（见图1）。此类案件的案由主要涉及知识产权与竞争纠纷、行政裁决以及其他行政纠纷（见图2）。

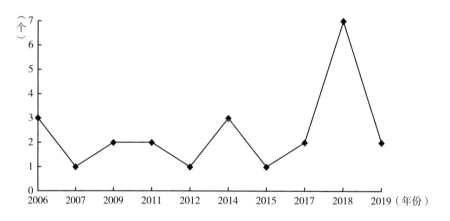

图1　同类药品专利授权行政案件的裁判年份及数量

数据来源：无讼案例官网，https：//www.itslaw.com/search，以"充分公开""创造性""专利""药品"为关键词搜索，截至2020年2月15日共有28个相关案例。

（二）涉及专利说明书充分公开与创造性判断的药品专利授权行政案件的判决情况分析

本文通过关键词搜索得到相关案例，并从中筛选出典型案例以表格的形式对其争议问题、法院观点、判决结果进行了归纳和介绍，表1反映了药品专利授权行政案件中涉及药品专利说明书是否充分公开以及专利申请创造性判断的相关争议问题。

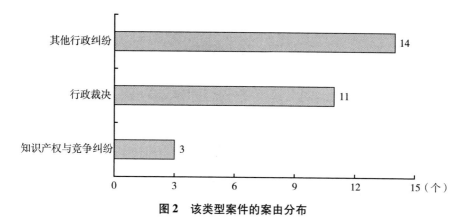

图2 该类型案件的案由分布

数据来源：同图1。

表1 典型案例及判决结果梳理

争议问题	案件名称	法院观点	判决结果
药品专利说明书是否充分公开的判定标准问题	北京嘉林药业股份有限公司、沃尼尔·朗伯有限责任公司与国家知识产权局专利复审委员会发明专利权无效行政纠纷一案①	最高人民法院再审认为：判断是否满足充分公开的标准是实现技术方案＋解决技术问题＋产生技术效果，同时上述三者存在先后逻辑顺序	再审撤销了二审判决，维持了一审判决，即认定该专利无效
药品专利说明书是否充分公开对该专利申请创造性判断的影响问题	北京四环制药有限公司与国家知识产权局专利复审委员会发明专利权无效行政纠纷一案②	二审法院认为：专利说明书公开不充分，未记载相应实验数据，故无法验证是否具有预料不到的效果或用途，该专利不具有创造性	撤销一审判决，撤销专利无效宣告，要求专利复审委员会重新作出审查决定
	国家知识产权局、伊拉兹马斯大学鹿特丹医学中心专利行政纠纷案③	最高人民法院二审认为：专利说明书是否充分公开不应与该专利是否具有创造性混为一谈，二者作为不同的法律问题，应当分别进行讨论	维持一审判决，驳回了国家知识产权局的上诉请求
药品专利创造性判断中"技术启示"的认定问题	国家知识产权局、伊拉兹马斯大学鹿特丹医学中心专利行政纠纷案④	一审法院认为：为防止"后见之明"，从现有技术中获知的启示应该是具体、明确的技术手段，而不是抽象的想法或者一般的研究方向	认定现有技术未提供"技术启示"，该专利申请具有创造性

① （2014）行提字第8号。
② （2018）京行终2962号。
③ （2019）最高法知行终127号。
④ （2018）京73行初2154号。

三 案例剖析

（一）药品专利说明书是否充分公开的判定问题

专利说明书"充分公开"是专利法"公开换保护"思想的重要体现，是专利制度在专利权人垄断利益与社会公众的合法利益之间的一种平衡。对此相关法律法规有具体规定的是 2008 年修改的《专利法》第 26 条第 3 款：说明书应当对发明或者实用新型作出清楚、完整的说明，以所属技术领域的技术人员能够实现为准。《专利审查指南》第二部分第二章第 2.1.3 节对上述法条中"能够实现"的含义予以进一步的说明，即所属技术领域的技术人员能够实现，是指所属技术领域的技术人员按照说明书记载的内容，就能够实现该发明或实用新型的技术方案，解决其技术问题，并且产生预期的技术效果。综上，对于专利说明书是否充分公开的认定标准包括：第一，说明书应对发明作出清楚、完整的说明；第二，依照该说明书记载的内容，该发明所属技术领域的技术人员能够实现之，具体如何实现，即相关领域技术人员有能够实现的技术方案，该方案能够解决其技术问题，并且能够实现技术效果。

首先，就"清楚"与"完整"标准而言，"清楚"指的是专利说明书的内容应当准确、清晰，专利技术的各个部分的描写应当采用专业术语，满足所属领域的技术人员能够了解该技术并且能够根据专利说明书描述的内容去实施该项技术的条件；"完整"是指理解和实现该专利所需的所属领域普通技术人员不能从现有技术中直接、唯一地得到的所有内容，如技术领域、技术背景、技术问题、技术方案、有益效果、附图说明、具体实施方式。①其次，就"能够实现"的标准，《专利审查指南》已经作出了相关规定，即再现技术方案、解决技术问题、产生预期效果三要素标准。

---

① 参见管荣齐、周阳《专利说明书充分公开的判断——沃尔尼·朗伯公司与专利复审委员会等发明专利无效案》，载《中国发明与专利》2019 年第 10 期，第 121 页。

除了上述一般性规定之外，2010 年版的《专利审查指南》还对化学产品发明作出了更加详细的规定。该规定第 2 部分第 10 章第 3.1 节要求化学产品发明专利说明书应当记载该化学产品的确认、制备和用途。首先，关于化学产品的确认，专利说明书应当记载该化合物的化学名称、结构式及物理性能参数等。对组合物应当记载各组分的化学或物理状态、各组分可选择的范围、各组分的含量范围及其对组合物性能的影响等。其次，对化学产品的制备，专利说明书应当记载至少一种制备方法，说明实施所述方法所需的原料物质、工艺步骤和条件、专用设备等，使本领域的技术人员能够实施。对于化合物发明，通常需要有制备实施例。最后，关于化学的用途或使用效果，应当完整地公开该产品的用途或使用效果，即使是结构首创的化合物，也应当至少记载一种用途。如果所属技术领域的技术人员无法根据现有技术预测实现所述用途或使用效果，则说明书中还应当记载对于本领域技术人员来说，足以证明发明的技术方案可以实现所述用途或达到预期效果的定性或者定量实验数据。[①]

上文所述是法律及行政规章对药品专利说明书是否充分公开判定标准的规定，与此同时相关司法实践也对上述标准予以了确认，并对相关适用问题予以了必要回应。例如，在北京嘉林药业股份有限公司、沃尼尔·朗伯有限责任公司与国家知识产权局专利复审委员会发明专利权无效行政纠纷一案中，最高人民法院认为涉案专利说明书应当对涉案专利所解决的"技术问题"作出"清楚、完整"的说明，达到所属领域普通技术人员"能够实现"的程度。而"能够实现"的程度即所属领域普通技术人员可以再现技术方案、解决技术问题和产生预期效果。本案二审判决没有考虑涉案专利技术方案的可再现性，而是首先考虑涉案专利所要解决的技术问题，颠倒了"能够实现"判断的逻辑顺序。涉案专利为典型的化学产品发明专利。化学属于实验性科学，化学发明结果和实施的影响因素众多且交叉错杂，需要借助定性或定量的实验数据或谱图才能验证和确认。因此，化学产品发明专利说

[①] 参见国家知识产权局《专利审查指南》（2010），第 2 部分第 10 章第 3.1 节的规定。

明书对于发明主题"清楚、完整"以及"能够实现"的要求更高，应当记载和公开该化学产品发明确认所需的化学结构和化学、物理性能参数，以及所属领域普通技术人员"能够实现"该化学产品发明的制备方法。①

上述判决确立了判断专利说明书是否充分公开的两项具体原则，第一，认定专利说明书是否符合"能够实现"的标准时，其判断的逻辑顺序应当是先确定可否实现技术方案，再确定该方案解决的技术问题以及实现的技术效果。在说明书记载的技术方案不具有可再现性的情况下，就没有必要认定技术问题和技术效果。第二，药品作为化学产品发明其专利说明书对于"清楚、完整""能够实现"的要求更高，其应当按照上述《专利审查指南》的规定，记载该化学产品的确认、制备和用途。

综上所述，结合法律、行政规章的规定以及司法实践中确认的标准，可以对专利说明书充分公开的判断标准作出如下总结：第一，专利说明书充分公开应当满足"清楚"、"完整"和"能够实现"三个标准；第二，对于"能够实现"的标准而言，其应当同时具备可再现技术方案、解决技术问题、产生预期效果的子标准，同时上述子标准也存在其内部判断的逻辑顺序，即先判断是否记载可再现的技术方案，在确认技术方案后，再行判断技术问题和技术效果；第三，药品作为化学产品，判断其专利说明书是否充分公开的标准更加严格，即应当记载该化学产品的确认、制备及用途。

（二）涉及药品专利说明书是否充分公开以及专利申请创造性判断的相关问题

1. 专利说明书充分公开的判断与专利创造性认定的关系

对于一项药品发明专利而言，由于不能实施抑或达不到预料的技术效果而导致其可能既属于说明书没有充分公开的情形，也属于不具有创造性的情形，由此会产生对于同一事实适用不同法律规定的观点。目前《专利法》

---

① 参见（2014）行提字第 8 号判决书。

以及《专利审查指南》均未对上述情形的法律适用作出明确的规定，如此可能会导致法律适用的混乱。因此，有必要考察创造性与充分公开之间的关系，进而解决二者适用混乱的问题。

在我国的司法实践中，不同的司法机关对上述问题存在不同的看法。以北京四环制药有限公司与国家知识产权局专利复审委员会发明专利权无效行政纠纷一案为例，该案的二审法院在判断专利申请中一项权利要求的创造性时认为，"本专利说明书中的实验数据不足以证明本专利权利要求 1 要求保护的化合物具有杀虫活性。因此，四环公司针对本专利说明书关于本专利具有杀虫活性用途的相关部分并未完成专利法要求的对其要求保护的化合物用途的充分公开的要求，权利要求 16、17 及其说明书相应的记载不符合专利法第二十六条第三款的规定"，在此基础上，其进一步认定，"由于本专利说明书中的实验数据不足以证明本专利权利要求 16、17 要求保护的化合物具有杀虫活性，即，现有证据不能证明本专利权利要求 16、17 要求保护的化合物相对于已知化合物桂哌齐特及其盐，具有预料不到的用途或效果。因此，本专利权利要求 16、17 要求保护的化合物不具备专利法第二十二条第三款规定的创造性"[①]。概而言之，北京高院在二审中是以专利说明书公开不充分为由，否定该专利申请中的权利要求具有创造性的。

而在上文所述的鹿特丹医学中心与国家知识产权局专利行政纠纷案中，最高人民法院在二审中明确，不应混淆了创造性判断与说明书充分公开、权利要求应该得到说明书支持等不同法律标准，说明书是否充分公开的法律问题不宜一概纳入创造性判断中予以考虑。概言之，最高人民法院认为说明书是否充分公开的认定应当与创造性判断分开进行，说明书是否充分公开与该专利申请是否具有创造性无关。最高人民法院在此基础上进一步认为，在专利实质审查程序中，既要重视对新颖性、创造性等实质授权条件的审查，又要重视说明书充分公开、权利要求应该得到说明书支持、修改超范围等授权

---

① 参见（2018）京行终 2962 号判决书。

条件的适用。根据专利实质审查的一般规律，原则上可以先审查判断专利申请是否符合说明书充分公开、权利要求应该得到说明书支持、修改超范围等授权条件，在此基础上再进行新颖性、创造性的判断，否则可能导致新颖性、创造性审查建立在不稳固的基础上，在程序上是不经济的。

在上述案例中，无论是北京高院还是国家知识产权局在对相关专利申请进行审查时，都认为在专利审查中确定技术问题的技术效果应当是申请文件中已经验证的技术效果，未被验证的技术效果不能用于确定技术问题，由此该申请也就不具有相应的创造性。而最高人民法院在2019年年底的判决却持不同的观点，其认为技术效果是否被验证是说明书是否公开的问题，不是在创造性判断中应当考虑的问题。在创造性判断中，用于确定技术问题的技术效果只要在说明书中予以"清楚""完整"的记载，该领域技术人员通过阅读说明书得出相应之技术效果即可，单单就创造性判断而言，无须该技术效果已被验证。概言之，最高人民法院认为，在对专利申请进行创造性判断时，所涉及的技术效果由于已经在说明书中进行了记载，即使没有被实验验证也可以用于确定技术问题。

如前文所述，专利说明书充分公开制度体现了专利法"公开换保护"的思想。质言之，专利法赋予专利权人独占的权利，而国家保证专利权垄断地位的前提是所属领域技术人员根据说明书公开的内容能够实现发明所述的技术方案，并且解决发明要解决的技术问题，唯有如此专利权人才能得到合法、有效的保护。而创造性强调的是相对于现有技术而言究竟多"难"的发明创造应当予以专利保护。此处的"难"就是指与现有技术相比发明所具有的突出性特点和显著的进步，其本质上考虑的是本领域的技术人员在了解现有技术的情况下是否容易想到采用该特定技术方案解决特定技术问题。如果专利说明书中已经记载了区别技术特征所要达到的技术效果，或者该领域普通技术人员可以根据该说明书中记载的技术方案得到上述技术效果，这说明该专利申请人已经想到了解决该技术问题的技术方案，在没有证据证明该方案为现有技术或者普通技术人员根据现有技术得到技术启示采取相同技术方案的情况下，该专利申请中的技术方案是具有创造性的。也即，在进行专利创造性判断时，只要专利说明书中记载了特定的技术方案以及该方案所解决的技术问题和预期达到的技术效果即可，至于该技术效果是否已经予以验证不是创造性判断中应当予以考虑的问题。

在专利审查当中，新颖性、创造性等实质授权条件的适用与说明书充分公开、权利要求应该得到说明书支持、修改超范围等授权条件的适用应当有所区分。依照效率原则，专利审查机关应当先审查判断专利申请是否符合说明书充分公开、权利要求应该得到说明书支持、修改超范围等授权条件，在此基础上再进行新颖性、创造性的判断。

2. 药品专利创造性判断中"技术启示"的认定问题

在进行创造性判断时，往往要求以本领域普通技术人员的视角进行判断，而且专利审查人员都是在阅读过申请文件，充分了解专利内容之后，才对专利的创造性进行判断。这就容易产生"后见之明"的问题，即在了解专利内容后，觉得该专利的技术方案显而易见，但实际上未必可以轻易地想到该技术方案。在鹿特丹医学中心与国家知识产权局专利行政纠纷案中，一、二审法院均认为，仅因为研究的方向对于本领域技术人员而言是明确的，就认为在此方向上取得的研究成果就是显而易见的，会有"事后诸葛亮"的嫌疑，而且如此显然会极大地打击本领域技术人员在现有技术基础上深入研究以期取得突破的积极性。在以实验科学为基础的生物制药领域，即使在努力的方向已经明确的情况下，仍需要本领域技术人员付出相当多的智力劳动，才能克服种种难以预料的困难以取得技术上的进步。换言之，在对药品专利创造性进行判断时，本领域技术人员从现有技术中可以获知的"技术启示"原则上应该是具体、明确的技术手段，而不是抽象的想法或者一般的研究方向。正如最高人民法院在二审判决书中所言，"仅仅依据研究方向的一致性和本领域的抽象、普遍需求来认定现有技术给出的启示，隐含着后见之明的危险，容易低估发明的创造性"[1]。

---

① 参见（2019）最高法知行终 127 号判决书。

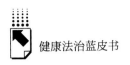

四　结语

经过对涉及专利说明书充分公开与创造性判断的药品专利授权案件的类案分析，本文得出如下结论。

第一，就药品专利说明书是否充分公开的问题而言，充分公开应当满足"清楚"、"完整"和"能够实现"三个标准。此处，"能够实现"的标准是指药品专利说明书记载的内容应当同时具备可再现技术方案、解决技术问题、产生预期效果的子标准。同时上述子标准也存在其内部判断的逻辑顺序，即先判断是否记载可再现的技术方案，在确认技术方案后，再行判断技术问题和技术效果。除此之外，药品作为化学产品，判断其专利说明书是否充分公开的标准更加严格，即应当记载该化学产品的确认、制备及用途。

第二，就专利说明书充分公开的判断与专利创造性认定的关系而言，在专利审查当中，创造性这一实质授权条件的适用与说明书充分公开这一授权条件的适用应当有所区分。依照效率原则，专利审查机关应当先审查判断专利申请是否符合说明书充分公开，在此基础上再进行创造性的判断。

第三，就药品专利创造性判断中"技术启示"的认定问题而言，在药品专利创造性判断中，本领域技术人员从现有技术中可以获知的"技术启示"原则上应该是具体、明确的技术手段，而不是抽象的想法或者一般的研究方向。

B.18
医疗器械公司客户名单构成
商业秘密的认定

王　骁*

摘　要： 医疗器械公司客户名单符合商业秘密构成要件的，应受法律保护。医疗器械公司客户名单构成商业秘密，应同时满足秘密性、价值性和实用性以及保密性三个要件。秘密性即不为公众所知悉，其判断方法为结果判断结合过程判断，前者考察客户名单的复杂程度，其内容须足够复杂、详尽，后者考察信息获取的难度，即使客户名单内容较为初级，但结合其行业特点，若获取这些信息需要付出巨大的努力，则仍符合秘密性要件。客户名单商业秘密的价值性和实用性要件的认定应与技术秘密作出区分，为避免对市场竞争的过度干预，应以名单中的客户是否与权利人具有长期、稳定的交易关系作为这一要件的判断标准。保密性对权利人采取保密措施的要求以"合理"为限度，足以使竞争对手或其他人通过正当手段无法获取，并且足以使保密义务人清楚对于特定范围的保密信息负有保密义务即表明采取了合理的保密措施。

关键词： 客户名单　商业秘密　秘密性　价值性与实用性　保密措施

---

* 王骁，武汉大学大健康法制研究中心助理研究员。

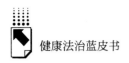

一　基本案情

（一）案件事实

原告绍兴安迪斯医疗科技有限公司成立于 2012 年 10 月 8 日，其经营范围包括医疗器械及医疗设备。2014 年 9 月 10 日，原告与被告王于军签订三年期《劳动合同》，合同期限自 2014 年 9 月 9 日至 2017 年 9 月 8 日，工作岗位为销售岗位。在被告王于军任职期间，原告的员工处罚条例第 13 条载有以下内容："员工有下列行为之一的，予以解雇，并赔偿因此给公司造成的一切损失，损失难以计算的，支付违约金 1 万 ~5 万元，情节严重的移送公安机关，追究刑事责任：1. 窃取公司的客户资料、生产资料、技术（设计）图纸或涉及公司商业秘密的……3. 员工或其近亲属利用公司商业信息搞同业竞争……"

2016 年 7 月 18 日，被告王于军辞职，并前往被告绍兴瑞博医疗器械有限公司（以下简称"瑞博公司"）工作。被告瑞博公司成立于 2016 年 6 月 20 日，经营范围包括医疗器械的设计、研发、销售等，公司股东为徐炜、金莉灵（被告王于军的妻子）。被告瑞博公司在 2016 年无国内增值税发票开票记录，于 2017 年 1 月 1 日至 10 月 26 日在国内与多家企业发生贸易往来，其中三家与原告公司曾发生贸易往来。原告认为被告王于军未经允许向被告瑞博公司披露了原告的客户名单信息，这些信息属于原告的商业秘密。原告认为被告瑞博公司成立后，长期持续性地利用被告王于军提供的原告的商业秘密与原告进行同业竞争，二者共同实施了侵权行为，给原告造成了损失，遂于 2017 年 7 月 21 日诉至法院，要求两被告共同赔偿其经济损失 3 万元。①

---

① 绍兴安迪斯医疗科技有限公司与绍兴瑞博医疗器械有限公司、王于军侵害商业秘密纠纷案，绍兴市上虞区人民法院（2017）浙 0604 民初 6010 号民事判决书。

（二）判决要旨

法院认为，原告要求保护的经营信息是包括宁波华坤医疗器械有限公司在内的众多客户信息。客户名单的主要信息来自增值税发票中原告所记载的客户名称、地址、联系电话以及产品销售单价。有些客户虽与被告有交易往来，但原告并没有将上述客户信息资料加以总结、分析，也没有明确的客户联系的名册。此外，增值税发票记录的信息缺乏深度，上面并没有客户的产品要求、交易习惯、具体联系人等其他信息内容，不构成区别于相关公知信息的特殊客户信息，且也无证据证明原告对上述经营信息采取了合理的保密措施，故上述经营信息不构成商业秘密。因此，原告关于被告瑞博公司、王于军利用被告王于军掌握的商业秘密实施侵权行为的主张不成立。

（三）核心争点

本案有两个争议焦点，一是系争经营信息（即被告王于军掌握的客户信息资料）是否属于原告的商业秘密，二是被告王于军、瑞博公司是否利用原告的经营信息侵害了原告的利益。对于第一个争议焦点，若得出否定性的结论，则无须再对第二个争议焦点进行判断。

二 类案整理

（一）对侵害公司客户名单商业秘密案件的类型化整理①

由图 1 可知，侵害公司客户名单商业秘密的案件数量在近十年总体上呈先增长、后减少的趋势，其间于 2017 年达到峰值。图 2 中"商业秘密"出

---

① 数据来源：无讼案例官网，https：//www.itslaw.com/search，以"客户名单""商业秘密""侵权"为关键词进行搜索，截至 2020 年 2 月 20 日共有 860 个相关案例。

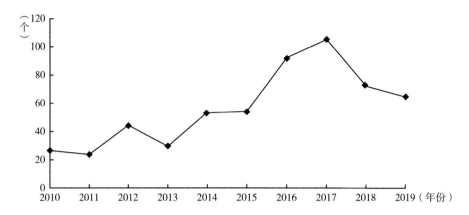

图1　侵害公司客户名单商业秘密案件的裁判年份及数量

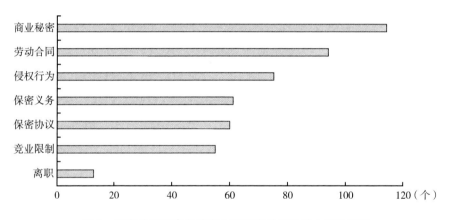

图2　侵害公司客户名单商业秘密案件涉及的主要关键词

现频次最高，其反映的现象是客户名单信息是否构成商业秘密在案件审理过程中得到了较为细致的讨论，毕竟这是原告一切诉讼请求的基础。此外，"劳动合同"、"保密协议"和"竞业限制"等关键词也出现得较为频繁，因为大部分公司通常会采用与职工签订保密协议、在劳动合同中设置保密条款或是约定竞业限制的方式来保护其客户名单，这意味着侵害客户名单的案件，其案由除不正当竞争纠纷外，还可能是劳动争议。

（二）本案及典型同类案件的判决情况整理

在近三年的司法实践中，我国各法院对于医疗器械公司客户名单是否构成商业秘密的问题，主要通过考察客户名单的具体内容、载体、保密方式等予以判断。但因对客户名单商业秘密构成要件的理解存在出入，各法院进行认定时所采用的标准并不完全一致。见表1。

表1　典型案例及裁判结果梳理

编号	案件名称	客户名单的内容	客户名单的载体	保密措施	是否构成商业秘密	法院观点
1	绍兴安迪斯医疗科技有限公司与绍兴瑞博医疗器械有限公司、王于军侵害商业秘密纠纷案	客户名称和地址、联系电话以及产品销售单价	增值税发票	员工处罚条例规定禁止窃取商业秘密	否	1. 未将客户信息资料加以总结、分析并形成名册，记录的信息缺乏深度，无产品要求、交易习惯、具体联系人等其他信息内容 2. 未针对客户信息采取合理的保护措施
2	艾康生物技术（杭州）有限公司与陈露侵害商业秘密纠纷案①	客户名称、交易习惯、交易需求及价格承受能力	订单明细表、形式发票、商业发票、提单	与被告签订《保密承诺书》	否	1. 客户信息的载体为复印件，不能确定真实性 2. 提交的证据仅证明了原告与客户存在销售、提货关系及提货金额等，不能证明双方之间通过长期的贸易往来已经形成了较为特定化的交易内容
3	西安西川医疗器械有限公司与西安众筹梦康电子科技有限公司、毛林等不正当竞争纠纷案②	客户名称、业务联系人、报价、交易习惯	判决书未写明	与其中一被告签订《保密协议》	否	1. 并未能提供符合商业秘密构成要件的客户名册 2. 客户承认与被告的交易系客户主动发起

续表

编号	案件名称	客户名单的内容	客户名单的载体	保密措施	是否构成商业秘密	法院观点
4	北京博士伦眼睛护理产品有限公司与伊恩·多林、爱尔康（中国）眼科产品有限公司不正当竞争纠纷案③	长期固定客户的交易信息	与客户五年内签订的《零售商销售合同》	与被告签订《保密协议书》	否	原告拒绝提供载有交易产品名称、规格、品种、价格以及付款方式、期限和优惠条件的具体交易信息的附件，《零售商销售合同》仅能反映客户为其零售商之一
5	浙江全人健康产业发展有限公司与杨茜茜、宁波云医院有限公司侵害商业秘密纠纷案④	客户名称、负责人及联系方式、客户订购套餐及人数	判决书未写明	向被告支付保密工资，员工手册规定保密条款	是	原告公司在经营过程中形成的客户名单，包括客户名称、负责人及联系方式、客户体检套餐及人数等信息，能够为原告发展业务带来收益，属于不为公众所知悉的经营信息，且原告亦采取了在员工手册中要求员工保守商业秘密等保密措施

① 艾康生物技术（杭州）有限公司与陈露侵害商业秘密纠纷案，杭州市西湖区人民法院（2016）浙 0106 民初 9018 号民事判决书；艾康生物技术（杭州）有限公司与陈露侵害商业秘密纠纷案，杭州市中级人民法院（2017）浙 01 民终 7145 号民事判决书。

② 西安西川医疗器械有限公司与西安众筹梦康电子科技有限公司、毛林等不正当竞争纠纷案，西安市中级人民法院（2017）陕 01 民初 1096 号民事判决书。

③ 北京博士伦眼睛护理产品有限公司与伊恩·多林、爱尔康（中国）眼科产品有限公司不正当竞争纠纷案，北京市朝阳区人民法院（2016）京 0105 民初 9651 号民事判决书。

④ 浙江全人健康产业发展有限公司与杨茜茜、宁波云医院有限公司侵害商业秘密纠纷案，浙江省宁波市鄞州区人民法院（2017）浙 0212 民初 6100 号民事判决书；宁波云医院有限公司、浙江全人健康产业发展有限公司侵害商业秘密纠纷案，宁波市中级人民法院（2018）浙 02 民终 1448 号民事判决书。

三　案例剖析

医疗器械产业是与生命健康相关联的多学科交叉、知识和资金密集型产业，持续、长期且稳定的交易对象，能使医疗器械公司制订有序的经营计划、控制经营风险，并以较少的交易成本获得较大的商业利益。因此，获取并维持高质量的客户资源，是医疗器械公司良好经营的基石。客户名单是与客户有关的经营信息的集中体现，在我国符合条件的客户名单属于商业秘密，受到法律保护。因客户名单引起的商业秘密侵权纠纷往往发生在员工跳槽、客户外流的情形，通常涉及与员工择业自由、市场自由竞争秩序等价值目标的冲突，令法院处理起来颇为棘手。同时，客户名单本身秘密性不高，市场和客户的不断变化又导致其内容不够确定，因此在实务中，认定客户名单是否构成商业秘密的难度较大，而这又是法院在此类案件中首先需要解决的争议点。

根据 2019 年《反不正当竞争法》第 9 条的规定，商业秘密是指不为公众所知悉、具有商业价值并经权利人采取相应保密措施的技术信息、经营信息等商业信息。据此，商业秘密的构成要件为：（1）不为公众所知悉，即秘密性；（2）能为权利人带来经济利益，即价值性和实用性；（3）经权利人采取保密措施，即保密性。客户名单若要作为商业秘密受到法律保护，也应当同时满足以上三个条件。

（一）客户名单不为公众所知悉

对于"不为公众所知悉"的含义，《最高人民法院关于审理不正当竞争民事案件应用法律若干问题的解释》（以下简称"《不正当竞争解释》"）第 9 条作了进一步说明，即应当同时具备不为相关经营领域内的相关人员"普遍知悉"和并非"容易获得"两个具体要件。然而明确区分这两个具体要件并分别进行认定，实际十分困难，客户名单信息"容易获得"往往是认定该信息是属于公众"普遍知悉"的公知信息的重要理由[①]，两者互为因果、循环论证，在司法实务中的意义有限。

目前学界和实务界对"不为公众知悉"的认定方法主要有两种，可以

---

① 彭学龙：《从美国最新判例看客户名单商业秘密属性的认定》，载《知识产权》2003 年第 1 期，第 58 页。

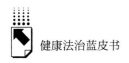

分别概括为"结果判断"和"过程判断"。结果判断，即考察权利人掌握的客户名单是否具有一定的复杂性和深度，考察对象为客户名单内容本身。具有秘密性的客户名单，包含的信息应足够详尽和细致，以致无法直接从公开渠道获得。此外，若这些信息虽来源于公共信息，但权利人根据自身的经营需要进行了筛选、分类、归纳、整理和汇编，使这些信息与公共信息产生了实质区别，那么它们也可以满足秘密性的要求。《不正当竞争解释》第13条第1款规定："商业秘密中的客户名单，一般是指客户的名称、地址、联系方式以及交易的习惯、意向、内容等构成的区别于相关公知信息的特殊客户信息。"这就是结果判断的体现。

过程判断，指考察权利人为掌握客户名单所耗费的时间、人力、物力、财力等，考察的对象并非客户名单的内容，而是为获得客户名单所付出的努力。结果判断和过程判断应当相互结合，对两者综合考虑才能较为准确地认定客户名单是否属于"不为公众所知悉"。有学者认为，是否付出时间、资金和劳动，是判断客户名单是否符合秘密性的重要佐证，但其同时指出那些比较简单，通过记忆和观察就可以掌握的客户名称本身不具有秘密性，不属于商业秘密。只有与这些客户有关的详细信息，才具有秘密性。[①] 笔者认为，当通过结果判断得出客户名单的内容较为初级，不够充实时，可以通过过程判断对其进行补强。具言之，即使客户名单的内容不甚详尽，但若权利人为此付出了相当的努力，也可能符合秘密性的要求。在一起最高院指导性案例中，原告为化妆品店个体经营者，其主张的客户名单为客户的通讯记录本，内容仅包括客户姓名及电话号码，法院仍旧认为其属于商业秘密。[②] 原因在于，不同行业的客户信息获取难度不一，当市场上客户较为隐蔽，客户源不确定，不能从公开渠道轻易获取时，即使是较为简单的客户信息，如姓名和电话，也可能需要投入相当的人力、物力去寻找和挖掘。此时，这些客户名单仍然应当被视为商业秘密而受到保护。

---

① 衣庆云：《客户名单的商业秘密属性》，载《知识产权》2002年第1期，第41页。
② 杜建芳诉张海山、汪飘飘侵害商业秘密纠纷案，安徽省黄山市中级人民法院（2008）黄中法民三初字第01号民事判决书。

（二）客户名单具有价值性与实用性

根据《不正当竞争解释》第 13 条第 1 款的规定，保持长期稳定交易关系的特定客户，属于商业秘密的客户名单。由此产生的问题是，客户名单中的客户，是否必须是与权利人具有长期且稳定的交易关系的客户？交易次数有限的客户、未曾有过交易的客户以及曾有交易但现阶段已经停止交易的客户的信息，是否属于商业秘密的客户名单？在艾康生物技术（杭州）有限公司与杨清刚、杨蓉侵害商业秘密纠纷一案中，法院认为，原告主张 PVT 公司的客户名单属于商业秘密，但并未与其上的客户进行交易。原告主张的 SARL 公司、DEVITA 公司、CROWN 公司的客户名单，虽然与其有交易发生，但不能清晰地反映双方之间通过长期的贸易往来已经形成了较为特定化的交易内容。如每次交易条件的达成，都需要经过单独谈判协商的话，那么对于该客户而言原告并不存在减少交易成本、增加交易机会等竞争优势，市场上的其他竞争对手完全可以通过和客户的谈判与之建立贸易往来，这并不是自由竞争的市场所禁止的行为。因此，本案所涉客户名单均不构成商业秘密。[①] 在慧科讯业（北京）网络科技有限公司与程路遥等侵犯商业秘密纠纷一案中，法院认为，在被告离开原告单位之前，原告就已经与其主张为经营秘密的客户终止了合作关系，此后没有续约，因此该客户在被告离职之后已经不是原告的客户，相关信息不属于商业秘密。[②]

在以上两个案件中，法院均要求原告与客户名单中的客户，须有长期、稳定的交易关系。但也有法官和学者认为，交易情况与商业秘密的认定无关。不能认为交易次数少或者没有交易的客户的信息就不可能构成商业秘密，没有交易的客户不意味着与竞争优势无关。市场是变化的，无业务往来

[①] 艾康生物技术（杭州）有限公司与杨清刚、杨蓉侵害商业秘密纠纷案，浙江省杭州市中级人民法院（2016）浙 01 民初 1135 号民事判决书。

[②] 慧科讯业（北京）网络科技有限公司与程路遥等侵犯商业秘密纠纷案，北京市第一中级人民法院（2005）一中民初字第 8442 号民事判决书。

的客户也会成为潜在的客户。拥有客户深度信息为权利人提供了经营策略上的竞争优势，可以为权利人将来与客户进行交易提供营销参考，与此同时也是权利人决定不与客户进行贸易的理由之一。因此对于这类信息，需要具体案件具体分析，相关信息只要可以为权利人带来现实的或潜在的（可预期的）经济利益或者竞争优势，即满足了实用性与价值性要件。[①]

笔者认为，这一观点是从客户名单具有的商业秘密的一般特性进行正向推导的结果，未考虑客户名单的特殊性。若以此作为价值性与实用性要件的判断方法，有可能会对他人的交易自由造成不当妨害，而且在现实案件中的可行性也极为有限。客户名单作为特殊的经营信息，有其自身的特点，与技术信息商业秘密的认定较为不同。在商业秘密为技术信息的案件中，若权利人未实际应用该技术，而其他人的产品中出现了与该技术相同或实质相同的技术，且存在接触，并无法证明合理来源，即可认定侵权。[②] 外界可见的侵权表现形式，是生产的产品中应用了作为商业秘密的技术，该侵权结果与侵害商业秘密之间的因果关系较为明显。而在侵害客户名单的案件中，外界可见的侵权表现形式，是曾接触该客户名单的人与客户发生了交易。鉴于交易促成的原因十分复杂，在权利人未曾利用客户名单形成长期且稳固的交易关系，且无直接证据证明行为人确实利用了该客户名单的信息时，仅凭借行为人曾接触过客户名单，而后与客户发生了交易这一事实，很难判断该客户名单信息究竟在多大程度上促成了该笔交易的达成，以及权利人的利益在多大程度上受到了损害。考虑到在这种情况下认定客户名单构成商业秘密的后果，往往是在一段时间内禁止行为人与该客户的交易，而这可能对客户的交易自由产生较大的影响，故应当十分谨慎地认定该客户名单属于商业秘密。当然，若权利人持有的客户名单信息十分详尽，明显不属于公知信息，且其为此付出了努力，并证明了行为人确实通过该客户名单获得了交易机会，则

---

① 史仲凯：《客户名单商业秘密侵权纠纷审理中的有关问题——以权益平衡为视角》，载《知识产权》2014 年第 4 期，第 62 页；曾英：《侵害客户名单经营秘密纠纷的若干解释问题》，载《法律适用》2005 年第 4 期，第 23 页。

② 张今：《客户名单侵权纠纷的疑难问题探析》，载《法学杂志》2011 年第 3 期，第 33 页。

仍可以将其认定为商业秘密。只是这种情况下的证明难度很大，在司法实践中出现的概率很小。

（三）权利人对客户名单信息采取了合理的保密措施

商业秘密是通过保密的方式产生的权利，若权利人未采取保密措施，则没有必要给予保护。客户名单作为商业秘密的一种，其保密性的要求与一般商业秘密并无不同，即权利人应当采取《不正当竞争解释》第11条第1款规定的"与其商业价值等具体情况相适应的合理保护措施"。对于"合理"的判断，学界通说认为，采取的保密措施无须达到天衣无缝的程度，只需足以使竞争对手或其他人通过正当手段无法获取，并且足以使保密义务人清楚对于特定范围的保密信息负有保密义务即可。有法官认为，如果公司管理层制定了相关保密政策，但义务人不知情，则表明权利人仅仅具有主观上的保密意识，保密程度过低，应认定其尚未达到法律上的保密措施的要求。① 笔者认为，对于义务人对保密义务的存在和范围的认知，采用客观判断标准更为合理，即从事该行业的一般职工能否通过权利人采取的保密措施知晓保密义务的存在和范围。

保密措施的"合理"与否，需要结合具体案情进行判断，如公司的规模、信息的载体等，并无完全统一的标准。"在某一案件的特定情形下被认为是适当的保密措施，在另一案件的具体情势下可能被视为不适当。"② 对于保密措施更为具体的描述和列举见于《不正当竞争解释》第11条第3款，③ 这些规定对于具体案件中保密性要件的判断具有重要意义。

---

① 刘红：《客户名单司法保护若干问题探析》，载《人民司法》2005年第1期，第98页。
② 祝磊：《论美国商业秘密法对客户名单的保护》，载《求索》2006年第2期，第100页。
③ 《不正当竞争解释》第11条第3款规定："具有下列情形之一，在正常情况下足以防止涉密信息泄漏的，应当认定权利人采取了保密措施：（一）限定涉密信息的知悉范围，只对必须知悉的相关人员告知其内容；（二）对于涉密信息载体采取加锁等防范措施；（三）在涉密信息的载体上标有保密标志；（四）对于涉密信息采用密码或者代码等；（五）签订保密协议；（六）对于涉密的机器、厂房、车间等场所限制来访者或者提出保密要求；（七）确保信息秘密的其他合理措施。"

不过，第 11 条第 3 款既没有也无法穷尽所有的保密措施。实务中，有人以签订竞业协议主张其对相关信息采取了保密措施，但这种措施未得到法院的认可。最高院认为，单纯的竞业限制约定不能构成商业秘密保护条件的保密措施。竞业限制是指对特定的人从事竞争业务的限制，其目的是保护用人单位的商业秘密和其他可受保护的利益。但是，竞业限制协议与保密协议在性质上是不同的。前者是限制特定的人从事竞争业务，后者则是要求保守商业秘密。竞业限制约定可以成为保护商业秘密的一种手段，即通过限制负有保密义务的劳动者从事竞争业务而在一定程度上防止劳动者泄露、使用其商业秘密。但是，并不是单纯约定竞业限制就可以实现商业秘密的保护，若没有明确用人单位保密的主观愿望和作为商业秘密保护的信息的范围，就不能认为采取了合理的保密措施。[①]

有学者认为，维护权利人的商业秘密是包括权利人员工在内的任何其他人基于民法诚实信用原则应当遵守的基本法律要求，保密义务是一种不作为的义务，即使没有保密合同或保密合同约定的期限届满，只要他人的商业秘密尚未丧失，保密义务也都仍然延续。[②] 但这一观点并未获得法院认同。最高院认为，合同的附随义务不能构成商业秘密的保护措施。商业秘密是通过权利人采取保密措施加以保护而存在的无形财产，权利人必须具有将该信息作为秘密进行保护的主观意识，并实施了客观的保密措施。派生于诚实信用原则的合同的附随义务，是根据合同的性质、目的和交易习惯履行的附属于主债务的从属义务，其有别于商业秘密"保密性"构成要件这种积极的行为，并不体现商业秘密权利人对信息采取保密措施的主观愿望以及客观措施。[③]

总之，当事人采取的《不正当竞争解释》第 11 条第 3 款之外的保密措

---

① 申请再审人上海富日实业有限公司与被申请人黄子瑜、上海萨菲亚纺织品有限公司侵犯商业秘密纠纷案，最高人民法院（2011）民申字第 122 号驳回再审申请裁定书。

② 孔祥俊：《反不正当竞争法新论》，人民法院出版社，2001，第 722 页。

③ 申诉人张家港市恒立电工有限公司清算组与被申诉人江苏国泰国际集团国贸股份有限公司、张家港市宇阳橡塑电器有限公司侵害商业经营秘密纠纷案，最高人民法院（2012）民监字第 253 号驳回申诉申请裁定书。

施是否符合保密性的要求，应根据上述"合理"的标准进行判断，即是否能够使保密义务人清楚保密义务的存在，认识到需要保密的信息的范围，且无法通过正当手段获取信息。

四　结语

符合法律规定的客户名单，可以作为商业秘密予以保护。客户名单是否构成商业秘密，应当按照商业秘密的构成要件严格认定。同时具备秘密性、价值性和实用性以及保密性的客户名单，属于商业秘密。秘密性要求客户名单的内容不为公众所知悉。客户名单内容的详尽程度，以及权利人为此需要付出的努力，是判断客户名单是否为公知信息的两个维度。价值性和实用性要求客户名单对于权利人具有经济价值，但因为客户名单的特点，法律规定和司法实践都要求只有形成长期稳定交易关系的客户，才是构成商业秘密的客户名单。保密性要求权利人对客户名单采取合理的保密措施。保密措施的形式多种多样，但须达到使竞争对手或其他人通过正当手段无法获取，并且足以使保密义务人清楚对于特定范围的保密信息负有保密义务的程度。

B.19
重疾险合同条款中
"重大疾病"的认定标准

柯雨偲*

摘　要： 在保险法司法实践领域，法院对重疾险合同条款中的"重大疾病"的认定标准往往存在诸多争议，究其原因在于重大疾病认定标准在保险合同中多以格式条款的形式呈现，其效力与含义受《保险法》第17条、第19条与第30条规制，但条文规则的模糊性与条款性质的不明晰致使各法院在对"重大疾病"的认定进行说理时，存在对相关条文不同程度的混用。首先，"重大疾病"认定标准条款是对所保疾病的客观描述，应属一般格式条款，保险人对其负条款提供与回答问询的一般说明义务。其次，对所保疾病的客观描述受到内容控制规范的约束，宜以《健康保险管理办法》第23条中规定的"最新通行医学诊断标准"与《重大疾病保险的疾病定义使用规范》分别作为重疾险合同中"重大疾病"相关条款的效力的抽象与具体认定标准。最后，对不利解释原则的适用，应从合同文本的语言表述与"一般人"的理解能力主客观两方面，对保险人与投保人、被保险人或者受益人产生争议的"重大疾病"相关合同条款的含义进行通常理解，当此通常理解唯一时则以其为准，不唯一时采有利于被保险人和受益人的解释。

关键词： 重大疾病　保险人说明义务　内容控制　不利解释原则

＊ 柯雨偲，武汉大学大健康法制研究中心助理研究员。

一　基本案情

（一）案件事实

2014 年 12 月 10 日，原告的法定代理人宋某 2 为原告宋某 1 在被告处投保了重大疾病保险，保险期间自 2014 年 12 月 11 日零时起至被保险人身故。2017 年 1 月 1 日，原告的法定代理人宋某 2 再次为原告宋某 1 投保另一重大疾病保险，保险期间同样为被保险人终身。两份保险合同中均载明了合同生效（或合同效力恢复）后的重大疾病保险金给付标准："因由本公司认可医院（附有释义）的专科医生（附有释义）确诊初次发生本合同所指的重大疾病（附有释义）时，本公司给付相应保险金，给付完成后，本合同终止。"2017 年 8 月 29 日，原告因病住院，经诊断为 I 型糖尿病。后原告以其所患疾病属于保险合同约定的重大疾病为由要求被告履行保险责任，给付保险金，被告以原告所患疾病没有完全满足保险合同约定的全部条件为由拒赔。①

（二）判决要旨

一审法院认为，所谓"重大疾病"，在医学领域并没有明确含义的术语；在生活经验的范畴内，公众通常将某些较为严重的疾病理解为"重大疾病"，但生活经验就其内容而言因人之不同而具有不确定性，故而亦不存在明确的通行认知。也即，对于本案所争议的"重大疾病"并不能形成社会公认的通行概念，为避免争议的产生，由保险合同对"重大疾病"作出较为明确的定义是恰当的。本案中原告所患疾病并不符合保险合同约定的构成重大疾病的条件，故对原告的诉讼请求不予支持。二审法院认为，本案中

---

①　宋某 1 诉新华人寿保险股份有限公司赤峰中心支公司人身保险合同纠纷案，赤峰市中级人民法院（2018）内 04 民终 5580 号民事判决书。

保险合同对重大疾病的规定既不符合一般人对该类重大疾病的通常理解，也不符合具体治疗方式是由医生根据实际病情和医疗手段的发展而决定的实际情况。中国保监会《健康保险管理办法》中亦有"被保险人根据通行的医学诊断标准被确认疾病的，保险公司不得以该诊断标准与保险合同约定不符为理由拒绝给付保险金"的规定。故而，本案上诉人所患病症应被认定为合同约定的"重大疾病"。

（三）核心争点

关于保险公司应否赔偿被保险人保险金的问题，一审法院以被保险人所患疾病不符合保险合同对"重大疾病"的定义为由判决保险人无须赔偿保险金，二审法院则认为应根据通行的医学诊断标准认定被保险人所患疾病属于"重大疾病"，判决保险人赔偿相应保险金。故而，两审的核心争点在于，"重大疾病"在保险法司法实践领域中的认定标准究竟应当为何。

二 类案整理

（一）对关于重大疾病认定标准之案件的类型化整理

图 1、图 2 表明，关于"重大疾病"在保险法司法实践领域的认定标准的案例数量虽非连年递增，但整体呈上升趋势；在保险法领域，重大疾病的认定标准在保险合同中多以格式条款的形式呈现，其效力与保险人说明义务的履行程度以及保险合同的文本内容具有相当的关系。

（二）与本案案情相似案件的判决情况统计①

司法实践中，各法院对于重疾险合同中的重大疾病认定标准条款的说明

---

① 在无讼案例官网以"重大疾病保险""定义""重大疾病保险金理赔"等为关键词，搜集到与本案案情相似的判决书 29 份。

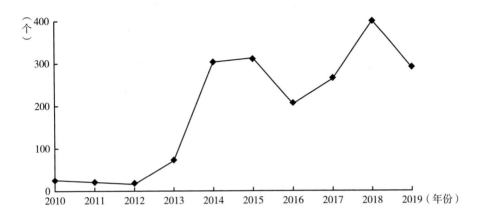

图1　重大疾病认定案件的裁判年份及数量

数据来源：无讼案例官网，https：//www.itslaw.com/search，以"重大疾病保险""合同约定的重大疾病"为关键词搜索，截至2020年2月9日共有1926个相关案例。

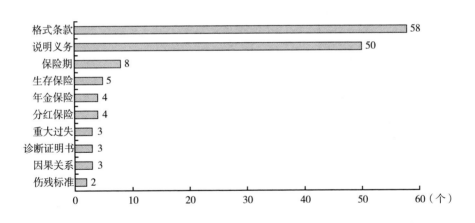

图2　重大疾病认定案件涉及的主要关键词

义务、效力以及解释原则的理解各异，由此导致当发生此类被保险人罹患目标疾病的情形时，其判决保险人是否应当履行保险金理赔责任及其裁判理由之间均存在诸多分歧。见表1。

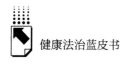
表 1　不同判决结果及其理由的案例分布

判决肯定保险赔偿责任（26/29）	理由一：以保险合同的约定认定重大疾病，符合保险条款约定故而应当赔偿①
	理由二：以通行的医学标准并结合患者的健康、生活受疾病影响的程度认定重大疾病，故而应当赔偿②
	理由三：以通常人的理解认定重大疾病，因保险人未就保险合同对重大疾病的认定与因之而将得以适用的免责条款向投保人履行说明义务，致使相关条款无效，故而应当赔偿③
	理由四：以通常人的理解认定重大疾病，因保险合同对重大疾病的释义不符合保险消费者的合理期待，故而应当赔偿④
	理由五：以中国保险行业协会与中国医师协会共同制定的《重大疾病保险的疾病定义使用规范》认定重大疾病，故而应当赔偿⑤
	理由六：当无法查明是否确因相应重大疾病致死时，举证不能的责任由保险人承担，故而应当赔偿⑥
判决否定保险赔偿责任（3/29）	理由：以保险合同的约定认定重大疾病，不符合保险条款约定故而不应赔偿⑦

①中国平安人寿保险股份有限公司呼伦贝尔中心支公司、中国平安人寿保险股份有限公司呼伦贝尔中心支公司扎兰屯营销服务部与曹永军人身保险合同纠纷案，呼伦贝尔市中级人民法院（2019）内07民终775号民事判决书；马文昌诉中国平安人寿保险股份有限公司深圳分公司人身保险合同纠纷案，惠东县人民法院（2019）粤1323民初2230号民事判决书；田晋、陈玉花诉中国太平洋人寿保险股份有限公司重庆分公司人身保险合同纠纷案，酉阳土家族苗族自治县人民法院（2019）渝0242民初3345号民事判决书；刘利芳诉中国太平洋人寿保险股份有限公司阳泉中心支公司保险合同纠纷案，盂县人民法院（2019）晋0322民初628号民事判决书；王某诉中国太平洋人寿保险股份有限公司石家庄中心支公司人身保险合同纠纷案，石家庄铁路运输法院（2019）冀8601民初1279号民事判决书；中国太平洋人寿保险股份有限公司鞍山中心支公司与付长瑜保险合同纠纷案，鞍山市中级人民法院（2018）辽03民终1362号民事判决书；朱学友诉中国太平洋人寿保险股份有限公司晋江中心支公司人身保险合同纠纷案，赣州市中级人民法院（2018）赣07民终3512号民事判决书；黄月清诉中国人寿保险股份有限公司清远分公司人身保险合同纠纷案，佛冈县人民法院（2017）粤1821民初1357号民事判决书；黄庆全诉新华人寿保险股份有限公司宁夏分公司保险纠纷案，银川市兴庆区人民法院（2016）宁0104民初4011号民事判决书；胡秀芳诉新华人寿保险股份有限公司鄂尔多斯中心支公司鄂托克旗支公司人身保险合同纠纷案，鄂托克旗人民法院（2015）鄂托民初字第1559号民事判决书。

②王硕研诉中国平安人寿保险股份有限公司新疆分公司健康保险合同纠纷案，新疆乌鲁木齐铁路运输法院（2014）乌民初字第311号民事判决书。

③中国平安人寿保险股份有限公司与黄斌人身保险合同纠纷案，赣州市中级人民法院（2019）赣07民终625号民事判决书；王硕研诉中国平安人寿保险股份有限公司新疆分公司健康保险合同纠纷案，新疆乌鲁木齐铁路运输中级法院（2015）乌中民终字第10号民事判决书。

④中国太平洋人寿保险股份有限公司武威中心支公司与刘兆录健康保险合同纠纷案，武威市中级人民法院（2019）甘06民终428号民事判决书；华泰人寿保险股份有限公司通辽中心支公司与李丽红人身保险合同纠纷案，通辽市中级人民法院（2019）内05民终495号民事判决书；中国平安人

续表

寿保险股份有限公司南通中心支公司、中国平安人寿保险股份有限公司江苏分公司与徐仁山保险纠纷案,南通市中级人民法院(2018)苏06民终2870号民事判决书;彭敏诉中国太平洋人寿保险股份有限公司宿迁中心支公司人身保险合同纠纷案,宿迁市中级人民法院(2016)苏13民终834号民事判决书;杨涛诉合众人寿保险股份有限公司张家口中心支公司健康保险合同纠纷案,张家口市中级人民法院(2015)张商终字第85号民事判决书;新华人寿保险股份有限公司阜阳中心支公司与张某某保险纠纷案,阜阳市中级人民法院(2015)阜民二终字第00175号民事判决书;王进、陈霞诉中国平安人寿保险股份有限公司盐城中心支公司人身保险合同纠纷案,盐城市中级人民法院(2014)盐商终字第0619号民事判决书;中国人寿保险股份有限公司全州支公司与周夏琼健康保险合同纠纷案,桂林市中级人民法院(2014)桂市民二终字第119号民事判决书;杨凤义诉中国人寿保险股份有限公司甘肃省分公司健康保险合同纠纷案,景泰县人民法院(2014)景民二初字第135号民事判决书。

⑤中国人寿保险股份有限公司平罗支公司与白良义人身保险合同纠纷案,石嘴山市中级人民法院(2016)宁02民终722号民事判决书。

⑥田仁兴诉新华人寿保险股份有限公司湘西中心支公司人身保险合同纠纷案,湘西土家族苗族自治州中级人民法院(2017)湘31民终155号民事判决书;张银凤、王帮裕等诉平安养老保险股份有限公司上海分公司人身保险合同纠纷案,武汉市中级人民法院(2016)鄂01民终1327号民事判决书;肖敏诉民生人寿保险股份有限公司凉山彝族自治州中心支公司人身保险合同纠纷案,西昌市人民法院(2016)川3401民初4113号民事判决书。

⑦于淑红诉中国太平洋人寿保险股份有限公司人身保险合同纠纷案,深圳市中级人民法院(2018)粤03民终13287号民事判决书;唐凤英诉中国平安人寿保险股份有限公司襄阳中心支公司人身保险合同纠纷案,襄阳市中级人民法院(2017)鄂06民终3304号民事判决书;渠涛诉中国人寿保险股份有限公司珠海分公司人身保险合同纠纷案,珠海市香州区人民法院(2012)珠香法民四初字第108号民事判决书。

表2 典型案例及裁判结果梳理

编号	案名	是否承担保险赔偿责任	重大疾病的认定标准	法院观点
1	中国平安人寿保险股份有限公司呼伦贝尔中心支公司、中国平安人寿保险股份有限公司呼伦贝尔中心支公司扎兰屯营销服务部与曹永军人身保险合同纠纷案	是	以保险合同的约定认定重大疾病	两审均认为:1. 经司法鉴定,认为曹永军患脑梗塞,遗留偏瘫,左上肢肌力0级,左下肢肌力2级,评定为伤残二级;2. 合同约定"一肢或一肢以上肢体机能完全丧失"构成重大疾病;3. 曹永军的情况符合合同关于重大疾病的约定,达到保险条款中约定的理赔条件

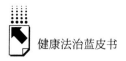

续表

编号	案名	是否承担保险赔偿责任	重大疾病的认定标准	法院观点
2	于淑红与中国太平洋人寿保险股份有限公司人身保险合同纠纷案	否	以保险合同的约定认定重大疾病	两审均认为:1. 保险合同出于双方真实意思表示,不违反法律、行政法规的强制性规定,故而合法有效;2. 保险合同对重大疾病的定义及病症作出了明确的约定,被保险人所患疾病不在保险合同约定的重大疾病之列
3	王硕研与中国平安人寿保险股份有限公司新疆分公司健康保险合同纠纷案	是(一审)	以通行的医学标准并结合其对患者的健康、生活的影响程度认定重大疾病	1. 在本案双方争议的重大疾病中,何谓"重""大",以及哪些属于"重大疾病"均属于不确定概念;2. 根据不利解释原则,重大疾病的范围应不限于保险合同解释的范围,其诊断应按通行医学标准而非保险人的解释
		是(二审)	以通常人的理解认定重大疾病	1. 保险人未就保险合同对重大疾病的认定标准向投保人履行说明义务;2. 被保险人只有在身患良性脑肿瘤且达到约定的疾病状态或手术要求时保险公司才承担保险责任,保险人亦未就该减轻其所担保险责任的条款向投保人履行说明义务
4	华泰人寿保险股份有限公司通辽中心支公司与李丽红人身保险合同纠纷案	是	以通常人的理解认定重大疾病	两审均认为:1. 保险合同对冠心病及实施冠状动脉搭桥术的具体定义附加了专业性的限制条件,且对其所作解释非为一般人对冠心病的普遍理解;2. 作为没有专业医学知识的被保险人,根据住院病历及诊断证明判断其所患疾病符合冠心病的特征、达到了重大疾病的程度,符合一般人对相关保险条款的理解;3. 保险合同为格式合同,存在不同理解时,应当作出有利于被保险人和受益人的解释
5	中国人寿保险股份有限公司平罗支公司与白良义人身保险合同纠纷案	是	以中国保险行业协会与中国医师协会共同制定的《重大疾病保险的疾病定义使用规范》认定重大疾病	1. 保险人未对提供的格式条款中的专业知识的具体含义及其范围等向被保险人进行详细解释和说明;2. 未尽到相关解释和说明义务时,将保险合同中重大疾病释义与中国保险行业协会等制定的《重大疾病保险的疾病定义使用规范》对比,以两者之中更有利于被保险人的标准作为理赔依据

三　案例剖析

（一）关于重大疾病司法认定标准的争议

通过对前述案例的分析与整理可知，在我国司法实践中，存在多种"重大疾病"的认定标准。第一种观点认为，在保险合同的订立基于双方真实意思表示，未违反法律、行政法规的强制性规定的情况下，应以保险合同的约定标准来认定。第二种观点认为，保险合同虽合法有效，但其中关于"重大疾病"的定义以及所含疾病范围的条款表意不明致使保险人与被保险人对相关条款存在理解分歧的，应以通行的医学标准，结合患者所患疾病对其健康、生活的影响程度来认定。第三种观点认为，保险合同条款对"重大疾病"的认定附加了专业性的限制条件，不符合没有专业医学知识的被保险人的合理期待，其通常理解与该限制条件相异时，应当采取通常人的理解作有利于被保险人和受益人的解释。第四种观点认为，保险人就所提供的"重大疾病"相关条款向投保人承担的提示与明确说明义务存在履行瑕疵时，应以中国保险行业协会与中国医师协会共同制定的《重大疾病保险的疾病定义使用规范》进行认定。重疾险保险合同中，与所保"重大疾病"的认定标准相关的保险条款因其具有相当的医学专业性而多以格式条款的形式存在，当保险人与投保人、被保险人或者受益人就该格式条款发生争议时，应当依据我国《保险法》第 17 条与第 19 条对该条款的效力进行判定，当格式条款被认定为有效时，依据《保险法》第 30 条，对其进行通常理解，如若通常理解不唯一，选择有利于被保险人与受益人的解释。由表 2 可知，各法院在对"重大疾病"的认定进行说理时，存在对《保险法》第 17 条、第 19 条与第 30 条不同程度的混用。而在具体应用各条文时，在判断"重大疾病"的认定标准条款属于何类条款，保险人对其承担何种程度的说明义务，以何标准判断该条款是否免除保险人责任或者加重投保人、被保险人责任，抑或是排除投保人、被保险人或者受益人权利等问题上，往往因其

规则的模糊性而致使各法院结论不一，对不利解释原则的适用条件亦存在部分误解。由此，关于"重大疾病"认定标准的争议在我国司法实践中常有发生。

（二）重大疾病认定标准的确定

保险人在重疾险保险合同中以格式条款的形式规定了"重大疾病"的认定标准，当保险人与投保人、被保险人或者受益人就此发生争议时，应当依据有效且含义清晰的保险合同条款解决。我国《保险法》第 17 条、第 19 条与第 30 条适用于规范保险格式条款的效力与含义。第 17 条通过对保险人的说明义务进行规制的方式保障缔约程序的意思自治，第 19 条通过对保险合同进行内容控制的方式保障合同条款的给付均衡，第 30 条通过在格式条款文义存在通常意义理解不明确的歧义时适用不利解释原则的方式确定条款内容。① 以下将依照保险格式条款争议的解决路径，依次对此三条文在"重大疾病"认定标准确定中的适用进行分析。

1. "重大疾病"认定标准条款的说明义务履行标准

《保险法》第 17 条规定："订立保险合同，采用保险人提供的格式条款的，保险人向投保人提供的投保单应当附格式条款，保险人应当向投保人说明合同的内容。对于保险合同中免除保险人责任的条款，保险人在订立合同时应当在投保单、保险单或者其他保险凭证上作出足以引起投保人注意的提示，并对该条款的内容以书面或者口头形式向投保人作出明确说明；未作提示或者明确说明的，该条款不产生效力。"故而可知，保险人对格式合同条款承担一般说明义务，对免责条款承担提示与明确说明义务。在我国重疾险合同中，"重大疾病"的认定标准条款以所承保疾病的医学定义为核心，并辅以诊疗方式与临床表现等对其进行进一步解释。该种对疾病的定义与解释帮助投保人理解重疾险合同所保障的疾病究竟为

---

① 参见马宁《保险格式条款内容控制的规范体系》，载《中外法学》2015 年第 5 期，第 1201 页。

何，为帮助判断保险事故的发生与否提供一种正向的标准，其实为一种对所保疾病的客观描述。故而，保险人就"重大疾病"的认定标准条款承担一般说明义务，该种一般说明义务的履行包括格式条款的提供与对投保人问询的回答。[①]

2. "重大疾病"认定标准条款的内容控制

《保险法》第19条规定："采用保险人提供的格式条款订立的保险合同中的下列条款无效：（一）免除保险人依法应承担的义务或者加重投保人、被保险人责任的；（二）排除投保人、被保险人或者受益人依法享有的权利的。"为保证保险权利义务的平衡和自身的偿付能力，保险人在保险合同中对保险事故加以限定无可厚非，但由于格式合同中民事主体的平等性和地位互换性可能被打破，该种约定可能会因为合同一方的经济地位和垄断力量等而被不正当地设定。基于诚信原则与利益衡量，对此类格式条款的规范和控制显示出重要性。[②] 而第19条并未对规范和控制提供实质性的评价标准。[③]内容控制规范包括适用对象与规范标准两个方面。首先，内容控制意在排除权利义务的不均衡。合同内涵可分为有关要素的合意与偶素的合意，由此合同条款可分为核心给付条款与附随条款，对于记载了合同要素，对格式条款接受方订立合同具有决定性意义的核心给付条款，被保险人必然会予以充分关注，有关核心给付内容的合意度相对充足，且相关条款亦受市场经济自身影响较大，故而，应当采用合目的限缩解释的方法，将核心给付条款排除在内容控制规则的适用对象之外。[④] 在重疾险合同中，保险理赔范围包括哪种疾病属于核心给付内容，但"重大疾病"的认定标准是前述范围内的相关疾病的医学定义、诊疗方式与临床表现等的集中体现，其内涵是各疾病的表

---

① 参见马宁《保险人明确说明义务的批判》，载《法学研究》2015年第3期，第104页。

② 参见龚贻生、朱铭来、吕岩《论保险合同免责条款和保险人明确说明义务——〈保险法〉第17条和第19条的理解和适用》，载《保险研究》2011年第9期，第98页。

③ 贺栩栩：《〈合同法〉第40条后段（格式条款效力审查）评注》，载《法学家》2018年第6期，第182页。

④ 参见王静《我国〈保险法〉第19条司法适用研究——基于保险格式条款裁判的实证分析》，载《政治与法律》2014年第11期，第95页。

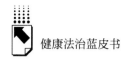

现形式，对概念外延的限定将会导致权利义务不均衡的出现，故而应当受到内容控制规范的约束。其次，中国保险行业协会与中国医师协会共同制定的《重大疾病保险的疾病定义使用规范》（以下简称"《规范》"）对我国重大疾病保险中最常见的25种疾病进行了统一的定义，要求保险公司对该25种疾病适用《规范》的疾病名称与疾病定义。故而可知，对于此25种常见疾病，以《规范》作为内容控制的实质标准当无疑义。此外，《健康保险管理办法》第23条规定："保险公司在健康保险产品条款中约定的疾病诊断标准应当符合通行的医学诊断标准，并考虑到医疗技术条件发展的趋势。健康保险合同生效后，被保险人根据通行的医学诊断标准被确诊疾病的，保险公司不得以该诊断标准与保险合同约定不符为理由拒绝给付保险金。"对于此25种常见疾病以外的其他疾病以及因《规范》逐渐过时而致使相关规定与现今的医学判断不一致的疾病，宜以最新的通行医学诊断标准作为"重大疾病"的认定标准。

3. 不利解释原则的适用

《保险法》第30条规定："采用保险人提供的格式条款订立的保险合同，保险人与投保人、被保险人或者受益人对合同条款有争议的，应当按照通常理解予以解释。对合同条款有两种以上解释的，人民法院或者仲裁机构应当作出有利于被保险人和受益人的解释。"实践中，部分法院以合同双方对"重大疾病"的认定标准条款产生理解争议为由判决作出有利于被保险人和受益人的解释。[①] 该种裁判逻辑实为对第30条的误解。当保险人与投保人、被保险人或者受益人对保险格式条款产生争议时，应当首先依照通常理解解释条款。若通常理解唯一，则即便该通常理解对投保人一方不利，也不存在不利解释原则的适用。不利解释原则的适用条件为，从"一般人"的角度出发看待格式条款，只有当条款文本规定不清楚或不明确时，才可视为产生了需要适用不利解释规则的歧义。[②] 故而，在适用第30条确定"重

---

① 参见华泰人寿保险股份有限公司通辽中心支公司诉李丽红人身保险合同纠纷案，通辽市中级人民法院（2019）内05民终495号民事判决书。

② 参见王利明《合同法研究》（第1卷），中国人民大学出版社，2002，第409～410页。

大疾病"的认定标准时,应当首先从合同文本的语言表述与"一般人"的理解能力主客观两方面对相关条款进行通常理解,[①] 当此通常理解不唯一时,方采有利于被保险人和受益人的解释。

四 结语

我国重疾险司法实务中,保险人应否向被保险人赔偿保险金这一问题常常转化为"重大疾病"的认定标准问题,各地法院对此判决各异的原因在于对《保险法》第17条、第19条与第30条的理解各异。首先,明确重疾险合同中关于"重大疾病"认定标准的条款属于一般格式条款,保险人对其负条款提供与回答询问的一般说明义务。其次,以《健康保险管理办法》第23条规定的"最新通行医学诊断标准"与《重大疾病保险的疾病定义使用规范》分别作为重疾险合同中"重大疾病"相关条款效力的抽象与具体认定标准。最后,从合同文本的语言表述与"一般人"的理解能力主客观两方面,对保险人与投保人、被保险人或者受益人产生争议的"重大疾病"相关合同条款进行通常理解,当此通常理解唯一时则以其为准,不唯一时采有利于被保险人和受益人的解释。本案中,保险公司对相关重大疾病规定具体治疗方式以及对合同保障范围进行不合《规范》的限定性解释的行为致使相关重疾险合同条款无效,应以最新的通行医学诊断标准认定被保险人所患疾病是否属于相应重疾险产品保障范围内的"重大疾病"。

---

① 程兵、严志凌:《论保险合同条款的不利解释原则》,载《法学》2004 年第 9 期,第 126 ~ 127 页。

附　　录

Appendix

B.20
2019年健康法治领域立法成果

表1　2019年健康法治领域立法成果统计[*]

序号	法律法规名称	效力级别	起草单位	审议单位	性质	程序	审议（或发布）时间	实施时间	健康领域
1	《中华人民共和国基本医疗卫生与健康促进法》	法律	十二届全国人大教育科学文化卫生委员会	全国人大及其常委会	制定	审议通过	2019年12月28日	2020年6月1日	综合
2	《中华人民共和国森林法》	法律	国家林业局	全国人大及其常委会	修改	审议通过	2019年12月28日	2020年7月1日	环境保护

续表

序号	法律法规名称	效力级别	起草单位	审议单位	性质	程序	审议（或发布）时间	实施时间	健康领域
3	《中华人民共和国土地管理法》	法律	国土资源部	全国人大及其常委会	修改	审议通过	2019年8月26日	2020年1月1日	环境保护
4	《中华人民共和国药品管理法》	法律	国务院市场监督管理总局，国家药品监督管理局	全国人大及其常委会	修改	审议通过	2019年8月26日	2019年12月1日	医药医疗
5	《中华人民共和国疫苗管理法》	法律	国家市场监督管理总局、国家药品监督管理局、国家卫生健康委员会	全国人大及其常委会	制定	审议通过	2019年6月29日	2019年12月1日	医药医疗
6	《中华人民共和国生物安全法》	法律	全国人大环境与资源保护委员会	全国人大及其常委会	制定	一审阶段	2019年10月21日		综合
7	《中华人民共和国国境卫生检疫法实施细则》	行政法规	国家市场监管总局	国务院	修改	审议通过	2019年3月2日	2019年3月18日	卫生管理
8	《中华人民共和国化妆品卫生监督条例》	行政法规	国家市场监管总局	国务院	修改	审议通过	2019年3月2日	2019年3月18日	卫生管理
9	《艾滋病防治条例》	行政法规	国家卫生健康委员会	国务院	修改	审议通过	2019年3月2日	2019年3月18日	医药医疗
10	《中华人民共和国药品管理法实施条例》	行政法规	国家市场监督管理总局、药监局	国务院	修改	审议通过	2019年3月2日	2019年3月18日	医药医疗
11	《中华人民共和国生物医学新技术临床应用管理条例》	行政法规	国家卫生健康委员会	国务院	制定	待审议			医药医疗

续表

序号	法律法规名称	效力级别	起草单位	审议单位	性质	程序	审议（或发布）时间	实施时间	健康领域
12	《中华人民共和国食品安全法实施条例》	行政法规	国家市场监管总局	国务院	修改	审议通过	2019年3月26日	2019年12月1日	食品监管
13	《中华人民共和国医疗器械监督管理条例》	行政法规	国家市场监管总局、药监局	国务院	修改	待审议			医药医疗
14	《中华人民共和国人类遗传资源管理条例》	行政法规	科学技术部	国务院	制定	审议通过	2019年3月20日	2019年7月1日	综合
15	《公共场所卫生管理条例》	行政法规	国家卫生健康委员会	国务院	修改	审议通过	2019年4月23日	2019年4月23日	卫生管理
16	《中华人民共和国外资保险公司管理条例》	行政法规	中国银保监会	国务院	修改	审议通过	2019年9月30日	2019年9月30日	社会保障
17	《安全评价检测检验机构管理办法》	部门规章	应急管理部	应急管理部	制定	审议通过	2018年6月19日	2019年5月1日	卫生管理
18	《医疗机构投诉管理办法》	部门规章	国家卫生健康委员会	国家卫生健康委员会	制定	审议通过	2019年2月2日	2019年4月10日	医药医疗
19	《职业健康检查管理办法》	部门规章	国家卫生健康委员会	国家卫生健康委员会	修改	审议通过	2019年2月2日	2019年2月28日	医药医疗
20	《母婴保健专项技术服务许可及人员资格管理办法》	部门规章	国家卫生健康委员会	国家卫生健康委员会	修改	审议通过	2019年2月2日	2019年2月28日	社会保障
21	《产前诊断技术管理办法》	部门规章	国家卫生健康委员会	国家卫生健康委员会	修改	审议通过	2019年2月2日	2019年2月28日	医药医疗
22	《医疗机构临床用血管理办法》	部门规章	国家卫生健康委员会	国家卫生健康委员会	修改	审议通过	2019年2月2日	2019年2月28日	医药医疗

续表

序号	法律法规名称	效力级别	起草单位	审议单位	性质	程序	审议（或发布）时间	实施时间	健康领域
23	《学校食品安全与营养健康管理规定》	部门规章	教育部、国家市场监督管理总局、国家卫生健康委员会	教育部、国家市场监督管理总局、国家卫生健康委员会	制定	审议通过	2019年2月2日	2019年4月1日	食品监管
24	《社会保险登记管理暂行办法》	部门规章	人力资源社会保障部	人力资源社会保障部	废止	审议通过	2019年4月22日	2019年4月28日	社会保障
25	《农业转基因生物加工审批办法》	部门规章	农业农村部	农业农村部	修改	审议通过	2019年4月25日	2019年4月25日	食品监管
26	《动物检疫管理办法》	部门规章	农业农村部	农业农村部	修改	审议通过	2019年4月25日	2019年4月25日	卫生管理
27	《进口药材管理办法》	部门规章	国家市场监管总局	国家市场监管总局	制定	审议通过	2019年5月16日	2020年1月1日	医药医疗
28	《社会福利机构管理暂行办法》	部门规章	民政部	民政部	废止	审议通过	2019年5月29日	2019年5月31日	社会保障
29	《养老机构设立许可办法》	部门规章	民政部	民政部	废止	审议通过	2019年5月29日	2019年5月31日	社会保障
30	《假肢和矫形器（辅助器具）生产装配企业资格认定办法》	部门规章	民政部	民政部	废止	审议通过	2019年5月29日	2019年5月31日	医药医疗
31	《假肢与矫形器（辅助器具）制作师执业资格注册办法》	部门规章	民政部	民政部	废止	审议通过	2019年5月29日	2019年5月31日	医药医疗
32	《鼓励外商投资产业目录》	部门规章	国家发展和改革委员会、商务部	国家发展和改革委员会、商务部	制定	审议通过	2019年6月30日	2019年7月30日	社会保障

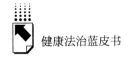

续表

序号	法律法规名称	效力级别	起草单位	审议单位	性质	程序	审议（或发布）时间	实施时间	健康领域
33	《易制爆危险化学品治安管理办法》	部门规章	公安部	公安部	制定	审议通过	2019年7月6日	2019年8月10日	卫生管理
34	《健康保险管理办法》	部门规章	中国银保监会	中国银保监会	修改	审议通过	2019年10月31日	2019年12月1日	社会保障
35	《产品质量监督抽查管理暂行办法》	部门规章	国家市场监督总局	国家市场监督总局	制定	审议通过	2019年11月21日	2020年1月1日	卫生管理
36	《中华人民共和国外资保险公司管理条例实施细则》	部门规章	中国银保监会	中国银保监会	修改	审议通过	2019年11月29日	2019年11月29日	社会保障
37	《中共中央办公厅、国务院办公厅印发〈关于以2022年北京冬奥会为契机大力发展冰雪运动的意见〉》	党内法规	中共中央办公厅、国务院办公厅	中共中央办公厅、国务院办公厅	制定	审议通过	2019年3月31日	2019年3月31日	体育健康
38	《中共中央、国务院关于深化改革加强食品安全工作的意见》	党内法规	中国共产党中央委员会、国务院	中国共产党中央委员会、国务院	制定	审议通过	2019年5月9日	2019年5月9日	食品监管
39	《中央农村工作领导小组办公室、农业农村部、生态环境部等关于推进农村生活污水治理的指导意见》	党内法规	中央农村工作领导小组办公室、农业农村部、生态环境部等	中央农村工作领导小组办公室、农业农村部、生态环境部等	制定	审议通过	2019年7月3日	2019年7月3日	环境保护
40	《中共中央、国务院关于促进中医药传承创新发展的意见》	党内法规	中国共产党中央委员会、国务院	中国共产党中央委员会、国务院	制定	审议通过	2019年10月20日	2019年10月20日	医药医疗
41	《地方党政领导干部食品安全责任制规定》	党内法规	中共中央办公厅、国务院办公厅	中共中央办公厅、国务院办公厅	制定	审议通过	2019年2月5日	2019年2月5日	食品监管

续表

序号	法律法规名称	效力级别	起草单位	审议单位	性质	程序	审议（或发布）时间	实施时间	健康领域
42	《国务院办公厅关于进一步做好短缺药品保供稳价工作的意见》	国务院规范性文件	国务院办公厅	国务院办公厅	制定	审议通过	2019年1月1日	2019年1月1日	医药医疗
43	《国务院办公厅关于促进全民健身和体育消费推动体育产业高质量发展的意见》	国务院规范性文件	国务院办公厅	国务院办公厅	制定	审议通过	2019年1月16日	2019年1月16日	体育健康
44	《国务院办公厅关于印发体育强国建设纲要的通知》	国务院规范性文件	国务院办公厅	国务院办公厅	制定	审议通过	2019年4月1日	2019年5月1日	体育健康
45	《国务院办公厅同意建立养老服务部际联席会议制度的函》	国务院规范性文件	国务院办公厅	国务院办公厅	制定	审议通过	2019年4月16日	2019年4月16日	社会保障
46	《国务院办公厅关于印发治理高值医用耗材改革方案的通知》	国务院规范性文件	国务院办公厅	国务院办公厅	制定	审议通过	2019年5月23日	2019年5月23日	医药医疗
47	《国务院办公厅关于成立健康中国行动推进委员会的通知》	国务院规范性文件	国务院办公厅	国务院办公厅	制定	审议通过	2019年6月24日	2019年6月24日	综合
48	《国务院办公厅关于建立职业化专业化药品检查员队伍的意见》	国务院规范性文件	国务院办公厅	国务院办公厅	制定	审议通过	2019年6月24日	2019年6月24日	医药医疗
49	《国务院办公厅关于印发健康中国行动组织实施和考核方案的通知》	国务院规范性文件	国务院办公厅	国务院办公厅	制定	审议通过	2019年7月9日	2019年7月9日	综合

续表

序号	法律法规名称	效力级别	起草单位	审议单位	性质	程序	审议（或发布）时间	实施时间	健康领域
50	《国务院关于实施健康中国行动的意见》	国务院规范性文件	国务院办公厅	国务院办公厅	制定	审议通过	2019年7月9日	2019年7月9日	综合
51	《国务院办公厅关于深化医药卫生体制改革2019年重点工作任务的通知》	国务院规范性文件	国务院办公厅	国务院办公厅	制定	审议通过	2019年7月19日	2019年7月19日	医药医疗
52	《国务院办公厅关于推进养老服务发展的意见》	国务院规范性文件	国务院办公厅	国务院办公厅	制定	审议通过	2019年7月27日	2019年7月27日	社会保障
53	《国务院办公厅关于印发降低社会保险费率综合方案的通知》	国务院规范性文件	国务院办公厅	国务院办公厅	制定	审议通过	2019年8月10日	2019年8月10日	社会保障
54	《国务院办公厅关于加强三级公立医院绩效考核工作的意见》	国务院规范性文件	国务院办公厅	国务院办公厅	制定	审议通过	2019年9月4日	2019年9月4日	医药医疗
55	《国务院办公厅关于印发国家组织药品集中采购和使用试点方案的通知》	国务院规范性文件	国务院办公厅	国务院办公厅	制定	审议通过	2019年9月25日	2019年9月25日	医药医疗
56	《民政部关于贯彻落实新修改的〈中华人民共和国老年人权益保障法〉的通知》	部门规范性文件	民政部	民政部	制定	审议通过	2019年1月2日	2019年1月2日	社会保障
57	《国家卫生健康委办公厅关于印发国家区域医疗中心设置实施方案的通知》	部门规范性文件	国家卫生健康委	国家卫生健康委	制定	审议通过	2019年1月10日	2019年1月10日	医药医疗

续表

序号	法律法规名称	效力级别	起草单位	审议单位	性质	程序	审议（或发布）时间	实施时间	健康领域
58	《国家卫生健康委、国家中医药局关于进一步加强公立医疗机构基本药物配备使用的通知》	部门规范性文件	国家卫生健康委、国家中医药局	国家卫生健康委、国家中医药局	制定	审议通过	2019年1月10日	2019年1月10日	医药医疗
59	《国家卫生健康委关于印发人体捐献器官获取与分配管理规定的通知（2019修改）》	部门规范性文件	国家卫生健康委	国家卫生健康委	制定	审议通过	2019年1月17日	2019年3月1日	医药医疗
60	《市场监管总局关于发布〈特殊医学用途配方食品生产许可审查细则〉的公告》	部门规范性文件	国家市场监管总局	国家市场监管总局	制定	审议通过	2019年1月29日	2019年1月29日	医药医疗
61	《国家发展改革委、国家卫生健康委、国家中医药局关于修改印发〈中央预算内投资补助地方医疗卫生领域建设项目管理办法（2019）〉的通知》	部门规范性文件	国家发展改革委、国家卫生健康委、国家中医药局	国家发展改革委、国家卫生健康委、国家中医药局	制定	审议通过	2019年1月31日	2019年1月31日	医药医疗
62	《财政部、税务总局关于明确养老机构免征增值税等政策的通知》	部门规范性文件	财政部、税务总局	财政部、税务总局	制定	审议通过	2019年2月2日	2019年2月2日	社会保障
63	《国家发展改革委、民政部、国家卫生健康委关于印发〈城企联动普惠养老专项行动实施方案（试行）〉的通知》	部门规范性文件	国家发展改革委、民政部、国家卫生健康委	国家发展改革委、民政部、国家卫生健康委	制定	审议通过	2019年2月20日	2019年2月20日	社会保障

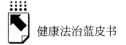

续表

序号	法律法规名称	效力级别	起草单位	审议单位	性质	程序	审议（或发布）时间	实施时间	健康领域
64	《国家卫生健康委办公厅关于印发人体器官获取组织基本要求和质量控制指标的通知》	部门规范性文件	国家卫生健康委	国家卫生健康委	制定	审议通过	2019年2月26日	2019年2月26日	医疗
65	《生态环境部办公厅关于〈医疗机构水污染物排放标准〉执行中有关问题的复函》	部门规范性文件	生态环境部	生态环境部	制定	审议通过	2019年3月16日	2019年3月16日	环境保护
66	《国家医疗保障局、财政部关于做好2019年城乡居民基本医疗保障工作的通知》	部门规范性文件	国家医疗保障局、财政部	国家医疗保障局、财政部	制定	审议通过	2019年4月26日	2019年4月26日	社会保障
67	《财政部、市场监管总局、药监局关于印发〈食品药品监管补助资金管理暂行办法〉的通知》	部门规范性文件	财政部、市场监管总局、药监局	财政部、市场监管总局、药监局	制定	审议通过	2019年5月20日	2019年5月20日	医药医疗
68	《教育部等四部门关于加快推进全国青少年冰雪运动进校园的指导意见》	部门规范性文件	教育部、国家发展和改革委员会、财政部、国家体育总局	教育部、国家发展和改革委员会、财政部、国家体育总局	制定	审议通过	2019年5月20日	2019年5月20日	体育健康
69	《国家药品监督管理局关于印发〈国家药品监督管理局关于加快推进药品智慧监管的行动计划〉的通知》	部门规范性文件	国家药监局	国家药监局	制定	审议通过	2019年5月21日	2019年5月21日	医药医疗

续表

序号	法律法规名称	效力级别	起草单位	审议单位	性质	程序	审议（或发布）时间	实施时间	健康领域
70	《财政部、税务总局关于延续免征国产抗艾滋病毒药品增值税政策的公告》	部门规范性文件	财政部、税务总局	财政部、税务总局	制定	审议通过	2019年6月5日	2019/1/1（注：先实施后发布）	医药医疗
71	《国家卫生健康委、国家中医药局关于印发医疗机构用耗材管理办法（试行）的通知》	部门规范性文件	国家卫生健康委、国家中医药局	国家卫生健康委、国家中医药局	制定	审议通过	2019年6月6日	2019年9月1日	医药医疗
72	《国家卫生健康委、国家发展改革委、科技部等关于印发促进社会办医持续健康规范发展意见的通知》	部门规范性文件	国家卫生健康委、国家发展改革委、科技部等	国家卫生健康委、国家发展改革委、科技部	制定	审议通过	2019年6月10日	2019年6月10日	社会保障
73	《市场监管总局关于发布〈保健食品标注警示用语指南〉的公告》	部门规范性文件	国家市场监督管理总局	国家市场监督管理总局	制定	审议通过	2019年6月10日	2020年1月1日	食品监管
74	《国家卫生健康委办公厅关于印发职业卫生监督协管服务技术规范的通知》	部门规范性文件	国家卫生健康委员会	国家卫生健康委员会	制定	审议通过	2019年6月17日	2019年6月17日	卫生管理
75	《财政部、税务总局、发展改革委等关于养老、托育、家政服务业税费优惠政策的公告》	部门规范性文件	财政部、税务总局、发展改革委	财政部、税务总局、发展改革委	制定	审议通过	2019年6月28日	2019/6/1（注：先实施后发布）	社会保障

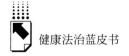

续表

序号	法律法规名称	效力级别	起草单位	审议单位	性质	程序	审议（或发布）时间	实施时间	健康领域
76	《国家卫生健康委关于印发重点地方病控制和消除评价办法（2019 版）的通知》	部门规范性文件	国家卫生健康委员会	国家卫生健康委员会	制定	审议通过	2019 年 7 月 23 日	2019 年 7 月 23 日	医药医疗
77	《财政部、国家卫生健康委、国家医疗保障局、国家中医药管理局关于印发基本公共卫生服务 5 项补助资金管理办法的通知》	部门规范性文件	财政部、国家卫生健康委、国家医疗保障局、国家中医药管理局	财政部、国家卫生健康委、国家医疗保障局、国家中医药管理局	制定	审议通过	2019 年 7 月 26 日	2019 年 9 月 1 日	社会保障
78	《国家禁毒委员会办公室关于防范非药用类麻醉药品和精神药品及制毒物品违法犯罪的通告》	部门规范性文件	国家禁毒委	国家禁毒委	制定	审议通过	2019 年 8 月 1 日	2019 年 8 月 1 日	医药医疗
79	《国家医保局、人力资源社会保障部关于印发〈国家基本医疗保险、工伤保险和生育保险药品目录〉的通知》	部门规范性文件	国家医保局、人力资源社会保障部	国家医保局、人力资源社会保障部	制定	审议通过	2019 年 8 月 20 日	2020 年 1 月 1 日	社会保障
80	《民政部、发展改革委、财政部关于实施特困人员供养服务设施（敬老院）改造提升工程的意见》	部门规范性文件	民政部、发展改革委、财政部	民政部、发展改革委、财政部	制定	审议通过	2019 年 8 月 21 日	2019 年 8 月 21 日	社会保障

续表

序号	法律法规名称	效力级别	起草单位	审议单位	性质	程序	审议（或发布）时间	实施时间	健康领域
81	《国家药监局关于印发药品检验检测机构能力建设指导原则的通知》	部门规范性文件	国家药品监督管理局	国家药品监督管理局	制定	审议通过	2019年8月22日	2019年8月22日	医药医疗
82	《国家药监局关于印发医疗器械检验检测机构能力建设指导原则的通知》	部门规范性文件	国家药品监督管理局	国家药品监督管理局	制定	审议通过	2019年8月22日	2019年8月22日	医药医疗
83	《国家药监局关于印发化妆品检验检测机构能力建设指导原则的通知》	部门规范性文件	国家药品监督管理局	国家药品监督管理局	制定	审议通过	2019年8月22日	2019年8月22日	卫生管理
84	《国家药监局关于发布医疗器械唯一标识系统规则的公告》	部门规范性文件	国家药品监督管理局	国家药品监督管理局	制定	审议通过	2019年8月23日	2019年10月1日	医药医疗
85	《国家卫生健康委办公厅关于印发卫生健康领域基层政务公开标准指引（试行）的通知》	部门规范性文件	国家卫生健康委员会	国家卫生健康委员会	制定	审议通过	2019年8月27日	2019年8月27日	综合
86	《人力资源社会保障部办公厅关于加强养老金产品管理有关问题的通知》	部门规范性文件	人力资源和社会保障部	人力资源和社会保障部	制定	审议通过	2019年8月28日	2019年8月28日	社会保障
87	《国家药监局关于印发医疗器械检验工作规范的通知》	部门规范性文件	国家药品监督管理局	国家药品监督管理局	制定	审议通过	2019年8月30日	2019年8月30日	医药医疗

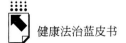

续表

序号	法律法规名称	效力级别	起草单位	审议单位	性质	程序	审议（或发布）时间	实施时间	健康领域
88	《国家药监局关于发布实施化妆品注册和备案检验工作规范的公告》	部门规范性文件	国家药品监督管理局	国家药品监督管理局	制定	审议通过	2019年9月3日	2019年9月3日	卫生管理
89	《国家卫生健康委、农业农村部、中国计划生育协会关于开展乡村振兴促进家庭健康行动的实施意见》	部门规范性文件	国家卫生健康委、农业农村部、中国计划生育协会	国家卫生健康委、农业农村部、中国计划生育协会	制定	审议通过	2019年9月4日	2019年9月4日	综合
90	《国家卫生健康委员会、国家中医药管理局关于提升社会办中医医疗机构管理能力和医疗质量安全水平的通知》	部门规范性文件	国家卫生健康委员会、国家中医药管理局	国家卫生健康委员会、国家中医药管理局	制定	审议通过	2019年9月5日	2019年9月5日	医药医疗
91	《国务院扶贫办综合司、国家卫生健康委办公厅关于印发〈强直性脊柱炎健康扶贫工作方案〉的通知》	部门规范性文件	国务院扶贫办、国家卫生健康委员会	国务院扶贫办、国家卫生健康委员会	制定	审议通过	2019年9月8日	2019年9月8日	社会保障
92	《国家医保局、财政部、国家卫生健康委、国家药监局关于完善城乡居民高血压糖尿病门诊用药保障机制的指导意见》	部门规范性文件	国家医疗保障局、财政部、国家卫生健康委员会、国家药品监督管理局	国家医疗保障局、财政部、国家卫生健康委员会、国家药品监督管理局	制定	审议通过	2019年9月16日	2019年9月16日	社会保障
93	《民政部关于进一步扩大养老服务供给 促进养老服务消费的实施意见》	部门规范性文件	民政部	民政部	制定	审议通过	2019年9月20日	2019年9月20日	社会保障

续表

序号	法律法规名称	效力级别	起草单位	审议单位	性质	程序	审议（或发布）时间	实施时间	健康领域
94	《国家药监局关于批准注册100个医疗器械产品公告》	部门规范性文件	国家药品监督管理局	国家药品监督管理局	制定	审议通过	2019年9月23日	2019年9月23日	医药医疗
95	《国家医疗保障局关于印发医疗保障定点医疗机构等医务编码规则和方法的通知》	部门规范性文件	国家医疗保障局	国家医疗保障局	制定	审议通过	2019年9月23日	2019年9月23日	社会保障
96	《国家发展改革委、国家卫生健康委、国家中医药局、国务院医改领导小组秘书处关于印发〈区域医疗中心建设试点工作方案〉的通知》	部门规范性文件	国家发展改革委、国家卫生健康委、国家中医药局、国务院医改领导小组秘书处	国家发展改革委、国家卫生健康委、国家中医药局、国务院医改领导小组秘书处	制定	审议通过	2019年10月23日	2019年10月23日	医药医疗
97	《民政部关于印发〈养老服务市场失信联合惩戒对象名单管理办法（试行）〉的通知》	部门规范性文件	民政部	民政部	制定	审议通过	2019年10月25日	2020年6月1日	社会保障
98	《国家卫生健康委、国家发展改革委、教育部等关于建立完善老年健康服务体系的指导意见》	部门规范性文件	国家卫生健康委、国家发展改革委、教育部等	国家卫生健康委、国家发展改革委、教育部等	制定	审议通过	2019年10月28日	2019年10月28日	社会保障
99	《国家发展改革委关于印发〈绿色生活创建行动总体方案〉的通知》	部门规范性文件	国家发展改革委	国家发展改革委	制定	审议通过	2019年10月29日	2019年10月29日	环境保护

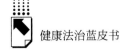

续表

序号	法律法规 名称	效力 级别	起草单位	审议单位	性质	程序	审议（或 发布）时间	实施时间	健康领域
100	《国家卫生健康委、中央宣传部、教育部等关于进一步加强青少年控烟工作的通知》	部门规范性文件	国家卫生健康委、中央宣传部、教育部等	国家卫生健康委、中央宣传部、教育部等	制定	审议通过	2019 年10 月29 日	2019 年10 月29 日	综合
101	《体育总局社体中心关于印发2019 年健身气功健奎段办法的通知》	部门规范性文件	国家体育总局	国家体育总局	制定	审议通过	2019 年11 月1 日	2019 年11 月1 日	体育健康
102	《国家卫生健康委办公厅、中宣部办公厅、中央文明办秘书局等关于进一步促进无偿献血工作健康发展的通知》	部门规范性文件	国家卫生健康委办公厅、中宣部办公厅、中央文明办秘书局等	国家卫生健康委办公厅、中宣部办公厅、中央文明办秘书局等	制定	审议通过	2019 年11 月4 日	2019 年11 月4 日	医药医疗
103	《优抚对象医疗保障经费管理办法》	部门规范性文件	财政部、退役军人事务部、国家医疗保障局	财政部、退役军人事务部、国家医疗保障局	制定	审议通过	2019 年11 月8 日	2019 年11 月27 日	社会保障
104	《国家医保局、人力资源社会保障部关于将2019 年谈判药品纳入〈国家基本医疗保险、工伤保险和生育保险药品目录〉乙类范围的通知》	部门规范性文件	国家医保局、人力资源社会保障部	国家医保局、人力资源社会保障部	制定	审议通过	2019 年11 月22 日	2019 年11 月22 日	社会保障
105	《国家卫生健康委办公厅关于印发老年医学科建设与管理指南（试行）的通知》	部门规范性文件	国家卫生健康委	国家卫生健康委	制定	审议通过	2019 年11 月26 日	2019 年11 月26 日	社会保障

续表

序号	法律法规名称	效力级别	起草单位	审议单位	性质	程序	审议（或发布）时间	实施时间	健康领域
106	《国家医疗保障局关于印发〈关于做好当前药品价格管理工作的意见〉的通知》	部门规范性文件	国家医疗保障局	国家医疗保障局	制定	审议通过	2019年11月26日	2019年11月26日	医药医疗
107	《国家药监局、国家卫生健康委关于发布药物临床试验机构管理规定的公告》	部门规范性文件	国家药品监督管理局、国家卫生健康委员会	国家药品监督管理局、国家卫生健康委员会	制定	审议通过	2019年11月29日	2019年12月1日	医药医疗
108	《自然资源部关于加强规划和用地保障支持养老服务发展的指导意见》	部门规范性文件	自然资源部	自然资源部	制定	审议通过	2019年12月1日	2019年12月1日	社会保障
109	《国家卫生健康委办公厅关于印发公立医院章程范本的通知》	部门规范性文件	国家卫生健康委员会	国家卫生健康委员会	制定	审议通过	2019年12月3日	2019年12月3日	医药医疗
110	《公安部发布整治食品安全问题十大典型案例》	部门规范性文件	公安部	公安部	制定	审议通过	2019年12月3日	2019年12月3日	食品监管
111	《国家卫生健康委办公厅关于印发空气污染（霾）人群健康防护指南的通知》	部门规范性文件	国家卫生健康委员会	国家卫生健康委员会	制定	审议通过	2019年12月4日	2019年12月4日	环境保护
112	《国家卫生健康委办公厅关于印发地方病患者管理服务规范和诊疗管理办法的通知》	部门规范性文件	国家卫生健康委员会	国家卫生健康委员会	制定	审议通过	2019年12月4日	2019年12月4日	医药医疗
113	《市场监管总局关于加强调味面制品质量安全监管的公告》	部门规范性文件	国家市场监管总局	国家市场监管总局	制定	审议通过	2019年12月10日	2019年12月10日	食品监管

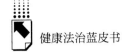

续表

序号	法律法规名称	效力级别	起草单位	审议单位	性质	程序	审议（或发布）时间	实施时间	健康领域
114	《巢湖流域水污染防治条例》	省级地方性法规	安徽省人民政府	安徽省人民代表大会常务委员会	修改	审议通过	2019年12月23日	2020年3月1日	环境保护
115	《安徽省工会劳动法律监督条例》	省级地方性法规	安徽省人民政府	安徽省人民代表大会常务委员会	制定	审议通过	2019年12月23日	2020年5月1日	社会保障
116	《上海市排水与污水处理条例》	省级地方性法规	上海市人民政府	上海市人大及其常委会	修改	审议通过	2019年12月19日	2020年5月1日	卫生管理
117	《天津市土壤污染防治条例》	省级地方性法规	天津市人民政府	天津市人大及其常委会	制定	审议通过	2019年12月11日	2020年1月1日	环境保护
118	《天津市基本医疗保险条例》	省级地方性法规	天津市人民政府	天津市人大及其常委会	制定	审议通过	2019年12月11日	2020年3月1日	社会保障
119	《贵州省古树名木大树保护条例》	省级地方性法规	贵州省人民政府	贵州省人大及其常委会	制定	审议通过	2019年12月1日	2020年2月1日	环境保护
120	《贵州省反家庭暴力条例》	省级地方性法规	贵州省人民政府	贵州省人大及其常委会	制定	审议通过	2019年12月1日	2020年3月1日	社会保障
121	《河北省人民代表大会常务委员会关于加强太行山燕山绿化建设的决定》	省级地方性法规	河北省人民政府	河北省人大及其常委会	制定	审议通过	2019年11月29日	2020年1月1日	环境保护
122	《海南省社会保障卡一卡通服务管理条例》	省级地方性法规	海南省人民政府	海南省人大及其常委会	制定	审议通过	2019年11月29日	2020年1月1日	社会保障
123	《重庆市城市园林绿化条例》	省级地方性法规	重庆市人民政府	重庆市人大及其常委会	修改	审议通过	2019年11月29日	2020年3月1日	环境保护

续表

序号	法律法规名称	效力级别	起草单位	审议单位	性质	程序	审议（或发布）时间	实施时间	健康领域
124	《甘肃省石油勘探开发生态环境保护条例》	省级地方性法规	甘肃省人民政府	甘肃省人大及其常委会	修改	审议通过	2019年11月29日	2020年1月1日	环境保护
125	《广东省人口与计划生育条例》	省级地方性法规	广东省人民政府	广东省人大及其常委会	修改	审议通过	2019年11月29日	2019年11月29日	综合
126	《广东省实验动物管理条例》	省级地方性法规	广东省人民政府	广东省人大及其常委会	修改	审议通过	2019年11月29日	2019年11月29日	卫生管理
127	《广东省河道管理条例》	省级地方性法规	广东省人民政府	广东省人大及其常委会	制定	审议通过	2019年11月29日	2020年1月1日	环境保护
128	《新疆维吾尔自治区地质灾害防治条例》	省级地方性法规	新疆维吾尔自治区人民政府	新疆维吾尔自治区人大及其常委会	制定	审议通过	2019年11月29日	2020年3月1日	环境保护
129	《广东省流动人口服务管理条例》	省级地方性法规	广东省人民政府	广东省人大及其常委会	修订	审议通过	2019年11月29日	2019年11月29日	社会保障
130	《山东省土壤污染防治条例》	省级地方性法规	山东省人民政府	山东省人大及其常委会	制定	审议通过	2019年11月29日	2020年1月1日	环境保护
131	《广东省环境保护条例》	省级地方性法规	广东省人民政府	广东省人大及其常委会	修订	审议通过	2019年11月29日	2019年11月29日	环境保护
132	《河北省禁毒条例》	省级地方性法规	河北省人民政府	河北省人大及其常委会	修订	审议通过	2019年11月29日	2020年1月1日	卫生管理
133	《广东省社会力量参与救灾促进条例》	省级地方性法规	广东省人民政府	广东省人大及其常委会	修订	审议通过	2019年11月29日	2019年11月29日	社会保障

续表

序号	法律法规名称	效力级别	起草单位	审议单位	性质	程序	审议（或发布）时间	实施时间	健康领域
134	《广东省种子条例》	省级地方性法规	广东省人民政府	广东省人大及其常委会	制定	审议通过	2019年11月29日	2020年3月1日	食品监管
135	《福建省实施〈中华人民共和国渔业法〉办法》	省级地方性法规	福建省人民政府	福建省人大及其常委会	修订	审议通过	2019年11月29日	2019年11月29日	环境保护
136	《山西省土壤污染防治条例》	省级地方性法规	山西省人民政府	山西省人大及其常委会	制定	审议通过	2019年11月29日	2020年1月1日	环境保护
137	《江苏省种子条例》	省级地方性法规	江苏省人民政府	江苏省人大及其常委会	修订	审议通过	2019年11月29日	2020年3月1日	食品监管
138	《海南省生活垃圾管理条例》	省级地方性法规	海南省人民政府	海南省人大及其常委会	制定	审议通过	2019年11月29日	2020年10月1日	卫生管理
139	《吉林省消费者权益保护条例》	省级地方性法规	吉林省人民政府	吉林省人大及其常委会	制定	审议通过	2019年11月28日	2020年3月15日	食品监管
140	《内蒙古自治区水污染防治条例》	省级地方性法规	内蒙古自治区人民政府	内蒙古自治区人大及其常委会	制定	审议通过	2019年11月28日	2020年1月1日	环境保护
141	《四川省城镇排水与污水处理条例》	省级地方性法规	四川省人民政府	四川省人大及其常委会	修改	审议通过	2019年11月28日	2019年11月28日	卫生管理
142	《内蒙古自治区乌海市及周边地区大气污染防治条例》	省级地方性法规	内蒙古自治区人民政府	内蒙古自治区人大及其常委会	制定	审议通过	2019年11月28日	2020年1月1日	环境保护
143	《四川省中医药条例》	省级地方性法规	四川省人民政府	四川省人大及其常委会	修改	审议通过	2019年11月28日	2019年12月1日	医药药疗
144	《四川省古树名木保护条例》	省级地方性法规	四川省人民政府	四川省人大及其常委会	制定	审议通过	2019年11月28日	2020年1月1日	环境保护

续表

序号	法律法规名称	效力级别	起草单位	审议单位	性质	程序	审议（或发布）时间	实施时间	健康领域
145	《北京市生活垃圾管理条例》	省级地方性法规	北京市人民政府	北京市人大及其常委会	修改	审议通过	2019年11月27日	2020年5月1日	卫生管理
146	《江西省中医药条例》	省级地方性法规	江西省人民政府	江西省人大及其常委会	制定	审议通过	2019年11月27日	2020年1月1日	医药医疗
147	《江西省旅游者权益保护条例》	省级地方性法规	江西省人民政府	江西省人大及其常委会	制定	审议通过	2019年11月27日	2020年1月1日	社会保障
148	《江西省红十字会条例》	省级地方性法规	江西省人民政府	江西省人大及其常委会	制定	审议通过	2019年11月27日	2020年1月1日	社会保障
149	《北京市实施〈中华人民共和国节约能源法〉办法》	省级地方性法规	北京市人民政府	北京市人大及其常委会	修改	审议通过	2019年11月27日	2020年5月1日	环境保护
150	《北京市体育管理条例》	省级地方性法规	北京市人民政府	北京市人大及其常委会	修改	审议通过	2019年11月27日	2020年5月1日	体育健康
151	《北京市无障碍设施建设和管理条例》	省级地方性法规	北京市人民政府	北京市人大及其常委会	修改	审议通过	2019年11月27日	2020年5月1日	社会保障
152	《北京市水污染治条例》	省级地方性法规	北京市人民政府	北京市人大及其常委会	修改	审议通过	2019年11月27日	2019年11月27日	环境保护
153	《江西省林木种子条例》	省级地方性法规	江西省人民政府	江西省人大及其常委会	修改	审议通过	2019年11月27日	2019年11月27日	食品监管
154	《江西省森林公园条例》	省级地方性法规	江西省人民政府	江西省人大及其常委会	修改	审议通过	2019年11月27日	2019年11月27日	环境保护
155	《江西武夷山国家级自然保护区条例》	省级地方性法规	江西省人民政府	江西省人大及其常委会	修改	审议通过	2019年11月27日	2019年11月27日	环境保护

序号	法律法规名称	效力级别	起草单位	审议单位	性质	程序	审议（或发布）时间	实施时间	健康领域
156	《鄱阳湖生态经济区环境保护条例》	省级地方性法规	江西省人民政府	江西省人大及其常委会	修改	审议通过	2019年11月27日	2019年11月27日	环境保护
157	《江西省机动车排气污染防治条例》	省级地方性法规	江西省人民政府	江西省人大及其常委会	修改	审议通过	2019年11月27日	2019年11月27日	环境保护
158	《江西省大气污染防治条例》	省级地方性法规	江西省人民政府	江西省人大及其常委会	修改	审议通过	2019年11月27日	2019年11月27日	环境保护
159	《江西省军人抚恤优待办法》	省级地方性法规	江西省人民政府	江西省人大及其常委会	修改	审议通过	2019年11月27日	2019年11月27日	社会保障
160	《江西省食盐加碘消除碘缺乏危害管理条例》	省级地方性法规	江西省人民政府	江西省人大及其常委会	修改	审议通过	2019年11月27日	2019年11月27日	食品监管
161	《上海市志愿服务条例》	省级地方性法规	上海市人民政府	上海市人大及其常委会	修改	审议通过	2019年11月15日	2020年1月1日	社会保障
162	《黑龙江省野生动物保护条例》	省级地方性法规	黑龙江省人民政府	黑龙江省人大及其常委会	修改	审议通过	2019年10月18日	2020年1月1日	环境保护
163	《黑龙江省生活饮用水卫生监督管理条例》	省级地方性法规	黑龙江省人民政府	黑龙江省人大及其常委会	制定	审议通过	2019年10月18日	2020年1月1日	卫生管理
164	《云南省气候资源保护和开发利用条例》	省级地方性法规	云南省人民政府	云南省人大及其常委会	制定	审议通过	2019年9月28日	2020年1月1日	环境保护
165	《江西省生态文明建设促进条例》	省级地方性法规	江西省人民政府	江西省人大及其常委会	修改	审议通过	2019年9月28日	2020年1月1日	环境保护
166	《河北省学校安全条例》	省级地方性法规	河北省人民政府	河北省人大及其常委会	制定	审议通过	2019年9月28日	2019年12月1日	综合

续表

序号	法律法规名称	效力级别	起草单位	审议单位	性质	程序	审议（或发布）时间	实施时间	健康领域
167	《河北省人民代表大会常务委员会关于加强检察公益诉讼工作的决定》	省级地方性法规	河北省人民政府	河北省人大及其常委会	制定	审议通过	2019年9月28日	2019年9月28日	环境保护
168	《云南省星云湖保护条例》	省级地方性法规	云南省人民政府	云南省人大及其常委会	制定	审议通过	2019年9月28日	2020年1月1日	环境保护
169	《云南省社会科学普及条例》	省级地方性法规	云南省人民政府	云南省人大及其常委会	制定	审议通过	2019年9月28日	2019年12月1日	社会保障
170	《江西省工会劳动法律监督条例》	省级地方性法规	江西省人民政府	江西省人大及其常委会	修改	审议通过	2019年9月28日	2019年9月28日	社会保障
171	《江西省未成年人保护条例》	省级地方性法规	江西省人民政府	江西省人大及其常委会	修改	审议通过	2019年9月28日	2019年9月28日	社会保障
172	《江西省实施〈中华人民共和国妇女权益保障法〉办法》	省级地方性法规	江西省人民政府	江西省人大及其常委会	修改	审议通过	2019年9月28日	2019年9月28日	社会保障
173	《江西省家庭教育促进条例》	省级地方性法规	江西省人民政府	江西省人大及其常委会	修改	审议通过	2019年9月28日	2019年9月28日	社会保障
174	《江西省社会科学普及条例》	省级地方性法规	江西省人民政府	江西省人大及其常委会	修改	审议通过	2019年9月28日	2019年9月28日	社会保障
175	《湖南省实施〈中华人民共和国种子法〉办法》	省级地方性法规	湖南省人民政府	湖南省人大及其常委会	修改	审议通过	2019年9月28日	2019年12月1日	食品监管
176	《云南省人民代表大会常务委员会关于加强检察机关公益诉讼工作的决定》	省级地方性法规	云南省人民政府	云南省人大及其常委会	制定	审议通过	2019年9月28日	2019年9月28日	环境保护

续表

序号	法律法规名称	效力级别	起草单位	审议单位	性质	程序	审议（或发布）时间	实施时间	健康领域
177	《湖南省环境保护条例》	省级地方性法规	湖南省人民政府	湖南省人大及其常委会	修改	审议通过	2019年9月28日	2020年1月1日	环境保护
178	《陕西省煤炭石油天然气开发生态环境保护条例》	省级地方性法规	陕西省人民政府	陕西省人大及其常委会	修改	审议通过	2019年9月27日	2019年12月1日	环境保护
179	《河南省人民代表大会常务委员会关于加强检察公益诉讼工作的决定》	省级地方性法规	河南省人民政府	河南省人大及其常委会	制定	审议通过	2019年9月27日	2019年9月27日	环境保护
180	《宁夏回族自治区妇女权益保障条例》	省级地方性法规	宁夏回族自治区人民政府	宁夏回族自治区人大及其常委会	制定	审议通过	2019年9月27日	2019年11月1日	社会保障
181	《陕西省封山禁牧条例》	省级地方性法规	陕西省人民政府	陕西省人大及其常委会	修改	审议通过	2019年9月27日	2019年12月1日	环境保护
182	《浙江省家庭教育促进条例》	省级地方性法规	浙江省人民政府	浙江省人大及其常委会	修改	审议通过	2019年9月27日	2020年1月1日	社会保障
183	《辽宁省石油勘探开发环境保护条例》	省级地方性法规	辽宁省人民政府	辽宁省人大及其常委会	修改	审议通过	2019年9月27日	2019年9月27日	环境保护
184	《辽宁省实施〈中华人民共和国工会法〉规定》	省级地方性法规	辽宁省人民政府	辽宁省人大及其常委会	修改	审议通过	2019年9月27日	2019年9月27日	社会保障
185	《辽宁省职工劳动权益保障条例》	省级地方性法规	辽宁省人民政府	辽宁省人大及其常委会	修改	审议通过	2019年9月27日	2019年9月27日	社会保障
186	《辽宁省实施〈中华人民共和国妇女权益保障法〉规定》	省级地方性法规	辽宁省人民政府	辽宁省人大及其常委会	修改	审议通过	2019年9月27日	2019年9月27日	社会保障

续表

序号	法律法规名称	效力级别	起草单位	审议单位	性质	程序	审议（或发布）时间	实施时间	健康领域
187	《辽宁省老年人权益保障条例》	省级地方性法规	辽宁省人民政府	辽宁省人大及其常委会	修改	审议通过	2019年9月27日	2019年9月27日	社会保障
188	《辽宁省志愿服务条例》	省级地方性法规	辽宁省人民政府	辽宁省人大及其常委会	修改	审议通过	2019年9月27日	2019年9月27日	社会保障
189	《辽宁省实施〈中华人民共和国体育法〉若干规定》	省级地方性法规	辽宁省人民政府	辽宁省人大及其常委会	修改	审议通过	2019年9月27日	2019年9月27日	体育健康
190	《浙江省精神卫生条例》	省级地方性法规	浙江省人民政府	浙江省人大及其常委会	制定	审议通过	2019年9月27日	2019年12月1日	卫生管理
191	《贵州省农作物种子条例》	省级地方性法规	贵州省人民政府	贵州省人大及其常委会	制定	审议通过	2019年9月27日	2020年1月1日	食品监管
192	《宁夏回族自治区生活饮用水卫生监督管理条例》	省级地方性法规	宁夏回族自治区人民政府	宁夏回族自治区人大及其常委会	制定	审议通过	2019年9月27日	2019年11月1日	卫生管理
193	《广西壮族自治区柑橘黄龙病防控规定》	省级地方性法规	广西壮族自治区人民政府	广西壮族自治区人大及其常委会	制定	审议通过	2019年9月27日	2019年11月1日	卫生管理
194	《陕西省秦岭生态环境保护条例》	省级地方性法规	陕西省人民政府	陕西省人大及其常委会	制定	审议通过	2019年9月27日	2019年12月1日	环境保护
195	《山东省海上搜寻救助条例》	省级地方性法规	山东省人民政府	山东省人大及其常委会	制定	审议通过	2019年9月27日	2020年1月1日	社会保障
196	《浙江省农村生活污水处理设施管理条例》	省级地方性法规	浙江省人民政府	浙江省人大及其常委会	制定	审议通过	2019年9月27日	2020年1月1日	卫生管理

续表

序号	法律法规名称	效力级别	起草单位	审议单位	性质	程序	审议（或发布）时间	实施时间	健康领域
197	《重庆市野生动物保护规定》	省级地方性法规	重庆市人民政府	重庆市人大及其常委会	修改	审议通过	2019年9月26日	2019年12月1日	环境保护
198	《甘肃省环境保护条例》	省级地方性法规	甘肃省人民政府	甘肃省人大及其常委会	修改	审议通过	2019年9月26日	2020年1月1日	环境保护
199	《四川省〈中华人民共和国环境影响评价法〉实施办法》	省级地方性法规	四川省人民政府	四川省人大及其常委会	修改	审议通过	2019年9月26日	2019年9月26日	环境保护
200	《重庆市湿地保护条例》	省级地方性法规	重庆市人民政府	重庆市人大及其常委会	修改	审议通过	2019年9月26日	2019年12月1日	环境保护
201	《重庆市节约能源条例》	省级地方性法规	重庆市人民政府	重庆市人大及其常委会	修改	审议通过	2019年9月26日	2020年1月1日	环境保护
202	《湖北省清江流域水生态环境保护条例》	省级地方性法规	湖北省人民政府	湖北省人大及其常委会	修改	审议通过	2019年9月26日	2020年1月1日	环境保护
203	《四川省饮用水水源保护管理条例》	省级地方性法规	四川省人民政府	四川省人大及其常委会	修改	审议通过	2019年9月26日	2019年9月26日	卫生管理
204	《广东省食品安全条例》	省级地方性法规	广东省人民政府	广东省人大及其常委会	修改	审议通过	2019年9月25日	2019年9月25日	食品监管
205	《广东省动物防疫条例》	省级地方性法规	广东省人民政府	广东省人大及其常委会	修改	审议通过	2019年9月25日	2019年9月25日	卫生管理
206	《广东省水产品质量安全条例》	省级地方性法规	广东省人民政府	广东省人大及其常委会	修改	审议通过	2019年9月25日	2019年9月25日	食品监管

续表

序号	法律法规名称	效力级别	起草单位	审议单位	性质	程序	审议（或发布）时间	实施时间	健康领域
207	《广东省渔业管理条例》	省级地方性法规	广东省人民政府	广东省人大及其常委会	修改	审议通过	2019年9月25日	2019年9月25日	环境保护
208	《广东省荔枝产业保护条例》	省级地方性法规	广东省人民政府	广东省人大及其常委会	修改	审议通过	2019年9月25日	2019年9月25日	食品监管
209	《广东省气瓶安全条例》	省级地方性法规	广东省人民政府	广东省人大及其常委会	修改	审议通过	2019年9月25日	2019年9月25日	卫生管理
210	《广东省河口滩涂管理条例》	省级地方性法规	广东省人民政府	广东省人大及其常委会	修改	审议通过	2019年9月25日	2019年9月25日	环境保护
211	《西藏自治区实施〈中华人民共和国献血法〉办法》	省级地方性法规	西藏自治区人民政府	西藏自治区人大及其常委会	修改	审议通过	2019年8月6日	2019年8月6日	医药医疗
212	《重庆市人民代表大会常务委员会关于环境保护税税目中"其他固体废物"具体范围的决定》	省级地方性法规	重庆市人民政府	重庆市人大及其常委会	制定	审议通过	2019年8月2日	2020年1月1日	环境保护
213	《吉林省辽河流域水环境保护条例》	省级地方性法规	吉林省人民政府	吉林省人大及其常委会	修改	审议通过	2019年8月1日	2019年9月1日	环境保护
214	《吉林长白山国家级自然保护区条例》	省级地方性法规	吉林省人民政府	吉林省人大及其常委会	制定	审议通过	2019年8月1日	2019年10月1日	环境保护
215	《青海省鼠疫交通检疫条例》	省级地方性法规	青海省人民政府	青海省人大及其常委会	修改	审议通过	2019年7月31日	2019年7月31日	卫生管理

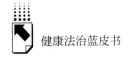

续表

序号	法律法规名称	效力级别	起草单位	审议单位	性质	程序	审议（或发布）时间	实施时间	健康领域
216	《辽宁省河长湖长制条例》	省级地方性法规	辽宁省人民政府	辽宁省人大及其常委会	制定	审议通过	2019年7月31日	2019年10月1日	环境保护
217	《青海省人口与计划生育条例》	省级地方性法规	青海省人民政府	青海省人大及其常委会	修改	审议通过	2019年7月31日	2019年7月31日	综合
218	《天津市节约用水条例》	省级地方性法规	天津市人民政府	天津市人大及其常委会	修改	审议通过	2019年7月31日	2019年7月31日	环境保护
219	《青海省儿童计划免疫条例》	省级地方性法规	青海省人民政府	青海省人大及其常委会	修改	审议通过	2019年7月31日	2019年7月31日	社会保障
220	《山西省志愿服务条例》	省级地方性法规	山西省人民政府	山西省人大及其常委会	修改	审议通过	2019年7月31日	2019年10月1日	社会保障
221	《青海省实施〈中华人民共和国红十字会法〉办法》	省级地方性法规	青海省人民政府	青海省人大及其常委会	修改	审议通过	2019年7月31日	2019年10月1日	社会保障
222	《辽宁省矿山综合治理条例》	省级地方性法规	辽宁省人民政府	辽宁省人大及其常委会	制定	审议通过	2019年7月31日	2019年10月1日	环境保护
223	《青海省实施〈中华人民共和国母婴保健法〉办法》	省级地方性法规	青海省人民政府	青海省人大及其常委会	修改	审议通过	2019年7月31日	2019年7月31日	社会保障
224	《海南省林木种子管理条例》	省级地方性法规	海南省人民政府	海南省人大及其常委会	修改	审议通过	2019年7月29日	2019年9月1日	环境保护
225	《湖北省中医药条例》	省级地方性法规	湖北省人民政府	湖北省人大及其常委会	制定	审议通过	2019年7月26日	2019年11月1日	医药医疗

续表

序号	法律法规名称	效力级别	起草单位	审议单位	性质	程序	审议（或发布）时间	实施时间	健康领域
226	《福建省电梯安全管理条例》	省级地方性法规	福建省人民政府	福建省人大及其常委会	制定	审议通过	2019年7月26日	2019年10月1日	社会保障
227	《北京市湿地保护条例》	省级地方性法规	北京市人民政府	北京市人大及其常委会	修改	审议通过	2019年7月26日	2019年7月26日	环境保护
228	《北京市河湖保护管理条例》	省级地方性法规	北京市人民政府	北京市人大及其常委会	修改	审议通过	2019年7月26日	2019年7月26日	环境保护
229	《北京市实施〈中华人民共和国防洪法〉办法》	省级地方性法规	北京市人民政府	北京市人大及其常委会	修改	审议通过	2019年7月26日	2019年7月26日	环境保护
230	《北京市公园条例》	省级地方性法规	北京市人民政府	北京市人大及其常委会	修改	审议通过	2019年7月26日	2019年7月26日	环境保护
231	《北京市古树名木保护管理条例》	省级地方性法规	北京市人民政府	北京市人大及其常委会	修改	审议通过	2019年7月26日	2019年7月26日	环境保护
232	《北京市实施〈中华人民共和国水法〉办法》	省级地方性法规	北京市人民政府	北京市人大及其常委会	修改	审议通过	2019年7月26日	2019年7月26日	环境保护
233	《北京市水土保持条例》	省级地方性法规	北京市人民政府	北京市人大及其常委会	修改	审议通过	2019年7月26日	2019年7月26日	环境保护
234	《北京市动物防疫条例》	省级地方性法规	北京市人民政府	北京市人大及其常委会	修改	审议通过	2019年7月26日	2019年7月26日	卫生管理
235	《北京市绿化条例》	省级地方性法规	北京市人民政府	北京市人大及其常委会	修改	审议通过	2019年7月26日	2019年7月26日	环境保护
236	《湖北省人民代表大会常务委员会关于加强检察公益诉讼工作的决定》	省级地方性法规	湖北省人民政府	湖北省人大及其常委会	制定	审议通过	2019年7月26日	2019年7月26日	环境保护

续表

序号	法律法规名称	效力级别	起草单位	审议单位	性质	程序	审议（或发布）时间	实施时间	健康领域
237	《新疆维吾尔自治区艾滋病防治条例》	省级地方性法规	新疆维吾尔自治区人民政府	新疆维吾尔自治区人大及其常委会	修改	审议通过	2019年7月26日	2019年10月1日	医药医疗
238	《福建省城乡生活垃圾管理条例》	省级地方性法规	福建省人民政府	福建省人大及其常委会	制定	审议通过	2019年7月26日	2020年1月1日	卫生管理
239	《山东省长岛海洋生态保护条例》	省级地方性法规	山东省人民政府	山东省人大及其常委会	制定	审议通过	2019年7月26日	2019年10月1日	环境保护
240	《河北省人民代表大会常务委员会关于加强张家口承德地区草原生态建设和保护的决定》	省级地方性法规	河北省人民政府	河北省人大及其常委会	制定	审议通过	2019年7月25日	2019年8月1日	环境保护
241	《广西壮族自治区铁路安全管理条例》	省级地方性法规	广西壮族自治区人民政府	广西壮族自治区人大及其常委会	制定	审议通过	2019年7月25日	2019年10月1日	社会保障
242	《广西壮族自治区环境保护条例》	省级地方性法规	广西壮族自治区人民政府	广西壮族自治区人大及其常委会	修改	审议通过	2019年7月25日	2019年10月1日	环境保护
243	《广西壮族自治区产品质量监督管理条例》	省级地方性法规	广西壮族自治区人民政府	广西壮族自治区人大及其常委会	修改	审议通过	2019年7月25日	2019年10月1日	食品监管
244	《广西壮族自治区实施〈中华人民共和国土地管理法〉办法》	省级地方性法规	广西壮族自治区人民政府	广西壮族自治区人大及其常委会	修改	审议通过	2019年7月25日	2019年10月1日	环境保护
245	《广西壮族自治区体育市场条例》	省级地方性法规	广西壮族自治区人民政府	广西壮族自治区人大及其常委会	修改	审议通过	2019年7月25日	2019年10月1日	体育健康

续表

序号	法律法规名称	效力级别	起草单位	审议单位	性质	程序	审议（或发布）时间	实施时间	健康领域
246	《广西壮族自治区地质环境保护条例》	省级地方性法规	广西壮族自治区人民政府	广西壮族自治区人大及其常委会	修改	审议通过	2019年7月25日	2019年10月1日	环境保护
247	《广西壮族自治区消费者权益保护条例》	省级地方性法规	广西壮族自治区人民政府	广西壮族自治区人大及其常委会	修改	审议通过	2019年7月25日	2019年10月1日	食品监管
248	《广西壮族自治区人口和计划生育条例》	省级地方性法规	广西壮族自治区人民政府	广西壮族自治区人大及其常委会	修改	审议通过	2019年7月25日	2019年10月1日	综合
249	《广西壮族自治区艾滋病防治条例》	省级地方性法规	广西壮族自治区人民政府	广西壮族自治区人大及其常委会	修改	审议通过	2019年7月25日	2019年10月1日	医药医疗
250	《广西壮族自治区实施〈中华人民共和国老年人权益保障法〉办法》	省级地方性法规	广西壮族自治区人民政府	广西壮族自治区人大及其常委会	修改	审议通过	2019年7月25日	2019年10月1日	社会保障
251	《云南省程海保护条例》	省级地方性法规	云南省人民政府	云南省人大及其常委会	修改	审议通过	2019年7月25日	2019年10月1日	环境保护
252	《宁夏回族自治区河湖管理保护条例》	省级地方性法规	宁夏回族自治区人民政府	宁夏回族自治区人大及其常委会	制定	审议通过	2019年7月17日	2019年9月1日	环境保护
253	《宁夏回族自治区志愿服务条例》	省级地方性法规	宁夏回族自治区人民政府	宁夏回族自治区人大及其常委会	制定	审议通过	2019年7月17日	2019年9月1日	社会保障
254	《黑龙江省食品安全条例》	省级地方性法规	黑龙江省人民政府	黑龙江省人大及其常委会	制定	审议通过	2019年6月26日	2019年10月1日	食品监管

续表

序号	法律法规名称	效力级别	起草单位	审议单位	性质	程序	审议（或发布）时间	实施时间	健康领域
255	《河南省安全生产条例》	省级地方性法规	河南省人民政府	河南省人大及其常委会	修改	审议通过	2019年6月6日	2019年10月1日	卫生管理
256	《河南省水污染防治条例》	省级地方性法规	河南省人民政府	河南省人大及其常委会	修改	审议通过	2019年6月5日	2019年10月1日	环境保护
257	《内蒙古自治区民用建筑节能和绿色建筑发展条例》	省级地方性法规	内蒙古自治区人民政府	内蒙古自治区人大及其常委会	制定	审议通过	2019年5月31日	2019年9月1日	环境保护
258	《内蒙古自治区实施〈中华人民共和国道路交通安全法〉办法》	省级地方性法规	内蒙古自治区人民政府	内蒙古自治区人大及其常委会	修改	审议通过	2019年5月31日	2019年5月31日	社会保障
259	《内蒙古自治区农作物种子条例》	省级地方性法规	内蒙古自治区人民政府	内蒙古自治区人大及其常委会	修改	审议通过	2019年5月31日	2019年7月1日	食品监管
260	《重庆市长江防护林条例》	省级地方性法规	重庆市人民政府	重庆市人大及其常委会	修改	审议通过	2019年5月11日	2019年5月31日	环境保护
261	《内蒙古自治区人口与计划生育条例》	省级地方性法规	内蒙古自治区人民政府	内蒙古自治区人大及其常委会	修改	审议通过	2019年5月31日	2019年5月31日	综合
262	《贵州省生态环境保护条例》	省级地方性法规	贵州省人民政府	贵州省人大及其常委会	修改	审议通过	2019年5月31日	2019年8月1日	环境保护
263	《湖南省实施〈中华人民共和国反家庭暴力法〉办法》	省级地方性法规	湖南省人民政府	湖南省人大及其常委会	修改	审议通过	2019年5月30日	2019年7月1日	社会保障
264	《北京市实施〈中华人民共和国残疾人保障法〉办法》	省级地方性法规	北京市人民政府	北京市人大及其常委会	修改	审议通过	2019年5月30日	2019年5月30日	社会保障

续表

序号	法律法规名称	效力级别	起草单位	审议单位	性质	程序	审议（或发布）时间	实施时间	健康领域
265	《山西省防震减灾条例》	省级地方性法规	山西省人民政府	山西省人大及其常委会	修改	审议通过	2019年5月30日	2019年5月30日	社会保障
266	《山西省建设工程抗震设防条例》	省级地方性法规	山西省人民政府	山西省人大及其常委会	修改	审议通过	2019年5月30日	2019年5月30日	社会保障
267	《陕西省实施〈中华人民共和国慈善法〉办法》	省级地方性法规	陕西省人民政府	陕西省人大及其常委会	制定	审议通过	2019年5月30日	2019年9月1日	社会保障
268	《天津市盐业管理条例》	省级地方性法规	天津市人民政府	天津市人大及其常委会	修改	审议通过	2019年5月30日	2019年5月30日	食品监管
269	《吉林省水文条例》	省级地方性法规	吉林省人民政府	吉林省人大及其常委会	制定	审议通过	2019年5月30日	2019年5月30日	环境保护
270	《吉林省实施〈中华人民共和国水法〉办法》	省级地方性法规	吉林省人民政府	吉林省人大及其常委会	制定	审议通过	2019年5月30日	2019年5月30日	环境保护
271	《吉林省土地管理条例》	省级地方性法规	吉林省人民政府	吉林省人大及其常委会	制定	审议通过	2019年5月30日	2019年5月30日	环境保护
272	《吉林省渔业管理条例》	省级地方性法规	吉林省人民政府	吉林省人大及其常委会	制定	审议通过	2019年5月30日	2019年5月30日	环境保护
273	《吉林省绿化条例》	省级地方性法规	吉林省人民政府	吉林省人大及其常委会	制定	审议通过	2019年5月30日	2019年5月30日	环境保护
274	《吉林省林地保护条例》	省级地方性法规	吉林省人民政府	吉林省人大及其常委会	制定	审议通过	2019年5月30日	2019年5月30日	环境保护
275	《吉林省集体林业管理条例》	省级地方性法规	吉林省人民政府	吉林省人大及其常委会	制定	审议通过	2019年5月30日	2019年5月30日	环境保护

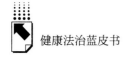

续表

序号	法律法规名称	效力级别	起草单位	审议单位	性质	程序	审议（或发布）时间	实施时间	健康领域
276	《吉林省森林管理条例》	省级地方性法规	吉林省人民政府	吉林省人大及其常委会	制定	审议通过	2019年5月30日	2019年5月30日	环境保护
277	《吉林省耕地质量保护条例》	省级地方性法规	吉林省人民政府	吉林省人大及其常委会	制定	审议通过	2019年5月30日	2019年5月30日	环境保护
278	《天津市畜牧条例》	省级地方性法规	天津市人民政府	天津市人大及其常委会	修改	审议通过	2019年5月30日	2019年5月30日	环境保护
279	《河北省人民代表大会常务委员会关于深入推进农村改厕工作的决定》	省级地方性法规	河北省人民政府	河北省人大及其常委会	修改	审议通过	2019年5月30日	2019年6月1日	卫生管理
280	《天津市失业保险条例》	省级地方性法规	天津市人民政府	天津市人大及其常委会	修改	审议通过	2019年5月30日	2019年5月30日	社会保障
281	《四川省沱江流域水环境保护条例》	省级地方性法规	四川省人民政府	四川省人大及其常委会	修改	审议通过	2019年5月23日	2019年9月1日	环境保护
282	《广东省劳动保障监察条例》	省级地方性法规	广东省人民政府	广东省人大及其常委会	制定	审议通过	2019年5月21日	2019年5月21日	社会保障
283	《广东省工伤保险条例》	省级地方性法规	广东省人民政府	广东省人大及其常委会	修改	审议通过	2019年5月21日	2019年7月1日	社会保障
284	《广东省全民健身条例》	省级地方性法规	广东省人民政府	广东省人大及其常委会	修改	审议通过	2019年5月21日	2019年7月1日	体育健康
285	《广西壮族自治区电梯安全条例》	省级地方性法规	广西壮族自治区人民政府	广西壮族自治区人大及其常委会	制定	审议通过	2019年3月29日	2019年6月1日	社会保障

续表

序号	法律法规名称	效力级别	起草单位	审议单位	性质	程序	审议（或发布）时间	实施时间	健康领域
286	《江苏省机动车排气污染防治条例》	省级地方性法规	江苏省人民政府	江苏省人大及其常委会	修改	审议通过	2019年3月29日	2019年5月1日	环境保护
287	《贵州省林地管理条例》	省级地方性法规	贵州省人民政府	贵州省人大及其常委会	修改	审议通过	2019年3月29日	2019年3月29日	环境保护
288	《江苏省禁毒条例》	省级地方性法规	江苏省人民政府	江苏省人大及其常委会	修改	审议通过	2019年3月29日	2019年5月1日	卫生管理
289	《山东省种子条例》	省级地方性法规	山东省人民政府	山东省人大及其常委会	制定	审议通过	2019年3月29日	2019年6月1日	食品监管
290	《江苏省渔业管理条例》	省级地方性法规	江苏省人民政府	江苏省人大及其常委会	修改	审议通过	2019年3月29日	2019年5月1日	环境保护
291	《山东省精神卫生条例》	省级地方性法规	山东省人民政府	山东省人大及其常委会	制定	审议通过	2019年3月29日	2019年6月1日	卫生管理
292	《湖北省反家庭暴力条例》	省级地方性法规	湖北省人民政府	湖北省人大及其常委会	制定	审议通过	2019年3月29日	2019年6月1日	社会保障
293	《江苏省献血条例》	省级地方性法规	江苏省人民政府	江苏省人大及其常委会	修改	审议通过	2019年3月29日	2019年5月1日	医药医疗
294	《江苏省公共场所治安管理条例》	省级地方性法规	江苏省人民政府	江苏省人大及其常委会	修改	审议通过	2019年3月29日	2019年5月1日	社会保障
295	《江西省实施〈中华人民共和国野生动物保护法〉办法》	省级地方性法规	江西省人民政府	江西省人大及其常委会	修改	审议通过	2019年3月28日	2019年7月1日	环境保护
296	《广东省河道采砂管理条例》	省级地方性法规	广东省人民政府	广东省人大及其常委会	制定	审议通过	2019年3月28日	2019年7月1日	环境保护

续表

序号	法律法规名称	效力级别	起草单位	审议单位	性质	程序	审议（或发布）时间	实施时间	健康领域
297	《浙江省实施〈中华人民共和国反恐怖主义法〉办法》	省级地方性法规	浙江省人民政府	浙江省人大及其常委会	制定	审议通过	2019 年 3 月 28 日	2019 年 5 月 1 日	社会保障
298	《广东省化妆品安全条例》	省级地方性法规	广东省人民政府	广东省人大及其常委会	制定	审议通过	2019 年 3 月 28 日	2019 年 7 月 1 日	卫生管理
299	《甘肃省农作物种子条例》	省级地方性法规	广东省人民政府	广东省人大及其常委会	修改	审议通过	2019 年 3 月 28 日	2019 年 5 月 1 日	食品监管
300	《江西省实施〈中华人民共和国慈善法〉办法》	省级地方性法规	江西省人民政府	江西省人大及其常委会	制定	审议通过	2019 年 3 月 28 日	2019 年 7 月 1 日	社会保障
301	《广东省防汛防旱防风条例》	省级地方性法规	广东省人民政府	广东省人大及其常委会	制定	审议通过	2019 年 3 月 28 日	2019 年 3 月 28 日	社会保障
302	《湖南省长株潭城市群生态绿心地区保护条例》	省级地方性法规	湖南省人民政府	湖南省人大及其常委会	修改	审议通过	2019 年 3 月 28 日	2019 年 3 月 28 日	环境保护
303	《新疆维吾尔自治区公路建设工程质量监督管理条例》	省级地方性法规	新疆维吾尔自治区人民政府	新疆维吾尔自治区人大及其常委会	修改	审议通过	2019 年 3 月 28 日	2019 年 7 月 1 日	卫生管理
304	《吉林省艾滋病防治条例》	省级地方性法规	吉林省人民政府	吉林省人大及其常委会	制定	审议通过	2019 年 3 月 28 日	2019 年 6 月 1 日	医药医疗
305	《广东省红十字会条例》	省级地方性法规	广东省人民政府	广东省人大及其常委会	修改	审议通过	2019 年 3 月 28 日	2019 年 5 月 8 日	社会保障
306	《甘肃省农产品质量安全条例》	省级地方性法规	甘肃省人民政府	甘肃省人大及其常委会	修改	审议通过	2019 年 3 月 28 日	2019 年 5 月 1 日	食品监管
307	《吉林省河湖长制条例》	省级地方性法规	吉林省人民政府	吉林省人大及其常委会	制定	审议通过	2019 年 3 月 28 日	2019 年 3 月 28 日	环境保护

续表

序号	法律法规名称	效力级别	起草单位	审议单位	性质	程序	审议（或发布）时间	实施时间	健康领域
308	《宁夏回族自治区大气污染防治条例》	省级地方性法规	宁夏回族自治区人民政府	宁夏回族自治区人大及其常委会	修改	审议通过	2019年3月26日	2019年3月26日	环境保护
309	《宁夏回族自治区人口与计划生育条例》	省级地方性法规	宁夏回族自治区人民政府	宁夏回族自治区人大及其常委会	修改	审议通过	2019年3月26日	2019年3月26日	综合
310	《云南省老年人权益保障条例》	省级地方性法规	宁夏回族自治区人民政府	宁夏回族自治区人大及其常委会	修改	审议通过	2019年3月26日	2019年10月1日	社会保障
311	《宁夏回族自治区污染物排放管理条例》	省级地方性法规	宁夏回族自治区人民政府	宁夏回族自治区人大及其常委会	修改	审议通过	2019年3月26日	2019年3月26日	环境保护
312	《宁夏回族自治区环境保护条例》	省级地方性法规	宁夏回族自治区人民政府	宁夏回族自治区人大及其常委会	修改	审议通过	2019年3月26日	2019年3月26日	环境保护
313	《宁夏回族自治区城市绿化管理条例》	省级地方性法规	宁夏回族自治区人民政府	宁夏回族自治区人大及其常委会	修改	审议通过	2019年3月26日	2019年3月26日	环境保护
314	《宁夏回族自治区枸杞产业促进条例》	省级地方性法规	宁夏回族自治区人民政府	宁夏回族自治区人大及其常委会	修改	审议通过	2019年3月26日	2019年3月26日	食品监管
315	《宁夏回族自治区环境教育条例》	省级地方性法规	宁夏回族自治区人民政府	宁夏回族自治区人大及其常委会	修改	审议通过	2019年3月26日	2019年3月26日	社会保障
316	《宁夏回族自治区防沙治沙条例》	省级地方性法规	宁夏回族自治区人民政府	宁夏回族自治区人大及其常委会	修改	审议通过	2019年3月26日	2019年3月26日	环境保护
317	《广西壮族自治区食品安全条例》	省级地方性法规	广西壮族自治区人民政府	广西壮族自治区人大及其常委会	制定	审议通过	2019年1月31日	2019年6月1日	食品监管
318	《上海市生活垃圾管理条例》	省级地方性法规	上海市人民政府	上海市人大及其常委会	制定	审议通过	2019年1月31日	2019年7月1日	卫生管理

续表

序号	法律法规名称	效力级别	起草单位	审议单位	性质	程序	审议（或发布）时间	实施时间	健康领域
319	《天津市生态环境保护条例》	省级地方性法规	天津市人民政府	天津市人大及其常委会	制定	审议通过	2019年1月18日	2019年3月1日	环境保护
320	《陕西省水文条例》	省级地方性法规	陕西省人民政府	陕西省人大及其常委会	制定	审议通过	2019年1月17日	2019年3月1日	环境保护
321	《贵州省河道条例》	省级地方性法规	贵州省人民政府	贵州省人大及其常委会	制定	审议通过	2019年1月17日	2019年5月1日	环境保护
322	《广东省林地保护管理条例》	省级地方性法规	广东省人民政府	广东省人大及其常委会	修改	审议通过	2019年1月16日	2019年1月16日	环境保护
323	《宁夏回族自治区人民代表大会常务委员会关于全面加强生态环境保护依法推动打好污染防治攻坚战建设美丽新宁夏的决议》	省级地方性法规	宁夏回族自治区人民政府	宁夏回族自治区人大及其常委会	修改	审议通过	2019年1月14日	2019年1月14日	环境保护
324	《上海市容环境卫生管理条例》	省级地方性法规	上海市人民政府	上海市人大及其常委会	修改	审议通过	2018年12月20日	2019年1月1日	卫生管理
325	《上海市环境保护条例》	省级地方性法规	上海市人民政府	上海市人大及其常委会	修改	审议通过	2018年12月20日	2019年1月1日	环境保护

*统计说明：首先，此处"健康法治领域立法"的法律概念，可理解为享有制定权的特定主体为了实现对食品管理、医药医疗、卫生管理、社会保障、环境保护及体育健康等社会关系进行干预、管理而依据法定职权和程序进行的制定、修改、补充和废止以不同法律、法规形式表现的一种领域性立法活动的总称。其次，本立法成果统计来源主要为国内官方网站及北大法宝等数据库。再次，法律法规的审议时间与发布时间有时并不一致，但囿于部分法律法规的审议时间查证困难，故对部分法律法规统计时标注的是发布时间。最后，在法律法规统计的效力级别选择上，省级地方性法规进行了较为细致的整理。而囿于法律、行政法规、党内法规、部门规章、行政规章、国务院规范性文件的广泛性标准，此处统计着重对效力适用和影响力的广泛性标准，此处统计着重对重对法律、法规进行了较为细致的整理。

B.21
2019年深化医药卫生体制改革
重点工作任务清单

序号	重点工作内容	负责单位*
1	实施健康中国行动,动员个人、政府和全社会共同普及健康知识,开展健康促进,努力让群众不得病、少得病、延长健康寿命	国家卫生健康委、各相关部门负责
2	加大对医疗机构开展公共卫生服务的支持力度,建立医疗机构公共卫生服务经费保障机制	财政部、国家卫生健康委、国家中医药局负责
3	评估基本公共卫生服务项目实施情况,推动提高资金使用效益	财政部、国家卫生健康委、国家中医药局负责
4	加快推进疾病预防控制体系改革,完善各级疾病预防控制机构功能定位,持续推进妇幼保健机构和血站服务体系机制创新,深化基层运行机制改革,允许有条件的地方既实行财政全额保障政策,又落实"两个允许"要求,逐步建立保障与激励相结合的运行新机制。加强疫苗接种管理,严格落实"三查七对"等操作规程	国家卫生健康委、财政部、人力资源和社会保障部、海关总署、国家中医药局负责
5	加强癌症防治,推进预防筛查和早诊早治,加快境内外抗癌新药注册审批,畅通临床急需抗癌药临时进口渠道。做好地方病、职业病、艾滋病、结核病等防治工作	国家卫生健康委、国家发展改革委、财政部、人力资源和社会保障部、海关总署、国家中医药局、国家药监局等负责
6	扎实推进国家组织药品集中采购和使用试点,加强对中标药品质量、试点地区公立医疗机构优先使用和药款结算、中标药品及原料药生产的监测,做好保证使用、确保质量、稳定供应、及时回款等工作。开展试点评估,认真总结试点经验,及时全面推开	工业和信息化部、国家卫生健康委、国家医保局、国家药监局分别负责
7	督促指导各地建立有利于理顺比价关系、优化收入结构的公立医院医疗服务价格动态调整机制。按照"总量控制、结构调整、有升有降、逐步到位"的原则,动态调整医疗服务价格	国家医保局、国家卫生健康委、国家中医药局负责
8	深入推进公立医院薪酬制度改革,落实"两个允许"要求,推动人员经费支出占公立医院业务支出的比例达到合理水平	人力资源和社会保障部、财政部、国家卫生健康委、国家医保局、国家中医药局负责

序号	重点工作内容	负责单位*
9	持续深化公立医院综合改革,继续开展示范和效果评价工作。在部分医院推进建立健全现代医院管理制度试点	国家卫生健康委、国家发展改革委、教育部、财政部、人力资源和社会保障部、国家医保局、国家中医药局负责
10	完善公立医院政府投入政策。根据公立医院综合改革评价结果等因素分配中央财政相关补助资金	财政部、国家卫生健康委、国家中医药局负责
11	建立全国公立医院绩效考核信息系统,按照属地原则,全面开展三级公立医院绩效考核工作,考核结果以适当方式向社会公布。推动开展二级及以下公立医疗机构绩效考核工作。加强医疗机构用药管理,按照能口服不肌注、能肌注不输液的要求,规范药品使用	国家卫生健康委、国家发展改革委、财政部、人力资源和社会保障部、国家医保局、国家中医药局负责
12	制定医疗器械唯一标识系统规则。逐步统一全国医保高值医用耗材分类与编码。对单价和资源消耗占比相对较高的高值医用耗材开展重点治理。改革完善医用耗材采购政策。取消公立医疗机构医用耗材加成,完善对公立医疗机构的补偿政策,妥善解决公立医疗机构取消医用耗材加成减少的合理收入的补偿问题	国家医保局、国家卫生健康委、财政部负责
13	完善短缺药品监测预警机制,对临床必需、易短缺、替代性差等药品,采取强化储备、统一采购、定点生产等方式保障供应。总结评估地方体现药事服务价值的探索和做法	国家发展改革委、工业和信息化部、国家卫生健康委、国家医保局、国家中医药局分别负责,国家药监局等参与
14	巩固完善国家基本药物制度,以省为单位明确各级各类公立医疗机构基本药物使用比例,建立优先使用激励和约束机制	国家卫生健康委、国家医保局等负责
15	完善医保药品目录动态调整机制,将基本药物目录内符合条件的治疗性药品按程序优先纳入医保目录范围。把高血压、糖尿病等门诊用药纳入医保报销范围	国家医保局负责
16	加快推进医保支付方式改革,开展按疾病诊断相关分组付费试点,继续推进按病种为主的多元复式医保支付方式改革。扩大长期护理保险制度试点	国家医保局、财政部、国家卫生健康委、国家中医药局等负责
17	加快发展商业健康保险,完善商业健康保险监管制度	银保监会负责
18	抓紧落实和完善跨省异地就医直接结算政策,尽快使异地就医患者在所有定点医院能持卡看病、即时结算,切实便利流动人口和随迁老人	国家医保局、财政部负责

序号	重点工作内容	负责单位*
19	稳步推进国家医学中心和区域医疗中心建设,选择高水平医院支持建设区域医疗中心,促进资源优化配置,提升中西部优质医疗资源短缺地区等相关区域医疗服务水平。在区域医疗中心开展医药卫生体制综合改革,大胆探索管理体制和运行机制创新,各相关部门要大力支持	国家发展改革委、国家卫生健康委、国务院医改领导小组秘书处分别负责,教育部、人力资源和社会保障部、国家医保局、国家中医药局等参与
20	以学科建设为重点,提升500家县医院和500家县中医院综合能力	国家卫生健康委、国家发展改革委、国家中医药局负责
21	指导各地以病种为抓手,明确不同级别和类别医疗机构的职责和功能定位,建立分工协作机制,促进分级诊疗。推动三级医院主动调整门诊病种结构,逐步扩大日间手术病种	国家卫生健康委、国家中医药局等负责
22	重点在100个城市建设城市医疗集团,在500个县建设县域医疗共同体。引导医疗联合体特别是医疗共同体有序发展,鼓励包括社会办医疗机构在内的各级各类医疗机构平等参与和适度竞争,促进优质医疗资源下沉,避免大医院"跑马圈地""虹吸"患者等问题。开展医疗联合体建设情况评估	国家卫生健康委、国家医保局、国家中医药局、国务院医改领导小组秘书处负责
23	持续深化卫生健康领域"放管服"改革,优化审批服务,清理歧视性政策,对社会办医疗机构一视同仁对待并给予扶持。鼓励支持社会力量开办诊所,加大政府购买服务力度。加强医疗卫生全行业监管,确保医疗质量安全	国家卫生健康委、国家发展改革委、国家中医药局等负责
24	组织开展"互联网+医疗健康"省级示范区建设,支持先行先试、积累经验。继续推进全民健康信息国家平台和省统筹区域平台建设。改造提升远程医疗网络。指导地方有序发展"互联网+医疗健康"服务,确保医疗和数据安全。及时总结评估"互联网+护理服务"试点工作,尽快形成规范健全的制度。深入推进基层中医馆信息平台建设	国家发展改革委、工业和信息化部、国家卫生健康委、国家医保局、国家中医药局分别负责,银保监会参与
25	强化医教协同,完善培养模式,推动住院医师规范化培训与硕士专业学位研究生培养有机衔接。中高职院校今年扩大招生规模时重点增加康复、护理、养老、家政等专业招生数量,压减临床医学类专业招生规模,优化调整医学专业招生结构,提高人才培养质量	教育部、国家卫生健康委、人力资源和社会保障部等负责
26	深入实施健康扶贫。相关资金和政策进一步向深度贫困地区倾斜。贫困人口大病集中救治病种扩大到25个,取消建档立卡贫困人口大病保险封顶线,鼓励地方研究提出对收入水平略高于建档立卡贫困户的群众的支持政策。加强贫困地区县医院能力建设和城乡医院对口帮扶,支持鼓励通过农村定向医学生免费培养、全科医生特岗计划、"县管乡用"、"乡聘村用"等方式,着力解决一些乡镇卫生院和村卫生室缺乏合格医生的问题	国家卫生健康委、国家发展改革委、教育部、财政部、人力资源和社会保障部、国家医保局、国务院扶贫办、中国残联等负责

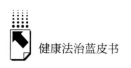

续表

序号	重点工作内容	负责单位*
27	支持中医药事业传承创新发展,发挥中医药在治未病、重大疾病治疗、疾病康复中的重要作用。完善中医药服务体系和符合中医药特点的医保支付政策,推进典籍研究利用和活态传承,布局建设重点实验室等科研创新体系,深入实施重大疑难疾病中西医临床协作试点。加强中药材质量管理,推动建立全链条质量追溯体系,改革完善中药注册管理。加强中医药人才培养,促进院校教育和师承教育相结合,完善职称评聘等评价激励制度	国家中医药局、国家发展改革委、教育部、科技部、工业和信息化部、人力资源和社会保障部、农业农村部、商务部、国家卫生健康委、国家医保局、国家药监局、中央军委后勤保障部卫生局、中国残联等负责
28	深入实施进一步改善医疗服务行动计划,至少50%的二级以上医院提供分时段预约诊疗、智能导医分诊、候诊提醒、检验检查结果查询、诊间结算、移动支付等线上服务。启动社区医院建设试点	国家卫生健康委、国家中医药局负责
29	统筹推进县域综合医改,加强医疗、医保、医药及公共卫生等改革集成创新,综合医改试点省份要选择1~2个改革意识强、基础条件好的县(市、区)开展试点。提出建立中国特色优质高效医疗卫生服务体系的方案	国家卫生健康委、国家发展改革委、财政部、人力资源和社会保障部、国家医保局、国家中医药局、国家药监局等负责

　* 排名第一位的为牵头部门,分别负责为各部门按职责分别牵头。

后　记

2020 年 2 月 14 日，中央全面深化改革委员会第十二次会议在北京召开。习近平总书记出席会议并发表重要讲话。习总书记强调，确保人民群众生命安全和身体健康，是我们党治国理政的一项重大任务。既要立足当前，科学精准打赢疫情防控阻击战，更要放眼长远，总结经验、吸取教训，针对这次疫情暴露出来的短板和不足，抓紧补短板、堵漏洞、强弱项，该坚持的坚持，该完善的完善，该建立的建立，该落实的落实，完善重大疫情防控体制机制，健全国家公共卫生应急管理体系。

人民健康是民族昌盛和国家富强的重要标志，法治则是实现人民健康的重要路径。为了践行"健康中国"战略、深入推进全面依法治国，更好地推进大健康领域法治建设，在武汉大学法学院院长冯果教授和泰康保险集团法律合规部总经理靳毅的共同倡议之下，武汉大学于 2019 年 6 月成立了武汉大学大健康法制研究中心。武汉大学大健康法制研究中心是武汉大学与泰康保险集团的共建科研平台，双方安排人员开展有关公共卫生法治、保险医养行业政策与法律的联合研究，拥有资源共享、人才交流和信息共建等诸多优势，因而能够为本团队在大健康法制的理论与实践研究中提供坚实的组织基础。同时，在珞珈研究院、武汉大学医学部、武汉大学人文社会科学研究院、武汉大学经济与管理学院的支持下，研究中心整合法学、经济学、管理学等多个重点学科的研究力量，专注于开展大健康领域的学术研究和产学研协同。研究中心自成立以来，不断加强自身建设，提高科研创新能力、人才培养能力和社会服务能力，致力于建成一流智库型研究机构，建成一流产学研协同平台，建成一流健康法治人才培养基地，为推动健康法治建设和推进"健康中国"战略贡献智慧与力量。目前，已经和中国社会科学出版社、社

会科学文献出版社合作出版"泰康大健康法制论丛"、"泰康大健康法制译丛"和"健康法治蓝皮书"等系列健康法治研究著作。

本书是集体智慧的结晶。总报告《2019 年中国健康法治的发展现状与未来趋势》由周围撰写;《中国健康法治指数》由张园、王伟撰写;《2019年中国健康相关立法报告》由赵丰撰写;《异地就医直接结算制度的实施现状与完善路径》由张荣芳、浮文婷撰写;《大健康产业相关专利战略发展报告(2008～2019)》由余飞峰撰写;理论前沿分别收录了江必新、秦前红、王晨光、陈云良四位著名学者最新的健康法治成果;2019 年健康法治领域重点案例评述分别由文婧、吉日木图、谢思成、柯雨偲、王骁、陈晓萍撰写。全书由冯果、武亦文、周围统稿。感谢社会科学文献出版社刘骁军老师和专业的编辑团队为本书的辛勤付出,也要感谢泰康保险集团法律合规部法务管理处经理马微和泰康保险集团法律合规部法务管理处资深法律顾问王源为大健康法制研究中心的成立和运作,以及本书的编辑出版所作出的杰出贡献。"健康法治蓝皮书"同时也是武汉大学人文社会科学青年学术重点资助团队"大健康法制的理论与实践"的重要阶段性成果。

本书是武汉大学大健康法制研究中心的一次勇敢探索,试图利用多元化的研究工具对中国健康法治领域的成果和经验进行记录、提炼和总结。千里之行,始于足下,未来武汉大学大健康法制研究中心将以更积极的使命担当和更严谨的学术态度,围绕大健康领域的法律与政策问题进行更多的精细化研究。

2020 年 4 月 29 日

权威报告·一手数据·特色资源

皮书数据库
ANNUAL REPORT(YEARBOOK)
DATABASE

分析解读当下中国发展变迁的高端智库平台

所获荣誉

- 2019年，入围国家新闻出版署数字出版精品遴选推荐计划项目
- 2016年，入选"'十三五'国家重点电子出版物出版规划骨干工程"
- 2015年，荣获"搜索中国正能量 点赞2015""创新中国科技创新奖"
- 2013年，荣获"中国出版政府奖·网络出版物奖"提名奖
- 连续多年荣获中国数字出版博览会"数字出版·优秀品牌"奖

成为会员

通过网址www.pishu.com.cn访问皮书数据库网站或下载皮书数据库APP，进行手机号码验证或邮箱验证即可成为皮书数据库会员。

会员福利

- 已注册用户购书后可免费获赠100元皮书数据库充值卡。刮开充值卡涂层获取充值密码，登录并进入"会员中心"—"在线充值"—"充值卡充值"，充值成功即可购买和查看数据库内容。
- 会员福利最终解释权归社会科学文献出版社所有。

数据库服务热线：400-008-6695
数据库服务QQ：2475522410
数据库服务邮箱：database@ssap.cn
图书销售热线：010-59367070/7028
图书服务QQ：1265056568
图书服务邮箱：duzhe@ssap.cn

社会科学文献出版社 皮书系列
SOCIAL SCIENCES ACADEMIC PRESS (CHINA)

卡号：972663187598
密码：

基本子库
SUB DATABASE

中国社会发展数据库（下设12个子库）

　　整合国内外中国社会发展研究成果，汇聚独家统计数据、深度分析报告，涉及社会、人口、政治、教育、法律等12个领域，为了解中国社会发展动态、跟踪社会核心热点、分析社会发展趋势提供一站式资源搜索和数据服务。

中国经济发展数据库（下设12个子库）

　　围绕国内外中国经济发展主题研究报告、学术资讯、基础数据等资料构建，内容涵盖宏观经济、农业经济、工业经济、产业经济等12个重点经济领域，为实时掌控经济运行态势、把握经济发展规律、洞察经济形势、进行经济决策提供参考和依据。

中国行业发展数据库（下设17个子库）

　　以中国国民经济行业分类为依据，覆盖金融业、旅游、医疗卫生、交通运输、能源矿产等100多个行业，跟踪分析国民经济相关行业市场运行状况和政策导向，汇集行业发展前沿资讯，为投资、从业及各种经济决策提供理论基础和实践指导。

中国区域发展数据库（下设6个子库）

　　对中国特定区域内的经济、社会、文化等领域现状与发展情况进行深度分析和预测，研究层级至县及县以下行政区，涉及地区、区域经济体、城市、农村等不同维度，为地方经济社会宏观态势研究、发展经验研究、案例分析提供数据服务。

中国文化传媒数据库（下设18个子库）

　　汇聚文化传媒领域专家观点、热点资讯，梳理国内外中国文化发展相关学术研究成果、一手统计数据，涵盖文化产业、新闻传播、电影娱乐、文学艺术、群众文化等18个重点研究领域。为文化传媒研究提供相关数据、研究报告和综合分析服务。

世界经济与国际关系数据库（下设6个子库）

　　立足"皮书系列"世界经济、国际关系相关学术资源，整合世界经济、国际政治、世界文化与科技、全球性问题、国际组织与国际法、区域研究6大领域研究成果，为世界经济与国际关系研究提供全方位数据分析，为决策和形势研判提供参考。

法律声明